Ullstein

W0238050

DIE AUTORIN:

Salcia Landmann wurde 1911 in Zolkiew (Ostgalizien) geboren. Sie studierte Philosophie, Kunstgeschichte und Jurisprudenz (Dr. phil.). Nach dem Studium wandte sie sich der Schriftstellerei zu.

Weitere Veröffentlichungen:
Jüdische Witze (1963); *Marxismus und Sauerkirschen* (1979); *Gepfeffert und gesalzen* (1980); *Die Juden als Rasse* (1981); *Erinnerungen an Galizien* (1983); *Bittermandel und Rosinen* (1984); *Frucht- und Blütensäfte* (1985); *Mein Sirup-Brevier* (1987); *Jesus und die Juden* (1990).

Salcia Landmann

Jiddisch

Das Abenteuer einer Sprache

Mit kleinem Lexikon
jiddischer Wörter und Redensarten
sowie jiddischer Anekdoten

Ullstein

Sachbuch
Ullstein Buch Nr. 34994
im Verlag Ullstein GmbH,
Frankfurt/M – Berlin

Ungekürzte Ausgabe

Umschlagentwurf:
Theodor Bayer-Eynck
Alle Rechte vorbehalten
Mit freundlicher Genehmigung
des Limes Verlag (Langen Müller),
München
© Walter Verlag Olten und
Freiburg im Breisgau, 1962
und Limes Verlag Niedermayer und
Schlüter GmbH,
Wiesbaden und München, 1979
Printed in Germany 1994
Druck und Verarbeitung:
Ebner Ulm
ISBN 3 548 34994 3

5. Auflage Januar 1994
Gedruckt auf alterungs-
beständigem Papier mit
chlorfrei gebleichtem Zellstoff

Weitere Veröffentlichungen
derselben Autorin in der
Reihe der Ullstein Bücher:

Die klassischen Witze der Juden (40057)
Jesus und die Juden oder
Die Folgen einer Verstrickung (34597)
Marxismus und Sauerkirschen (34656)
Mein Sirup-Brevier (34419)
Bittermandel und Rosinen (20922)

Die Deutsche Bibliothek –
CIP-Einheitsaufnahme

Landmann, Salcia:
Jiddisch: das Abenteuer einer Sprache;
mit kleinem Lexikon jiddischer Wörter und
Redensarten sowie jiddischen Anekdoten /
Salcia Landmann. – Ungekürzte Ausg.,
5. Aufl. – Frankfurt/M; Berlin:
Ullstein, 1994
(Ullstein-Buch; Nr. 34994:
Ullstein-Sachbuch)
ISBN 3-548-34994-3
NE: HST; GT

1962, kurz ehe mein Buch ‚Jiddisch – Das Abenteuer einer Sprache' erschien, war Jiddisch sogar vielen Juden Mitteleuropas so fremd, daß eine deutsch-jüdische Zentralstelle einen Prozeß gegen einen Regisseur anstrengte, weil in seinem Film ein jüdischer Flickschneider ein paar jiddische Worte spricht. Kurz nach Erscheinen dieses Buches schrieb mir ein deutsch-jüdischer Verleger, ich hätte dadurch, daß ich diesen ‚schmählichen Jargon der Ostjuden' ans Tageslicht zerrte, ‚dem jüdischen Volk geschadet'. Dank den ausschließlich positiven und sogar begeisterten Pressereaktionen auf mein Buch sah er allerdings seinen Irrtum rasch ein, und wir gaben dann zusammen ein Werk über eine restlos im jiddischen Kulturkreis wurzelnde Materie heraus.

Bald wurde Jiddisch – nicht zuletzt durch dieses Buch – auch Nichtjuden Mitteleuropas so vertraut und wichtig, daß deutsche Studenten die Sprache erlernten und jiddische Bücher ins Deutsche übertrugen, und daß deutsche Dozenten begannen, Jiddistik (so heißt die Fachwissenschaft vom Jiddischen) zu lehren.

Das Buch erreichte einige Auflagen, kam auch in einer Buchgemeinschaft (Ex libris) heraus und, leicht gekürzt, ab 1964 in mehreren Auflagen als Taschenbuch (dtv). Die letzten sechs Jahre hindurch war es jedoch restlos vergriffen, obwohl dauernd Bitten um eine Neuauflage bei mir eintrafen und Universitätsdozenten in den USA das Buch, seiner leichten Faßlichkeit und fesselnden Darstellung wegen, sogar als Grundlage für ihre Jiddischkurse benutzen wollten.

Mittlerweile war Jiddisch im deutschen Sprachkreis regelrecht populär geworden. Hierzu trug auch das amerikanische Musical *Fiddler on the Roof* (in der deutschen Fassung: *Anatevka*) nach Motiven eines Romans *(Tewje der Milchmann)* des jiddischen Klassikers *Scholem Alejchem* (1859–1916) bei, das ein Welterfolg wurde und in den deutschsprachigen Ländern besonders intensive Resonanz hervorrief. Jiddische Volkslieder erklingen heute überraschend oft in Rundfunk- und Fernsehprogrammen, und jiddische Literatur findet in deutscher Übersetzung begeisterte Leser.

Den unmittelbaren Anstoß zum (unveränderten) Neudruck von *Jiddisch – Das Abenteuer einer Sprache* gab aber die Verleihung des Literatur-Nobelpreises 1978 an den jiddischen Schriftsteller *Isaac Bashevis Singer*, der hier deshalb ein wenig ausführlicher behandelt werden möge, als es (auf S. 129 dieses Buches) im Rahmen der sehr knappen Gesamtdarstellung der jiddischen Literatur geschieht.

DER NOBELPREISTRÄGER FÜR LITERATUR 1978: DER JIDDISCHE SCHRIFTSTELLER ISAAC BASHEVIS SINGER

Isaac Bashevis Singer kam 1904 im polnischen Städtchen Radzymin als Sohn eines sehr armen schriftgelehrten Rabbis zur Welt, genoß die traditionelle jüdische Erziehung und religionswissenschaftliche Ausbildung und lebt seit 1935 in New York. Bis heute schreibt er nur Jiddisch, obwohl jiddische Leser allmählich rar werden. Manche seiner Werke liegen im Original nur als Zeitungsdrucke vor; in englischer Übersetzung dagegen erreichen sie Bestsellerauflagen. Singers Werk gehört aber nicht nur sprachlich, sondern auch inhaltlich und stilistisch ganz der ostjüdischen Tradition an, obwohl es sich in mancher Hinsicht von der klassischen jiddischen Dichtung (etwa 1870 bis 1930) radikal unterscheidet. Dazwischen liegt eben die Vernichtung der ostjüdischen Gemeinschaft durch Hitler, und dieses Erlebnis prägt alles, was Singer schreibt.

An sich war das Leben der ostjüdischen Massen auch vorher schon elend und trostlos genug gewesen. Wenn die jiddischen Klassiker dennoch überlokale und überzeitliche Bedeutung erlangten, so nur, weil sie es nicht grau in grau abmalten, sondern aufgehellt mit eingestreuten humoristischen Akzenten, gleichsam mit einem Lachen und Lächeln unter Tränen. Dieses zuvor so bewährte Rezept versagt aber seit dem Untergang der Ostjuden in Hitlers Todeslagern. Im Anblick von so viel Grauen würde freundliche Heiterkeit oder unbeschwerte Lustigkeit zur Blasphemie. Zwar lacht man auch bei Singer oft genug, aber es ist kein gutes Lachen, das in einem aufsteigt. Denn Singer hat die jiddische Dichtung um eine ganz neue Komponente bereichert: Bei ihm schwelt ein unheimlicher Schwarzer Humor, hinter dem das blanke Entsetzen gähnt.

Singer erzählt fast nur von Juden, die durch blutige Verfolgungen stigmatisiert und verstört sind. Seine Geschichten spielen entweder in der unmittelbaren Gegenwart unter Überlebenden der Hitlermassaker oder unter Menschen, die gleichsam Vorformen des Holokausts der Hitlerjahre durchzustehen hatten, etwa in Osteuropa während und nach den Judenmetzeleien des Kosakenhetmans Bogdan Chmjelnizki im siebzehnten Jahrhundert. In solchen Zeiten bricht bei den Juden immer wieder Mystik, Magie, Aberglaube auf. Unter den furchtbar dezimierten, verschreckten und verarmten Juden Osteuropas entstand im achtzehnten Jahrhundert die liebenswerte, naive mystische Volkssekte des Chassidismus mit seinen Wunderrabbis und ihren sanges- und tanzfreudigen, ekstatisch erregten Jüngern, der noch heute existiert und sich – trotz Verfallserscheinungen

– noch in den Todeslagern der Hitlerzeit als seelische Zuflucht bewährt hat. Im siebzehnten und achtzehnten Jahrhundert keimte bei den desorientierten Überresten der ostjüdischen Gemeinschaft aber auch mystisch inspirierter Massenwahn und perverser Irrglaube, den Singer mit bösem Witz nachzeichnet. Sie scharten sich um zwei scharlataneske Pseudomessiasse, um Sabbatai Zwi und um Jakob Frank, die beide mit ihren Anhängern zusammen durch planmäßiges Freveln gegen alle Religionsgebote und durch kultische Gruppensexorgien die im Talmud prophezeiten verruchten Zeiten der ‚Messiaswehen' bewußt erzeugen und damit die Welterlösung herbeizwingen wollten. Diese mit uralten, heidnisch-kanaanitischen Sexriten durchmischten Exzesse steigerten das Elend und Chaos bei den unseligen Überlebenden der Chmjelnizkipogrome noch ins Unermeßliche.

Doch wann und wo immer Singers faszinierende Geschichten spielen mögen – immer kreisen sie um jüdische Individuen und Gruppen solcher Untergangszeiten, um mystisch Erregte, Besessene, Dämonengläubige, von Totengeistern Verfolgte, um Frevler und Sünder, um Verbitterte, aber auch um Märtyrer und um Heilige. Wobei es Singers Sarkasmus entspricht, daß manche dieser demütigen Dulder uns nicht rühren und erschüttern, sondern durch ihre völlig sinnlose Selbstpreisgabe irritieren. Heilige Narren also.

Nie und nirgends geht eben bei Singer die Rechnung im Leben auf. Weder findet Wohltun seinen Lohn, noch Sünde und Verbrechen Sühne und Strafe. Und auch dies ist kennzeichnend für Singer, daß bei ihm Irrationales, Unbegreifliches und Unheimliches nicht nur solchen Menschen widerfährt, die durch ihre ganze Haltung und Ausrichtung dergleichen gleichsam provozieren und evozieren, sondern auch nüchternen, ‚aufgeklärten' Skeptikern. Auch sie zappeln in den Fangstricken von Dämonen, auch sie erleben rational und kausal Unfaßliches, Spukhaftes. Totengeister bedrängen schuldlose Lebende, mißglückte Exorzismen stiften Unheil. Singer sagte einmal: ‚Eine sterbende Sprache liebt Gespenster: Sie lieben Jiddisch, und sie sprechen Jiddisch.'

Aber auch jenen Geschichten Singers, in denen es keine Dämonen oder rational unerklärlichen Vorgänge gibt, haftet etwas Geisterhaftes an. Manche der Personen, die den Vernichtungslagern lebend entronnen sind, kommen sich selbst vor wie die Gespenster in jener alten jüdischen Sage, die von sich selbst nicht wissen, daß sie längst gestorben sind. Andere wieder fühlen sich wie Widergänger, wie Tote auf Urlaub. Die Erinnerung an das Durchlittene hat sie zerstört. Erstorben ist in ihnen jede Fähigkeit zur Lebensfreude – sexuelle Leidenschaft ausgenommen, die, wie die Opfer sich erinnern, sogar im Umkreis der KZ-Krematorien immer wieder aufflackerte. Nicht grundlos spielt in vielen Geschichten Singers eine geradezu verwilderte Sexualität eine solche Rolle.

Solcher Art also sind die Menschen und Vorgänge, die Singer schildert. Oder vielmehr: Er schildert sie nicht, sondern er nimmt uns auf eigentümliche Weise gefangen und zaubert uns in ihre Zeit und ihre Haut hinein. Er ist im Grunde kein Schriftsteller, sondern ein Magier ...

Der jiddische Schriftsteller David Bergelson, der in den fünfziger Jahren unter Stalin zusammen mit anderen jüdischen Dichtern und Intellektuellen liquidiert wurde, schrieb in einer seiner letzten eindrucksvollen Novellen, die bereits nach den Hitlerjahren spielen, über einen jiddischen Dichter: ‚Es kommt vor, daß einem Volk ein Dichter wegstirbt; ihm aber war sein Volk weggestorben.‘

Auch dem Dichter Isaac Bashevis Singer ist sein Volk weggestorben. Bald stirbt auch die Sprache, in der er schreibt. Einen ähnlich bedeutenden Dichter der jiddischen Sprache und Kulturwelt wird es kaum mehr geben. Singers Werk ist ein erschütternder Abgesang auf die gemordete ostjüdische Welt, ein Requiem ganz besonderer Art: voll von bitterem Witz, von schallendem, bösem Gelächter, von wildem Aberglauben, von stiller Trauer, von demütiger Frömmigkeit und von nacktem Entsetzen. –

Doch nun vom Tod der jiddischen Kulturwelt zurück zu ihren Anfängen.

Januar 1979

Diese Taschenbuch-Ausgabe entspricht genau der Buchausgabe von 1979, mit Ausnahme einiger Verbesserungen und Veränderungen im „Nachtrag“ zum „Jiddischen Lexikon“ auf S. 247.

Dr. phil. Salcia Landmann
Winkelriedstr. 1
CH-9000 St. Gallen

Lieber Leser, erlauben Sie mir, Ihnen hier, im Vorwort, in kurzen Stichworten den Inhalt des Buches anzugeben:
Das Buch erzählt den tragischen Roman einer Sprache, welche in der Neuzeit entstand, ihre Blüte erreichte und heute wieder ihrem Tode entgegengeht. Die abenteuerliche Geschichte der jiddischen Literatur, an deren Anfang die Niederschrift des deutschen Gudrunliedes steht. Sie hören von der absonderlichen Rolle, welche die Anwendung einer semitischen Schrift, der hebräischen nämlich, beim Entstehen, Bestehen und Untergehen dieses deutschstämmigen Idiomes spielte und noch spielt.
Das Buch enthält ferner ein Lexikon der jiddischen Sprache, dessen Auswahl sich mit einer Soziologie des Ostjudentums deckt, und eine leichtverständliche Anleitung zum Lesenlernen jiddischer Texte in Originalschrift. Es folgen hundert Leseproben – Sprichwörter und Anekdoten – sowohl in hebräischen wie in lateinischen Buchstaben, ergänzt durch genaue Übersetzung ins Deutsche und Erklärung der schwierigeren Ausdrücke anschließend an jede einzelne Anekdote.
Dann folgt eine soziologische Analyse der jiddischen Ausdrücke im Rotwelsch, der Geheimsprache der deutschen Gauner und Vaganten, und eine Analyse der Sinnentstellung, die diese Ausdrücke beim Eintritt ins Milieu der Gauner erfahren haben. An Hand von Beispielen wird erklärt, warum diese Sinnwandlung zugleich eine Vorwegnahme und auch schon letzte Entartung des jüdischen Witzes bedeutet. Den Schluß des Buches bildet ein kleines Glossar, welches sowohl die interessantesten jiddischstämmigen Ausdrücke im Rotwelsch wie auch solche Ausdrücke umfaßt, die aus dem korrekten Jiddisch, dem Hebräisch und dem Rotwelsch in die neuhochdeutsche Schrift-, Literatur- oder Gassensprache eingedrungen sind.

Das Buch wendet sich nicht speziell an den Linguisten und Volkskundler, sondern an den interessierten Laien aus allen Konfessionen.
Wenn es mir gelungen ist, meinem Leser auch nur einen Bruchteil der Spannung, Erregung, Erschütterung, Trauer und Heiterkeit zu vermitteln, die mich selber während der Arbeit an diesem Buche begleitet und erfüllt haben, dann ist auch der Sinn des Buches erfüllt.

St. Gallen, Ende März 1962

Vor zwei Jahren erschien von mir im gleichen Verlag ein Buch ‚Der jüdische Witz. Soziologie, Sammlung, Glossar'. Das Buch erweckte eine unerwartet starke Resonanz. Hunderte von Lesern schickten mir Witze, die sie in meiner Sammlung nicht gefunden hatten. Viele der Leserbriefe und auch mehrere Rezensionen des Buches enthielten Bemerkungen und Fragen über die jiddische Sprache.
Ich hatte die Witze im wesentlichen deutsch, mit nur sehr geringen jiddischen Anklängen notiert. Die Einleitung des Buches enthielt eine kurze Orientierung über Jiddisch.
Manche Leser, zumal jüngere Menschen aus Gegenden, in welchen nie viel Juden gewohnt hatten, erklärten, erst aus dieser Einleitung hätten sie erfahren, daß zwischen Jiddisch oder Jüdisch einerseits und Hebräisch anderseits überhaupt ein Unterschied besteht.
Ältere Menschen hingegen, die früher mit Juden viel Kontakt gehabt hatten, bedauerten umgekehrt, daß die Witze in fast reinem Deutsch wiedergegeben sind. Die deutsche Sprache beraube den jüdischen Witz seiner Würze.
Von diesen älteren Lesern meinten manche, man hätte wagen können, beim Leser weit mehr Kenntnis jiddischer Wörter und Wendungen vorauszusetzen.
Andere wieder gaben bedauernd zu, daß heute wahrscheinlich zu wenige genügend Jiddisch verstünden, um die Witze in anderer als in eben dieser verblaßten und eingedeutschten Form zu verstehen.
Eine Gruppe für sich bildeten Linguisten und Folkloristen der jiddischen Sprache: sie waren dankbar, daß die Witze deutsch erzählt waren. Denn nichts sei ihnen verhaßter als die Ahnungslosigkeit der Westeuropäer, die einen üblen und verderbten

Mischmasch aus Deutsch und Jiddisch, einen erbärmlichen Jargon also, mit der echten jiddischen Sprache in eins setzten und verwechselten. Der jüdische Witz dürfe nur entweder in literarisch vollendetem Jiddisch erzählt werden – das aber wäre für deutschsprachige Leser ja ohnehin nicht in Frage gekommen – oder aber in korrektem Deutsch.

Eine kleine, nicht sachlich, aber psychologisch interessante Gruppe von Juden, aus West- und Mitteleuropa vor allem, war ebenfalls gegen die Verwendung der jiddischen Sprache. Jedoch nicht aus linguistisch-literarischen Gründen, sondern aus Minderwertigkeitskomplexen: für manche Juden, zumal solche kleinbürgerlicher Herkunft, deckt sich die Erinnerung an die jiddische Sprache mit der Erinnerung an eine Herkunft, deren sie sich schämen; und Deutsch – oder was immer die Sprache des jetzigen Wirtsvolks sein mag – ist für sie das Sinnbild des eigenen gesellschaftlichen Aufstiegs. Sie verwechseln ihr persönliches Schicksal mit dem Wert und der Qualität der jiddischen Sprache, die sie obendrein überhaupt nicht oder nur sehr ungenau kennen. Ihnen waren natürlich schon die schwachen Spuren von Jiddisch zuviel, die ich bei der Niederschrift des einen oder andern Witzes nicht vermeiden konnte.

Wieder andere, vorab Germanisten vom Fach aus dem Raum der Donaumonarchie, Christen und Juden, standen durchaus nicht auf dem Standpunkt irgendeines sprachlichen Purismus. Der jüdische Witz, so fanden sie, dürfe weder in literarisch vollkommenem Jiddisch noch in reinem Deutsch erzählt werden. Denn gerade seine abenteuerlichsten und interessantesten Ausformungen hätten nie rein und ganz der einen oder andern der beiden Welten und Sprachen angehört. Vielmehr sei für den jüdischen Witz genau das das angemessenste, was die Puristen

der jiddischen Sprache verabscheuten: das ‚Jüdeln', die Mischung.
Scheinbar ganz unabhängig von der Frage ‚Jiddisch, Deutsch oder Brechung zwischen beiden' tauchte da und dort gerade bei sehr guten Kennern des jüdischen Witzes die Bemerkung auf, meine These, der jüdische Witz stehe und falle mit seiner kurzen, stenogrammäßigen Formulierung, stimme überhaupt nicht. Vielmehr liebten es gerade die Juden, ihre Witze sehr breit und mit vielen spaßigen Details zu erzählen, die nicht streng oder auch gar nicht zur Pointe gehörten.
Das ist richtig und falsch zugleich: es hängt nämlich wiederum einzig mit der Frage ‚Jiddisch oder Deutsch' zusammen: denn es stimmt für jene Witze, Scherze und Anekdoten, die sich die Ostjuden in reinem Jiddisch zu erzählen pflegten. Solche Anekdoten in Originaljiddisch wurden tatsächlich in behaglicher Breite vorgetragen. Oft genug waren sie Kleinode volkstümlicher Erzählkunst. Es stimmt aber überhaupt nicht für den Witz, der sich erst am Kontakt mit der westlichen Welt der Aufklärung entzündete und für welchen eben nicht Jiddisch, sondern tatsächlich das ‚Jüdeln' die angemessene Sprache ist. Dieser letztere Witz ist meist sehr kurz, messerscharf und meist auch weit boshafter und aggressiver als der des Ostens. Wenn es auch – dies nur nebenbei – ein entscheidender Irrtum mancher Rezensenten war, zu glauben, der Witz des Ostens sei frei von bitterer Selbstkritik. Die selbstkritische Haltung ist beiden Witzgruppen und letztlich dem gesamten jüdischen Schrifttum seit Urbeginn bis auf den heutigen Tag gemeinsam.
Dann kamen in Leserbriefen immer wieder Fragen solcher Art: Verwende ich diesen jiddischen Begriff richtig? Was heißt er genau? Welche Schreibweise ist für ihn korrekt? Und: Wo gibt

es ein Wörterbuch für die wesentlichsten jiddischen Begriffe und Redensarten? Solche Fragen kamen meist von Christen.
Bei Juden hingegen erwies es sich, daß sie entweder selber noch Jiddisch kannten und konnten und um den Wert und Reiz der Sprache wußten – oder aber sie wußten nicht nur nichts vom Jiddisch, sondern wollten auch nichts davon wissen.
Den Fragenden konnte ich nur antworten: Es gibt jiddische Wörterbücher, aber sie sind nur für den Fachmann bestimmt oder für solche, die die Sprache von Grund auf erlernen wollen. Obendrein sind sie fast alle vergriffen.
In jedem Falle aber: Das, was Ihr sucht, eine Orientierung für den interessierten Laien, gibt es bis heute nicht.

Alle diese Fragen hatten nun aber zur Folge, daß ich selber damit begann, mich mit der jiddischen Sprache unter einem ähnlichen Gesichtspunkt zu beschäftigen wie zuvor mit dem jüdischen Witz. Die Notwendigkeit, den jüdischen Witz zu analysieren und zu sammeln, schien mir damals gegeben durch die Tatsache, daß er, zusammen mit dem ost- und mitteleuropäischen Judentum, bereits untergegangen ist oder doch dem Untergang entgegengeht.
Dasselbe aber trifft in nicht minder bitterem Ausmaß auch für die jiddische Sprache zu.
Ich weiß, daß diese meine Behauptung nicht unwidersprochen bleiben wird. Vor Hitlers Einmarsch in Polen waren es zwölf Millionen Menschen, die Jiddisch sprachen. Und auch heute sind es immerhin noch gegen sechs Millionen, die sich jiddisch zum mindesten mühelos verständigen können. In Europa existiert gar manche Sprache, die von weit weniger Menschen ge-

sprochen wird. Keiner glaubt deswegen, daß sie dem Untergang entgegengehe.
Es ist mir auch nicht unbekannt, daß die Ausrottungswelle in Europa bei jüdischen Auswanderern in Übersee eine Trotzreaktion hervorgerufen hat, die die Erhaltung der jiddischen Sprache zunächst begünstigt: erstens wenden sich viele, die zuvor bereit und entschlossen waren, das Idiom aus der alten osteuropäischen Heimat fallenzulassen und zu vergessen, mit Pietät oder Zorn der elterlichen Sprache wieder zu; und zweitens gibt es heute an Orten, wo zuvor nie Juden lebten, versprengte Gruppen osteuropäischer Flüchtlinge, die sich einstweilen in keiner andern Sprache miteinander verständigen können als eben in Jiddisch. Warum uns dennoch der Bestand der jiddischen Sprache gefährdet scheint, wird an einer späteren Stelle des Buches erklärt und dargestellt werden.
Gerade der drohende Untergang kann aber auch als Einwand gegen ein Buch über Jiddisch für interessierte Laien geltend gemacht werden. Beim jüdischen Witz war das doch anders. Er behält, genau wie das untergegangene Volksmärchen, seinen Reiz auch dann, wenn die Welt, aus der heraus er geboren wurde, untergegangen ist.
Was aber geht den Nichtlinguisten eine sterbende Sprache an? Es sind schon viele Sprachen im Laufe der Geschichte untergegangen. Kein Hahn kräht nach ihnen. Allenfalls wendet sich ihnen gelegentlich der Historiker oder Sprachwissenschaftler zu. Weshalb aber sollte es der Laie tun? Natürlich gibt es ein paar Ausnahmen: Griechisch und Latein. Aber ihre Kenntnis vermittelt zugleich den Einblick in die Wurzeln der europäischen Kultur. Für den Theologen kommt noch Hebräisch hinzu. Ähnliches läßt sich vom Jiddisch jedoch keineswegs behaupten.

Und dann: wenn schon ein Buch über Jiddisch, das weder für den Fachmann bestimmt ist noch für den, der Jiddisch erlernen will oder es schon kann, warum adressiert sich dann das Buch nicht trotz allen internen Widerständen in erster Linie an den jüdischen Leser?
Beide Fragen erhalten ihre Antwort aus der dritten Frage, wieweit das untergegangene Ostjudentum gerade in seiner kulturellen Eigentümlichkeit die heutigen europäischen Völker noch etwas angeht und interessiert. Daß ein solches Interesse da ist, bewies zunächst das unerwartet starke Echo auf den ‚Jüdischen Witz'.
Dazu aber kommt noch folgendes:
Ist Linguistik an sich schon eine der abenteuerlichsten Wissenschaften, so daß man sich nicht wundern muß, wenn echte Linguisten von ihrem Stoff mitunter besessen sind wie Süchtige, so ist es gerade die Wissenschaft und Geschichte von der jiddischen Sprache in noch weit höherem Grade. Sie hat in der gesamten Sprachgeschichte keine Parallelen. Es ist ein Roman, geboren aus Blut, aus Liebe, aus Haß, geschrieben in den brennendsten Farben.
Jiddisch ist eine ‚Nahsprache' des Deutschen. Kein Dialekt und erst recht kein Jargon. Die Juden in Deutschland hatten im frühen Mittelalter reines Deutsch gesprochen. Sie hatten daneben – wie sie es in frommen Kreisen auch heute noch auf der ganzen Welt tun – von Kind auf ihr religiöses Schrifttum in hebräischer und aramäischer Sprache studiert. Verfolgung und Unterdrückung jedoch führten immer mehr zur kulturellen Isolierung, zur Verarmung der deutschen Sprache im jüdischen Ghetto, zur vermehrten Aufnahme von sprachlichen Elementen aus dem eigenen religiösen Schrift- und Sprachtum. Die

jiddische Sprache wurde geboren in den Judenpogromen durch die Kreuzfahrer und den Blutprozessen zur Zeit der Pestepidemien, an denen man den Juden die Schuld gab.
Ihre Form, ihre volle Prägung jedoch gewann sie erst nach der Flucht der deutschen Juden nach dem slawischen Osten, nach ihrer Ablösung und Abtrennung vom deutschen Sprachraum. Denn inmitten einer slawischen Bevölkerung hielten die Juden im Osten an der deutschen Sprache fest. Sie taten es aus dreifacher Treue heraus: aus Treue zur deutschen Heimat, in der man sie gemordet und aus der man sie vertrieben hatte; aus Treue zur geistigen Überlegenheit der deutschen Kultur gegenüber jener des primitiven slawischen Ostens; und aus Treue zu den Brüdern, die dennoch in Deutschland geblieben oder in andere Himmelsrichtungen – nach Westen, Norden, Süden – versprengt worden waren. Von der Religion und dem religiösen Schrifttum abgesehen war ja dieses zunächst armselig deformierte, farblos gewordene Deutsch das einzige Band, das die Verstreuten und Vertriebenen einte. Und im Grunde ist diese Traditionstreue der deutschen Juden der deutschen Sprache gegenüber die gleiche, aus der heraus das jüdische Volk von jeher und um den Preis jeden beliebigen Opfers an einmal bejahten geistigen und religiösen Werten festhält. Es ist auch der Grund und die Voraussetzung, aus der heraus die Juden als einziges Volk, allen Verfolgungen zu Trotz, aus der Antike bis heute überdauert haben.
Hier also, im Osten, wurde das armselige, mit hebräischen Brocken versetzte Deutsch des deutschen Ghettos zur eigenen, zur wirklichen Sprache. Hier erhielt es Nuance und Farbe aus der slawischen Umwelt. Hier bekam es Schliff, Eleganz und Schärfe aus dem pausenlosen Studium des hebräisch-aramä-

ischen Schrifttums der nachbiblischen Zeit mit seinen metaphysischen und juristischen Debatten.
Nach wie vor war der Grundstock der Sprache Deutsch. Aber ihr Geist, ihre Form war jetzt geprägt vom jüdischen Denken und Wissen. Avé-Lallement, ein Lübecker Polizeipräsident aus der Mitte des neunzehnten Jahrhunderts, der im Zusammenhang mit der Durchforschung des ‚Rotwelschen', der Geheimsprache der deutschen Gauner und Vaganten seit dem Mittelalter, Jiddisch und Hebräisch sehr gründlich erlernte, konnte von dem altertümlich-treuherzigen Jüdisch-Deutsch der Renaissancezeit noch sagen: «(Jiddisch ist) ... eine gewaltsame, unnatürliche Zusammenstückung indogermanischer und semitischer Sprachtypen, welche für alle Zeit als trübes Denkmal unmenschlicher Verfolgung und Erniedrigung des alten Gottesvolkes bleiben wird und welche so tief eingeätzt steht auf dem deutschen Kultur- und Sprachboden wie Blutspuren auf einer Folterbank[1].» Im Osten aber fügten sich die Elemente zur neuen Einheit.
Das Eigentümliche und für den Sprachforscher Reizvolle besteht nun aber darin, daß diese Entstehung einer neuen Sprache sich hier nicht in grauer Vorzeit, unter Analphabeten abspielt, sondern inmitten einer hochkultivierten Gemeinschaft, in welcher es Analphabeten überhaupt nicht gab und in welcher die meisten Männer einen Bildungsgrad erreichten, der anderswo den Gelehrten vorbehalten war. Aus einem verarmten Deutsch entstand hier, bei einem Volke von hoher sprachlich-formaler Begabung und Denkfähigkeit, inmitten der Neuzeit eine neue

---

[1] In der Einleitung zum 3. Band seiner Geschichte des Deutschen Gaunertums.

Sprache! Wo hätte man ein zweitesmal die Möglichkeit, die Geburt einer Sprache aus solcher Nähe und mit Hilfe so reicher schriftlicher Dokumente bis ins Detail hinein zu verfolgen? Soll man nun beim Jiddisch des Ostens nach wie vor von Mischsprache oder Kauderwelsch sprechen? Manche taten es, tun es auch heute noch. Sie berufen sich hierbei auf die auch von Avé-Lallement hervorgehobene Tatsache, daß sich im Jiddischen heterogenste Sprachelemente mitunter sogar in ein und demselben Worte mischen. Aber bei solcher Definition sind auch Englisch und Französisch nichts anderes als Kauderwelsch: auch in ihnen hat sich eine Sprache der Eingeborenen, das Keltische, mit der Sprache der germanischen und lateinischen Eroberer gemischt. Auch in ihnen lassen sich die Mosaiksteine, aus denen die neue Sprache gebaut ist, aus der neuen Einheit noch erkennen und herausbrechen.
Keineswegs aber baut sich das Jiddisch nur aus den drei genannten Sprachelementen auf, den deutschen, semitischen und slawischen. Wo immer Juden im Laufe ihrer jahrtausendealten Geschichte hausten, von wo immer man sie vertrieb – denn freiwillig zogen sie selten weiter; sie liebten meist den Boden, auf dem sie lebten –, überall nahmen sie Elemente in ihre Sprache auf. Im Jiddischen finden sich daher von Anfang an auch Spuren von Griechisch und Latein, von mittelalterlichem Italienisch, Französisch und Spanisch.

Ist es schon eigentümlich genug, daß eine Sprache, allen natürlichen Bedingungen entgegen, einzig aus Liebe zu einer verlorenen Heimat, Umwelt und Kultur erhalten und weitergestaltet wird, so ist es noch weit eigentümlicher, daß sich in

dieser Sprache dann eine Literatur heranbildet, welche ihrerseits keineswegs der Liebe, sondern dem Haß zu dieser selben Sprache ihre Entstehung verdankt. So aber geschah es im achtzehnten und auch noch zu Beginn des neunzehnten Jahrhunderts im Osten.
Die Gebildeten, die Aufklärer, die ‚Maskilim', wie sie mit einem hebräischen Ausdruck sich selber nannten, sahen nämlich in dieser eigentümlichen und zauberhaften Volkssprache, welche Naivität und Bildung, Lebendigkeit, Farbe und logische Abstraktheit auf so einzigartige Weise zur Synthese gebracht hatte, nach wie vor bloß den Mischmasch aus fremdartigen Sprachelementen. Für sie war Jiddisch auch jetzt noch kaum etwas anderes als ein übel korrumpiertes Deutsch.
Nun: daß einer seine eigene Muttersprache nicht liebt, das mag mitunter vorkommen. Man weiß zur Genüge, wie wenig Friedrich II. in Preußen sein heimatliches Deutsch liebte, wie sehr er ihm die französische Sprache und Kultur vorzog und was für Folgen das für das geistige Leben Deutschlands hatte. Aber Friedrich II. schuf nicht die deutsche Literatur seiner Epoche. Daß gerade jene die Literatur einer Sprache schaffen, welche diese gleiche Sprache glühend hassen und vernichten wollen – das dürfte außerhalb des jiddischen Sprachraumes wohl kaum ein zweitesmal geschehen sein.
Hier aber geschah es. Und zwar geschah es aus folgendem Grunde: Wollte man das Volk darüber aufklären, wie jämmerlich die jiddische Sprache sei, so mußte man es ihm sagen. In welcher Sprache aber sollte man es ihm mitteilen, wenn nicht in Jiddisch? Hebräisch verstanden zwar alle Männer mehr oder weniger. Sie verstanden es jedenfalls gut genug, um den Text der Gebete und der Bibel zu erfassen. Wissenschaftliche Traktate in

Hebräisch jedoch las nicht ein jeder ohne Mühe. Und die Frauen konnten überhaupt nicht Hebräisch. Man mußte den Massen also auf Jiddisch erklären, daß Jiddisch nichts taugte. Und noch besser war es, wenn man dem Volk zugleich mit dem neuen sprachlichen Ideal auch alle anderen Ideale der Aufklärung predigte. Zum Beispiel die Ablehnung von mystischer Gläubigkeit, von frommer Ergebenheit in ein untragbares Schicksal, von allem Aberglauben vor allem. Sagte man diese Dinge dem Volk aber in Form von trockenen Traktaten, so hatte es am Ende keine Lust, sie zu lesen. Wer liest schon gern Traktate? Also war es am besten, wenn man die neue Weisheit und Wahrheit in Verse oder in ein romanhaftes Gewand hüllte...

Und so entstand aus Haß gegen die jiddische Sprache die moderne jiddische Literatur...

Natürlich schafft der Haß zu einer Sprache keine echte Dichtung. Er schafft sie auch dann nicht, wenn er zugleich mit der glühenden Liebe zu dem Volke selber verbunden ist, wie es bei den Maskilim der Fall war. Sie waren taub für die eigentümliche Schönheit des ‚Mame-Loschens', der ‚Mutter-Sprache', wie das Jiddisch bei den Ostjuden nun schon lange hieß. Und aus dieser Taubheit heraus vergewaltigten sie die Sprache, setzten sie ins Unrecht, entstellten sie, indem sie neue deutsche Wörter und Wendungen einschmuggelten und die Schreibweise dem Neuhochdeutschen anglichen.

Erst in der zweiten Hälfte des neunzehnten Jahrhunderts stand eine neue Generation von Schriftstellern auf, welche die dichterische Kraft des ‚Mame-Loschens' erkannte. Und nun entstand auch echte Dichtung: jene klassisch-jiddische Literatur, die im Osten noch vom Ärmsten gekannt, geliebt und gelesen wurde, die aber im Westen merkwürdig unbekannt blieb.

Schon die Erforschung der jiddischen Sprache selber war im Westen aus doppeltem Grunde stark behindert: der Antisemitismus der Nichtjuden und die Assimilationswut der Juden wirkten beide zusammen, um eines der fesselndsten Gebiete der Germanistik und Volkskunde fast völlig brachliegen zu lassen. Der gleiche Vorgang wiederholte sich nun gegenüber der Dichtung in jiddischer Sprache.

Zweimal kam es dann nochmals zur Begegnung zwischen diesen ursprünglich deutschen und deutsch sprechenden Juden mit dem deutschen Volke. Das erstemal im Ersten Weltkrieg. Die deutschen Soldaten, auch die Gebildeten unter ihnen, wußten damals kaum etwas von der Existenz einer jiddischen Sprache. Sie waren angenehm überrascht, inmitten einer slawischen Welt Menschen zu finden, mit denen sie sich hier, so fern von ihrer Heimat, in ihrer Muttersprache verständigen konnten. Ein bekannter deutscher Politiker und Publizist erzählt, er habe als blutjunger Leutnant an der galizischen Front den Befehl erhalten, Quartier zu machen. Trotz umfassender Bildung beherrschte er keine einzige slawische Sprache und zerbrach sich den Kopf darüber, wie er sich mit den Einwohnern würde verständigen können. Er betrat eine der Chalupen, traf zufällig auf Juden und kam erschüttert mit der Feststellung heraus: « Das ist ja unser altes Nibelungendeutsch! »

Damals entstanden auch etliche ausgezeichnete kleine Wörter- und Lehrbücher für die jiddische Sprache, eigens geschaffen für deutsche Soldaten und Beamte im Osten und verfaßt von deutschen Christen mit solidesten Kenntnissen des gesamten Schrifttums der Juden.

Ein zweitesmal stießen die deutschen Armeen auf die jiddisch sprechenden Massen des Ostens im Zweiten Weltkrieg. Diesmal waren sie weder gerührt noch überrascht. Sie wußten, daß es Jiddisch gab. Aber für sie war Jiddisch das, was es auch für den Großteil der deutschen Juden gewesen war: ein Kauderwelsch, ein verderbtes Deutsch. Sie kamen zugleich als Gläubige einer Ideologie, welche die Vernichtung der Juden forderte. Und diesmal gab es für die Juden keine Möglichkeit, nach dem Osten weiter auszuweichen. Die Juden Deutschlands, die im Mittelalter der Vernichtung in Deutschland nur knapp entronnen waren und im slawischen Exil die Sprache ihrer Verfolger so treu bewahrt hatten – sie standen den alten Verfolgern jetzt aufs neue verfolgt gegenüber. Die neue Begegnung wurde zum Ende der deutschen Juden in Polen, im Baltikum, in der Ukraine.

Am drohenden Untergang der jiddischen Sprache trägt aber dennoch keineswegs die Vernichtung vom Großteil der Ostjuden allein die Schuld. So wie ja auch umgekehrt die erneute Berührung zwischen den einst deutschen Juden mit der deutschen Kultur und mit deutschsprachigen Menschen die Sprache keineswegs bereichert und befruchtet hatte. Im Gegenteil: entstanden war die Sprache erst voll in der Ablösung vom deutschen Sprachraum. Der Versuch der Maskilim, der Aufklärer, das Jiddisch ein wenig zu ‚verdeutschen', hatte es gründlich verdorben und seiner Schönheit beraubt. Der Kontakt mit den deutschen Armeen im Ersten Weltkrieg hatte auf die Sprache der Ostjuden weder befruchtend noch zerstörend gewirkt. Er hatte bloß den Deutschen selber eine Idee von der jiddischen Sprache vermittelt. Der Einmarsch der Hitler-Armeen im Zweiten Weltkrieg zog die Vernichtung vieler Millionen von Ostjuden nach sich.

Die eigentliche Ursache für den Untergang der jiddischen Sprache liegt aber dennoch in einem ganz andern, intern jüdischen Zusammenhange.
Zwar gab es beim Einmarsch der Hitler-Armeen in Polen dort noch eine riesige jüdische Gemeinschaft, welche Jiddisch sprach, jiddische Zeitungen und Bücher las, jiddische Theater und zum Teil auch Schulen mit Jiddisch als Unterrichtssprache besuchte. Dennoch bahnte sich die Auflösung und die Ablösung der jiddischen Sprache durch Hebräisch einerseits und die Sprachen der Wirtsvölker anderseits bereits an. Ähnlich lagen die Dinge auch in Rußland. Zunächst, unmittelbar nach der Revolution, hatte die Tendenz bestanden, die einzelnen Völker und Sprachen des riesigen russischen Landes intakt zu erhalten und ihre Eigenart aufmerksam zu pflegen. Jiddisch bildete da keine Ausnahme. Es wurde sogar versucht, in Birobidschan, an der äußersten Ostgrenze des Landes, eine geschlossene jiddische Siedlung aufzubauen. Der Versuch ist aus Ursachen, auf die wir später noch zurückkommen, praktisch gescheitert. Die Tendenz zur kulturellen Autonomie der einzelnen Völker ist heute in Rußland durch zunehmende Angleichung an die Großrussen und die russische Sprache abgelöst. Eine Angleichung, die im besondern bei den Juden durch den scharfen Antisemitismus im heutigen Rußland teils gefördert wird: denn man verbietet den Juden, hebräische oder jiddische Schulen zu errichten und ihr eigenes Schrifttum in den Originalsprachen lesen zu lernen. Anderseits behindert dieser gleiche Antisemitismus die Angleichung der Juden an die Russen: Juden müssen sich in ihren Pässen, auch wenn sie religiös indifferent sind und kein Wort Hebräisch oder Jiddisch verstehen, dennoch als ‚Juden' deklarieren.
Aber auch ohne solche Verfolgungen hätte die jiddische Sprache

im heutigen Rußland nicht allzu viele Chancen zum weitern Bestehen. Die hebräisch-religiöse Tradition ist nämlich ein wesentliches Element der jiddischen Sprache. Ohne ständigen lebendigen Zufluß aus dem eigenen semitischen Traditionsbereich wäre das Jiddisch ohnehin allmählich verdorrt, hätte Farbe und Ausdruckskraft eingebüßt. Bereits vor der Vernichtung der jiddischen Schulen, Theater und Zeitungen in Rußland begann sich dieser Prozeß abzuzeichnen. Am deutlichsten wurde er am Wandel der Schrift und Orthographie.

DIE SCHRIFT

Und hier nun, im Zusammenhang mit Schrift und Orthographie, kommen wir zu einem weiteren abenteuerlichen und einzigartigen Zug der jiddischen Sprache: die Juden haben im Laufe ihres zweitausendjährigen Exils überall die Sprachen ihrer Wirtsvölker übernommen und sie, je nach der Intensität des kulturellen Kontaktes, entweder korrekt oder in Abwandlungen und mit Angleichungen an die Sprachen ihres religiösen Schrifttums gesprochen. Die Schrift jedoch übernahmen sie nie und nirgends. Sie schrieben jede dieser fremden Sprachen in ihrer eigenen, semitischen, von rechts nach links laufenden Schrift. Es ist ein literargeschichtliches Kuriosum, daß die älteste Gudrun-Handschrift, die wir heute haben, aus dem Repertoire eines jüdischen Spielmanns stammt und in hebräischer Schrift aufnotiert ist. Wir kommen noch darauf zurück.
Es ist dies nun aber eine Schrift, die aus einer semitischen Sprache heraus entstanden und für die besondere Struktur dieser Sprache geschaffen ist. Das Hebräische – und übrigens auch das Aramäische, eine dem Hebräischen ähnliche vorderasiatische

Volkssprache, in welcher große Teile des nachbiblischen Schrifttums der Juden niedergelegt sind – basiert auf einem starren konsonantischen Gerüst. Die Vokale dagegen sind sehr leicht veränderlich. Die Schrift macht sich diese Tatsache sinnvoll zunutze, indem sie sich auf lauter Silben aufbaut, die aus einem Konsonanten und einem unbestimmten, darangehängten Vokal bestehen. Im ursprünglichen Schriftbild tritt dieser zugehörige Vokal überhaupt nicht in Erscheinung. Erst sehr viel später, als die Juden längst in der Zerstreuung lebten, erfanden sie für die Vokale Punktgruppen und andere kleine Zeichen, die sie in, über und vor allem unter die Konsonanten setzten. Briefe und Zeitungen, auch die meisten Bücher werden jedoch auch heute noch ohne diese Punktierung geschrieben.

Diese Unbestimmtheit der Vokale erscheint auf den ersten Blick als ein Nachteil, als eine gewisse Erschwerung bei der Entzifferung eines Textes. Wir sind gewöhnt, die phonetisch genaue Schrift als das Ideale zu betrachten und nicht ein noch so scharf und geistvoll ausgedachtes Stenogramm – denn das ist die hebräische Schrift im Grunde. Aber schon von allem Anfang an erwies sich eine solche Schrift aus zwei Gründen für die Juden als zweckmäßiger als jede andere.

Zunächst: das Schriftbild wird dadurch sehr konzentriert und übersichtlich. Die Neigung der Semiten im allgemeinen, der Juden im besonderen, rasch, scharf und abstrakt zu denken, findet an diesen kurzen, schnell überblickbaren Schriftskeletten eine wundervolle Stütze.

Zweitens aber erwies es sich im Laufe der Jahrtausende, daß diese Schrift noch in anderer Hinsicht Sinn und Bedeutung gewann. Die Juden blieben nämlich merkwürdigerweise bis in die Neuzeit hinein der semitischen Sprachgewohnheit treu, das

Skelett der Konsonanten in jeder Sprache, die sie aufnahmen, assimilierten, abwandelten, ganz oder doch beinahe ganz unverändert zu lassen. Unter dem Einfluß der Sprachen ihrer Wirtsvölker wandelte sich bei ihnen zwar auch die Aussprache der hebräischen Wörter. Aber im wesentlichen eben nur bei den Vokalen. Eine Schrift mit eindeutig in der Aussprache festgelegten Vokalen hätte daher zur Folge gehabt, daß mit der Zeit Schriftbild und Aussprache auseinanderklafften, oder aber, daß mit der Wandlung der Aussprache sich auch das Schriftbild verändert hätte. Dies wieder hätte das Zerbrechen der Tradition zur Folge gehabt. Und außerdem hätte sich daraus auch ein endgültiger Zerfall des jüdischen Volkes in Gruppen ergeben, die sich nunmehr nicht einmal mehr durch hebräische Schriftstücke gegenseitig hätten verständlich machen können.

Das ist aber noch nicht alles. Wir sagten schon: Die Juden schrieben auch die Sprachen ihrer Wirtsvölker merkwürdigerweise immer in ihrer semitischen, von rechts nach links laufenden Silbenschrift. Nun ist zwar an sich dieses Stenogramm aus Konsonanten für indogermanische Sprachen nicht sonderlich geeignet. Aber der Nachteil der Schrift, ihre phonetische Ungenauigkeit im Vokalischen, erwies sich merkwürdigerweise für die Juden auch hier als ein Segen. Denn auch die Aussprache der deutschen Wörter änderte sich bei ihnen im Osten allmählich, und obendrein änderte sie sich dort im Süden anders als im Norden, im ferneren Osten anders als am Ostrand Mitteleuropas. Jedoch: genau wie im Hebräischen wandelten sich auch im hebraisierten Deutsch, im Jiddischen, vor allem nur die Vokale. Zwar hatte man für das Jiddisch das luzide Stenogramm der alten hebräischen Schrift ein wenig modifiziert. Man hatte begonnen, die wenigen Vokalträger, die das Hebräische enthält,

für diese naive Volkssprache reichlicher anzuwenden. Dadurch war allerdings die Knappheit des Schriftbildes gemindert, die bequeme Lesbarkeit für einfache Leute dagegen erhöht. Aber diese Vokalträger änderten nichts an der Unbestimmtheit der Aussprache der Vokale, die sie trugen. So blieb, zum mindesten für die Schrift, die sprachliche Einheit im gesamten jiddischen Raum durch Jahrhunderte hindurch fast unverändert gewahrt. Ein Faktor, der ursprünglich nichts bedeuten mochte als eine Unvollkommenheit der Schrift, die ausschließliche Fixierung der Konsonanten nämlich, wurde so zum wesentlichen Element der Erhaltung und Einheit einer Kultur.
Von dieser Schrift wird der Leser später noch mehr erfahren. Hier sei nur noch ein kurzer Hinweis erlaubt auf den Zusammenhang des Unterganges der jiddischen Sprache in Rußland mit der dort üblich gewordenen, veränderten Schreibart:

ORTHOGRAPHIE UND UNTERGANG

Alle indogermanischen Wörter werden im Jiddisch, soweit dies bei einer im Vokalischen nicht festgelegten Schrift möglich ist, phonetisch klanggetreu geschrieben. Von dieser naiven Schreibweise bilden einzig die hebräischen Wörter – und sie machen oft über einen Fünftel der jiddischen Sprache aus – eine Ausnahme. Und zwar aus zwei Gründen. Erstens kannte jeder männliche Jude mehr oder weniger das religiöse Schrifttum in den semitischen Originalsprachen, war also in der Lage, sie orthographisch korrekt zu schreiben. Und zweitens entstammten alle diese Wörter und Wendungen einer Quelle, die als geheiligt angesehen wurde. Man durfte ihre Schreibweise also nicht willkürlich abändern.

In Rußland aber ist heute den Juden das Studium ihrer religiösen Schriften in den semitischen Originalsprachen untersagt. Es ergab sich da ganz von selber, daß sie die semitischen Wörter ebenfalls in der vereinfachten, ‚jiddisierten' Form zu schreiben begannen, die bisher nur für den indogermanischen Teil der Sprache galt. Zumal obendrein die Hemmung aus religiösen Motiven bei einer unreligiös erzogenen Generation dahinfiel.
Nun ist aber nicht nur ein hoher Prozentsatz von Wörtern und Wendungen im Jiddischen semitisch. Vielmehr ist die seelische und geistige Formung des Jiddischen längst vom Deutschen auf das Hebräische übergesprungen. Die Sprache ist vom traditionellen Schrifttum her belebt und durchpulst. Entzieht man aber einer Sprache ihren Lebensquell, so hört sie eben auf zu leben, sinkt allmählich ab zum Jargon.
Hier möge daher noch einmal festgehalten werden: Die jiddische Sprache, ein ursprünglich deutsches und auch heute noch, stofflich gesehen, weitgehend deutsches Idiom, stirbt nicht am Massentod der Ostjuden. Sie stirbt vielmehr, weil die Juden an dem einzigen Ort, wo noch größere und geschlossene Gruppen von Jidden, das heißt eben jiddisch sprechende Menschen, in Europa beisammen sind, in der Sowjetwelt nämlich, aufgehört haben, aus ihrer eigenen, semitischen Tradition heraus zu leben.
Die letzte Form der Symbiose zwischen Deutschen und Juden in Europa, die sich in dem deutschen Idiom der Ostjuden manifestierte, stirbt, weil die semitisch-religiöse Tradition der Juden stirbt.

ROTWELSCH UND JÜDISCHER WITZ

Die Geschichte der jiddischen Sprache ist eine Tragödie. Aber wie eine antike Tragödie ist sie von einem Satyrspiel begleitet: dem Seitensprung ins Rotwelsch, in die Geheimsprache der deutschen Gauner, Bettler und Vaganten seit dem Mittelalter bis auf den heutigen Tag. Hie und da fand man früher sogar die Auffassung, Jiddisch und Rotwelsch seien überhaupt identisch. Merkwürdigerweise hat gerade Martin Luther wesentlich zu diesem Mißverständnis beigetragen. Er hat nämlich ein ‚liber vagatorum', ein Buch über diese vagierenden Gauner mit einem beigefügten Glossar des Gaunerjargons herausgegeben, und in der Einleitung weist er auf den hebräischen Ursprung vieler darin enthaltener Ausdrücke hin. Tatsache ist es nun, daß das Rotwelsch viele jiddische Ausdrücke enthält. Von einer Identität mit der jiddischen Sprache kann aber dennoch nicht die Rede sein. Ja, es ist sogar so, daß jemand, der sehr gut Jiddisch und sogar Hebräisch kann, deswegen noch lange nicht in der Lage sein wird, Rotwelsch oder auch nur die dem Jiddischen entnommenen Ausdrücke im Rotwelsch zu verstehen.

Vielmehr haben die jiddischen Begriffe bei ihrem Eintritt in dieses neue Milieu, in die Gauner- und Vagantenwelt, einen ganz merkwürdigen Sinnwandel durchgemacht. Das Rotwelsch ist eine Geheimsprache. Und so haben auch die jiddischen Wörter hier eine neue, dem Gaunermilieu angepaßte, für den Außenstehenden unverständliche Bedeutung erhalten. Vom Jiddischen her sind die Gaunerausdrücke, auch die rein jiddischen, nicht verständlich. Umgekehrt aber kann man von der gaunerischen neuen Bedeutung her leicht verstehen, weshalb gerade dieses und nicht ein anderes Wort für diese bestimmte Bedeutung gewählt wurde. Die Abbiegung des Sinnes erfolgte nämlich nie willkürlich. Meist ist sie vielmehr auf eine geniale und boshafte Art witzig.

In meinem Buch über den jüdischen Witz habe ich die Entstehung dieses Witzes ziemlich spät in die Neuzeit hinein datiert. Ich habe den modernen jüdischen Witz aus der religiösen Lockerung zur Zeit der Aufklärung und bürgerlichen Emanzipation erklärt. Nach wie vor besteht diese These zu Recht, soweit man hierbei den jüdischen Witz im engern Sinne ins Auge faßt. Hier aber, in der Art, wie das Rotwelsch Dutzenden von hebräischen Begriffen aus dem religiösen und sittlichen Bereich einen neuen gaunerischen Sinn unterschoben hat, sind bereits tief im gläubig-naiven Mittelalter sämtliche Methoden, mit denen der spätere jüdische Witz arbeitet, nicht nur vorweggenommen, sondern auch weit überholt. Selbst die lockersten und fragwürdigsten jüdischen Witze der Neuzeit haben nie zu solcher Enthemmung und Regression geführt, wie wir sie hier, im Gaunermilieu, schon gleich von Anbeginn an finden. Nur in seltensten Ausnahmefällen sind nämlich jüdische Witze obszön oder gar blasphemisch. Der Sprachwitz der Gauner ist es – die Beispiele in dem Buche werden es beweisen – sogar mit Vorliebe.

Diejenigen Kapitel in diesem Buche, welche von der Geheimsprache der deutschen Gauner handeln, sind daher nicht nur eine Ergänzung zu den Kapiteln über die jiddische Sprache, sondern sie gehören ebensosehr auch als Ergänzung zu der ‚Soziologie des jüdischen Witzes'. Das Buch wird sowohl eine Analyse der gemeinsamen Züge wie auch der Unterschiede zwischen dem Sprachwitz im Rotwelsch und dem jüdischen Witz der Neuzeit anhand von Beispielen geben.

HEBRÄISCHE UND JIDDISCHE ELEMENTE IM HOCHDEUTSCHEN

Wir erwähnten, daß die eigentliche Ausformung, der Reifeprozeß der jiddischen Sprache sich im slawischen Osten, abgetrennt vom deutschen Sprachraum abspielte. Im siebzehnten Jahrhundert jedoch kam es im Osten zu fürchterlichen Judenmetzeleien durch die Horden des Kosakenhetmans Chmjelnicki. Damals strömten zahlreiche Juden wieder zurück in den Westen, ein Teil von ihnen kam erneut nach Deutschland. Da sie nach wie vor kulturell von der ansässigen deutschen Gemeinschaft abgetrennt lebten, sprachen sie auch weiterhin ihr Jiddisch, und zwar sprachen sie es jetzt in der Form, die es im Osten angenommen hatte.

Wenn nun Menschen mit verschiedenen Sprachen auf ein und demselben Boden leben, dann wird natürlich die zahlenmäßig und gesellschaftlich überlegene Gruppe auf die andern Gruppen auch sprachlich den stärksten Einfluß ausüben. In einem geringeren Grade jedoch werden auch die sprachlichen Minoritäten den Wortschatz der herrschenden Gruppen beeinflussen und bereichern.

Tatsächlich hat die deutsche Sprache sowohl aus den hebräischen Elementen im korrekten Jiddisch wie auch aus dem witzig-boshaft transponierten Jiddischgehalt des Rotwelschen weit mehr geschöpft, als man im allgemeinen zu wissen pflegt. Daß Wörter wie ‚meschugge‘, ‚mies‘ und ‚nebbich‘ aus dem Jiddischen übernommen sind, wissen wohl die meisten, die solche Wörter überhaupt benützen. Ohne Zweifel wußten es sogar die gebildeteren Nazis, für die der ‚Miesmacher‘ ein fester Begriff war. Daß ‚schächten‘, ‚taufen‘, ‚Jubiläum‘ oder ‚Mammon‘ rein hebräische Wörter sind, wissen wohl bereits nur noch einige wenige Gebildete. Wer aber – außer spezialisierten Linguisten – hat eine Ahnung davon, daß auch ‚schäkern', ‚kotzen' oder ‚mogeln' hebräische Wörter aus dem Jiddischen sind? Wer gibt sich Rechenschaft, daß ein ‚blauer Montag' oder ‚blau sein' rein nichts mit der blauen Farbe zu tun hat, sondern mit einer hebräischen Negation, nämlich ‚b'lo' oder ‚b'law'? Und wer läßt es sich auch nur im Traum einfallen, daß das Wort ‚cheß' oder ‚keß' in dem saloppen Ausdruck ‚ein kesser Junge' ebenfalls aus dem Hebräischen kommt, und zwar auf dem Umweg über das Rotwelsch, daß es aber kein Wort ist, sondern nur eine Abbreviatur, wie sie in der jüdischen Mystik, der Kabala, gang und gäbe sind – wenn auch in reichlich andern Zusammenhängen? Hiervon wissen auch die meisten Linguisten nichts, sondern nur einige wenige Juristen, Spezialkenner des deutschen Gaunertums und seines abenteuerlichen Jargons...

Für manche dieser Fragen habe ich da und dort einige verstreute Vorarbeiten gefunden. Sozusagen nichts fand ich aber über die besondere Bedeutung der hebräischen Schrift im Zusammenhang mit der jüdischen Tradition im allgemeinen, der jiddischen Sprache im besondern.
Von alldem will das Buch erzählen und es mit reichen Beispielen belegen.

DAS ALTE JUDENTEUTSCH

Jiddisch ist eine Nahsprache des Deutschen, hervorgegangen aus mittelhochdeutschen Dialekten. Die Geschichte der jiddischen Sprache setzt daher eine ungefähre Kenntnis der Geschichte der Juden in Deutschland voraus.

Seit wann gibt es überhaupt Juden auf deutschem Boden? Ein besonders origineller Hinweis findet sich in Sebastian Francks ‚Chronika des gantzen teutschen Landes' vom Jahre 1538. Danach besaßen die Ulmer Juden einen Brief, den sie kurz nach der Kreuzigung Jesu von den Juden Palästinas erhalten haben wollten. In diesem Briefe erzählen die palästinensischen Juden denen in Ulm eben von der Kreuzigung Jesu. Nun: wenn es einen solchen Brief überhaupt je gegeben hat, so ist es klar, daß er nicht aus der Antike stammte, sondern aus einer Zeit, in der man den Juden bereits von christlicher Seite her die Kreuzigung Jesu vorwarf. Der Brief sollte beweisen, daß die alteingesessenen Juden Deutschlands, oder doch wenigstens die Juden Ulms, am Tode Jesu bestimmt unschuldig waren, da sie damals bereits in Deutschland saßen.

An sich jedoch ist es durchaus möglich, daß Juden zu jenem Zeitpunkt und sogar schon viel früher an den verschiedensten Punkten Europas Gemeinden gebildet hatten. Der portugiesische Rabbi Isaak Abarbanel (1437–1508) zum Beispiel behauptet, die Juden seien bereits nach der Zerstörung des ersten Tempels durch die Assyrer nach Spanien gekommen. Die These wird durch eine abenteuerliche linguistische Theorie gestützt, die Avé-Lallement in seiner Geschichte des deutschen Gaunertums ohne Angabe der Quelle zitiert. Danach soll das alte Wort für ‚Spanier', nämlich Hibernier, dasselbe sein wie ‚Hebräer'. Auf Hebräisch heißt Hebräer = Iwri. Das kommt von ‚awor' =

überschreiten. Die Hebräer, die ‚Iwrim', sind also diejenigen, welche ‚überschreiten'. Die Juden selber sind geneigt anzunehmen, es sei damit die Tatsache gemeint, daß sie beim Eindringen in Kanaan den Jordan überschritten haben. Avé-Lallement jedoch bringt ‚awor', überschreiten, mit dem griechischen ‚hybris' in Zusammenhang. Demnach wäre das Überschreiten nicht geographisch gemeint, sondern eher im Sinne der Auserwähltheit, in welche sich also die Juden mit den ebenfalls judenstämmigen Spaniern zu teilen hätten.

Sieht man von solchen abenteuerlichen Theorien ab, so bleiben immer noch historische Hinweise genug, nach denen in der Spätantike die Juden mit den Römern zusammen an den Rhein und an die Donau gelangten. Eine andere Frage jedoch ist es, ob es dieselben Juden sind, die dann später, im Mittelalter, in jenen Gegenden auftauchen. Wir wissen nicht, ob die Juden der Römerzeit die Völkerwanderung überstanden haben. Jedenfalls hört man von Juden in Deutschland erst wieder in der Karolingerzeit. Wieder tauchen sie am Rhein, an der Mosel, an der Donau auf. Allmählich wandern sie in Mittel- und Ostdeutschland ein. In Niederdeutschland gab es im Mittelalter keine Juden, was für die Form und Entwicklung der jiddischen Sprache nicht ohne Bedeutung blieb.

Zur römischen Zeit hatten die Juden zunächst Sonderrechte genossen: Autonomie, eigene Ziviljurisdiktion. Aber schon im Jahre 398 schränkte Kaiser Arcadius diese Rechte in christlichem Eifer ein, weitere Reduktionen erfolgten unter Kaiser Justinian.

Im frühen Mittelalter hatten die Juden rechtlich und wirtschaftlich eine Sonderstellung. Von einer gesellschaftlichen oder kulturellen Kluft jedoch war zwischen ihnen und den Nichtjuden nicht die Rede. Damals sprachen sie in ihrem täglichen Umgang daher auch dasselbe Deutsch wie alle andern. Damals lebte sogar – ein wirkliches Kuriosum! – ein jüdischer Minnesänger, Süßkind von Trimberg (um 1250–1300). Damals lasen und liebten die Juden die gleichen Lieder und Sagen wie die Deutschen. Und es ist ein weiteres Kuriosum, daß die älteste erhaltene Gudrun-Handschrift einem jüdischen Spielmann zu danken ist. Wir kommen auf diese Handschrift später noch zurück.

Das Laterankonzil von 1215 jedoch mit seinen sehr strengen Bestimmungen gegen die Juden brachte allmählich stärkere Scheidung zwischen Juden und Nichtjuden. Die neuen Beschränkungen machten aus den Judenvierteln, die bisher auf freiwilliger Gruppierung beruht hatten, das jüdische Zwangsghetto. Langsam ging die kulturelle und gesellschaftliche Beziehung zur Umwelt zurück. Es blieb nur noch der wirtschaftliche Kontakt.

Eine solche Zusammendrängung und Isolierung führt notwendig zu stärkerer Ausformung der Eigenart. Und so begann auch die deutsche Sprache im Ghetto ihr Eigenleben zu führen. Einzelne hebräische Ausdrücke hatten die Juden schon zuvor ihrem bisher korrekten Deutsch eingefügt. Das hatte sich ganz von selber daraus ergeben, daß sich das kultische Leben auf Hebräisch und Aramäisch abspielte und daß zum mindesten die Männer diese Texte auch tatsächlich verstanden. Gewöhnlich waren sie nicht nur imstande, die Bibel und die Gebete mühelos zu übersetzen, sondern sie studierten und kannten auch die nachbiblischen Schriften, welche zum größten Teil aus sehr scharfsinnigen Debatten und Kommentaren zu einzelnen religionsphilosophischen oder juristischen Fragen aus der Bibel be-

stehen. Und auch ein verhältnismäßig ungebildeter Jude konnte doch wenigstens den Raschi, den einfachsten und beliebtesten Bibelkommentator, lesen und verstehen.
Von diesem Schrifttum her empfing das Deutsch der Ghettojuden immer stärkeren Einfluß. Es vermischte sich immer mehr mit hebräischen Elementen, glich sich auch im Klang ein wenig den semitischen Idiomen an, wurde allmählich zu einer Sondersprache, zum ‚Judenteutsch'. Die Entstehung fällt somit in das dreizehnte und vierzehnte Jahrhundert.
Es war eine armselige Sprache, die die Juden jetzt im Ghetto sprachen. Was immer wieder aus Unkenntnis vom späteren Jiddisch des Ostens behauptet wird, daß es nämlich nichts weiter sei als ein Jargon, ein fehlerhaftes und verkommenes Deutsch – bis zu einem gewissen Grade mochte es für dieses Urjiddisch schon gelten.
Heutige jüdische Folkloristen der jiddischen Literatur sind zwar oft genug auch anderer Meinung. Sie finden in dem Judenteutsch des deutschen Ghettos und in der damaligen jüdischteutschen Literatur eine Demut, stille Resignation, Bescheidenheit und fromme Innigkeit, die zum Teil doch auch von der Sprache her bedingt sein mögen. Für christliche Ohren jedoch klang diese Sprache wie ein Kauderwelsch und « überaus lächerlich'. So jedenfalls behauptet es der christliche Hebraist Johann Christoph Wagenseil, der von 1633 bis 1705 gelebt und ein Buch zur ‚Belehrung der Judisch-Teutschen Schreibart' im Jahre 1699 mehr zu missionarischen Zwecken als aus sprachlichem Interesse herausgegeben hat.
Die Unterdrückung der Juden wurde immer schärfer, die Isolierung nahm zu. Und mit ihr die Sonderentwicklung der Sprache. Von Anfang an galt zwar ein Urteil wie das Wagenseils nur

sehr bedingt. Die Juden waren ja auch im Mittelalter nie Analphabeten. In aller Isolierung blieben sie doch, vom eigenen Schrifttum her, formal und geistig geschulte Menschen. Die deutsche Sprache verkam in ihren Händen nicht einfach, sondern begann, von der jüdischen uralten Tradition angefärbt, immer eigenwilliger in syntaktischen und grammatikalischen Fragen ihr Sonderdasein zu führen. Hebräische und aramäische Wörter waren bisher nur gebräuchlich gewesen, wo sie durch deutsche auf keinen Fall ersetzbar waren. Jetzt begann man immer weitere Ausdrücke durch hebräische zu ersetzen. Und die Phonetik nahm immer stärker neue, eigene Farben an.

Nicht nur der Einfluß der hebräischen Sprache trug Schuld daran. Furchtbare Verfolgungen hatten die Juden aus Lothringen ins Rheinland vertrieben. Sie sprachen zunächst französisch. Mit ihrem französischen Akzent färbten sie das Deutsch ihrer Brüder im deutschen Ghetto, und auch einzelne französische Wörter drangen damals in das sich immer schärfer herausprägende Judenteutsch ein.

Die Sprache, welche die Juden jetzt sprachen, enthielt, außer einem starken deutschen Grundstock, hebräische, aramäische und vereinzelte italienische und französische Elemente. Auf dem Umweg über das Aramäische, das seinerseits stark mit griechischen und lateinischen Lehn- und Fremdwörtern durchsetzt ist, drangen auch lateinische und griechische Ausdrücke ins Jiddische ein.

Gleichzeitig nahm die Aussprache der deutschen Wörter im Jiddischen semitische Tönung an. Und umgekehrt glich sich auch die Aussprache der hebräischen Elemente dem Deutschen an. Trotzdem darf man die Behauptung wagen: Wären die Juden in Deutschland geblieben, so hätte ihr Judenteutsch nie die volle Leuchtkraft einer echten Volks- und Schriftsprache erhalten. Das Deutsch ringsum, das Deutsch der Nichtjuden wirkte doch retardierend auf die Eigenentwicklung der Sprache im Ghetto.

Indes: die Juden blieben ja nicht in Deutschland. Es blieb nicht bei Unterdrückung und zunehmender Entrechtung. Es kam die Zeit der Kreuzzüge. Auf ihr Banner hatten die Kreuzzügler das hohe Ziel der Befreiung des Heiligen Grabes aus der Hand der Moslims geschrieben. Einstweilen aber rechneten sie auf dem Durchmarsch durch Deutschland mit den ‚Mördern des Herrn' – das waren die Juden in ihren Augen – ab, wo immer sie welche vorfanden. Die blühenden jüdischen Gemeinden im Rheinland gingen eine nach der andern in furchtbaren Metzeleien unter. Die Überlebenden flohen nach dem Osten. Im vierzehnten Jahrhundert brach ferner eine furchtbare Pestepidemie über ganz Europa herein. Abermals gab man den Juden die Schuld an dem Unglück. Wieder setzten schreckliche Verfolgungen ein. Und wieder flüchteten große jüdische Gruppen in den slawischen Osten.

DAS JIDDISCH IM OSTEN

Die Juden flohen aus Deutschland nach Böhmen, Polen, Litauen. Sie trafen, je weiter sie nach Osten vordrangen, desto retardiertere Zustände an. Hier gab es Adel und Bauern, genau wie im frühen Mittelalter in Deutschland. In den wenigen Städten lebten deutsche Kolonisten. Der Mittelstand, der in Deutschland schon lange voll ausgebildet war, fehlte hier fast vollständig. Die Juden wurden von den Königen von Polen gut aufgenommen, zum Teil sogar eigens ins Land gerufen, um eben diesen fehlenden dritten Stand zu bilden. Meist lebten sie in kleineren, geschlossenen Siedlungen, in denen es kaum Nichtjuden gab. In inneren Angelegenheiten hatten sie vollkommene Selbstverwaltung. Der rabbinische Gerichtshof war maßgebend für bürgerliche und religiöse Angelegenheiten, der Kahal (= Gemeinde) für Gemeindesachen, und der ‚Wá'ad (= Synode) der vier Länder' (Groß- und Kleinpolen, Litauen und die russischen Teile Polens) vertrat die allgemeinen Interessen der Juden im Lande.

Diese Juden waren demnach mit ihrer Selbstverwaltung fast unabhängig vom Staat. Sie hatten wenig Kontakt mit dem Adel nach oben und dem primitiven Bauern nach unten. In den Städten fanden sie obendrein, wir sagten es schon, deutsche Kolonisten. Es gab für sie also keinen zwingenden Grund, Polnisch oder eine andere slawische Sprache statt Deutsch zu sprechen. Aber diese Tatsachen allein hätten niemals genügt, sie zum Festhalten an der deutschen Sprache zu veranlassen. Denn aus praktischen Gründen sprachen die Juden daneben meist dennoch auch Polnisch, Russisch und Ukrainisch, wenn auch oft nur fehlerhaft und fragmentarisch.

Die Frage hängt vielmehr eng mit der Frage nach der Existenz des jüdischen Volkes überhaupt zusammen.

Schon Jahrhunderte vor der Zeitwende hatten große jüdische Gruppen die palästinensische Heimat verlassen und in der Diaspora Gemeinden gebildet. Zur Zeit, da die jiddische Sprache sich im Osten heranbildete, lebten die Juden bereits zwischen fünfzehnhundert bis zweitausend Jahre im Exil. Als einziges Volk aus der Antike existierten sie noch weiter, obwohl sie als einziges der antiken Völker nur unter sehr erschwerten Verhältnissen leben konnten: vertrieben aus der Heimat und immer wieder blutig verfolgt. Wenn es sie dennoch jetzt noch gab, so nur, weil sie von Anbeginn an eisern an ihrem geistig-geistlichen Erbe festhielten, weil sie einmal anerkannte und in ihre Tradition eingebaute Werte nicht mehr preisgaben.

Diese gleiche konservative Haltung, diese Traditionstreue war es nun auch, die sie inmitten einer rückständigen, primitiven slawischen Welt an der weit höher entwickelten Kultur der verlorenen deutschen Heimat und an ihrer Sprache festhalten ließ. Dazu kam noch, daß ja trotz allem nicht alle Juden aus Deutschland geflohen oder in Deutschland vernichtet worden waren. Wollte man mit den dort gebliebenen Brüdern Kontakt behalten, so brauchte man hierfür eine gemeinsame Umgangssprache. Natürlich konnte man sich mit ihnen auch hebräisch verständigen. Diese letzte Möglichkeit blieb den Juden immer noch, auch wenn sie es mit sprachlich und kulturell sehr fernstehenden Splittergruppen der Exiljuden zu tun hatten. Aber schließlich beherrschten trotz allem nur die Gebildeteren Hebräisch gut genug für mühelosen brieflichen Umgang. Und Frauen konnten überhaupt kein Hebräisch. Und außerdem reservierte man die heilige Sprache doch lieber für religiöse oder doch wenigstens erhabene und poetische Themen. Noch im zwanzigsten Jahrhundert gab es in orthodoxen Kreisen eine starke Opposition gegen den Gebrauch der hebräischen Sprache in profanem Zusammenhang. Und selbst heute noch existieren sogar in Israel selber vereinzelte kleine orthodoxe Gruppen, die für Profanzwecke einzig Jiddisch als erlaubt betrachten.

Ein familiärer, warmer Kontakt mit den verbliebenen Brüdern in Deutschland und mit allen jenen, die nach anderen Richtungen vertrieben worden waren, kam nur in einer täglich geübten Muttersprache in Frage.

So wurde ein altertümliches, mit eigenen Traditionselementen versetztes Deutsch zur einzigen Sprache der Juden in Europa, der sie den Namen der ‚Muttersprache' gaben: Sie nannten ihr Judendeutsch, da sich inzwischen zum echten Jiddisch entwikkelt hatte, kurzerhand ‚Máme-Lóschen' (von hebr. laschón = Zunge, Sprache).

ANDERE ANVERWANDELTE SPRACHEN DER JUDEN: ARAMÄISCH, JUDENPERSISCH, DZUDEZMO

So eigentümlich es ist, was die Juden mit der deutschen Sprache machten, so steht es doch in der jüdischen Kulturgeschichte nicht vereinzelt da. Einen parallelen Vorgang finden wir schon im Altertum. Hebräisch ist nicht die Ursprache der Juden. Die allerersten nomadischen Einwanderer im Lande Israel kamen aus der Gegend von Haran im Norden von Mesopotamien und sprachen natürlich die dort übliche Sprache: Aramäisch.

Im Lande Israel entwickelten sie dann eine Mischsprache mit dem Kanaanäischen: das Hebräische. Zur biblischen Zeit sprachen sie fast nur Hebräisch. Aber vereinzelt finden sich aramäische Spuren sogar im Alten Testament. Jakobs Denkstein nach seiner Rückkehr aus Mesopotamien wird von ihm selber mit einem hebräischen, von Laban aber mit einem aramäischen Namen benannt (Genesis 31, 47). Ein vereinzelter Vers bei Jeremias steht ebenfalls in Aramäisch da (10, 11). Und bei Esra und Daniel wechselt Hebräisch mit Aramäisch.

Im babylonischen Exil begannen die Juden wieder Aramäisch zu sprechen, und gleichzeitig drang es von Syrien her in Kanaan selber wieder in ihre Sprache ein. Es war kein einheitliches Idiom. An der palästinensischen Küste sprach man es ganz anders als in Mesopotamien. Juden aber lebten da wie dort. Sie nahmen beide Idiome auf, durchsetzten jedoch beide reich mit Wörtern, Wendungen, Eigentümlichkeiten aus dem Hebräischen. Und dieses hebraisierte Aramäisch, das die Juden zur Zeit Jesu längst sprachen – es war auch die Sprache, in der Jesus gepredigt hat – und in der große Teile des nachbiblischen Schrifttums der Juden niedergelegt sind, dieses Aramäisch, das es zudem bei den Juden immer in zwei Variationen gab – in einer mesopotamischen und einer palästinensischen –, kann man ohne weiteres als das Jiddisch der Antike bezeichnen. Es hat den farbigen Reiz einer echten Volkssprache – genau wie später dann das Jiddisch, das sich auf einem Grundstock deutscher Dialekte entwickelte. Es ist, im Gegensatz zu dem lapidaren und strengen Hebräisch, von einem reizvoll orientalischen Märchenglanz überflossen. Und zugleich ist es kurz, treffend, bündig und schlagend. Eine wundervolle Volkssprache.

Von diesem ‚Jiddisch' der Antike, dem jüdisch angefärbten Aramäisch, unterscheidet sich das moderne Deutsch-Jiddisch aber doch in einem wesentlichen Punkte: die Juden der Antike sprachen ihr judaisiertes Aramäisch nur so lange, als sie inmitten einer aramäischen Umwelt lebten. Verließen sie jene Landstriche, dann begannen sie Griechisch, Latein und die andern üblichen Landessprachen zu sprechen. Das Aramäische jedoch wurde zu einem festen Bestand im religiösen Schrifttum der Juden. Als gelernte und verstandene, nicht aber als gesprochene Sprache nahmen sie es von nun an überallhin mit auf die Wanderschaft, genau wie das biblische Hebräisch.

Jiddisch dagegen wurde umgekehrt, inmitten der slawischen Umgebung, vor allem nur Umgangssprache.

Daß Juden also ein fremdes Idiom aufnehmen, mit starken

eigenen Elementen durchsetzen, und so zu einer eigenen und eigentümlichen Sprache umwandeln, die sie beim Weiterwandern in andere Länder verpflanzen, ist demnach nicht neu. Das Aramäisch ist das erste Beispiel. Es blieb nicht das letzte. Auf asiatischem Boden hat sich etwas Ähnliches in Persien abgespielt, wo die Juden das sogenannte ‚Judenpersisch' geschaffen haben. Und in Europa haben die spanischen Juden bei ihrer Vertreibung aus Spanien im Jahre 1492 die spanische Muttersprache ebenfalls ins Exil mitgenommen, an ihre Tradition assimiliert und in das Spaniolisch oder Dzudezmo verwandelt, das sie vor der Ausrottungswelle durch den Nationalsozialismus noch im ganzen Mittelmeergebiet, an den Küsten Nordafrikas, in der Levante und auf dem ganzen Balkan sprachen. Dieses Spaniolisch, zu dem es weniger bedeutsame Varianten mit portugiesischer und französischer Grundlage gibt, kann man, wenn man will, ganz gut als das Jiddisch Westeuropas bezeichnen.
Die Wissenschaft jedoch reserviert den Namen ‚Jiddisch' ausschließlich auf das vom Mittelhochdeutschen herkommende Idiom, auf das die Juden selber diese Bezeichnung anwenden. Und alle Juden, welche Jiddisch sprechen, bezeichnet der Jiddist vom Fache als die ‚Jidden'.
Keine dieser von Juden im Exil herangebildeten Mischsprachen jedoch kann einfach als Dialekt der betreffenden Stammessprache bezeichnet werden: denn jede Sprache, die von einer ethnischen und religiösen Sondergruppe herangebildet wird, nennt die Wissenschaft ‚Sprache' und nicht ‚Dialekt'. Jiddisch ist, wir sagten es schon, eine ‚Nahsprache' des Deutschen.

DIE ENTSTEHUNG DES HEUTIGEN JIDDISCH

Im Osten, im polnischen Staat der Jagellonen, fanden die jüdischen Flüchtlinge bereits ansässige Juden, die nicht aus Deutschland stammten. Ihre Herkunft war persisch, kaukasisch, byzantinisch, chasarisch. Die Chasaren waren ein südrussischer Stamm, welcher geschlossen zum Judentum übergetreten war. Für den Großteil dieser Juden war Russisch die Muttersprache. Noch bis in das siebzehnte Jahrhundert hinein wurden im vorgeschobenen Osten alle amtlichen Korrespondenzen, auch wenn sie interne jüdische Angelegenheiten betrafen, in Russisch geführt. Aber der größte Teil dieser russischsprachigen jüdischen Gemeinden wurde in den Metzeleien des Hetmans Chmjelnicki im siebzehnten Jahrhundert vernichtet. Die Überlebenden wurden durch die neuen Einwanderer aus dem Westen sprachlich assimiliert.

Natürlich ging das Einverleiben dieser slawisch-jüdischen Gruppen nicht ohne Spuren an den neuen Einwanderern aus Deutschland vorüber: in Sitte, Bluterbe, Kultur, auch in der jiddischen Sprache sind sie bis heute an den Ostjuden leicht erkennbar. Aber auch sonst nahmen die Juden manches Slawische von ihrer Umgebung in Sitte und Sprache auf.

In den Städten des slawischen Ostens fanden die Juden ferner deutsche nichtjüdische Kolonisten vor, die ebenfalls, genau wie sie selber, zunächst nicht slawische Sprachen, sondern ihre deutschen Dialekte sprachen. Manches hiervon färbte ebenfalls auf das Jiddisch der Neueinwanderer ab.

Und schließlich fügten die Juden hier, wo sie, anders als in Deutschland, auch sprachlich von ihrer Umwelt isoliert waren, im Laufe der Zeit noch viele weitere hebräische und aramäische Ausdrücke in ihre Umgangssprache. Der Grundstock der Sprache war nach wie vor Deutsch. Der Geist, die Form, die Seele, der Klang führten längst ein absolut ostjüdisches Eigenleben. Die einzelnen jüdischen Gruppen der Einwanderer stammten aus den verschiedensten Gegenden Deutschlands. Was hätte näher gelegen als ein Zerfall des Jiddisch in verschiedene Dialekte? Tatsächlich blieb aber die Sprache einheitlich. Diese Einheitlichkeit verdankt sie zwei Tatsachen: So wie im Mittelalter bei den Deutschen selber die höfische Kultur eine übermundartliche Spracheinheit geschaffen hatte, so übernahm hier, bei den Juden, der Handel, ihr wichtigster Beruf, diese selbe Funktion. Er zwang zu häufigen Reisen. Der dauernde Kontakt zwischen den verschiedenen Gruppen schmiedete auch die Sprache zur Einheit.

Und ein zweiter Faktor kam hinzu, dem wir aber erst im Kapitel über die Schrift unsere Aufmerksamkeit stärker werden zuwenden müssen. Wir erwähnten bereits früher, daß semitische Sprachen, und so auch das Hebräisch und Aramäisch, auf einem ziemlich starren Gerüst von Konsonanten ruhen, während die Vokale sehr leicht wechseln. Und diese semitische Spracheigentümlichkeit haben nun die Juden auf ihr Deutsch übertragen. Das Wort ‚rot' zum Beispiel wurde je nach Gegend als ‚rat', ‚raut', ‚rout', ‚roüt', ‚rojt' oder ‚rejt' gesprochen. Da die Juden aber ihr Deutsch nicht in lateinischen Buchstaben und phonetisch genau schrieben, sondern in der semitischen Schrift, die nur aus feststehenden Konsonanten mit unbestimmten Vokalen dazu und aus einer Anzahl von leeren, unbestimmten Vokalträgern besteht, blieb das Schriftbild einheitlich, auch wo die Aussprache differierte. Im mündlichen Verkehr mochten ein litauischer Jude, ein sogenannter ‚Litwak', und ein elsässischer oder böhmischer Jude einige Schwierigkeiten miteinander haben. Zogen sie aber ein Stück Papier hervor, schrieben sie auf, was sie voneinander wollten, dann gelang die Verständigung vollkommen.

Der heute lebende bedeutendste Strukturanalytiker der jiddischen Sprache, der Germanist Franz Joseph Beranek, gibt für das frühere Jiddisch folgende Einteilung:

Das verarmte Ghettodeutsch der Juden in Deutschland selber, das zunächst wenig vom korrekten Deutsch abwich und nur mit einer geringen Menge hebräischer und romanischer Elemente vermischt war, das dann zwar im sechzehnten Jahrhundert schon deutliche eigene Formen entwickelte, für den deutschen Nichtjuden jedoch nach wie vor leicht verständlich war, nennt er das Urjiddisch.

Auf diese Stufe folgt, ausgelöst durch die Flucht in den Osten und die damit verbundene Abtrennung vom deutschen Sprachraum, die Slawisierung und verstärkte Eigenentwicklung. Das ist das Altjiddisch, dessen Entwicklung etwa um 1700 abgeschlossen ist.

Die späteren Formen sind von den heutigen kaum mehr unterschieden. Grammatikalisch änderte sich seither nichts mehr. Lexikographisch kam da und dort etliches Neues hinzu. Ostjuden, die später nach Frankreich auswanderten, fügten ihrem Jiddisch vereinzelte neufranzösische Ausdrücke und Wendungen ein. Noch weit stärker war dann bei den Auswanderern in die Vereinigten Staaten von Amerika der Einfluß des amerikanischen Englisch auf ihr Jiddisch. Bezeichnend und im Grunde selbstverständlich ist, daß die jiddischen Ausdrücke, welche das kultische, rechtliche und Gemeindeleben angehen, nach wie vor durchwegs dem Hebräischen und Aramäischen entstammen. Die slawischen Sprachen haben Ausdrücke des täglichen

Lebens beigesteuert. Das amerikanische Englisch findet sich in Ausdrücken aus dem Geschäftsleben: job, success, business und so weiter.

Dieses Jiddisch war nun inzwischen dem gleichzeitigen Deutsch immer unähnlicher geworden, obwohl der deutsche Wortschatz nie unter drei Viertel des gesamten Bestandes herabsank. Allmählich aber hatte sich die Sprache teils durch Einfügen neuer Elemente, teils durch die Tatsache, daß sie in ihren Begriffen uralte, in Deutschland selber längst vergessene Bedeutungen festhielt, so weit vom zeitgenössischen Deutsch entfernt, daß ein Deutscher, sofern er nicht Philologe vom Fache war, es nur noch mit Mühe verstehen konnte. Die Erfahrung jedoch lehrt, daß umgekehrt der Jiddisch sprechende Ostjude seinerseits ein neuzeitliches Deutsch dennoch ziemlich mühelos versteht. Das Deutsche in der neuen Judensprache war jetzt nur noch bloßes Rohmaterial, es lieferte die anorganischen Bausteine. Die gestaltenden, belebenden Funktionen, auf die es letztlich ankommt, der Rhythmus, der Tonfall, das Gefüge, die Musik und Farbe, kamen jetzt aus einem Zentrum, das weder in Deutschland noch bei den neuen slawischen Wirtsvölkern lag: es entstammte dem Hirn und der Seele des ostjüdischen Menschen.

Ein voller Fünftel des Wortschatzes war jetzt hebräisch und aramäisch. Und dabei hatten die Juden ursprünglich diese semitischen Einsprengsel im deutschen Text als so fremd empfunden, daß sie sie in Anführungszeichen setzten! Im Umgang mit den Slawen aber gewann das Jiddisch neben vereinzelten Ausdrücken aus dem praktischen Leben die weichen Nuancen und die Melodik der slawischen Sprachen. Vom Studium der Bibel und des sehr scharfsinnigen nachbiblischen Schrifttums her, dem sich die gesamte männliche Jugend im Osten widmete und dem auch viele Erwachsene in jeder Mußestunde nachzugehen pflegten, durchsetzte sich die Sprache zudem immer mehr und immer stärker mit Begriffen und Formeln der Logik und Dialektik, wie man sie in keiner zweiten Volkssprache finden wird. Denn dieses Studium wurde zwar anhand von Texten in den semitischen Originalsprachen betrieben, es war aber bei den Ostjuden nie ein geistloses, stumpfsinniges Memorieren. Die Bibelkommentare und die sich auf ihnen aufbauenden Debatten, aus denen ein Großteil dieses alten Schrifttums in diesen alten semitischen Sprachen bestand, wurden in neuen lebendigen Fragen und Debatten weitergeführt. Und diese Debatten der Jünglinge und Männer im Bet-Hamidrasch, dem Lernhaus, das an jede Synagoge angeschlossen war, oder in der Jeschiwa, der Talmudhochschule, wurden ja nicht in Hebräisch, sondern in Jiddisch geführt. Ein solcher jahrhundertelanger Gebrauch schleift eine Sprache allmählich zu einem fast überscharfen Instrument für das geistige Duell. Alle Begriffe des familiären, rechtlichen, religiösen und Gemeinschaftslebens wurden dem alten semitischen Schrifttum entnommen. Die ganze jiddische Sprache bekam von dorther ein ganz neues, scharfes Profil. Dieses eigentümliche, zugleich geistig überscharf zugeschliffene und doch von naiver, volkstümlicher Kraft und Farbe überquellende Jiddisch war also die Sprache, welche die ‚Jidden' im Osten im siebzehnten Jahrhunderts bereits sprachen.

DAS JIDDISCH IM ACHTZEHNTEN UND NEUNZEHNTEN JAHRHUNDERT

Es war den Juden bisher im Osten im großen ganzen nicht schlecht ergangen. Die anfängliche Hochschätzung hatte zwar in manchen Gegenden der Unterdrückung und teilweisen Entrechtung Platz gemacht. Dennoch aber gab es dort im Osten ein blühendes geistiges Leben. Die Juden der Ukraine waren in jener Zeit die einzige Volksgruppe auf der ganzen Welt, bei der es für sämtliche Kinder, also auch für die Mädchen, Schulzwang gab und die ein autonomes, von der Umwelt unabhängiges, hohes Kulturleben entwickelt hatten. Solide Bildung eines jeden war selbstverständlich.

So sah die ostjüdische Welt aus, als sie im siebzehnten Jahrhundert von einer schrecklichen Vernichtungswelle durch die aufständischen Kosaken unter dem Hetman Chmjelnicki erfaßt und vielenorts, vor allem in der Ukraine, fast vollständig vernichtet wurde. Zweihundertfünfzig blühende Gemeinden lösten sich vollständig auf. Die Überlebenden strömten in die größeren Siedlungen. Manche jedoch verloren den Mut, wollten im Osten nicht mehr bleiben. Sie zogen in die alte deutsche Heimat zurück. Dort stießen sie auf die Überreste aus den mittelalterlichen Verfolgungswellen. Ihnen brachten sie ihr großartig durchformtes, slawisch durchfärbtes, voll durchgeprägtes Jiddisch. Teils verdrängte es das armselig-treuherzige Judendeutsch der im Zwangsghetto zusammengedrängten deutschen Juden. Teils mischte es sich mit ihm zu nicht besonders erbaulichen Synthesen.

Und diese Mischung aus dem Jiddisch des Ostens und dem Judendeutsch des Westens war dann die Sprache, welche von den Juden Deutschlands und Hollands bis zu dem Augenblick gesprochen wurde, da die Emanzipation in die jüdische Welt hereinbrach. Dies geschah bei den Juden etwas später als bei den andern Völkern Mittel- und Westeuropas, nämlich erst zu Beginn des neunzehnten Jahrhunderts. Sehr rasch wurde nun im deutschsprachigen Gebiete und westlich davon das Jiddisch zugunsten der Landessprachen preisgegeben. Die Gebildeten sprachen es hier nicht mehr. Bei den weniger Gebildeten empfing es keine Impulse mehr aus neuem literarischen Schaffen. Soweit es nicht auf der Stelle verdrängt wurde, zersetzte es sich, verdarb allmählich, verlor Farbe und Schönheit und ging zuletzt vollständig unter.

Im Osten dagegen verlief die Entwicklung anders. Eine kurze Zeit hindurch, ebenfalls zur Zeit der Aufklärung, schien sich zunächst eine ähnliche Entwicklung anzubahnen. Die gebildeten Ostjuden ließen sich von dem Urteil des Philosophen Moses Mendelssohn beeindrucken, der das Jiddisch als ein Kauderwelsch erklärt und daher postuliert hatte, man solle es den Landessprachen zuliebe unbedingt aufgeben. Er selber hatte, um den Übergang zu erleichtern, die Bibel in ein korrektes Deutsch übersetzt, das er aber, damit die Juden es überhaupt lesen konnten, nach wie vor in hebräische Buchstaben transkribierte. Diese Bibelübersetzung hatte auf die gebildeten Ostjuden, hauptsächlich auf die rationalen litauischen Juden, eine kaum vorstellbare Wirkung. Sie übernahmen Mendelssohns abfälliges Urteil über das Jiddisch, sie blieben blind für die Schönheit ihrer Muttersprache, sie merkten nicht einmal, wieweit sie sich seit der Renaissance verändert und entwickelt hatte. Waren sie gezwungen, Jiddisch zu schreiben – und wollten sie vom Volke verstanden werden, so mußten sie es ja trotz allem tun –, dann schrieben sie eine altertümliche, unlebendige Sprache, angelehnt an das Altjiddisch der früheren Jahrhunderte und reich durchsetzt mit neuhochdeutschen Wörtern. Ja sogar die Orthographie versuchten sie der des Neuhochdeutschen anzugleichen. Die deutschen Wörter waren bisher, soweit die Umschrift es zuläßt, einfach phonetisch genau in die semitische Schrift übertragen worden. Die Maskilim, die Aufklärer, fügten Doppelkonsonanten und sogar das Dehnungs-h aus dem Neuhochdeutschen in die jiddische Schreibweise ein.

Indem sie die Sprache jedoch von einer andern her sahen und werteten, setzten sie sie ins Unrecht, verdarben sie, beraubten sie ihres Charakters.

Natürlich verlangten sie nicht unbedingt, daß alle ihre Landsleute nun plötzlich mitten unter den Slawen ringsum vollendet Deutsch lernen sollten. Sie postulierten vielmehr Hebräisch für wissenschaftliche und religiöse Publikationen, auch für erhabene, philosophisch angehauchte Poesie, und darüber hinaus sollte die Jugend die Landessprachen lernen, die sie bisher nur sehr mangelhaft beherrschte.

Der Widerwillen gegen das Jiddisch aber ging bei den gebildeten Ostjuden jener Zeit so weit, daß sie sogar versuchten, seinen Gebrauch für Publikationen mit staatlichen Mitteln zu unterbinden: eine Gruppe maskilischer, das heißt aufgeklärter Rabbiner reichte damals eines Tages dem zaristischen Kultusminister ein Gesuch ein, er möchte den Juden doch jiddische Publikationen auch für intern-jüdische Zwecke verbieten. Nun waren zaristische Minister an sich meist nur allzu gern bereit, die Juden zu schikanieren. Sie verboten jüdische Theater, den Besuch öffentlicher Schulen und Universitäten, sie verboten das Wohnen außerhalb bestimmter ‚Ansiedlungsrayons‘, sie machten die Juden gern zum Sündenbock bei jeder innenpolitischen Schwierigkeit und lenkten mit Vorliebe oppositionelle Volksstimmungen in Judenpogrome um. Wäre der damalige Kultusminister ein witziger und boshafter Mann gewesen, dann hätte er mit Vergnügen den Antrag der Rabbiner in einen zaristischen Ukas verwandelt und damit mit einem Schlag das kulturelle Leben der jüdischen Gemeinden vernichtet. Er war aber human genug, um zu erklären, ein solches Verbot würde ja die jüdischen Massen nicht von heute auf morgen in die Lage versetzen, russische und hebräische Texte schreiben und lesen zu können. Er lehnte ab...

Tatsache ist aber: von den geistigen Führern der Juden im Osten wurde die jiddische Sprache zur Zeit der Aufklärung gehaßt.

Gerade in dem Augenblick aber, in welchem das Jiddisch im Westen vollkommen unterzugehen begann, stand im Osten eine neue Generation von Dichtern auf, die plötzlich für den vollen und unverwechselbaren Klang ihrer Muttersprache offene Ohren hatten. Sie, die als erste die Schönheit der jiddischen Sprache erkannten, schufen als erste auch wirkliche jiddische Dichtung.

Und als dann die Hitler-Truppen im Osten einmarschierten, genoß die jiddische Sprache bei den Ostjuden schon lange volle Anerkennung und Achtung. Es gab jiddische Schulen, Zeitungen, Zeitschriften, literarische Publikationen, Theaterbühnen und Kabarette. In Wilna und Minsk waren Institute für die jiddische Sprache entstanden. Sie betrieben weniger Forschung der Geschichte der jiddischen Sprache und ihrer Zusammenhänge mit den verschiedenen mittelhochdeutschen Dialekten. Sie waren vielmehr eine Art von Sprachakademien, die den Wortschatz und die Orthographie diskutierten und mit Hilfe bester Kenner Sprachgesetze dekretierten. In den Hitler-Jahren wurden beide Institute samt dem ganzen dort liegenden Material vollkommen vernichtet. Immerhin hat das Institut von

Wilna in dem ‚YIWO' in New York eine Nachfolge gefunden. Wir kommen später noch einmal auf diese Institute und auf ihre Arbeit zurück.

GEGENWART UND UNTERGANG

In Polen ist mit der physischen Vernichtung eines Großteils der polnischen Juden auch ihr spezifisches Kulturleben untergegangen.

In Sowjetrußland jedoch leben auch heute noch gegen zwei Millionen Juden.

Dort gab es die bereits erwähnte Bemühung, in Birobidschan einen autonomen jiddischen Siedlungsdistrikt zu errichten. Gerd Ruge, ein verläßlicher und sorgfältiger Beobachter, hat in seinem Buche ‚Gespräche in Moskau' (Kiepenheuer-Verlag, 1961) auch über seinen Besuch in Birobidschan berichtet. Die Kolonie befindet sich in voller Auflösung. Es gibt noch einige Straßen- und Häuserschilder in jiddischer Schrift, aber längst keine jiddischen Schulen, und auch die Verwaltungssprache ist neuerdings nur noch Russisch. Der scharfe Antisemitismus im sowjetischen Rußland mag viel zu diesem Niedergang beigetragen haben.

Aber man soll sich nichts vormachen: die jiddische Sprache braucht, um lebendig zu bleiben, die immer neu formenden und bereichernden Impulse aus dem traditionalen, hebräisch-aramäischen Schrifttum der Juden. Indem man nun den Juden in den Sowjetstaaten verbot, ihren Söhnen diese seit Jahrtausenden üblichen Kenntnisse zu vermitteln, degradierte man ihr Jiddisch inhaltlich und formal. Es wäre unter solchen Umständen auch bei freundlichster Behandlung der Juden über kurz oder lang untergegangen. Darüber vermag auch die erneute Herausgabe etlicher jiddischer Werke und Zeitschriften in Sowjetrußland kaum hinwegzutäuschen.

Ein ähnlicher Vorgang bahnt sich in Amerika an, ohne daß dort, wie in Rußland, Zwangsmaßnahmen der Regierung dahinterstünden: zur Assimilation hinzu kommt, daß auch in Amerika das hebräische Schrifttum nur noch in erschreckend kleinen, streng orthodoxen Kreisen ernsthaft studiert wird. Abgetrennt von seiner geistig-formenden Kraft würde das Jiddisch auch hier, selbst wenn man es noch eine Zeitlang sprechen sollte, allmählich trotz der ehrlichen und wertvollen Bemühungen des Institutes YIWO, mit seinen bewundernswerten Leistungen allmählich absinken und untergehen müssen.

In Israel aber spricht die Jugend nur noch Hebräisch. Einige sehr kleine, sehr streng orthodoxe Kreise lehnen es jedoch auch in Israel selber einstweilen ab, die hebräische Sprache für den Alltag zu profanieren. Zu Hause halten sie bewußt am Jiddischen fest. So grotesk es klingt: hier, in Israel, wo letztlich niemand am Weiterbestehen der jiddischen Sprache interessiert ist, mag sie eben aus dem Grunde, weil sie nur von konservativen soliden Kennern des Talmuds und seines Sprach- und Formenschatzes gesprochen wird, sich am ehesten noch ein Weilchen als echte, voll durchgeprägte Sprache erhalten.

Ihr Tod aber – man mag es mit Triumph registrieren, wie seinerzeit die Maskilim, oder mit Bitterkeit und Schmerz, wie die Folkloristen – ist heute nur noch eine Frage der Zeit.

Ein Kapitel der deutsch-jüdischen Symbiose, das hier, in einer eigenartig pittoresken Sprache, nicht nur die Verfolgungen der Kreuzfahrerzeit, sondern sogar die der Hitler-Jahre überstanden hat, geht damit seinem definitiven Ende entgegen.

Und diese Sprache stirbt – wir wiederholen es noch einmal ausdrücklich – nicht an der Abtrennung der Juden von ihrer einstigen deutschen Heimat: sie erfolgte vor Jahrhunderten und führte umgekehrt erst zur Entstehung der jiddischen Sprache. Sie stirbt auch nicht an der Ablösung der Juden von der deutschen gleichzeitigen Kultur: der erneute Kontakt mit deutscher Literatur hat umgekehrt die jiddische Sprache zur Zeit der Aufklärung nach Noten verhunzt und verdorben. Sie starb und erstickte auch nicht in den Gaskammern von Auschwitz: zwölf Millionen Juden sprachen und verstanden vorher Jiddisch, sechs Millionen sind es trotz allem auch heute noch. Die jiddische Sprache stirbt, weil die Preisgabe der eigenen, der semitischen geistig-geistlichen Tradition der Juden ihr den Lebensquell, die formende, bildende Kraft raubt, so daß sie, selbst wenn sie noch ein Weilchen existieren sollte, zu dem wird absinken müssen, was sie in den Augen des Westens auch in ihrer Blütezeit und blühenden Form gewesen ist: zu einem Jargon.

Dies letzte und rührendste Kapitel der deutsch-jüdischen Symbiose endet nicht am Bruch zwischen dem jüdischen Volk und dem deutschen, zwischen der jüdischen Kultur und Sprache und der der Deutschen, sondern, wir wiederholen es, am Bruch der außerisraelischen, aschkenasischen Juden mit ihrer eigenen, dreitausend Jahre alten orientalischen Tradition.

FORSCHUNG

Die nachfolgenden kurzen Ausführungen stützen sich fast ganz auf die Analysen von Franz Joseph Beranek, dessen Interesse an der jiddischen Sprache ursprünglich rein germanistisch war. Die konservativen Juden haben nämlich nicht nur bei vielen deutschen Wörtern den alten, frühen Sinn bewahrt, der in der weiteren Entwicklung der deutschen Sprache dann verlorenging und vergessen wurde. Sondern sie haben auch viele alte deutsche Worte beibehalten, die nur noch bei ihnen zu finden sind. Jiddisch ist daher für den Germanisten eine Fundgrube. Daß sie so wenig ausgebeutet wurde, daß vor allem das heute untergegangene Ur- und Altjiddisch so wenig durchforscht wurden, liegt teils an dem etwas erschwerten Zugang: die hebräischen Buchstaben mögen manchen Neugierigen abgeschreckt haben. Obwohl die Schwierigkeit anderseits von den wenigen Christen, die dennoch Jiddisch lesen gelernt haben, nicht sehr hoch eingeschätzt wird. Avé-Lallement zum Beispiel, vor hundert Jahren Polizeipräsident in Lübeck, am Jiddischen zunächst nur so weit interessiert, als es Ausdrücke für das Rotwelsch, den Jargon der deutschen Vaganten und Gauner, geliefert hat, sah sich im Laufe seiner Untersuchungen veranlaßt, die jiddische Sprache gründlich zu erlernen. Er hat mühelos und in kurzer Zeit sämtliche seit Anbeginn gebräuchlichen Schreibweisen nicht nur selber erlernt, sondern auch für Lernbegierige dargestellt. Seine Geschichte des deutschen Gaunertums ist zugleich ein Lehrbuch für Jiddisch.
Ähnlich urteilt der preußische Konsistorialrat Prof. DDr. Hermann L. Strack, der zur Zeit des Ersten Weltkrieges ein jiddisches Wörterbuch für deutsche Soldaten und Beamte im Osten herausgegeben hat. Nach seiner Meinung sollten etliche Stun-

den genügen, um einen Deutschsprachigen in die Lage zu versetzen, jiddische Texte zu entziffern. Allerdings dürfte er als Theologe doch Hebräisch gekonnt haben. Wer hebräische Buchstaben noch nicht kennt, dürfte schon zwei, drei Tage benötigen, bis er Jiddisch geläufig lesen kann.

Aber es kann diese eine Schwierigkeit nicht die einzige Ursache sein, weshalb die Germanistik sich bisher so wenig um die jiddische Sprache gekümmert hat. Vermutlich hat bei christlichen Forschern auch der Antisemitismus hemmend gewirkt. Und jüdische Germanisten wiederum waren im allgemeinen wenig geneigt, im Jiddischen etwas anderes zu sehen als einen peinlichen Jargon ihrer Väter, den sie zum Glück endlich überwunden hatten.

Sie sahen daher auch nicht, was für Strack eine Selbstverständlichkeit ist, daß nämlich «Jiddisch, meist für ein verderbtes Deutsch gehalten, auf den Namen einer Sprache mindestens mit demselben Recht Anspruch erheben darf wie Englisch (das ja auch eine Mischsprache ist auf germanischer Grundlage)». Beranek jedoch ist nicht bei der Erforschung des Jiddischen als eines Ganzen stehengeblieben. Ihm haben wir auch den genauen Aufriß der historischen Entwicklung zu danken wie auch den genauen Nachweis über die Verteilung der einzelnen noch existierenden und untergegangenen Dialekte.

DEFINITION UND AUSBREITUNG

Nach Beranek versteht man unter Jiddisch « die Sprache, deren sich die nichtassimilierten aschkenasischen, das heißt mittel- und osteuropäischen Juden im Alltagsleben innerhalb der Familie und der jüdischen Gemeinschaft bedienen oder bis vor kurzem bedient haben. Die jiddische Sprache» – so fährt Beranek fort – «ist dem Schoße der deutschen Sprache entsprungen. Und trotz der in allen Räumen ihres Gebäudes erkennbaren Überfremdung durch Sprachgut anderer Herkunft bildet das deutsche Element dessen Grundfesten und tragendes Gerüst.» Das ist ohne Zweifel richtig und widerspricht auch nicht der Tatsache, daß Geist und Seele des heutigen Jiddisch längst nicht mehr vom Deutschen her geprägt sind, sondern den rein ostjüdischen Hintergrund verraten.

Für das heutige Jiddisch schlägt Beranek – in Übereinstimmung mit den heutigen jüdischen Jiddisten – den Namen ‚Jiddisch' vor, den auch die Ostjuden selber – neben ‚Mame-Loschen' – für ihre Sprache benützen. Den früher üblichen Ausdruck ‚Jüdischdeutsch' oder ‚Judenteutsch' will Beranek, auch das mit gutem Grund, für die frühe Stufe der Sprache vor der Flucht der Juden nach dem Osten reservieren. Die Juden selber empfanden ihre Sprache damals nämlich einfach als ‚Deutsch' – sie nannten es ‚Taitsch'.

Später, im Osten, unterschieden sie dann nur allzu genau zwischen Deutsch und Jiddisch. Es gab fanatisch fromme Kreise, die das Erlernen irgendwelcher europäischer Sprachen als den Beginn der religiösen Lockerung aufs strengste ablehnten. Wollten chassidisch erzogene junge Männer Schiller, Kant oder Goethe lesen, so mußten sie es in größter Heimlichkeit auf einem Heuboden oder im Walde tun. Der Hinweis auf eine Identität zwischen Jiddisch und Deutsch hätte ihnen wenig geholfen. Und es hätte ihnen auch nichts geholfen, wenn sie darauf hingewiesen hätten, daß man doch nach wie vor für ‚ins Jiddisch übersetzen' kein anderes Wort kannte als ‚taitschen', das aber heißt doch nichts anderes als: verdeutschen.

Beranek unterscheidet ‚rezente' und ‚historische' jiddische Gebiete. Die historisch-jiddischen Gebiete sind jene, in welchen schon seit einiger Zeit nicht mehr Jiddisch gesprochen wird. Sie fallen mit dem westjiddischen Bereich zusammen.

Die rezenten Gebiete – es sind die des Ostens – wurden in den Hitler-Jahren katastrophal entvölkert, räumlich jedoch nicht eingeengt.

‚Rezente' Gebiete sind: Polen (ohne den deutschen und österreichischen Teil Schlesiens), Slowakei, österreichisches Burgenland, der Norden von Ungarn und Rumänien, Estland, Lettland, Litauen, Weißruthenien, Ukraine, Moldavien. Die Ostgrenze für Jiddisch war bis 1917 durch die Ostgrenze des jüdischen ‚Ansiedlungsrayons' in Rußland festgelegt. Ein Zaren-Ukas von 1794 hatte nämlich den Juden nur ganz bestimmte Gebiete in Westrußland zum Bewohnen freigegeben. Diese Grenze verlief in nordsüdlicher Richtung etwa von Petersburg bis Rostow. Jenseits dieser Grenze saßen vor der Revolution nur kleine Gruppen ‚privilegierter Juden'. Nach der Revolution konnten Juden zwar hinziehen, wohin sie wollten. Es entstanden aber östlich der bisherigen Ansiedlungsgrenzen nur in den größeren Städten etliche jüdische Gemeinden. Oder genauer: es waren jetzt, nach Auflösung der religiösen Institutionen, keine Gemeinden mehr, sondern einfach eine Vielzahl von Juden ohne eigene Organisationen oder Institutionen. Eine Ausnahme bildete die bereits erwähnte jüdische Siedlung in Birobidschan an der Ostgrenze der Sowjetunion.

Der ‚historische' Teil des Jiddischen reicht von der Westgrenze des rezenten Teiles bis nach Elsaß, Lothringen und den Niederlanden. Früher lebten Jidden auch in der päpstlichen Grafschaft von Avignon und in der Lombardei.

Auf diesem Boden war jedoch die Eigenentwicklung und Existenz der jiddischen Sprache durch die Nachbarschaft der deutschen dauernd gestört. Von der zweiten Hälfte des achtzehnten Jahrhunderts an begann daher die Ablösung durch Deutsch und die andern Landessprachen.
Im Osten jedoch, vor allem in Rußland, wirkte der starke soziale und politische Druck konservierend. Und dieser gleiche Druck erzeugte auch außerhalb von Rußland immer wieder neue Zentren für jiddische Sprache: denn nach jeder akuten Verfolgungswelle, vor allem nach Pogromen, wichen russische Juden nach dem Westen aus. Sie blieben in Paris, in London. Vor allem aber fuhren sie nach den Vereinigten Staaten. Heute sprechen die Nachkommen dieser Auswanderer Englisch. Damals jedoch, gleich zu Beginn und noch lange darüber hinaus, hielten sie treu an ihrem Jiddisch fest. Indem sie die verschiedenen jiddischen Dialekte durchkreuzten und diese Kreuzung mit englischen Wendungen hauptsächlich aus dem Erwerbsleben durchmischten, schufen sie ein einheitliches neues ‚Kolonialjiddisch'.

DIALEKTE

Wir erwähnten bereits, daß das Ostjiddisch, wiewohl es auf verschiedene mittelalterliche deutsche Dialekte zurückgeht, im Osten zu einer einheitlichen Sprache wurde. Wortschatz und Grammatik differieren vom äußersten Nordwesten bis zum südöstlichsten Zipfel nur wenig. Einem geschriebenen Text wird nur ein Kenner ansehen, aus welcher Landesgegend er stammt. Anders verhält es sich mit der Aussprache, und vor allem mit der Aussprache der Vokale. Wir haben wiederholt betont, daß

die Juden das Skelett der Konsonanten nach semitischer Sprachgewohnheit weitgehend intakt ließen.
Im wesentlichen kann man zwei Ausspracheformen unterscheiden: eine nördliche und eine südliche. Die Scheidewand ist zugleich eine Scheidewand der Weltanschauungen:
Im Osten gab es – wir haben es bereits erwähnt und werden im Zusammenhang mit der jiddischen Literatur noch einmal darauf zurückkommen – genau wie im Westen, wenn auch ein wenig später, eine aufklärerische Bewegung. Prinzipiell strebte sie Angleichung an die Wirtsvölker an: neuzeitliche Berufe, moderne Wissenschaft, moderne Kleidung anstelle des traditionellen Kaftans, deutsche Sprache und Sprache der slawischen Wirtsvölker. Diese Bewegung gab es praktisch nur im Norden. Für den Ostjuden ist ein ‚Litwak', das heißt ein litauischer Jude, heute noch ein Aufklärer und Rationalist.
Im Süden, in Wolhynien, in der Ukraine jedoch war es anders. Dort waren die Juden nach den schrecklichen Metzeleien durch Bogdan Chmjelnickis Banden dezimiert, verarmt, verschreckt und hilflos zurückgeblieben. Schulen und Bildungszentren waren zerstört. Was sollten die armen Überlebenden mit strengen Debatten und scharfsinnig-formalen Explikationen? Sie brauchten Rückhalt, seelische Hilfe, Güte, Wärme. Bei ihnen entstand die schwärmerisch-gläubige Sekte der Chassidim, der ‚Frommen', die sich um charismatisch gewählte Rabbis, geistige und geistliche Führer, gruppierten. Hier war man auf innige und mystische Weise tief gläubig, hier liebte man Märchen und Erzählungen von Wundern, hier glaubte man selber an Wunder, die sich jeden Tag wiederholen konnten und sollten, die man von den Rabbis auch tatsächlich erwartete und die sich oft genug vor den Augen der Glaubenden abspielten.

Die Grenze zwischen der chassidischen Welt und der der Mitnagdim, das heißt der ‚Gegner', wobei immer nur die Gegner der Chassidim gemeint sind, deckt sich fast genau mit der Grenze zwischen dem südlichen und dem nördlichen Dialekt. Die einzelnen lautlichen Unterschiede werden wir an einem spätern Ort aufzählen. Hier sei nur der allgemeine Unterschied im Klangcharakter erwähnt: Die trocken-rationalen ‚Litwaks' sprechen ein rasch hingleitendes Jiddisch mit lauter kurzen Vokalen, gleichmäßig, ein wenig abgehackt hart. Im Süden sind die Vokale teils lang, teils kurz, die Sprechweise weich und melodisch. Mit andern Worten: der Gegensatz der beiden Welten drückt sich auch in Sprache und Aussprache aus.

Eine dritte Gruppe war im neunzehnten Jahrhundert im Süden Rußlands in jenen Gebieten entstanden, die jetzt erst neu für Juden freigegeben wurden. Dorthin strömten Juden aus sämtlichen Himmelsrichtungen, dort bildete sich daher ein Mischdialekt.

Dieser Mischdialekt mag zum Teil als Vorbild gedient haben, als das New Yorker Institut YIWO daranging, eine einheitliche Aussprache für die Bühne und andere offizielle Zwecke festzulegen. Ein solches Unterfangen wäre in der alten Heimat sinnlos gewesen. Dort hätte sich niemand eine andere Aussprache als die ringsum einheitlich übliche aufzwingen lassen. Hier aber, in Amerika, konnte man ganz gut darangehen, die klanglich besten Möglichkeiten aus allen Dialekten zur Synthese zu bringen. Man hat im wesentlichen die Melodik des Südens mit der Vokalisation des Nordens kombiniert. Wir kommen darauf noch zurück. Für unsere eigenen Proben aus der jiddischen Folklore haben wir übrigens eine ähnliche Variante gewählt.

Heute ist der Osten, einst das geistige und mengenmäßige Zentrum und Reservat des europäischen Judentums, von Juden fast vollständig entvölkert. Eine Ausnahme bilden, wie bereits erwähnt, einige Gebiete in Rußland.

Nun noch ein Wort zur Aussprache der hebräischen Wörter im Jiddischen.

Wir unterscheiden in Europa zwei Hauptgruppen von Juden: die sephardische, das heißt die aus der Pyrenäischen Halbinsel stammende, die uns hier nicht weiter interessiert, weil sie nicht Jiddisch sprach oder spricht; und die aschkenasische, das heißt deutsche, die aber auch die nach dem Osten entwichenen deutschen Juden umfaßt und heute schlechthin alle Juden meint, welche Deutsch oder Jiddisch als Muttersprache hatten oder haben: die ‚Jidden' also.

Aus Gründen, die bis heute nicht ganz klar sind, hat die Aussprache der hebräischen Wörter bei diesen aschkenasischen Juden von irgendeinem nicht bekannten Zeitpunkt im Mittelalter an begonnen, sich zu verändern. Daß der Akzent, der in den semitischen Sprachen auf der Endsilbe liegt, von den deutschen Juden ein wenig europäisiert, das heißt auf die zweitletzte Silbe zurückgezogen wurde und daß als Folge davon die Vokale der unbetonten Endsilben klanglich entfärbt wurden, mag dabei noch verständlich sein. Obwohl man sich fragen muß, weshalb die spanischen Juden das nicht ebenfalls taten. Mag sein, daß bei ihnen der lange Kontakt mit den Mauren in Andalusien, die ja ebenfalls eine semitische Sprache, nämlich Arabisch, sprachen, eine solche ‚Indogermanisierung' der hebräischen Aussprache auch später verhinderte.

Die aschkenasischen Juden haben jedoch nicht nur den Akzent von der Endsilbe zurückgezogen, sie haben darüber hinaus die Aussprache der Vokale verändert, vor allem in Doppellaute zer-

dehnt, genau wie sie es später oder vielleicht auch gleichzeitig mit den deutschen Vokalen taten.
Wann es geschah, weiß man nicht genau. Es muß aber schon ziemlich früh gewesen sein. Zur Zeit der Renaissance jedenfalls war es längst geschehen. Man ersieht es eindeutig aus den Klagen deutscher christlicher Humanisten, die damals oft nach Italien zogen, um bei den gebildeten jüdischen Flüchtlingen vor der Inquisition in Spanien Hebräisch zu lernen. Sie alle stellen fest, daß ihr dort erlerntes Hebräisch von den Juden in Deutschland nur mit größter Mühe verstanden werden kann. Und die Missionare jener Zeit schrieben eigens Lehrbücher, aus denen ihre Kollegen die genaue Aussprache des Hebräischen bei den deutschen Juden erlernen sollten. Sie schrieben übrigens damals auch ausgezeichnete Lehrbücher zur ‚judenteutschen' Sprache selber. Teils aus sprachlichem, teils aus missionarischem Interesse. Bei manchen von ihnen mischte sich das eine Interesse mit dem andern.

DER WERT DER UNPHONETISCHEN SCHRIFT

Ganz zu Beginn ihrer Geschichte sprachen die Juden als Einwanderer aus Mesopotamien Aramäisch. In Israel bildeten sie, indem sie die mitgebrachte Sprache mit der der ansässigen Kanaanäer mischten, das Hebräisch, in welchem die Bibel geschrieben ist. In nachbiblischer Zeit nahmen sie sowohl in Palästina selber wie vor allem auch im babylonischen Exil wieder sehr viel aramäische Bestandteile in ihre Sprache auf und sprachen nun wieder Aramäisch, in zwei verschiedenen Varianten, der babylonischen und der palästinensischen. In diesen beiden hebräisch durchmischten aramäischen Dialekten sind auch die beiden Talmude, der Jerusalemer und der babylonische, niedergelegt.

Zugleich und wenig später übernahmen sie auch die Sprachen der hellenistischen Welt: Griechisch und Latein. Sie übernahmen sehr viele einzelne lateinische und noch mehr griechische Wörter in ihr Aramäisch. Daneben sprachen sie Griechisch und Latein aber auch unvermischt. Die Juden von Alexandria hatten bekanntlich ihre semitischen eigenen Idiome schon so weit vergessen, daß sie sich genötigt sahen, eine griechische Übersetzung der Bibel – die Septuaginta – zu veranlassen.

Aber schon vorher waren sie mit dem hebräischen Original allein nicht ausgekommen: anfangs wurde der hebräische Text jeweils in der Synagoge, bei der Vorlesung, vom Vorbeter zugleich auch ins Aramäisch übersetzt. Später wurden dann aramäische Übersetzungen auch schriftlich festgelegt. Die bekannteste – die des syrischen Proselyten Onkelos – wird merkwürdigerweise noch heute in den gebräuchlichen Bibelexemplaren der Juden meist neben den hebräischen Text gedruckt. Noch später sprachen und schrieben die Juden Arabisch.

Nach der Vertreibung der Mauren aus der Pyrenäischen Halbinsel begannen die verbliebenen Juden, Spanisch zu sprechen und zu schreiben. Sie sprachen und schrieben im Mittelalter ferner Französisch und Deutsch.
Und nun das Eigentümliche und Einzigartige: welche Sprache sie auch annahmen – sie schrieben sie ausschließlich in ihrer eigenen, semitischen, von rechts nach links laufenden Schrift, in derselben, in welcher auch die Bibel festgehalten ist, und in einer dazugehörenden Kurrentschrift. Später kam dann noch eine leichte Abwandlung der Schrift hinzu: die sogenannte Raschischrift.
Ursprünglich mochte nur die für Juden typische Traditionstreue der Grund dafür sein, daß sie an ihrer Schrift auch in fremden Ländern und für fremde Sprachen festhielten. Um aber zu verstehen, welche grundlegende Bedeutung diese Tatsache im Laufe der Jahrtausende für die Juden im allgemeinen gewann und welche Folgen sie für die jiddische Sprache und Kultur im besondern hatte, muß man die Eigenart dieser hebräischen Schrift kennen. Und da es eine phonetisch nicht eindeutig festgelegte Schreibart ist, muß man darüber hinaus auch überlegen, welche Bedeutung, welchen Sinn, welche Vor- und Nachteile in bestimmten Zusammenhängen phonetische und nicht oder nur partiell phonetisch festgelegte Schriften haben. Im Zusammenhang mit dieser Frage wird dann auch verständlich werden, weshalb die jiddische Sprache heute in dem letzten größeren Reservat, das ihr nach den Hitler-Jahren noch blieb, in Sowjetrußland nämlich, auf die Dauer wenig Aussicht hat zu bestehen.
Würde man in Europa die Gallupumfrage starten: Welches ist die idealste Schrift? – so würde ziemlich sicher die Antwort er-

folgen: Eine Schrift, welche den Lautklang vollkommen genau wiedergibt, eine exakt phonetische Schrift also.
Wie verhält es sich in Wirklichkeit damit?
Werfen wir, um diese Frage beantworten zu können, einen kurzen Blick auf die Geschichte der Schrift. Hierbei wird sich durch entsprechende Einordnung zugleich die Klärung der Bedeutung und Eigenart der Schrift ergeben, in welcher die Juden schreiben.
Die ältesten Schriftformen haben mit dem Wortklang überhaupt nichts zu tun. Sie setzen für jede Sache ein Symbol, ein Zeichen, ein Ideo- oder Logogramm. Am leichtesten läßt sich ein solches Prinzip bei konkreten Gegenständen anwenden: man kann sie in einer, wenn auch stark vereinfachten, formelhaften Zeichnung andeuten. Ein wenig schwieriger ist es, Verben oder Adjektiva auf diesem Wege auszudrücken. Immerhin – es geht. Man kann sich zum Beispiel darauf einigen, daß eine vereinfachte Skizze eines schreitenden Menschen ‚er geht' bedeutet und daß eine Blume = schön ist. Abstrakta kann man natürlich weniger gut bebildern. Nun – hier wird das Wortbild eben einem Zeichen weichen müssen, welches das Gemeinte nicht mehr darstellt, sondern es bloß noch aussagt, es ‚bedeutet'. Eine solche Schrift braucht ebenso viele Schriftzeichen, als es in der betreffenden Sprache Wörter gibt. Ein primitiver Mann mag mit wenigen tausend Begriffen auskommen. Der Hochgebildete mit seinem reichen, differenzierten Wortschatz wird Zehntausende von Zeichen benötigen und folglich auch erlernen müssen.
Dies ist die älteste Form der Schrift, und wir sind heute geneigt, sie als rückständig und unzweckmäßig abzulehnen. Die Tatsache jedoch, daß die hochkultivierten Chinesen, die doch seit

Jahrtausenden schreiben, dennoch an einer solchen Schrift festgehalten haben, sollte uns vorsichtiger urteilen lassen.
Man überlege folgendes: Sprachen zerfallen in Dialekte. Diese Dialekte differieren umso stärker, auf je größerem Raume die betreffende Sprache gesprochen wird. Sprachen entwickeln sich ferner im Laufe der Zeit, verändern sich so stark, daß eine frühere Stufe eines Tages fast oder ganz unverständlich klingt. Hat man nun eine phonetische Schrift, so fällt die Möglichkeit einer schriftlichen Verständigung über große zeitliche und räumliche Distanzen fort.
Alle solche Schwierigkeiten fallen umgekehrt bei einer unphonetischen Zeichenschrift dahin. Bedeutet ein bestimmtes Zeichen einfach ‚Tisch', dann ist es gleichgültig, wie das Wort in Nord und Süd, in West und Ost ausgesprochen wird und ob sich sein Klangbild im Laufe der Jahrhunderte oder gar Jahrtausende am Ende gewandelt hat. Für Europa würde das bedeuten, daß eine solche Zeichenschrift uns in die Lage versetzen würde, ohne weiteres, einfach durch Erlernen einer einzigen, wenn auch komplizierten Schrift griechische, lateinische, althochdeutsche, altfranzösische, englische, slawische, deutsche und anderssprachige Texte zu verstehen. Wir erlernen eine schwierige Schrift – und sparen uns damit das Erlernen Dutzender von Sprachen. Und in eins damit sichern wir uns die kulturelle Kontinuität über riesige zeitliche und räumliche Dimensionen.
Natürlich ist das ein abstraktes Beispiel, eine rein theoretische Möglichkeit, eine Demonstration der Bedeutung einer vollkommen unphonetischen ‚altertümlichen' Zeichenschrift. In Wirklichkeit sind nur die wenigsten Schriften vollkommen konsequent in ihren Prinzipien durchgeführt. Auch die chine-

sische Mandarinschrift ist längst keine reine Zeichenschrift mehr. Sie ist, wenn man so will, bereits ein wenig dadurch verdorben und entwertet, daß sie oft den Klang mit einrechnet. Bekanntlich hat das Chinesische viele gleichklingende Wörter. Diese Tatsache ist nun im Schriftbild auf folgende Weise berücksichtigt: Es gibt zum Beispiel ein bestimmtes Zeichen für ‚Schiff'. Das Zeichen wird ‚Tschö' gesprochen. Tschö bedeutet aber auch Wasserbecken, Deichsel, Flaum, Jagdpfeil. Es wird zwar behauptet, daß der Gleichklang der Verschiedenes bedeutenden Wörter im Chinesischen nicht weiter störe, weil beim Sprechen der Tonfall jeweils differiere. Aber erstens scheint die Differenz in der Wortmelodie doch nicht ganz auszureichen, sonst würden die gebildeten Chinesen nicht so oft mitten im Gespräch mit der Hand zur Vermeidung von Mißverständnissen Wortzeichen in die Luft malen. Und zweitens bleibt dadurch die Mißverständlichkeit in jedem phonetisch geschriebenen Text bestehen.

Das Radikalmittel gegen solche Mißverständnisse wäre natürlich die reine Zeichenschrift. Aber die Chinesen haben sie – wohl um das Gedächtnis nicht allzu unsinnig mit völlig verschiedenen Zeichen zu belasten – ein wenig phonetisch abgemildert: bei all diesen gleichklingenden Wörtern ist das Zeichen für ‚Schiff' als Element mit eingebaut.

Daß übrigens die altertümliche chinesische Wortbildschrift bereits ein wenig ins Phonetische hinein ‚verderbt' ist, geht auch aus folgendem hervor: für ‚Telephon' zum Beispiel bilden die Chinesen keineswegs ein eigenes, chinesisches Wort aus ihrem traditionellen Wortschatz heraus, sie übernehmen vielmehr das Fremdwort, übernehmen es auch in die Schrift, und zwar so, daß sie drei klanglich passende chinesische Wörter silbenartig aneinanderreihen: Te-li-feng. Ähnlich machen sie es auch mit europäischen Namen.

Indes geht es uns hier nicht um die genaue Analyse der chinesischen oder auch einer andern – etwa der altägyptischen, hieratischen – Bild- und Wortzeichenschrift und um die Frage, wieweit diese Schriften ihr Prinzip konsequent durchhalten. Es geht nur um folgendes: je stärker eine Schrift nicht am Klang, sondern nur am Sinn der Aussage hängt, ein desto verläßlicheres Instrument ist sie zur Wahrung der Tradition.

Bedenkt man dies, so wird es klar, weshalb man im heutigen roten China dieser altertümlichen Schrift feindselig gegenübersteht. Heutige Chinesen, und auch die Gebildeten unter ihnen, behaupten gern, diese alte Mandarinschrift sei ein Ausdruck des unsozialen Feudalismus. Die Schrift sei damals von der herrschenden Klasse eigens so schwer erlernbar gemacht worden, damit nur eine kleine müßige Elite in der Lage sei, sie zu erlernen. Die Schrift im alten China war, so sagt man heute, ‚unsozial'.

Ohne Zweifel wird hier aber Ursache und Wirkung verwechselt. Es ist wahr, es gab im Laufe der Geschichte immer wieder Schriften – und die Hieroglyphen der Ägypter, neben denen es bekanntlich eine einfachere ägyptische Schrift gab, gehören hierher –, bei denen bewußt die schwere Lesbarkeit für den Laien anvisiert war. Nicht aber bei der chinesischen. Ihre schwere Erlernbarkeit war nicht geplant und gewollt, sondern sie wurde als unvermeidlich in Kauf genommen.

Aber selbst wenn es gelänge, diesen Vorwurf eindeutig zu widerlegen, so würde das die Einstellung Rotchinas gegen diese alte Wortzeichenschrift nicht ändern: der Marxismus sagt nein zur alten chinesischen Tradition mit ihren sämtlichen patriarchalen, feudalen und ästhetischen Idealen. Überhaupt verneint der Marxismus die Traditionen. Seine Aversion gegen eine Schrift, deren Hauptverdienst die Wahrung endlos langer Tradition ist, ist daher logisch.

Und umgekehrt ist es von diesem Sinn der Mandarinschrift her verständlich, weshalb sich die bisher so konservativen Chinesen nie um eine phonetische Schrift bemüht haben: sie haben mehr Einwohner als ganz Europa. Und sie haben eine geistige und literarische Tradition, die sehr alt und sehr reich ist. Die Mandarinschrift band Nord mit Süd, Uranfang mit Zukunft.

Sie tat es, weil sie nicht oder doch nur teilweise phonetisch ist. Zwar gibt es auch innerhalb der phonetischen, heute in Europa üblichen Schriften ebenfalls eine gewisse Möglichkeit, kulturelle Traditionen zu wahren: weder die Engländer noch die Franzosen haben sich in den letzten Jahrhunderten bekanntlich entschließen können, das Schriftbild der veränderten Aussprache anzupassen. Das Prinzip ist bei den beiden Völkern ein wenig verschieden. Die Franzosen, strenge Logiker und Grammatiker, halten eine einheitliche frühere Stufe fest. Die Engländer, verspleente Antiquare und Liebhaber des Originellen und Pittoresken, haben sich die Schreibweise ihrer verschiedenen Wörter mehr zufällig aus alten Schriften unterschiedlichster Epochen und Provenienzen zusammengesucht. Die Folge ist, daß wir, trotz Anwendung eines phonetischen Alphabetes, heute in Frankreich nur bis zu einem gewissen Grade und in England im Grunde überhaupt keine phonetische Schrift mehr haben. Die Aussprache eines jeden Wortes muß einzeln erlernt werden. Das aber bedeutet, daß die englische Schrift in ihrer Traditionstreue die gleichen Schwierigkeiten hervorgebracht hat wie die der alten Mandarine. Nur daß man für die Nachteile der irregulären und willkürlichen Schreibweise, die das Schriftbild der Engländer letztlich auf eine Stufe setzt mit einer Schrift aus unphonetischen Ideogrammen, dennoch nicht den Vorteil eintauscht, auf diese Weise plötzlich die Sprache und Kultur von sechshundert Millionen Menschen aus fünf Jahrtausenden zu verstehen.

Wir können uns endlich wieder den Juden zuwenden. Es gibt eine Theorie, nach welcher die Phönizier die Erfinder der Buchstabenschrift sein sollen. Thomas Mann hat in seinem Moses-Roman diese fundamentale Erfindung sogar den Juden selber, nämlich Moses persönlich, zugeschoben. Beides wird heute von der Forschung mit Recht bestritten. Die phonetisch eindeutig festgelegte Buchstabenschrift wurde erst von den Griechen ausgebildet. Erinnern wir uns an die Bedeutung einer unphonetischen Schrift für die Geschlossenheit und Festigkeit einer Tradition, so bekommt diese Tatsache sogar symbolische Bedeutung: die Griechen waren nicht starre Bewahrer alter Werte, sondern leidenschaftliche Forscher und Finder von Neuem. Aber die phonetisch exakte Schrift hatte für sie noch eine weitere Bedeutung, auf die wir später noch kommen.

Vorher jedoch war es so:

Kurz bevor die Hebräer zu schreiben begannen, hatten die Westsemiten eine großartige Entdeckung gemacht: Schon seit einiger Zeit hatten sie als Wortzeichen nicht mehr bildhafte Symbole benützt, sondern Zeichen, deren Bedeutung man erlernen und nicht mehr aus dem Dargestellten ersehen konnte. Nun kamen sie auf den Einfall, an Stelle der ganzen Wörter nur noch einzelne Silben mit solchen Zeichen zu identifizieren. Natürlich gibt es weniger mögliche Silben als Wörter. Folglich reduzierte sich das bisher fast unendlich umfang-

reiche Quantum der zu erlernenden Zeichen auf weniger als tausend.
Indes: auch das war noch sehr viel. Man suchte nach einer weiteren Vereinfachung.
Denkbar wäre nun gewesen, daß man an dieser historischen Stelle den Sprung von der Silbe zum einzelnen Buchstaben gemacht hätte. Vielleicht wäre es auch geschehen – wenn die bisherigen Erfindungen nicht gerade innerhalb von semitischen Sprachen gemacht worden wären. So aber erfolgte – und zwar zuerst bei den Ägyptern – eine andere Form der Vereinfachung, die für eine semitische Sprache eben fast noch zweckmäßiger ist: semitische Sprachen, und so auch das Hebräische, ruhen, wir erwähnten es schon wiederholt, auf einem ziemlich unwandelbaren Skelett von Konsonanten, während die Vokale leicht wechseln. Wollte man eine angemessene Schrift, so mußte auch sie auf ein solches Gerüst von Konsonanten gestützt sein. Die Vokale waren weniger wichtig, man brauchte sie nicht unbedingt auszuschreiben. Sie ließen sich, wenn man den zusammenhängenden Text vor sich sah, mühelos erraten. Wozu also die Vielzahl der Silbenzeichen mit sämtlichen möglichen Vokalvariationen? Es genügte doch, wenn man zum Beispiel den konsonantischen Anlaut der Silbe genau festlegte und den Vokal unbestimmt ließ. Natürlich waren dann noch ein paar leere Träger für Vokale notwendig, die man etwa einsetzen konnte, wenn ein Wort mit einem Vokal anfing.
Auf diese Weise hatte man mit einem Schlag eine Schrift, die nur noch etwas mehr als zwanzig Zeichen brauchte.
Zwar war es jetzt keine voll ausgeschriebene Schrift mehr, sondern nur noch eine Art von Stenogramm. Aber was schadete das? Was die Schrift an Eindeutigkeit verlor, gewann sie an

Konzentration und Übersichtlichkeit. Sie wurde rasch überblickbar, erleichterte schnelles Lesen und Denken.
Es mag sein, daß dies für die Griechen nicht die ideale Schrift gewesen wäre – es ist ja auch kein Zufall, daß sie dann das volle phonetische System erfanden. Die Griechen liebten das reale Detail, sie liebten die Wirklichkeit in all ihrer Mannigfaltigkeit, in ihren tausendfachen Formen und Farben. Für die Semiten aber, die Wüstensöhne, die überall, auch in der Wissenschaft, rasch und mit Passion zu letzten abstrakten Kürzungen vorstießen, war diese Schrift das absolute Ideal.
Es wurde die Schrift der Juden, die Schrift der Bibel.
Immer wieder findet man – und fand man vor allem früher – die Theorie, die Schrift der Juden sei nicht eine Silben-, sondern eine bloße Konsonantenschrift. Dieser Irrtum ist daraus zu erklären, daß die Juden sehr viel später, im Exil, als Hebräisch und Aramäisch nicht mehr ihre Muttersprachen waren, zur Erleichterung beim Erlernen des Lesens und auch zur Vermeidung von Fehlern dann doch noch eine Art von Vokalen in Form von Punkten und kleinen Strichen in, über und vor allem unter den konsonantischen Silbenzeichen anbrachten. Dadurch wurde das bisherige Schriftbild zu einem bloßen Konsonantenskelett degradiert. Indes werden auch heute noch Briefe, Zeitungen und Bücher fast immer ohne Punktierung geschrieben und gedruckt.
Wir halten fest: Die hebräische Schrift ist ein Stenogramm, das nach Art eines Röntgenbildes das Skelett der hebräischen Sprache bloßlegt und das damit in eins rasches Lesen, Schreiben und Denken unendlich erleichtert.
Wiederholt hört man von Juden mit geringen Hebräischkenntnissen, es sei schade und ein Hindernis beim Erlernen der he-

bräischen Sprache, daß sie nicht endlich in lateinische und phonetische Schrift umgesetzt werde. Was wir oben gesagt haben, genügt allein, um einen solchen Vorschlag sinnlos erscheinen zu lassen. Dazu kommt aber, daß gerade diese phonetische Lükkenhaftigkeit der Schrift in den späteren Jahrhunderten und Jahrtausenden eine überraschende zusätzliche Bedeutung gewann:

Im Laufe der Jahrhunderte wandelte sich nämlich die Aussprache des Hebräischen bei den Juden Mittel- und Osteuropas. Da sie trotz der Tatsache, daß sie inzwischen vielerorts die indogermanische Sprache ihrer Wirtsvölker angenommen hatten, in ihrem Sprachgefühl und Sprachgebrauch Semiten blieben, ließen sie auch jetzt die Konsonanten fast ganz intakt. Sie veränderten die Aussprache der Vokale, gaben ihnen eine völlig veränderte Klangfarbe.

Hätten nun die Juden in der Zwischenzeit aus irgendeinem Grunde die durchvokalisierte Schrift der Griechen auch für ihr Hebräisch übernommen, so hätte das zum Zerfall der Tradition und Nation geführt. Da die gesamte männliche Jugend auch im Exil – und in frommen Kreisen bis auf den heutigen Tag – das religiöse Schrifttum im Originaltext studierte, konnten sich Juden aus den entferntesten Gegenden des Exils immer noch hebräisch verständigen. Jedenfalls in geschriebenem Hebräisch. Mündlich dürfte eine Verständigung zwischen aschkenasischen und sephardischen Juden schon im späten Mittelalter schwierig geworden sein: für ‚Herr' z. B. sagt der Ostjude heute ‚óden' oder ‚úden', der letztere ‚adón'. Die schriftliche Verständigung aber bot keine Schwierigkeit – solange die semitische Silbenschrift beibehalten wurde.

In dieser Schrift also schrieben die Juden seit ihrem Exil alle Sprachen ihrer Wirtsvölker.
In dieser Schrift schrieben und schreiben sie auch das aus deutschen Dialekten heraus geborene Jiddisch.
Nun mochte das beim Arabischen angehen, das doch immerhin ebenfalls eine semitische Sprache ist, wie das Hebräisch und das Aramäisch der Juden. Wie aber wirkte sich diese Schriftübertragung auf das Deutsche aus?
Zwar wäre es übertrieben, zu behaupten, daß man einen deutschen Text ohne Vokale nicht entziffern könne. ‚Wr ghn zr stdt' – man sieht auf den ersten Blick, was das heißen soll. Es ist aber keine Rede davon, daß hierbei, wie bei semitischen Idiomen, das Gerüst der Sprache bloßgelegt werde. Und mitunter, vor allem bei Namen, kommt man auf diesem Wege zu keinem klaren Resultat. Was soll zum Beispiel ‚Brnfld' heißen? Den Bestandteil ‚fld' wird man rasch als ‚feld' identifizieren. Was aber ist ‚Brn'? Birne? Bären? Bern? Baren? Man kann das fast beliebig (es gibt dafür Grenzen, aber die brauchen uns hier nicht zu interessieren) variieren.
Dazu kommt noch ein weiteres: Jiddisch war ja nicht, wie das nachbiblische Hebräisch oder Aramäisch, vor allem und sozusagen ausschließlich das Instrument scharfer geistiger Debatten. Es war die Sprache des einfachen Volkes, Volkssprache. Was für einen Sinn hatte es, hier rasche Schemen auf das Papier zu werfen, welche die blitzartige Konklusion erleichtern? Hier galt es doch nur, sich dem einfachen Manne auf eine möglichst leichte Art verständlich zu machen.
In der Tat blieb die Schreibweise bei der Verschmelzung mit dem Jiddischen nicht ganz unberührt:
Wir erwähnten bereits, daß die hebräische Schrift etliche – es

sind fünf – Zeichen hat, die nicht rein konsonantisch sind. Ein Teil von ihnen – das ‚hej', das ‚waw' und das ‚jud' – können sowohl als Konsonanten wie als Vokale figurieren. Der Rest, das ‚alef' und das ‚ajin', sind schon seit langem rein vokalisch, oder genauer: sie sind leere Vokalträger, bezeichnen die Stelle, welche durch einen Vokal ausgefüllt werden muß.

Und dieser Vokalträger hat sich nun das Jiddisch bemächtigt. Es verwendet sie weit reichlicher als das Hebräische. Es hat in den meisten Fällen zwar nach wie vor ihren Klangcharakter nicht eindeutig festgelegt, es hat ihm aber doch bestimmte Grenzen gesetzt, innerhalb welcher er sich bewegen kann.

Weitere Vereinfachungen wurden hinzugefügt. Für t, ch, k, w und ss kennt das Hebräische je zwei verschiedene Zeichen. Im Jiddischen gibt es für jeden dieser Buchstaben nur noch ein einziges Zeichen. Ferner gibt es in der hebräischen Schrift nur ein einziges Zeichen für p und für f. Im unpunktierten Text bleiben sie beide ungeschieden. Im Jiddischen wird über dem f gern ein Querbogen, ein sogenanntes ‚raphe', ein ‚weiches' Zeichen eingefügt, um die Mehrdeutigkeit zu beheben. Aber dieses ‚raphe' findet man kaum je in einem gedruckten Text, sondern fast nur in handgeschriebenen Briefen.

In dieser Schrift also, die weit leichter entzifferbar ist als die viel konzentriertere Schreibart des Hebräischen, schrieben die Juden Deutschlands ihr Deutsch. In dieser Schrift ist die älteste Handschrift des Gudrun-Liedes niedergelegt, die wir überhaupt besitzen. In dieser Schrift notierten sie ihre deutschen Glossen an den Rand der heiligen Bücher. Und in dieser Schrift fixierten sie später das scharfe, rasche Jiddisch der baltischen Regionen und das weiche, lyrisch-melodische Jiddisch des slawischen Südens.

Und während man sich zu Beginn noch fragen mochte, ob es sinnvoll war, ein indogermanisches Idiom in hebräischen Lettern zu schreiben, gewann diese Schrift nun auch im Jiddischen, genau wie schon zuvor beim Hebräischen, eine immense traditionssichernde und gemeinschaftsbildende Bedeutung. Und abermals gewann sie sie einzig auf Grund der Tatsache, daß die Vokale in ihr nicht festgelegt waren.

Denn das Jiddisch des Ostens blieb nicht einheitlich. Es schied sich, wir sagten es schon, in verschiedene, hauptsächlich aber in zwei Dialekte, einen nördlichen und einen südlichen. Die sprachliche Gewohnheit der Juden blieb semitisch geprägt: sie ließen auch in diesem deutschstämmigen Idiom die Konsonanten fast ganz intakt, variierten nur die Aussprache der Vokale. Intakt blieb auch der grammatikalische Aufbau. Der Wortschatz variierte ein wenig von Land zu Land, denn überall machten sich etliche lokale Einflüsse geltend. Aber die Unterschiede blieben minim.

Die Vokale hingegen differierten. Sie differierten im gesamtjiddischen Bereich für das bereits als Beispiel angeführte Wort ‚rot' so: rat, raut, rout, roüt, rojt, rejt. Geschrieben aber wurde das Wort einheitlich. Und jeder unterlegte dem leeren Vokalträger den Vokal, der bei ihm in der Gegend in dem Worte üblich war. –

Die Juden hatten ihr Jiddisch bewahrt, weil es das Band war, das sie nach der Flucht in den Osten als einziges noch mit ihren verbliebenen Brüdern in Deutschland und allen jenen, die westwärts ausgewichen waren, verknüpfte. Eine phonetische Schrift, an sich die einzig angemessene für eine indogermanische Sprache, hätte dieses Band nachträglich dennoch zerrissen. Sie hätte außerdem die Entstehung einer jiddischen Literatur, die nicht nur in engen lokalen Grenzen gelesen und verstanden werden konnte, unmöglich gemacht. Die hebräische Schrift aber, an sich ein Absurdum für das deutschstämmige Jiddisch, erwies sich jetzt als Voraussetzung für die Entstehung der gesamten jiddischen Literatur und letztlich wohl auch Kultur. – Immer wieder hat es im Laufe der Neuzeit Versuche gegeben, das Jiddisch in lateinische oder gotische Lettern, in eine phonetisch genaue Schrift also, zu transkribieren. Die Juden selber taten es nur sehr selten. Die letzten, armseligsten Ausläufer des Westjiddischen sind in gotischer Schrift fixiert. Und nach dem Zweiten Weltkrieg geschah es da und dort einfach aus Mangel an hebräischen Drucktypen, also aus einer Notlage heraus. Im Ersten Weltkrieg jedoch versuchten die Verwaltungsorgane der mitteleuropäischen Heere im slawischen Osten, die Juden an Erlasse und andere Publikationen zwar in jiddischer Sprache, jedoch in europäischen Buchstaben zu gewöhnen. Zu jener Zeit besuchten die meisten Juden bereits neben ihren traditionellen, religiösen Bildungsanstalten auch staatliche Schulen, konnten also solche Schriftstücke und Drucksachen ohne weiteres lesen. Aber der Versuch mißlang. Und er mißlang mit gutem Grund. Denn gerade jetzt, in der Kriegszeit, da flüchtende Juden aus allen möglichen Kampfzonen sich durchs Land bewegten, erwies sich der Wert einer Schrift, die dank einheitlichem Schriftbild für alle gleich gut lesbar und verständlich war, als doppelt wertvoll.

Merkwürdigerweise wurde ein solcher Versuch in den an sich so traditionsfeindlichen Sowjetstaaten dann nicht wiederholt. Man war vielleicht zur Überzeugung gekommen, daß sich die Ablösung der hebräischen Lettern durch cyrillische oder lateinische einfach nicht durchsetzen würde.

Eine andere Veränderung jedoch bahnte sich an. Und sie birgt in sich zugleich die Erklärung, weshalb in Rußland, auch ohne Einmarsch der Hitler-Truppen und auch ohne die judenfeindliche Politik seit der Stalin-Ära, die jiddische Kultur, Literatur und Sprache dem Untergang geweiht ist.

DER UNTERGANG DER JIDDISCHEN SPRACHE DURCH UNTERGANG DER TRADITIONELLEN ORTHOGRAPHIE

Wir sagten: Die hebräische Schrift und auch ihre gelockerte Variante mit den vermehrten Vokalträgern, die für das Jiddisch Anwendung findet, ist nicht ganz durchphonetisiert. Insofern aber ist das Jiddisch dennoch ‚phonetisch', als es bei deutschen Wörtern einfach, soweit dies bei hebräischen Lettern möglich ist, den Klang wiedergibt und sich nicht um die offizielle moderne Schreibweise kümmert. Man schreibt daher jiddisch nicht ‚sehr', sondern ‚ser', nicht ‚Fuchs', sondern ‚Fukss', nicht ‚leer', sondern ‚ler', nicht ‚gehen', sondern ‚gejn'. Einzig zur Zeit der Aufklärung, der ‚Haskala', versuchten die jiddischen Schriftsteller, eine Angleichung an die neuhochdeutsche Schreibart herbeizuführen. Das galt als vornehm. Es wurde aber bald wieder aufgegeben. Vor allem legten die Sprachakademien von Wilna und Minsk Wert darauf, daß man zur alten, lauttreuen Schrift zurückkehrte. Etwas anderes war angesichts der Tatsache, daß das Jiddisch sich ohnehin vom Mittel- und nicht vom Neuhochdeutsch herleitete, und angesichts der eigenwilligen Entwicklung, die es im Osten genommen hatte, ohnehin sinnlos. Und ein neuer lebendiger Kontakt zur deutschen Sprache existierte ohnehin nicht.

Anders verhielt sich das mit den hebräischen Bestandteilen im Jiddisch, die bei gebildeten Juden bis zu einem Fünftel des ganzen Sprachschatzes ausmachen können. Hebräisch studierte man immer noch. Hier war der Kontakt nie abgerissen. Und also bestand kein Grund, die hebräischen Wörter im jiddischen Text anders als grammatikalisch korrekt zu schreiben. Dabei mochte es noch eine Rolle spielen, daß diese Wörter ja ursprünglich Texten entnommen waren, die man als ehrwürdig oder sogar als heilig empfand. Willkürliche Abänderung der Schreibart verbot sich da ganz von selber. In den frühesten jüdischdeutschen Texten in Deutschland hatten die Juden diese hebräischen Einsprengsel noch als so fremd empfunden inmitten des deutschen Textes, daß sie sie in Anführungszeichen gesetzt hatten. Das war jetzt lange vorbei. Das Hebräische war längst organischer Bestandteil der Sprache, von ihm her empfing sie sogar weitgehend ihre geistige Prägung. Das Hebräische gehört so sehr zum Jiddischen, daß man prinzipiell jeden hebräischen Ausdruck, jede hebräische Wendung ins Jiddische einfügen kann, ohne den Charakter der Sprache zu stören. Die Aussprache dieses Hebräischen hatte sich zwar, dies erwähnten wir schon, längst von der semitischen entfernt, die Vokale waren in der genau gleichen Weise in ihr abgewandelt wie in den deutschen Wörtern, und der Akzent, der bei semitischen Idiomen auf der letzten Silbe zu liegen pflegt, war auf die zweitletzte Silbe zurückgenommen. Hand in Hand mit diesem Verlust an Betonung ging auch ein Verlust an Klangkraft der letzten Silbe: sie wurde lautlich entfärbt.

All das hinderte aber, wie gesagt, nicht, daß die hebräischen Ausdrücke nach wie vor korrekt geschrieben wurden und nicht in jiddisch volkstümlich-erleichterter Schreibweise. Die

Schreibweise blieb selbst in den wenigen Fällen intakt, in welchen ein häufiger und populärer Gebrauch eines hebräischen Wortes ihm sogar schon die europäisch-modifizierte Aussprache geraubt und es noch weiter entstellt hatte. Ein Beispiel. Der ‚Hausherr' heißt im ursprünglichen Hebräisch, das sich mit dem der Spaniolen – und auch dem der heutigen Israelis – deckt: bá'al-habájit. Im mitteleuropäischen Hebräisch sprach man das bạ'al-habájiss (hier, bei dem t, haben wir eine der wenigen Abänderungen in der Aussprache eines Konsonanten; indes wurde dieses t vermutlich ursprünglich aspiriert gesprochen, wie in England das th). Im Jiddischen heißt ‚Hausherr' heute balabóss. Geschrieben wird es aber nach wie vor bá'al-habájit.

Und hier nun trat im kommunistischen Rußland eine radikale Änderung ein. Wir sagten schon im Zusammenhang mit der Mandarinschrift der Chinesen: Linksgerichtete Regierungen, die rein auf die Zukunft ausgerichtet sind und Traditionen – zumal religiöse oder doch religiös befrachtete Traditionen – ablehnen, lieben konsequenterweise auch keine Schriften und Schreibweisen, deren Eigenart sich nur aus der Tradition heraus erklärt und nur durch und für die Tradition Sinn hat. Das gilt für Chinas Wortbildschrift genau wie für die grammatikalisch korrekte Schreibweise hebräischer Ausdrücke inmitten eines jiddischen Textes.

Aber selbst wenn an den jiddischen Schulen der Sowjetstaaten für die hebräischen Bestandteile im Jiddisch eine solche neue Orthographie nicht vorgeschrieben worden wäre: sie hätte sich dennoch mit der Zeit durchgesetzt. Denn das Studium der hebräischen Sprache und des dazugehörenden Schrifttums war den Juden ja verboten. Lernten sie aber kein Hebräisch mehr:

wie sollten sie dann wissen, wie und warum man plötzlich vereinzelte Wörter im Text ganz anders schrieb als die andern?
Es kam noch ein weiterer Punkt hinzu: selbst wenn man nicht auf die mangelnden Kenntnisse der neuen Jugend Rücksicht nehmen wollte, so war doch klar, daß bisher gerade jene Schichten am besten Hebräisch gekonnt hatten, die man in der neuen Sowjetwelt radikal auszuschalten suchte: die Kultusbeamten, welche dort, anders als im gelockerten Westen, solideste Kenntnisse des gesamten religiösen Schrifttums ausnahmslos besaßen; und die Reichen. Denn Reichtum und Bildung fanden sich bei der Reverenz, die der Ostjude den geistigen Werten erwies, über kurz oder lang immer wieder zusammen. Für den reichen Mann war es die größte Ehre, einen gebildeten Schwiegersohn aus gutem, das hieß religiös gebildetem Hause zu erlangen. Andere Bildung gab es in der traditionsgebundenen Provinz vielenorts noch keine. Die Allianz von Reichtum und Bildung war auf diese Weise auf die Dauer gesichert. Aber auch die Feindschaft der neuen russischen Regierung gegen diese Schicht war damit gesichert: es war die ‚bourgeoise' und religiöse Oberschicht, die man auch außerhalb des jüdischen Bereiches radikal bekämpfte.
Und also begann man, die hebräischen Ausdrücke jetzt genau nach den gleichen Regeln zu schreiben wie die deutschen und slawischen.
Um wenigstens einen blassen Eindruck davon zu erhalten, was das bedeutet, stelle man sich vor, daß das Wort ‚menu' in einem deutschen Text als ‚mönü' geschrieben wird, ‚Cambridge' als ‚Kejmbridsch', ‚seigneur' als ‚säniör'. Und nun bedenke man, daß diese Elemente einen vollen Fünftel, wenn nicht noch mehr, der ganzen jiddischen Sprache ausmachen und daß es ge-

rade diese Elemente sind, die zwar nicht die Hauptmasse an Stoff, wohl aber Prägung und Geist der jiddischen Sprache liefern. Dann wird man eine schwache Vorstellung gewinnen, was eine solche Enttraditionalisierung in der jiddischen Sprache und Schrift anrichten muß. Und wüßte man nicht ohnehin aus Dutzenden von Berichten aus Rußland, daß Jiddisch dort – trotz kleinen propagandistischen Aktionen – dem Untergang entgegengeht, daß selbst in Birobidschan keine jiddischen Schulen und Ämter mehr da sind und daß die Jugend nur noch Russisch lernt – es würde genügen, auf dem Titelblatt der neu in Jiddisch in Moskau edierten Werke von Scholem Alejchem die Schreibweise seines Namens zu sehen, um zu fühlen: das ist das Ende. Denn eine Schrift und eine Sprache, die einzig aus Treue zu vielfältiger Tradition entstanden, sich entwickelt und erhalten haben, sie haben keine Zukunft, sie sterben, mordet man mit System und Bedacht eben diese Tradition. Mit andern Worten: auch ohne den schrecklichen Untergang der Jidden in den Hitler-Jahren würde die jiddische Sprache im sowjetischen Osten allmählich sterben.

DIE ANFÄNGE

Solange die Juden auf eigenem Boden, im Lande Israel, weilten, war ihre Geschichte dicht angefüllt mit politischer und kriegerischer Aktivität.

Die Geschichte der Juden im Exil hört auf, Aktionsgeschichte zu sein, und wird zur reinen Passionsgeschichte.

Aktiv bleiben die Juden nur im kulturellen Bereich, im Sprachlichen, in der Literatur. Von beidem gibt auch die jüdischdeutsche Literatur Kunde: von der Passion und der politischen Passivität der Juden und von ihrer kulturellen Aktivität.

Einzigartig wie die gesamte Geschichte der Juden ist in ihr auch die Tatsache, daß die Juden seit dreitausend Jahren ein Schrifttum besitzen, das zwar unerhörte Höhepunkte enthält, in welchem es aber nie einen eigentlichen Niedergang oder gar eine Unterbrechung gab. Einzigartig ist ferner, daß die Juden dieses gesamte Schrifttum bis heute überliefern, und daß es dauernd, bis heute, auch von gewöhnlichen jüdischen Laien – keineswegs also bloß von Fachgelehrten – gelesen und studiert wird.

Allerdings war die Kontinuität dadurch gesichert oder doch sehr erleichtert, daß dieses Schrifttum fast ausschließlich in zwei einander ähnelnden semitischen Idiomen: dem Hebräischen und dem hebräisch-aramäischen Mischdialekt, abgefaßt war. Beide Idiome wurden – und werden in frommen Kreisen auch heute noch – von allen jüdischen Knaben erlernt und verstanden. Während der kulturellen Symbiose der Juden mit den Mauren im frühen Mittelalter im südlichen Spanien löste allerdings die arabische Sprache auch in der religiösen Literatur der Juden die hebräische zum Teil ab. Aber sehr bald schon wurden alle nennenswerten philosophischen und religiösen Schriften der jüdischen Autoren auch ins Hebräische übersetzt und so auch den Juden außerhalb von Spanien zugänglich gemacht. Soweit das Schrifttum der Juden also hebräisch war oder ist, ist es immer zugleich auch das Schrifttum des gesamten jüdischen Volkes. Beim jiddischen Schrifttum ist dies anders. Man hat zwar manches daraus inzwischen auch ins Hebräische übersetzt. Zum ersten Male aber gebot sich das nicht von selber. Denn Jiddisch war nicht, wie Arabisch, an die Stelle des Hebräischen getreten, sondern es stand von Anfang an daneben, genauer: darunter. Zum ersten Male war hier bei den Juden eine Literatur entstanden, die ganz andere Leser anvisierte als das bisherige hebräisch-aramäische Schrifttum: sie war nicht für die gebildeten Männer bestimmt, sondern für das arme Volk, die Ungebildeten, die Frauen. Ausdrücklich schreibt zum Beispiel der Verfasser vom ‚Brantspiegel', einem ethisch-religiösen Buche, im Jahre 1706 in seiner Vorrede, er widme sein Buch « den weibern un'mannen die da sein as (= als, wie) weiber un'kennen nit viel lernen ». Immerhin, auch von diesen armseligsten und ungebildetsten Juden nahm man also an, daß sie wenigstens die hebräischen Schriftzeichen lesen konnten. Nur durfte für sie der Inhalt eben nicht hebräisch sein, sondern deutsch. Aus dieser Voraussetzung ergaben sich auch jeweils die Eigenart und der Inhalt der jiddischen Bücher. Wir werden das an einzelnen Beispielen sehen.

Will man über jiddische Literatur berichten, so müßte man sich zuvor einigen, wann genau, das heißt: von welcher Abweichungsstufe an, das ‚Teutsch' oder ‚Taitsch' der Juden nicht mehr als Deutsch, sondern als eigene Sprache zu gelten hat. Genau kann man den Punkt schwer festlegen, denn von allem Anfang an durchmischten die Juden ihre deutschen Texte mit

rein hebräischen Begriffen. Der Übergang zum Judenteutsch ist fließend.
Lassen wir diese Frage also einstweilen beiseite, und fragen wir statt dessen vorerst einmal so:
Wann und wo finden wir die ältesten Aufzeichnungen in hebräischer Schrift, jedoch in deutscher Sprache?
Zunächst sind es nur einzelne deutsche Wörter oder Redensarten inmitten hebräischer Texte. Solche Einmengung von Partikeln aus der jeweiligen Landessprache entsprechen einer uralten jüdischen Gewohnheit. Im Talmud wimmelt es von griechischen und lateinischen Begriffen, und auch Persisches kommt in ihm vor. In den späteren Kommentaren finden sich arabische, italienische, französische, spanische und türkische Wörter. Meist gab man sich über die Herkunft der Wörter keine Rechenschaft. Anders ist das erst bei dem berühmtesten frühmittelalterlichen Bibelexegeten, bei Raschi, der von 1040 bis 1105 in Troyes lebte und zwischendurch auch zehn Jahre in Worms verbrachte. Bei eingestreuten französischen oder – das kommt hier zum ersten Male vor – deutschen Wörtern setzt er gern den Hinweis ‚b'laschón sar', das heißt ‚in fremder Sprache', abgekürzt ‚b'las', ausdrücklich davor.
Bei Raschi und seinen Zeitgenossen ist es aber noch eindeutig reines Deutsch. Von da an findet man in rabbinischen Glossen und Responsen immer wieder deutsche Einsprengsel. Noch im dreizehnten Jahrhundert sind die Glossen des Rabbi Mosche ha-darschán (= Prediger) reines Deutsch. Und im gleichen Jahrhundert lebt und dichtet und singt sogar ein jüdischer Minnesänger: Süßkind von Trimberg.
Noch vor wenigen Jahrzehnten glaubte man sicher zu wissen, daß es zusammenhängende jüdischteutsche Schriften erst vom

fünfzehnten Jahrhundert an gegeben hat. Daß heute die Antwort anders lautet, hängt mit einer eigentümlichen Sitte der Juden zusammen: seit dem Exil existieren die Juden weder durch eine gemeinsame Heimat noch durch gemeinsame Sitte und Alltagssprache. Sofern sie sind, sind sie durch ihr Schrifttum, das für sie schon aus diesem Grunde eine enorme Bedeutung hat. Am Anfang dieses Schrifttums steht obendrein die Heilige Schrift. Der Abglanz ihrer Heiligkeit fällt auf das meiste Nachfolgende, was die Juden schrieben: denn es waren ja meist Kommentare und Ergänzungen zu den biblischen Gesetzen und Erzählungen. Kein Wunder, daß man unter solchen Umständen jedem Buche, jeder Schriftrolle große Verehrung und Vorsicht angedeihen ließ. Das ging so weit, daß man alle Schriften, die durch langen Gebrauch unleserlich und unbrauchbar geworden waren, nicht einfach wegwarf, sondern in Nebenräumen der Synagoge archivierte und von Zeit zu Zeit in einer fest ausgemauerten eigenen Begräbnisstätte (= Genisá) auf dem Friedhof feierlich begrub.

In einer solchen Genisa bei Kairo fand sich zum Beispiel das hebräische Original des Jesus Sirach, einer Spruchsammlung aus den Jahren 190 bis 170 vor Christus. Und in der Genisa der Esra-Synagoge, die im siebten Jahrhundert in Kairo erbaut wurde, fand sich jetzt eine Handschrift, welche Jiddisten und Germanisten gleichermaßen in Erregung versetzte. Der Fund ist zwar in hebräischer Schrift verfaßt, nicht aber in hebräischer, sondern in deutscher, genauer: judenteutscher Sprache, und der Inhalt ist überhaupt nicht religiös oder auch nur spezifisch jüdisch. Es ist ein Stück vom Repertoire eines jüdischen Spielmannes aus dem Mittelalter. Und ein Teil daraus, der ‚Dukas-Horant', ist ein Ausschnitt aus der Hilde-Gudrun-Sage.

Die Handschrift stammt aus dem Jahre 1382. Die älteste deutsche, das heißt in deutscher Schrift niedergelegte Gudrun-Fassung dagegen ist fast hundertfünfzig Jahre jünger!

Man könnte sich kaum ein erschütternderes Dokument der deutsch-jüdischen Symbiose im Mittelalter denken: Das älteste umfassende jüdisch-deutsche Schriftstück, das wir besitzen, ist eine deutsche Sage. Und die älteste Fassung dieser deutschen Sage ist eine jüdische Niederschrift!

Über die Entstehung der Handschrift weiß man nichts. Klar ist nur, für wen sie bestimmt war: für deutsche Juden, die offenbar während der Judenmetzeleien in der Kreuzritterzeit aus Deutschland bis nach Ägypten entflohen waren.

Man weiß aber nicht, ob die Handschrift noch in Deutschland entstand und von den Flüchtlingen mit in ihr neues Exil genommen wurde oder ob die Sage am Ende erst in Kairo aufnotiert wurde. Für eine Entstehung im Orient spricht die Tatsache, daß der Verfasser bei seiner Schilderung von Konstantinopel eine sehr genaue Kenntnis orientalischer Städte und Gepflogenheiten verrät. Es gibt aber auch eine Theorie, nach welcher die Handschrift aus Regensburg stammen soll, wo man damals lebhafte Handelsbeziehungen zu Konstantinopel hatte und folglich die Stadt kannte.

Diese jüdische Gudrun-Fassung läßt die Sage nicht unverändert. Sprachlich unterscheidet sie sich noch nicht sehr stark vom gleichzeitigen Mittelhochdeutsch. Inhaltlich jedoch macht sie Konzessionen an die jüdischen Hörer: die Sage ist weitgehend ihrer christlichen Akzente beraubt, und die höfisch-ritterlichen Sitten haben in der Fassung ihre Prägnanz eingebüßt.

ÄLTERES SCHRIFTTUM

Gleich nach der Erfindung der Buchdruckkunst setzt bei den Juden eine Riesenflut von Publikationen auch in jiddischer Sprache ein. Als altes Kulturvolk waren sie von einer Erfindung, die die Verbreitung des Schrifttums so sehr erleichterte, tief beeindruckt. Buchdruckerei hieß für sie kurzerhand das ‚heilige Gewerbe'.

Jiddische Bücher waren, wir sagten es schon, nur für die Ungebildeten, und das hieß damals vor allem: die Frauen, bestimmt. Man mußte damit rechnen, daß manche von ihnen nicht einmal die Bibel und den leichtesten und volkstümlichsten ihrer Kommentare, denjenigen Raschis, lesen konnten. Was also lag näher, als ihnen eine Nacherzählung der biblischen Geschichten, durchflochten von ergänzenden Erzählungen und Sagen aus dem nachbiblischen Schrifttum, anzubieten? Außerdem waren die Frauen nicht in der Lage, sich aus dem rabbinischen Schrifttum genau über alle rituellen und moralischen Gebote zu orientieren. Nun – man mußte ihnen diese Dinge eben in Jiddisch und in einem gemütlich-volkstümlichen Plauderton beibringen. Dann waren da die schönen hebräischen Gebete. Die Frauen beteten den Text herunter, ohne ihn ganz zu verstehen. Es war daher sinnvoll, eigens für die Frauen jiddische Gebete zu verfassen, die ihren seelischen und intellektuellen Bedürfnissen angepaßt waren. Damals entstanden die ‚Techinót' (= inständige Bitten oder Gebete), die Weibergebete. Aber natürlich wollten die Frauen nicht nur belehrt, sondern auch unterhalten sein. Nun – es gab Geschichten in Fülle sowohl aus der deutschen wie aus der jüdischen Tradition. Man brauchte sie bloß in ansprechend-naiver, womöglich ein wenig moralisch angefärbter Weise nachzuerzählen...

Moderne Jiddisten vom Fach sind gern geneigt, auf dieses alte Judendeutsch der deutschen Ghetti mit Verachtung herabzusehen. Sie stellen fest, daß die Sprache einstweilen noch ziemlich wenig eigene Prägung hat, daß sie im wesentlichen ein verarmtes Deutsch ist. Obendrein fällt die Entstehung dieser Literatur gerade in eine Zeit, in welcher auch in Deutschland selber Sprache und Stil sich im Zerfall befanden. Ihre volle Reverenz erweisen Liebhaber des Jiddischen meist erst dem Reifestadium, das es im Osten im neunzehnten Jahrhundert erreichte und in der dortigen Dichtung dokumentierte.

Sie haben recht und unrecht. Es ist eine armselige Sprache, das ist wahr. Aber sie ist voll von Demut und Gemüt, schüchtern und bescheiden. Eine Armeleutesprache, aber rührend in ihrer Naivität.

Und auch die Autoren der frühen jiddischen Bücher unterscheiden sich ganz von den Verfassern religiöser gelehrter Schriften. Auch sie mochten meist bescheidene, sehr arme Leute sein. Sie bitten die ‚lieben Frauen' um freundliche Aufnahme des Buches. Sie bleiben – was bei hebräischen Schriften kaum je geschieht – oft genug anonym...

Wir werden nachfolgend nicht eine lückenlose, ermüdende Aufzählung aller frühen jiddischen Publikationen geben, sondern nur die damals beliebtesten und bekanntesten herauswählen und einiges aus ihnen erzählen.

Im fünfzehnten Jahrhundert erschien das ‚Sch'muelbuch' von Mosche eßrím w'arbá (Sch'mu'el = Samuel). Heute liegt es in einer sehr schönen und ausführlich kommentierten Ausgabe von Felix Falk und L. Fuks (Bibl. Rosenthaliana, Assen, Van Borkum, 1961) neu vor. Es ist ein biblisches Epos über Samuel, Saul und David. Selbst wenn man nicht wüßte, daß das Epos in Deutschland geschrieben wurde, würde man es bald erraten: der Verfasser verwendet nämlich zur Ausschmückung der biblischen Tatsachen einerseits alles, was sich an Sagenhaftem und Erbaulichem zu diesem Stoffe im Midrasch (s. jidd. Lexikon) und andern nachbiblischen jüdischen Quellen findet; die vielen Schlachten aber sind ganz im Stil der deutschen Spielmannsepen breit ausgemalt.

Unvergleichlich beliebter jedoch war das sogenannte ‚Bovo-Buch'. Sein Verfasser, Elia Levita oder Elia ha-bachúr (bachúr = Junggeselle) war ein hochgelehrter Herr. Er lebte von 1472 bis 1542 in Italien, war Sprachlehrer eines Kardinals und gab auch viele hebräische Werke heraus, darunter eine hebräische Sprachlehre. Die jiddische Bovo-ma'asse (ma'assé = Tat, Geschehen, Erzählung) erschien 1507 in Venedig. Sie basiert auf einem englischen Ritterroman, ‚Sir Bevis of Southampton', der durch eine italienische Übersetzung als ‚Bovo von Ancona' zu Levita gelangte. Das Buch ist frei von jüdischem Sagengut. Es erreichte schnell zahllose Auflagen, ist aber heute praktisch in Vergessenheit geraten. Nur in einem hübschen sprachlichen Mißverständnis lebt es sogar heute noch bei den Ostjuden weiter. Wenn sie von einer Geschichte sagen wollen, sie sei völlig unglaubhaft, dann sagen sie: « Das ist eine Bove-Ma'asse! » Da sie aber längst nicht mehr wissen, was mit ‚Bove' gemeint ist, sprechen sie das Wort meist als ‚Bobe' aus. Das ist die jiddische Aussprache des slawischen Wortes ‚Baba' (= Großmutter, alte Frau), und sie meinen dann eben, eine Bove- oder Bobema'asse sei soviel wie eine Altweibergeschichte...

Stark mit jüdischem Sagengut durchstreut ist hingegen das ‚Ma'asse-Buch' (Geschichtenbuch), das ein anonymer Verfasser im Jahre 1601 in Basel herausbrachte. In seinem Vorwort er-

klärt der Verfasser auf eine sehr liebe und naive Art, sein Buch sei den vielen Übersetzungen deutscher Bücher in jiddische Schrift bei weitem vorzuziehen, denn es enthalte nicht einfach Geschichten von ‚Kuehen' (er meint damit Fabeln) oder von Dietrich von Bern oder von Meister Hildebrand. Vielmehr bringe es Haggadisches, das heißt eben: jüdische Sage aus nachbiblischen Quellen, vor allem aus dem Talmud, aber auch aus späteren, rabbinischen Schriften. Der Verfasser bittet die ‚liebwerten Frauen', sie möchten doch sein Buch kaufen, bevor er in die Fremde nach Rußland, Böhmen und Polen wandere.
Das Buch enthält dreihundert Geschichten. Eine kleine einheitliche Gruppe aus ihnen, ‚Die Schwochim des Rabbi Schmuel un Rabbi Juda Chassid', hat kürzlich Dr. Maitlis in London im Kedem-Verlag (1961) herausgegeben. Das Buch ist gut kommentiert und in moderne jiddische Orthographie umgeschrieben, die allerdings von der alten nicht sehr wesentlich abweicht. Es sind liebenswerte, naive Wundererzählungen von einem mittelalterlichen Rabbi, der die Kabbala studiert hat und dadurch nun überirdische Kräfte gewinnt, die er aber nur in ähnlich menschenfreundlichem Zusammenhang einsetzt wie die späteren chassidischen Wunderrabbis im Osten. In der Tat gab es schon im Mittelalter in Deutschland eine Bewegung, die sich ‚Chassidismus' nannte und sich auch kaum wesentlich von dem Chassidismus des siebzehnten Jahrhunderts im Osten unterschied: beide Male hatte eine bittere Verfolgungswelle zur Abkehr vom strengen Intellekt und von der talmudischen Debatte mit ihren metaphysischen und juristischen Analysen geführt und eine mystisch-naive, unmittelbare Frömmigkeit erzeugt. Die Erzählungen von Rabbi Schmuel, dem Wundertäter, rühren ans Herz wie alte liebe Volksmärchen.

Wiewohl der Autor aber immer wieder betont, sein Buch stütze sich nur auf jüdische Quellen, hält er nicht ganz Wort. Er erzählt alles einheitlich im Stil, mischt aber auch deutsches Märchengut ein. So erzählt er eine abenteuerliche Geschichte rund um den (historischen!) Talmudlehrer Rabbi Chanina, wie dieser eine goldhaarige Prinzessin zur Gattin gewinnt, indem er ihr das Lebenswasser mit Hilfe verschiedener Tiere herbeischafft, wie er dann ihren bösen Gatten zu Fall bringt und die Juden vor dem drohenden Verhängnis errettet. Offenkundig sind hier deutsche Märchenmotive mit semitischen Figuren kombiniert. Daß ein gestrenger Talmudlehrer sich in einen Märchenprinzen verwandelt, braucht bei dieser Art Erzählungen nicht weiter zu verwundern. Der Talmud selber enthält ja auch eine Menge erbaulicher Geschichten und Sagen. Und die Juden lebten damals in und mit diesen nachbiblischen Geschichten.

Auch sprachlich hat die Talmudsprache schon damals auf das Jiddisch stärker abgefärbt als das biblische Hebräisch. Schon im Altjiddisch finden wir für ‚Gesicht' neben dem althebräischen ‚Pónem' (in sephardischer Aussprache paním) das spätere, vom griechischen ‚prosopon' abgeleitete ‚parzúf'. Das Wort ist übrigens später auch in das Rotwelsch eingegangen und von da aus als ‚Fratze' ins Hochdeutsch. Der Bodensatz der großstädtischen Gosse hat auf diesem Umweg die deutsche Sprache mit klassischem Griechisch angereichert! – Vor allem aber sind es juristische Ausdrücke, die man im Jiddischen notwendig dem talmudischen und nicht dem frühen biblischen Hebräisch entnahm: denn in der Bibel fehlen sie. Auch sie sind sehr oft griechischen Ursprungs. So ‚apetropes' (griechisch epitropos) für Aufseher oder Vormund oder ‚mekatreg sein' für anklagen (griechisch: der Ankläger = kategoros).

Erstaunlich ist übrigens die Aufgeschlossenheit der nichtjüdischen Welt damals für die judenteutsche Sprache und Literatur. Es waren Christen, Humanisten und Missionare, die sich als erste um die grammatikalische und lexikographische Durchforschung des Jiddischen bemühten. Und ein christlicher Professor hat das Ma'asse-Buch schon im Jahre 1612 in Gießen ins Deutsche übersetzt.

Ein drittes damals sehr beliebtes Frauenbuch war ‚Zena u-rena' von Jakob Ben Isak aus Janow in Galizien, gestorben im Jahre 1623 in Prag. Der Titel ist ein Zitat aus dem Hohenlied, es ist die Aufforderung an die Töchter Zions: Geht hinaus und seht! Es ist eine sehr populäre, ein wenig moralisierende, reich mit Sagen durchflochtene Nacherzählung der Bibel für die Frauen. Das Buch ist voll von Parabeln und Anekdoten, die dem nachbiblischen Schrifttum, dem Midrasch und den agadischen (= erbaulichen und sagenerzählenden) Teilen des Talmuds hauptsächlich, entnommen sind. Zum Beispiel wird die Deuteronomiumsstelle, nach welcher die Gebeine Mose nicht nach Israel kommen (III, 27), mit der Legende paraphrasiert, dies sei die Strafe dafür, daß Moses nicht widersprach, als er von den Töchtern Jitros in der Steppe als ‚Ägypter' bezeichnet wurde. Josef hingegen habe sich vor dem Pharao sofort zu seinem Judentum bekannt. Zum Lohn dafür wurden seine Gebeine von seinen Nachkommen mit nach Israel genommen.

Hier eine Leseprobe aus Zena u-rena, eine sagenhafte Paraphrase zu Genesis 11, 28:

«... Wajamat Haran al p'nej Terach awiw. (Und es starb Haran zu Lebzeiten [wörtl. im Angesicht] seines Vaters Terach.) Terach, der vater von Awraham, hat verkauft z'lamim (= Statuen; im Sinn von Götzenbildern). Un Awraham is ein mal derbei gestanden, un wenn einer is gekommen un hat gewolt kaufen die awoda sara (= wörtl. fremder Dienst; gemeint sind Kultgegenstände für Götzendienst), da fragt Awraham: Wie alt bistu? Da entfert er fufzig oder sechzig jar, da sagt er wieder: Du bist nun alt sechzig jar un'du wilst dich bucken zu einem das da ein tag alt ist? Da hat sich der selbiger geschemt un'is b'cherpa (= in Schande, Scham) weg gegangen. Ein mal kam eine frau un'bracht ein schüssel mit semmel mehl, un'sie sagt zu Awraham: nem das mehl zu korban (= Opfer) vor die z'lamim (Götzenbilder) ... da nahm Awraham ein großen stecken un'zubrecht all die z'lamim, neiert ein groß pessel (Bildwerk, Statue) ließ er stehen, un'gab ihm den großen stecken in die hand. Da kam Terach derzu, da sagt er zu Awraham: Wer hat das getan? Da sagt Awraham: Eine frau hat gebracht semmel mehl zu korban, da haben sich die z'lamim miteinander gekriegt, itlicher hat woln vor essen, da hat der größte pessel ein stecken genommen un'hat sie alle zubrochen. Da sagt Terach: Un'haben sie den ssechel (= Verstand), oder haben sie chajot (= Leben) in sich? Da sagt Awraham: Wenn sie kein ssechel haben, warum soln mir (= wir) sie dienen? ...»

Die Verfasser dieser drei damals so verbreiteten Bücher schrieben also in Deutschland, in Italien, in Polen, kurz, überall, wohin die Juden aus Deutschland geflohen waren. Sie schrieben, wie man aus der Leseprobe sieht, damals noch ein der deutschen Sprache sehr nahes Jüdischteutsch.

Wir geben nachfolgend noch eine Probe von diesem altertümlichen Jüdischdeutsch aus einem Text ganz anderer Art. Von christlicher Seite wurden in der frühen Neuzeit intensive Anstrengungen gemacht, die Juden nicht mit Zwang, sondern durch Überredung und Überzeugung dem Christentum zuzuführen. Eine ganze Reihe christlicher Gelehrter hat damals nicht nur Hebräisch mit der in Deutschland üblichen Aussprache diesen Juden zuliebe erlernt – und diese Aussprache differiert erheblich von der sephardischen, welche die christlichen Theologen bei ihrem Studium erlernten! –, sondern etwelche haben auch Jiddisch gelernt und sogar für ihre Kollegen ganze Lehrbücher der jiddischen Sprache geschrieben. Vereinzelte taten es aus rein linguistischen Interessen, so der Basler Gelehrte Johannes Buxdorf, der seinem Thesaurus Grammaticus linguae Sanctae Hebraicae (Basel 1609) am Schluß ein Kapitel über Jüdischteutsch anfügt unter dem Titel ‚Usus et exercitatio lectionis Hebraeo-Germanicae'. Buxdorf, wiewohl Theologe, schreibt ausschließlich vom sprachlichen Interesse her. Ähnlich gründlich, sachlich und ungefärbt von missionarischen Bemühungen ist dann erst wieder die ‚Jüdisch-teutsche Grammatik' von W. J. Chrysander im Jahre 1750 (Leipzig/Wolfenbüttel). Sie enthält eine sehr klare Anleitung zum Lesen mit syntaktischen und etymologischen Bemerkungen. Zwischendurch und später gab es kleinere, bedeutungslose Handlexika und Lehrbücher auch von jüdischen Verfassern. Eine gründliche Bearbeitung erfolgt dann erst im neunzehnten Jahrhundert wieder, und abermals zunächst durch einen Nichtjuden: durch den Lübecker Kriminalisten Avé-Lallement, den wir schon wiederholt zitiert haben.

Meist jedoch verbanden sich die Bemühungen um die jiddische Sprache mit ausdrücklicher Proselytentendenz. So schon bei J. Chr. Wagenseil, einem christlichen Theologen, der von 1633 bis 1705 lebte und im Jahre 1681 eine ‚Belehrung der Judisch-

Teutschen Schreibart' mit einer sehr schönen Auswahl jüdischdeutscher Texte herausgegeben hat. Mit seinen missionarischen Tendenzen verbindet er noch eine zweite, sehr sympathische Absicht. Wie will man – so fragt er in seiner Vorrede – die Juden zum Christentum bekehren, wenn man sie von christlicher Seite so schlecht behandelt? Wären die Jünger Jesu seinerzeit so furchtbar mit den Juden umgegangen – kein einziger Jude wäre Christ geworden! Wie wollen wir die Juden überzeugen, wenn wir sie von unsern Schulen ausschließen, so daß sie nicht einmal lernen können, einen deutschen Text in gotischen oder lateinischen Buchstaben zu entziffern? Und folglich – so fährt Wagenseil fort, und seine Folgerung hat viel für sich – mögen aus diesem Buche nicht nur die Deutschen lernen, wie man die Schreibart der Juden entziffert, sondern es mögen umgekehrt die Juden daraus die deutsche Schreibart kennenlernen. Denn meist sind sie – so stellt Wagenseil fest – viel zu arm, um sich für diesen Zweck christliche Hauslehrer zu halten, und außerdem werden die wenigsten Christen bereit sein, bei einem Juden zu wohnen oder einen Juden auch nur zu unterrichten.

Neben diesen sehr ehrlich gemeinten Schriften von christlichen gebildeten Theologen gab es aber auch Publikationen von jüdischen Täuflingen. Ein finsteres Kapitel! Sie waren oft genug bloß ins Christentum ausgewichen, weil das Leben für einen Juden damals eben gar so schwer war. Sie waren so wenig ehrliche Christen, wie sie ehrliche Juden gewesen waren. Und sie schlugen aus ihrer Situation Kapital, indem sie die Juden in ihren Schriften beschimpften und verleumdeten. Einer von ihnen, Friedrich Brenz, schrieb eine solche Verleumdungsschrift, den ‚Jüdischen Schlangenbalg'. Er übernimmt darin in planmäßiger Lüge unter anderm den mittelalterlichen Volks-

aberglauben, wonach die Juden zur Bereitung ihrer ungesäuerten Osterbrote das Blut geschächteter christlicher Kinder benützen, und er macht den jüdischen Gemeinden zum Vorwurf, daß sie die Familie eines solchen hingerichteten ‚Kindermörders' unterstützen, der obendrein verstockt gestorben sei.
Gegen diese Schmähschrift hat ein Jude, Salman Zwi von Affenhausen, im Jahre 1615 eine Verteidigungsschrift herausgegeben. Er gibt darin zu, daß jener unglückliche Jude tatsächlich unter der Folter nichts gestanden habe, er sei aber nicht ‚verstockt' gewesen, sondern habe eben « nix gewußt zu schwezen », weil er unschuldig war. Und die Familie des Unglücklichen werde folglich mit gutem Recht unterstützt, denn es gezieme sich « ein mitleiden un rachmanut (= Erbarmen) über witwen un weisen zu haben, er sei jud oder krist, sunderlich wen einer sein leben so jemerlich verlirt ».
Nicht alle Vorwürfe des ‚Schlangenbalgs' machen aus den unglücklichen Juden Ritualmörder. Manche der Verleumdungen sind eher albern und erheiternd. So behauptet Brenz, die Juden äßen in der Christnacht Knoblauch, eigens um den Heiland zu beleidigen. Es lohnt, die Antwort auf diese Anklage in der Formulierung von Salman Zwi wörtlich festzuhalten. Man sollte sie in jedem jüdischen Haushalt an die Wand heften, in welchem aus Angst, man könnte deshalb als mangelhaft ‚assimiliert' betrachtet werden, die wundervoll nuancierte und gewürzte mediterrane Küche der Vorfahren gegen die weit fadere Kocherei Nordeuropas oder gar gegen die schrecklichen Kochgewohnheiten der Angelsachsen eingetauscht worden ist:
« Hie schreibt Mumar (= Apostat) Schlangenbalg, mir juden essen knoblich an der krist nacht zu un ehren Jeschua nozri (= Jesus der Nazarener) ... so vil der knoblich anlangt, sag ich,

daß mir das von unsern eltern geerbt haben, die haben ihn auch gern gessen wie... (folgt ausführliches hebräisches Bibelzitat, das der Autor nachfolgend selber frei übersetzt) ... mir gedenken der Fischen, die mir in mizrajim (= Ägypten) um sunsten gessen haben, un'die kirps (Kürbis) pfeben lauch zwibel un'knoblich... firnemlich ist knoblich vermeg unseres talmud ein gesund essen (wieder ausführliches hebräisches Zitat) ... zu fünferlei sachen is knoblich gesund, sonderlich uns juden, die wandern un'keine warme speis essen... Johan Buxdorf professor zu Basel schreibt b'ssifro (in seinem Buche) juden schul (folgt genaue hebräische Seitenangabe) warum wir knoblich essen. In Italia, Frankreich, Hispania essen firsten herrn so wol als gemeine leut knoblich, aber diser mumar is weiter nit gewesen als... 4 meil von Speier, hainu (=nämlich) zu Worms...»

Wir werden hier nicht alle jüdischteutschen Publikationen der früheren Neuzeit aufzählen. Die Hauptgruppen kennen wir: Bücher, welche die Frauen auf populäre Art über die moralischen und rituellen Forderungen aufklären. Sagenumwobene Übersetzungen und Nacherzählungen der Bibel. Übersetzungen deutscher Rittersagen und Volksbücher (darunter auch ein Buch über die Narren von Schilda und eines über Eulenspiegel, bei dem als Erscheinungsdatum angegeben ist: Es erschien «In dem Jahr, In dem das Bier so teuer war»). Dann die Weibergebete, die Techinot. Dann Bücher belehrenden Inhaltes, vor allem die legendenumwobene Geschichte des jüdischen Volkes auch im Exil.

Und nun kommen noch zwei Gruppen von Büchern, die eher mit den männlichen Lesern rechnen. Die Verfolgungen hatten vor allem in Deutschland Verarmung und bis zu einem gewissen Grade auch den Zerfall der traditionellen Bildung bei den Juden zur Folge. Vor allem in Dörfern, wo Juden vereinzelt, außerhalb der jüdischen Gemeinde lebten, konnte es jetzt vorkommen, daß ein Jude nur noch sehr wenig Hebräisch konnte und daß seine Kenntnisse nicht mehr ausreichten, um die Söhne selber zu unterrichten. Sollten die Kinder überhaupt noch etwas vom Inhalt der Bibel erfahren, dann mußte der Vater eine jüdischdeutsche Übersetzung besitzen. Und für diese Ärmsten und Ungebildetsten übersetzten sowohl christliche Missionare wie auch jüdische Autoren die Bibel wörtlich korrekt ins Jiddisch.

Und noch eine andere Folge hatte der Zerfall der jüdischen Bildung in Deutschland: die Gebete der Juden sind alle hebräisch. Predigten kannten die Juden zwar auch. Nicht aber im Rahmen des offiziellen Gottesdienstes. Tatsächlich sind die jüdischen Gebete in Form und Inhalt so, daß sich für den frommen Juden, welcher versteht, was er betet, eine ergänzende Predigt erübrigt.

Was aber, wenn er nicht versteht? Für solche Juden hat ein Josef ben Jakar im Jahre 1544 die hebräischen Gebete übersetzt. Und ein anderer, Aron ben Samuel, hat zu Beginn des achtzehnten Jahrhunderts eigens neue jiddische Gebete verfaßt und unter einem sehr hübschen Titel herausgegeben: ‚Die leibliche t'fila (= Gebet) oder graeftige Artznei für guf (= Leib) und n'schama (= Seele)'.

Die Rabbiner lehnten das alles ab. Dennoch blieben jiddische Gebete neben den hebräischen eine Zeitlang üblich. Jiddische Gebete wurden aber nicht nur in Deutschland üblich. Wir erwähnten bereits den Bildungszerfall, der auch bei den Juden im Osten in bestimmten Landstrichen einsetzte. Die Ursache war

da wie dort dieselbe: Verfolgung und Mord, in Deutschland im Mittelalter, im Osten im siebzehnten Jahrhundert durch die Kosakenhorden in der Ukraine. Auch die Folgen waren da wie dort dieselben. Bei Kulturvölkern mit städtischer Lebensform ist die Elite am wehrlosesten. Sie fällt zuerst. Da wie dort blieben daher hilflose Gruppen zurück, beraubt ihrer geistig-geistlichen Führung. Da wie dort fehlten die Mittel, die alten Bildungsstätten im bisherigen Maßstab und Niveau wieder aufzubauen. Da wie dort wurden von vielen die Gebete in Hebräisch nicht mehr recht verstanden. Da wie dort war es jetzt plötzlich sinnvoll, jiddisch zu beten.
Aber anders als die Rabbiner Deutschlands standen die chassidischen Rabbis der Ukraine dem jiddischen Gebet und überhaupt der jiddischen Sprache keineswegs negativ gegenüber.

FRÜHES SCHRIFTTUM IM OSTEN

Es ist Zeit, daß wir uns dem slawischen Osten zuwenden. Es war Rabbi Nachmann von Bratzlaw, der seinen chassidischen Anhängern empfahl, täglich auch ein Stunde jiddisch zu beten, und zwar nicht nach vorgeschriebenem Text. Und zwar deshalb jiddisch, weil es schwer sei, in einer fremden – also in diesem Falle der hebräischen – Sprache alles auszudrücken, was das Herz bedrückt.
Der Chassidismus war – wir sagten es schon früher – eine Bewegung der armen kleinen Leute. Die chassidischen Rabbis entstammten nicht, wie die andern, gelehrten Dynastien. Sie erwarteten auch von ihren Jüngern nicht Talmudgelehrtheit, sondern naive, demütige Hingabe an Gott. So wie schon seinerzeit Jesus zum Volke in dem damals verbreiteten aramäischen

Mischdialekt gesprochen hatte und nicht im biblischen Hebräisch der Gelehrten, so bejahten auch die chassidischen Rabbis das Jiddisch, das wir schon einmal als das Aramäisch der Neuzeit bezeichnet haben.

In Jiddisch – und nicht in Hebräisch – notierten die Chassidim, die Jünger der Bewegung, daher auch die Wundergeschichten ihrer Rabbis auf. Diese chassidischen Geschichten, die im Westen durch Martin Bubers Übersetzungen und Kommentare bekanntgeworden sind, waren einfach und kindlich im Stil, innig im Glauben, verklärt und von Märchenglanz überleuchtet.

Doch auch im Osten war die Bejahung der jiddischen Volkssprache keineswegs selbstverständlich. Nicht überall hatten die Kosakenhorden gewütet wie in der Ukraine. Noch gab es, zumal im baltischen Norden, Landstriche, in welchen die Bildungszentren intakt geblieben waren. Dort blühte auch der rational gefärbte Rabbinismus, für welchen die Kenntnis des hebräisch-aramäischen Schrifttums selbstverständlich war. Und diese Bildungskreise lehnten nicht nur jiddische Gebete, sondern die ganze jiddische Sprache in Bausch und Bogen ab.

Der Anstoß kam aus Deutschland. Dort hatte Moses Mendelssohn, der Philosoph und Freund von Lessing, ausdrücklich erklärt, Jiddisch sei keine Sprache, sondern ein Kauderwelsch, ein mißratenes Deutsch, ein Jargon. Die Juden sollten dieses üble Sprachgemisch zugunsten der Landessprachen aufgeben. Nun konnten aber die meisten Juden nur hebräische Buchstaben lesen. Um ihnen den Übergang zu erleichtern, übersetzte Moses Mendelssohn die ganze Bibel in korrektes Deutsch, aber in hebräischen Buchstaben, und er fügte einen leichten hebräischen – also nicht jiddischen! – Kommentar mit vielen philologischen Worterklärungen hinzu.

Man kann nicht behaupten, daß diese Bibelübersetzung in Deutschland sehr starke Resonanz gefunden hätte. Hier hatte ohnehin die Assimilation eingesetzt. Die erste Generation der Aufklärer war zugleich die letzte. Die Juden bekehrten sich nicht, wie die Initianten der Bewegung es geträumt hatten, zur Landessprache und modernen Wissenschaft einerseits und zu einem – womöglich modern und philologisch unterbauten – Studium des traditionellen hebräisch-aramäischen Schrifttums anderseits, sondern sie kehrten gleichzeitig mit der jiddischen Sprache auch allen jüdischen Inhalten den Rücken. Allenfalls blieben sie konfessionelle Juden. Ihr gesamtes Leben jedoch war von jetzt an meist von andern, von nichtjüdischen Zentren her geformt und bestimmt.

Anders war das im Osten. Die Übersetzung Mendelssohns übte eine kaum vorstellbare Wirkung aus. Aus ihr lernten die Juden zum ersten Male eine europäische Sprache: Hochdeutsch. Für ihre am Talmud geschulten Köpfe war es nicht schwer, sich jetzt auch ohne Schule die Kenntnis der gotischen und lateinischen Schrift zu erwerben und nun auch deutsche Klassiker und Philosophen zu lesen. Deutsch, verwandelt in Jiddisch, war im Osten die Volkssprache gewesen. Deutsch, das Deutsch der deutschen Klassik, wurde jetzt inmitten des slawischen Ostens für die Juden die Sprache der profanen Bildung. Nicht Russisch. Denn die kulturelle Separation zwischen den Juden und Slawen, zu der sie selber ursprünglich den Grundstein gelegt hatten, war inzwischen in allen zaristischen Gebieten – und hierzu gehörten jetzt auch große Teile Polens und das ganze Baltikum – Zwangsmaßnahme geworden: die ewigen Verfolgungen und die Beschränkung von Wohn- und Schulrecht erzwangen ganz von selber die kulturelle Trennung. Hatte ein jüdischer

Knabe ‚aufgeklärte' Eltern, so erzogen sie ihn folglich nicht russisch, sondern hebräisch. Nebenbei mochte er deutsche klassische Texte lesen. Es war aber niemand da, der ihn darin hätte unterrichten können. Dagegen konnte man innerhalb des riesigen hebräischen Schrifttums jene Autoren und Teile bevorzugen, die dem rationalen Denken am meisten entgegenkamen. Hatten die alten jiddischen Schriftsteller vor allem das Sagenhafte, die Wundergeschichten, die weisen Gleichnisse geliebt, so wandte sich der ‚Maskil' (= der Aufklärer) der juristischen Debatte, der Logik, der Grammatik, der mittelalterlichen Philosophie zu. Die philosophischen Werke des großen Maimonides wurden wieder hervorgeholt. Seinerzeit hatte er, der im maurischen Spanien gebürtige (1135–1204), in seinem ‚Moré hanewuchím' (Führer der Verirrten) die aristotelische Essenzenlehre mit der Offenbarungslehre der Bibel zur Synthese gebracht und so die Grundlage auch für die christliche Scholastik geschaffen. Seine Rationalität, seine unerbittliche Logik widerstrebte den Schwärmern in der Ukraine. Hier, im litauischen Norden, wurde er systematisch studiert. Und es entstanden auch da und dort – und nicht nur in Litauen – neue philosophische Werke in hebräischer Sprache.

In allen Sprachen, auf allen Gebieten jedoch des modernen Europa blieb der Maskil zeit seines Lebens Autodidakt. Deutsch konnte er aus Büchern, Jiddisch verachtete er, Russisch konnte er nur notdürftig, und mit der russischen Kultur und Literatur verband ihn nichts. Alle seine Ideale, vor allem der brennende Wunsch nach moderner Bildung, blieben ein unerfüllter Traum. Eine kurze Zeit hindurch, unter dem Zaren Alexander II., kam eine leise Hoffnung auf, liberalere Gesetze könnten endlich dem Juden den Zugang zu den russischen Bildungsstätten gewähren. Diese Hoffnung löste Begeisterung aus und die Bereitschaft, sich auch der russischen Sprache zuzuwenden. Doch nach dem Tode Alexanders setzte eine Welle von neuen Pogromen ein, und die junge Hoffnung erstickte im Blut der Gemarterten. Sie wandten sich wieder dem hebräischen Studium zu. Ihr Kampf galt jetzt nicht mehr einer eiligen Angleichung an die Landessitten, sondern den internen Mißständen. Sie kämpften gegen den Aberglauben – und hierzu zählten sie den gesamten Chassidismus, und nicht nur seine Auswüchse –, sie verurteilten unsystematisches Lernen, Schwärmerei und gottergebene Demut.

Was sollten sie auch anderes tun? Westliche eigene Schulen gründen? Die Juden des Ostens waren in der Neuzeit ja meist unvorstellbar arm. Zur Not konnten sie die traditionellen Bildungsstätten erhalten, an welchen die religiösen Schriften studiert wurden. Niemals aber hätten sie moderne Schulen oder gar Universitäten aus eigenen Mitteln schaffen können. Und an den russischen höheren Schulen waren Juden nicht zugelassen. Dazu kam noch folgendes: der patriarchalischen Sitte gemäß wurden Söhne und Töchter sehr früh verheiratet. Gewöhnlich waren sie im Augenblick der Heirat noch lange nicht fähig, sich selbständig zu ernähren. Die Aufgabe, das junge Paar zu erhalten, fiel in den ersten Ehejahren für eine vertraglich genau festgesetzte Frist den Eltern und Schwiegereltern zu. Bis nun ein Jüngling reif und erwachsen genug war, um aufklärerische Ideale zu hegen und den Wunsch nach westlich-moderner, europäischer Bildung zu verspüren, war er meist schon lange mehrfacher Familienvater. Außerdem war er, dies sagten wir schon, in der Regel bitterarm.

War der Chassidismus eine Bewegung des einfachen Volkes, so

gelang es umgekehrt der Haskala, der Aufklärung, nie richtig, an die Massen heranzukommen. Zwischen dem Maskil und dem gewöhnlichen Manne blieb ein ewiger Spalt. Die Aufklärer hatten mit ihren Idealen dem Volke rein nichts zu geben.
Wie sehr sie das volkstümlich-naive Jiddisch haßten, haben wir schon früher erzählt. Sie haßten aber nur die Sprache des Volkes. Sie haßten keineswegs das arme, einfache Volk. Sie liebten es, sie wollten es für ihre Ziele gewinnen, sie wollten es aufklären.
Wie aber sollten sie zum Volke anders reden als jiddisch? Es war ja nun einmal die einzige Sprache, die es verstand. Man konnte das Jiddisch nur ausrotten, indem man auf jiddisch dem Volke befahl, nicht mehr Jiddisch zu reden. Und hierfür mußte man also zunächst einmal für das Volk in Jiddisch schreiben. Und so schufen die Maskilim des Ostens aus Haß gegen das Jiddisch die moderne jiddische Literatur.
Zunächst begann es, genau wie schon damals in der frühen Neuzeit, damit, daß einer von ihnen – Mendel Lefin aus Satanow – die Bibel ins Jiddisch übersetzte. Mochten die armen Juden aus der Übersetzung ersehen, was ihnen entging, wenn sie nicht gründlich genug Hebräisch lernten, um diesen großartigsten aller Texte im Original lesen zu können! Zwar mischten sich wieder einmal die Rabbiner mit ihrem Veto ein. Mendel Lefin unterbrach seine Übersetzungsarbeit. Immerhin, den Prediger Salomo hatte er bereits übersetzt, bevor er an der Fortsetzung gehindert wurde.
Mendel Lefin hatte logisch überlegt und korrekt konkludiert. Dennoch war die Wirkung seiner Übersetzung genau entgegengesetzt: die armen Leute begannen keineswegs, eifriger Hebräisch zu lernen, sondern sie waren tief gerührt, daß endlich

ein stolzer Maskil, ein hochgelehrter Herr, eigens für sie, die Armen und Einfachen, jiddisch geschrieben hatte. Sie begannen umgekehrt, ihr verachtetes Jiddisch ernst zu nehmen und zu lieben.

Dabei gelang es nur den wenigsten aus der Reihe der Maskilim, den vollen, dichten und dichterischen Ton der ostjiddischen Sprache aufzuspüren und wiederzugeben. Sie schrieben in dem veralteten, unlebendig gewordenen ‚Iwri-Teutsch' (= Hebräischdeutsch) der alten Frauengebete, der Techinot, das sie obendrein noch reich mit modernen deutschen Ausdrücken durchspickten und auch in den Wendungen nach Möglichkeit verdeutschten. Sie setzten damit das Jiddisch ins Unrecht, beraubten es seiner Eigenart, verdarben es. Aber dieser manierierte deutschtümelnde Stil machte Schule. Es galt als vornehm, in Satzbau, Wortschatz und Orthographie möglichst viel Deutsch einzuschmuggeln. Große Dichtung konnte sich aus einem solchen Stil heraus auf keinen Fall entwickeln. Immerhin, es entstanden sehr schöne Bücher.

Allen diesen Büchern war inhaltlich eines gemeinsam: sie bekämpften meist nur die internen Mißstände. Denn gegen Mißstände, die die machtvolle nichtjüdische Außenwelt den Juden aufzwang, konnte man ohnehin nichts tun. Mitunter kam es vor, daß sie über das jüdische Schicksal schlechthin klagten. Indes gehört es zur Eigenart des jüdischen Schrifttums seit seinen Uranfängen, seit den geschichtlichen Teilen der Bibel, daß es die Selbstkritik, die Kritik am eigenen Volke, weit ernster nimmt als die Kritik an den andern. Man kann sogar die Behauptung wagen: diese harte Selbstkritik ist das eigentliche Kennzeichen der gesamten jüdischen Geschichtsschreibung, der biblischen wie der späteren. Von dieser Selbstkritik ist auch die

ganze moderne jüdische Literatur durchprägt, die ernste wie die heitere, die schwermütige Ballade wie der lockere Witz.
Und selbstkritisch war also auch das Schrifttum der Jidden in der Neuzeit.
In Polen und in Rußland sah das innere Gemeindeleben der Juden nun aber so aus: Im ausgehenden Mittelalter und noch einige Zeit darüber hinaus hatten die Rabbiner mit ihrer damals immensen Bildung und ihrem echten religiösen Verantwortungsbewußtsein die Gemeinden geleitet und alle wichtigen – auch die juristischen – Fragen entschieden. In der Neuzeit verschob sich die reale Macht immer mehr auf reiche Gemeindemitglieder. Zur Zeit der mittelalterlichen Rabbinatsmacht scheint es nur wenig Machtmißbrauch gegeben zu haben. Anders als in den heutigen Tagen waren damals die wissensmäßigen Anforderungen an einen Rabbiner so enorm, daß einer schon innerlich berufen sein mußte, um ein solches Amt zu suchen und ihm gewachsen zu sein.
Seit aber immer stärker einfach die reichsten Gemeindemitglieder die reale Macht der Entscheidung in vielen lebenswichtigen Fragen der Gemeinde an sich rissen, kamen Mißstände auf, die man anklagen mußte. Klagte man die Mißstände jedoch an, so setzte man sich der Rache dieser gleichen ganz und gar nicht harmlosen Mächtigen aus.
Nicht viel besser waren die Zustände im Süden an Orten, wo nicht die Reichen, sondern chassidische Rabbis – und also nicht talmudgelehrte Rabbiner im scholastischen Stil – die reale Macht über eine Gemeinde besaßen. Die ersten der chassidischen Rabbis waren Männer von absoluter Lauterkeit gewesen. Sie hatten die hilflosen Massen vor der Verzweiflung gerettet, sie hatten sie einem reinen und freudigen Gottesglauben zu-

geführt. Aber das Niveau der Bewegung stand und fiel mit dem Niveau des geistigen Führers. Der ‚Thron' des chassidischen Rabbis wurde erblich und verlor dadurch seinen Sinn. Oft genug kam es zwar vor, daß die gleiche große Liebe zu Gott und zum Volke, die den Vater beseelt hatte, auch im Sohne lebte, daß also das Volk ihm nicht umsonst vertraute. Es kam aber auch vor, daß der Erbe unbedeutend war. Und vor allem: die chassidischen Rabbis hielten jetzt regelrecht Hof, nahmen reiche Geschenke entgegen, ihr ‚Amt' brachte ihnen Ehre und Reichtum. Arme Prediger waren sie schon lange nicht mehr. Hier nun gab es Mißstände, die genau so schlimm waren wie in den Gemeinden, in welchen die Reichen das große Wort führten. Die Wunderrabbis waren am Wunderglauben interessiert und daher zum Teil bewußt bildungs- und aufklärungsfeindlich. Manche von ihnen förderten nicht Gottergebenheit, sondern Aberglauben. Und es war nicht immer ungefährlich, einen von ihnen kritisch anzugreifen.

Die maskilischen Schriftsteller jedoch griffen sowohl die reichen Oberhäupter des ‚Kahal', der jüdischen Gemeinde, wie auch die Wunderrabbis an. Die Folge war, daß sie sich sehr schnell Feinde zuzogen. Manche mußten oft den Wohnort wechseln, einige waren sogar gezwungen, vor den aufgehetzten Fanatikern nachts heimlich zu entfliehen. Bedenkt man nun, daß sie alle, der östlichen Sitte gemäß, schon sehr früh geheiratet hatten und folglich schon als blutjunge Menschen Verantwortung für ein Weib und eine ganze Schar von Kindern trugen, bedenkt man ferner, daß die meisten Menschen im Osten sehr arm waren, daß also ein Schriftsteller kaum von irgendwelchen Vermögensreserven zehren konnte, dann versteht man, daß sie es mit der Angst zu tun bekamen.

Sie schrieben zwar ihre Romane, in welchen die internen jüdischen Zustände angeprangert waren. Aber sie fürchteten sich, ihre Werke zu publizieren. Manche gaben das eine oder andere ihrer Bücher im Ausland unter Pseudonym heraus. Den meisten erschien sogar das zu gefährlich...

Und wieder stehen wir in der jiddischen Literatur einem Kuriosum gegenüber, das sich kaum in einem andern Kulturkreis wiederholen dürfte: Es gab damals eine Menge recht begabter Schriftsteller, es gab auch Millionen von Juden, die die Bücher dieser neuen Schriftsteller gern gelesen hätten – aber es gab keine Bücher! Von den meisten Werken der ersten Maskilim zirkulierten nur etliche Manuskripte!

Allmählich aber stieg den Schriftstellern der Mut. Es wuchs eine Generation heran, die es auf sich nahm, zum schweren allgemeinen Schicksal der Juden noch die zusätzliche Schwierigkeit der Verfolgung durch die jüdischen Machthaber zu erdulden. Sie druckten die Bücher der verstorbenen ersten Maskilim, und sie druckten auch ihre eigenen, nicht minder aggressiven Romane und Gedichte, Traktate und Aufrufe.

Es hätte keinen Sinn, eine lückenlose Aufzählung aller jiddischen Schriftsteller und Werke des Ostens zu geben. Wir wollen ja nicht ein Lehrbuch für jiddische Literatur schreiben, sondern nur ein Bild dieser untergegangenen Welt und Literatur vermitteln. Wir bringen daher hier, genau wie bei den Werken aus dem älteren Jiddisch, nur vereinzelte typische Beispiele.

Der erste Dichter dieser Art war J. B. Levinsohn (1788–1866). In seiner ‚Hefker-Welt' (hefkér = vogelfrei) gibt er die Vision eines Hypnotikers, welcher bereits im Jenseits zu sein glaubt. Hier sieht er alle Schandtaten der jüdischen Gemeinde bestraft:

die Reichen des jüdischen Kahal und der chassidische Wunderrabbi sitzen in der Hölle.

Fast noch typischer für die Aufklärungsbewegung ist der an sich nicht sehr begabte Michael Gordon (1823–1890). Er schrieb lehrhafte Gedichte, in denen er bestimmte Vorschriften für Sauberkeit machte und die traditionelle Kleidung, den Kaftan, tadelte. Man soll europäische Kleider tragen. Außerdem schimpft er auf die orientalische Beweglichkeit der Juden und greift das unsystematische Lernen an. Die Religion selber greift er nicht an. So weit ging keiner der östlichen Aufklärer. Hierin waren sie anders als die Aufklärer des nichtjüdischen Westens. Dagegen schimpft er auf den Traum der Juden, eines Tages wieder nach Palästina ziehen zu dürfen. Man soll im Lande bleiben und die Landessprache und Handwerke erlernen. Ja – und auf die jiddische Sprache schimpft er natürlich ebenfalls. Und zwar schimpft er auf sie in jiddischen Versen!

Das alles ist nicht gerade dichterischer Stoff. Dennoch ist die Sprache von Michael Gordon schon eine recht ordentliche Vorstufe für die spätere echte Dichtersprache. Denn er war in Litauen geboren, wo das Jiddisch reich mit den talmudisch-hebräischen logischen Formen und Formeln durchsetzt ist, und kurz, scharf und prägnant im Ausdruck, und er lebte später im chassidischen Süden mit der melodischen, gefühlvollen Sprache. Das ergab, noch diesseits eigentlicher dichterischer Gestaltungskraft, die gleiche Synthese, die dann später, bei Mendele Moicher Ssforim, das Jiddisch in ein echtes Instrument für Dichtung verwandelte.

Nur wenig jünger als Michael Gordon ist sein Namensvetter Jehuda Löb Gordon (1830–1892). Auch er schrieb Gedichte mit sozialem und selbstkritischem Hintergrund. Er schildert die blutige jüdische Vergangenheit und wirft die bange Frage auf: Wann wird das Morden an den Juden aufhören? Er schildert die Armut des Volkes und stellt fest: Die Juden leben nur durch ein Wunder. Er schreibt auch Humoristisches. So zum Beispiel von einem Rabbi, der den Liebhaber seiner Frau aus dem Fenster entfliehen sieht und ihn für den Propheten Elias hält. Am eindrucksvollsten von ihm ist die Schilderung eines ‚Ikúw hakriá'. Wörtlich heißt das: Unterbrechung oder Behinderung der Lesung. Gemeint ist damit eine ganz bestimmte Sitte, die im Osten – man weiß nicht genau, wann – im Laufe der früheren Neuzeit aufkam. Die Sitte nämlich, daß einer, dem Unrecht geschehen war, durch Schreien oder andere geeignete Maßnahmen die Lesung der Tora (= Pentateuch) so lange behinderte, bis die Gemeinde ihn anhörte und ihm zu seinem Recht verhalf. Diese Sitte hängt eng damit zusammen, daß die Macht in der Neuzeit zunehmend von der gelehrten geistig-geistlichen Elite auf die Reichen übergegangen war und oft erbarmungslos mißbraucht wurde. In den russisch-jüdischen Gemeinden war es so, daß sie dem Staat eine ganz bestimmte Anzahl Soldaten zu stellen hatten. Natürlich wählte man die Männer für den Militärdienst, der viele Jahre dauerte und eine zerstörte Existenz bedeutete, aus den Reihen der Armen und Wehrlosen. J.L. Gordon erzählt nun von einem Fall, in welchem von den Reichen drei Männer aus ein und derselben armen Familie zum Dienst gepreßt werden. Sie versuchen, sich mittels eines ‚Ikuw hakria' beim Gottesdienst Gehör und Recht zu verschaffen. Sie schreien, bis sie ohmächtig hinstürzen. Die Gemeinde ist peinlich berührt, wartet ab, bis die unangenehme Störung vorbei ist, und betet dann weiter, ohne die Verzweiflung der drei Männer und der betroffenen Familie zu beachten.

Zarter, dichterischer ist Michael Goldfaden (1840–1908). Sprachlich kommt bei ihm, genau wie bei Michael Gordon, ebenfalls der nüchterne Norden mit dem melodramatischen Süden zur Verbindung: er ist Sohn eines Handwerkers aus dem Süden und studiert in Schitomir, dem Zentrum der ‚Haskala' (Aufklärung). Auch inhaltlich ist seine Welt dichterischer als die der radikalen Aufklärer. Er predigt keine Assimilation und fordert nicht die Preisgabe der jiddischen Sprache. Er erzählt von den Leiden des Volkes im Laufe der gesamten Geschichte. Er haßt den Chassidismus nicht. Er begeistert sich für Zion. Er schreibt Theaterstücke, in die er volksliedhafte Verse einfügt. Er schielt nicht nach links und rechts mit der Frage: Was sagen und denken die andern von den Juden? Werden sie uns nicht am Ende verachten, weil wir ihre Sitten nicht annehmen? Sondern er erklärt umgekehrt: Nur in seiner Besonderheit und Eigenart und nicht im Angleichungsprozeß an die andern verdient der Jude Achtung.
Goldfaden hat einen Engel erfunden, den ‚Schabsiel', den Engel des Sabbats. Schabsiel irrt trauernd herum, denn die Juden halten die Sabbatgebote nicht mehr ein. Da begegnet er dem betrunkenen ‚Schabbesgoi'. Unter Schabbesgoi verstand man im Osten den Bauern, der ohne besondere Aufforderung, auf Grund einer Dauerabmachung, jeden Sabbat in den jüdischen Häusern die Arbeiten verrichtete, die dem Juden auf Grund der Sabbatgesetze verboten sind. Also zum Beispiel Einheizen oder Licht anzünden und löschen. Auch der Schabbesgoi trauert: da die Juden am Sabbat arbeiten, ist er arbeitslos und hat angefangen in der Verzweiflung zu trinken...
Goldfaden hat, dies erwähnten wir bereits, in seine Theaterstücke Lieder und Verse eingeflochten. Er brauchte hierbei

nicht auf den lehrhaft-trockenen Ton der Masklilim zurückzugreifen. Volkstümliche Lieder mit philosophierendem Inhalt gab es bereits: die Ostjuden bewahrten nämlich bis tief in die Neuzeit hinein die sehr alte Sitte, bei Hochzeiten einen Berufsspaßmacher, einen sogenannten Bádchen (badchán = Spaßmacher) oder Marschalik zu engagieren. Daß ein solcher Badchen in dem tugendreichen Milieu des jüdischen Ghettos derbe oder gar zweideutige Witze und Lieder vortrug, kam natürlich gar nicht in Frage. Er mußte sehr dezent bleiben. Und er mußte ferner auf das oft erstaunlich hohe Bildungsniveau der Hochzeitsgäste Rücksicht nehmen. Stofflich waren ihm einerseits ungewöhnliche Grenzen gesetzt: er konnte nicht von Liebe singen, denn im Ghetto heiratete man blutjung, und die beiden kannten sich oft vor der Hochzeit gar nicht; er konnte auch nicht von Heldentaten singen, denn die Einwohner des Ghettos waren seit Jahrhunderten nur noch Opfer der ‚Heldentaten' der andern. Anderseits durfte er seinen Zuhörern das Verständnis für Zusammenhänge zumuten, die man anderweitig nur bei einer erlesenen kleinen Bildungselite voraussetzen konnte...
Die meisten Badchaním (so lautet die Mehrzahl von Badchán) dichteten und sangen frei, aus dem Stegreif, und sie vergaßen ihre Verse wieder. Einer aber, Eliakum Zunser, genannt Eliakum der Badchen, gab seine Gedichte heraus.
Wovon handeln sie? Nun, zunächst natürlich von dem, was die junge Braut vom Leben in der Ehe zu erwarten hat: von Kummer und Leid also. Aber die lauschenden Männer mußten doch auch ihr Gaudium haben! Ihnen bot er Philosophie. Alle Völker – so dichtete und sang er – haben ein Stadium der Jugend, der Reife, und schließlich sterben sie. Nicht aber die Juden. Für sie gibt es, trotz blutiger Verfolgung, dennoch keinen Tod.

Warum aber läßt Gott es zu, daß die andern Völker die Juden verfolgen und morden? Auch das hat seinen guten Sinn: sonst würden sie sich assimilieren und vergessen, daß sie Juden sind. Ja, aber wie können sie ein solches bitteres Leben überhaupt aushalten? Sehr einfach: Gott hat ihnen die Kraft dazu gegeben. Und was geschieht, wenn der mordende Angriff auf die Juden eines Tages noch massivere und konzentriertere Formen annimmt? Nun: damit sie nicht alle zusammen hierbei zugrunde gehen, hat Gott sie eben über die ganze Erde verstreut...

Das also waren die ‚Hochzeitsspäße', die der Badchen der Festgesellschaft anbot. Man sieht: es ist die vorweggenommene Spenglersche Philosophie, und Toynbees Einwände gegen die Existenz der Juden, die sich auf eben diese organisch-romantische Spenglersche These stützen, sind durch die genaue Explikation von der Besonderheit der jüdischen Existenz durch den Badchen Zunser ebenfalls schon gleich im voraus widerlegt.

Vor dem neunzehnten Jahrhundert hatte es bei den Juden kaum Romane gegeben. Wieder ist es ein Maskil, ein Aufklärer, der die ersten Romane schreibt: Eisik Meier Dick. Er schrieb kurze, realistische Geschichten für kleine Leute. Der Stoff war der Gegenwart entnommen und die Handlung naiv und einfach: Die Tugend siegt, das Laster wird bestraft. Er wollte die Leute moralisch erziehen. Wie alle konsequenten Maskilim haßte auch er das Jiddisch, in dem er gezwungen war zu schreiben, und schalt es ungeniert ein ‚Kauderwelsch'. Daher tat er sein mögliches, das Kauderwelsch zu ‚veredeln', indem er es mit neuhochdeutschen Brocken verdarb.

Die Romane von Dick waren alle sehr dünn gewesen. Die Leute

wollten aber gern etwas Umfängliches, etwas im Genre von Alexandre Dumas. Nun – nachdem der Anfang gemacht war, war es keine Kunst, an den Geschmack der Leute Konzessionen zu machen. Es fand sich ein Autor, Schaikewitsch, als Schriftsteller Schomer (= Wächter) genannt, der beliebig dicke Romane schrieb. Talent hatte er keines, und die Handlung und die Figuren waren bei ihm noch weit einfacher als bei Dick: Alle guten Menschen waren aufgeklärt, fortschrittlich; alle Bösen waren fanatisch religiös und rückständig. Und um zu zeigen, daß er von der jiddischen Sprache wirklich nicht viel halte, setzte er jedem Kapitel seiner Romane ein hebräisches Gedicht voran.

Die Leute waren begeistert. Aber die Romane waren immer noch zu kurz für ihren Geschmack. Die Leute bekamen, was sie wollten. Vor allem unter den Auswanderern in Amerika fanden sich Romanfabrikanten, die sozusagen im Akkord arbeiteten: einer schuf einen Roman ‚Die Giftmischerin' in zwölf Bänden. Er wurde von der Konkurrenz dennoch geschlagen: ein anderer schrieb nämlich unter dem Titel ‚Unter Menschenfressern' einen vierzigbändigen Roman!

Dick hatte im Roman ein Mittel gesehen, das Volk zu erziehen. Jetzt war es ein Mittel geworden, den Volksgeschmack zu verderben.

Und die Gebildeten? Schrieen sie Zeter und Mordio? Aber im Gegenteil! Sie freuten sich enorm, daß das verhaßte jiddische ‚Kauderwelsch' in solchem literarischen Mist versank. Je schlechter die Literatur, desto besser, denn desto rascher würde die jiddische Sprache zusammen mit ihren Romanen endlich untergehen!

DIE JIDDISCHEN KLASSIKER

Aber sie ging nicht unter. Und auch die jiddische Literatur ging nicht unter. Das Gegenteil geschah:

Kurz nacheinander wurden drei jiddische Dichter geboren, die man als die Klassiker der jiddischen Literatur bezeichnen kann: Der erste war Mendele Moicher Ssforim. ‚Moicher Ssforim' heißt ‚Bücherhändler'. Der wirkliche Name von Mendele lautete Abramowitsch. Er lebte von 1836 bis 1917. Geboren wurde er als Sohn eines Toragelehrten in Kopyl, in Litauen. Er studierte an den Jeschiwot, das heißt Talmudhochschulen, von Wilna und Minsk, wo er eine sehr solide Kenntnis des gesamten hebräisch-aramäischen Schrifttums erwarb. Seine Kindheit jedoch hatte er in einer Waldmühle verbracht, in der Landschaft also, und nicht im städtischen Ghetto. Die Liebe zur Natur spricht aus jedem seiner Werke. Mit achtzehn Jahren reiste er südwärts und blieb zunächst als Lehrer in Berditschew. So mischten sich bei ihm, wie schon bei andern zuvor, nördliche Mentalität und nördlicher Dialekt mit Sprache und Erlebnisformen des romantischen Südens. Als ‚Litwak' war er natürlich Aufklärer, Kritiker der inneren jüdischen Mißstände. Mit seiner Erzählung ‚Die Taxe' erregte er den Zorn des Kahal (= Gemeinde; gemeint sind die Oberhäupter der Gemeinde) in Berditschew in solchem Maße, daß ihm nichts übrigblieb, als zu fliehen. Er kam nach Odessa und leitete dort die Gemeindeschule. Anfangs hatte er Hemmungen, jiddisch zu schreiben. Dann aber begann er die Sprache zu ‚entdecken' und zu lieben. Die Liebe machte ihn hellsichtig und hellhörig. Es gelang ihm als erstem, das zauberhafte, aus altertümlichem Deutsch und talmudischem Hebräisch, aus Intellekt und Gemüt, aus Schärfe und Melodik komponierte Idiom in seinen vollen Klängen und

Nuancen einzufangen. Der Haß hatte die jiddische Literatur geboren. Aber zur Dichtung konnte sie nur durch die Liebe und liebende Hellsicht werden. Die Maskilim hatten das Jiddisch durch ihre Vorurteile der Schönheit und Geschlossenheit beraubt. Durch Mendele erst wurde dies verachtete Idiom des armen Volkes, das bisher allenfalls gut genug war, um die kümmerlichen Dinge des Alltags auszusagen, so beseelt, so erweitert, so zur Einheit geprägt, daß es fortan der gültige Ausdruck war für das Denken und Fühlen des ganzen Judentums im Osten. Erst bei ihm band sich das knappe, lakonische, logische Jiddisch Litauens mit dem breit fließenden, melodischen, getragenen Dialekt Südrußlands zu einem volltönenden Akkord.
Und in dieser dem Volk aus Süd und Nord abgelauschten Sprache schuf Mendele ein bazauberndes Bilderbuch des gesamten Ostjudentums. Er verdichtete die Juden zu Typen, er erfand Städtchen von einheitlichem Gepräge: eine Narrenstadt, eine Stadt der Nichtstuer, eine Stadt der bettelarmen Leute. Er erzählte vom Elend der Juden, von inneren Mißständen, von der jüdischen Überaktivität, mit der sie sich wirkliche Aktionen vortäuschten, während in Wirklichkeit nichts geschah, nichts geschehen konnte, weil es im Ghetto keine Möglichkeit zu einer sinnvollen Aktivität oder zu einem normalen Broterwerb gab...
All das erzählt Mendele in Büchern, die man irrtümlich als ‚Romane' bezeichnete und denen man daher mangelnde Handlung und ungenügend straffen Aufbau vorgeworfen hat. Es war ein Mißverständnis. Mendele schreibt keine Romane. Er schreibt Bilderbücher. Es ist zauberhafte, stilistisch und inhaltlich bis ins letzte durchgeformte Detailmalerei. Er hat sich nie an deutsche oder russische Romanvorbilder angelehnt. Sein Inhalt ist Gegenwart und Alltag. Seine Sprache ist Neuschöpfung. Aber

seine Form, sein Tonfall sind den alten Legenden, den altertümlichen Weibergebeten entnommen. Der Neuschöpfer der jiddischen Sprache sucht sich für den Aufbau seiner Geschichten bewußt nur alte, jüdische Vorbilder.

Mendele hat sehr viele Bücher geschrieben. Nur das wenigste davon ist ins Deutsche übersetzt. Teils mochte lange Zeit hindurch die Gleichgültigkeit der Juden und Christen im Westen schuld sein daran. Teils aber liegt die Schwierigkeit in Mendeles Stil und Sprache begründet: Um auch nur einen Bruchteil von ihrem Reiz einzufangen, müßte man für die Übersetzung ein Deutsch der Vorzeit wählen.

Der zweite ‚Klassiker' der ostjiddischen Literatur ist Jizchak Leib Perez (1851–1915). Perez wurde in Polen geboren. Er begann, genau wie Mendele, zunächst als Aufklärer zu schreiben. Soziale Probleme und Milieuschilderung waren ihm wichtig. Indes wurde in seiner Dichtung bald spürbar, daß in seinem Geburtsort Samorzt wenig weltanschauliche Spannungen herrschten. Es fehlte jeder zureichende Grund, sich für oder gegen Aufklärung oder Chassidismus zu erhitzen. Perez wurde bald polyphon. Nach wie vor beweinte er das Elend des Volkes, in welchem er den letzten Grund von allen Sünden sah. Aber zugleich begann er die alten chassidischen Erzählungen mit ihrer herzergreifenden Naivität zu lieben. Er schrieb neue chassidische Geschichten. Er schrieb auch Legenden und Mysterien. Er war zugleich Sozialist, Zionist und glühender Verehrer der chassidischen Welt...

Auch Perez ist nicht ganz leicht ins Deutsche übertragbar. Sind es bei Mendele die stilistischen Besonderheiten, die sich gegen eine Transposition in modernes Hochdeutsch sperren, so kommt die Schwierigkeit bei Perez, vor allem in seinen chassidisch gefärbten Geschichten, vor allem vom Inhaltlichen her. Der Außenstehende braucht für das Verständnis zu viel Kommentare.

Kurz erwähnt sei hier noch ganz nebenbei Salomon Anski (1864 bis 1920), dessen Drama ‚Der Dibbuk' den Stoff ebenfalls dem chassidischen Milieu entnimmt. Unter einem Dibbuk (von hebr. dabók = sich anheften) versteht man den Geist eines Toten, von dem ein Lebender besessen ist. In dem Drama wird eine Braut im Augenblick ihrer Trauung vom Geist des Jünglings besessen, der ihr eigentlich bestimmt war und den sie liebte. Als die Braut durch die Beschwörung des Rabbi von dem Dibbuk befreit wird, sinkt sie tot zusammen. Wir erwähnen das Drama, weil es durch die großartigen Aufführungen der jüdischen Moskauer Bühne ‚Habima' im gesamten Westen berühmt geworden ist. Allerdings hat die Habima das Drama in hebräischer Übersetzung aufgeführt.

Leicht zugänglich dagegen auch für den westlichen Leser und leicht übersetzbar ist der dritte Klassiker, Scholem Alejchem (1859–1916). Der Name bedeutet ‚Friede mit euch!'. Es ist die im Hebräischen übliche Grußformel. In Wirklichkeit hieß er Rabinowitsch, wurde in Perejaslaw in der Ukraine geboren und war ursprünglich sogar ziemlich bemittelt. Er verlor aber bald sein Geld in ungeschickten Spekulationen und zog von da an mit seiner riesengroßen Familie kreuz und quer durch die Welt. Zeitweise lebte er in Amerika.

Die harte Selbstkritik, die das jüdische Schrifttum in fast jeder seiner Äußerungen kennzeichnet, durchzieht zwar auch das Werk von Scholem Alejchem. Aber dem Parteienzwist zwischen der Aufklärung und dem Chassidismus steht er noch weit fremder gegenüber als Perez: war Perez bereit, beides in gewissen Grenzen zu bejahen und in sein Werk einzubauen, so kümmert sich Scholem Alejchem überhaupt nicht um solche Fragen und übt seine Kritik aus einem ganz andern Gesichtswinkel. Er ist nicht Politiker, sondern Psychologe. Mit einem lachenden und einem weinenden Auge malt er die Typen des ostjüdischen Lebens, gleichzeitig ein wenig karikierend und doch voll Liebe. Eigentliche Romane hat auch er nicht geschrieben. Er liebt die Form des Gespräches oder der Korrespondenz zwischen zwei und mehr Partnern. Mit seinem Zauberstift skizziert er den kleinen Spekulanten, der völlig ahnungslos in das erbarmungslose und gefährliche Spiel der Börse einsteigt und zwischen Jubel und Verzweiflung schwankt – bis er schließlich ganz mittellos nach Amerika fährt, während seine Familie, gleichfalls aller Mittel beraubt, in der Ukraine bleiben wird. Oder er läßt einen alten Milchhändler das Schicksal aller seiner schönen Töchter erzählen, wobei er an den vielen Schwiegersöhnen buchstäblich alle Möglichkeiten aufzeigt, wie man im Osten existieren oder zugrunde gehen kann. In einem seiner heitersten Briefromane, ‚Marienbad', parodiert er die nichtsnutze hochgekommene jüdische Schicht, aus der sich die Kurgäste rekrutieren. Und in seinen Theaterstücken, die viele hübsche Einzelszenen, aber wenig straffen Aufbau haben, malt er die bereits beginnende Assimilation und den Zerfall der jüdischen Welt auch im Osten.

Weniger bekannt ist der in Rußland auf dem Lande aufgewachsene S. S. Frug (1860–1916). Ursprünglich schrieb er russische Verse. Mit vielen seinesgleichen zusammen kehrte er sich nach den Pogromen von allen assimilatorischen Idealen ab und begann zum jüdischen Volke in dessen Muttersprache, in Jiddisch, zu sprechen. Es wurde ihm anfangs schwer, die jiddische Sprache zum Instrument für Dichtung zu kneten. Aber es gelang ihm wirklich. Seine Lieder klagen, aber sie klagen nicht an. Er liebt die Bauernarbeit, aber er will nicht zu ihr bekehren. Er will – und das ist bei jiddischen Dichtern des Ostens eher selten – überhaupt nicht belehren, sondern nur aussagen.

Am bekanntesten ist seine Ballade von der Tochter des Schammes (= Synagogendiener), die dem kranken Rabbi ihr ganzes Leben schenkt. Im Osten gab es die Sitte, einem geliebten Kranken etwas von der eigenen Lebenszeit zu schenken. Das Geschenk war durchaus real und keineswegs als bloße Etikette und leere Geste gemeint, weshalb man in der Regel sehr sparsam und vorsichtig nur ein paar Minuten oder höchstens Stunden verschenkte. Die Schammestochter aber schenkt ihr ganzes Leben und sinkt im selben Augenblick tot zusammen. Der alte Rabbi jedoch gesundet und kann nicht sterben. Und in nächtlichen Visionen durchlebt er das ungelebte Leben des Mädchens: er hört die Hochzeitsmusik, er vernimmt die Aufregung bei der Geburt ihrer Kinder, er lauscht bangen Herzens, ob nicht endlich auch Schweres und Bitteres in das Leben des Mädchens eingebrochen wäre, das ihr durch ihren frühen Tod erspart bleibt. Dann würde das Opfer, das er nie gewollt und gefordert hat, weniger schwer auf ihm lasten. Aber in dem ungelebten Leben der Jungfrau ist nicht ein einziger Schatten …

Vollkommen anderer Art sind die Verse von Morris Rosenfeld (1862–1923). Er wurde in Boksza in Russisch-Polen geboren und zog später als armer Konfektionsarbeiter unruhig durch die alte und neue Welt. Er besingt und beklagt in seinen Gedichten das traurige Leben des ‚Industriesklaven' der Jahrhundertwende, der für einen jämmerlichen Lohn von früh bis spät sinnlose Arbeit leistet und nie die offenen Augen seiner eigenen Kinder zu sehen bekommt: denn er ist immer nur für ein paar knappe Stunden Nachtruhe bei sich zu Hause, wenn seine Kinder schon schlafen. Allmählich schlägt das brennende Mitleid mit den Ausgebeuteten in Haß gegen die Ausbeuter und in scharfe politisch-soziale Forderung um. Formal ist ein leichter Einfluß von Heine nicht zu verkennen.

Ein paar Worte mögen noch über Scholem Asch gesagt werden. Weniger seiner Qualität wegen als vielmehr, weil er im Westen, vor allem in Amerika, sehr ernst genommen wird, und zwar nicht nur in jüdischen Kreisen. Geboren wurde er 1881 in Kutno (Russisch-Polen), und er starb in Israel im Jahre 1957. Er gehört zu den wenigen jiddischen Schriftstellern, die nicht der jüdischen Intelligenz entstammen. Am besten gelingt ihm die Zeichnung der jüdischen Unterwelt von Warschau: Straßenmädchen, Besitzer öffentlicher Häuser, Zuhälter, Artisten. Wenig bekannt ist sein ausgezeichneter früher Roman ‚Motke Gánew' (Ganáw = Dieb, Gauner). Es ist das Schicksal eines Warschauer Zuhälters, der ursprünglich bei seinen Dirnen sehr beliebt war wegen seiner freundlichen Großzügigkeit. Aber der Wunsch, ein unschuldiges Mädchen zu heiraten und ein normales bürgerliches Leben anzufangen, macht ihn – er braucht ja hierfür Anfangskapital! – zum erbarmungslosen Ausbeuter der Mädchen, die er schließlich in Bausch und Bogen verkauft, und wird ihm dann zum Verhängnis. Er beichtet nämlich der Braut einen früheren Mord, und die Braut denunziert ihn bei der Polizei... Auch ein frühes Theaterstück von Asch, ‚Gott der Rache', spielt in diesem gleichen Milieu und ist in den gleichen echten Farben gemalt. Später hat Asch aber angefangen, riesendicke Romane über alle großen Gestalten der Bibel, Moses, Jesus und so weiter, zu schreiben. Man hat ihm in jüdischen Kreisen den christlichen Stoff mancher seiner Bücher vorgeworfen. Aus unerfindlichen Gründen hat niemand die weit wichtigere Tatsache angeprangert, daß dem Autor alle Voraussetzungen, die bildungs- wie die glaubensmäßigen, zur Bewältigung solch großartiger und heikler Stoffe fehlen. Dasselbe gilt übrigens, wenn auch in etwas geringerem Ausmaß, auch schon für seine umfängliche Trilogie Petersburg-Moskau-Warschau. Der Roman spielt in der ‚guten Gesellschaft', die sich aber bewegt und agiert, als stamme sie, genau wie ‚Motke Ganew', aus der Warschauer Vorstadt.

Ganz anderes Format hat die Dichtung von Chaim Nachman Bialik. Sie erinnert am ehesten an die aufbegehrenden, brennenden Verse eines Béranger. Seine Verse über den Pogrom von Kischinew zum Beispiel verlieren nicht einmal in der deutschen Übersetzung ihre Kraft und Schönheit. Im Original sind sie sprachlich und inhaltlich gleichermaßen packend. Bialik ist 1873 in Rady in Wolhynien geboren und 1934 in Tel Aviv gestorben. Obwohl es wundervolle lyrische Verse und Volkslieder von ihm auch in Jiddisch gibt, gilt er aber mit Recht vor allem als hebräischer Dichter. Als Stilist der neuen hebräischen Sprache hat er kaum seinesgleichen.

Weit weniger bekannt ist Itzik Manger, der heute in New York lebt. Geboren ist er 1901 in Tschernowitz. Neben Liedern und Balladen hat er ein entzückendes ‚Buch vom Paradies' geschrieben, in welchem das Paradies, ähnlich wie in manchen amerikanischen Negerfilmen, sich durch nichts vom Diesseits unterscheidet außer durch das simultane Auftreten aller biblischen Gestalten inmitten einer mit Bitterkeit, Heiterkeit und Poesie porträtierten ostjüdischen Welt.

Wir haben lange nicht alle ostjüdischen Dichter aufgezählt. Um so weniger würde es sich rechtfertigen, die Schriftsteller aufzuzählen, welche noch in den letzten Jahrzehnten in der Sowjetunion lebten und schrieben. Es waren gute Begabungen darunter. Aber was sie schrieben, war von der Propaganda angefärbt. Stalin hat sie übrigens fast alle gerade in den Jahren, in welchen weiter westlich die Vernichtungslager der Nazis das Ostjudentum verschlangen, ohne jeden Vorwand erschießen lassen. Kaum einer hat die Aktion überstanden. Auch Isaak Babel, der übrigens nicht jiddisch, sondern ausschließlich russisch schrieb, ist damals umgekommen.

PROBLEME DER AUSWAHL UND NIEDERSCHRIFT

Man sollte denken: Nichts ist leichter, als ein jiddisches Wörterbuch zusammenzustellen. Denn während für viele Fragen aus diesem Buche wenig oder überhaupt keine Vorarbeiten zu finden waren, gibt es ausgezeichnete jiddische Lexika in Fülle. Die Schwierigkeit ergibt sich denn auch nicht aus mangelhaftem Material, sondern aus der Tatsache, daß dieses Buch, wir sagten es wiederholt, weder für Germanisten oder Volkskundler vom Fach noch für solche bestimmt ist, die Jiddisch erlernen wollen oder ein vollständiges jiddisches Wörterbuch aus irgendeinem Grunde benötigen. Sie bleiben auf die Wörterbücher verwiesen, von denen einige in der Bibliographie aufgezählt sind. Es geht vielmehr auch hier nur darum, einen Eindruck der jiddischen Sprache zu vermitteln, diesmal von ihrem Wortschatz her. Soll es aber kein vollständiges, umfassendes Wörterbuch sein: wie soll dann die Auswahl getroffen werden?

Nur aus der Eigenart der jiddischen Sprache heraus läßt sich ein Auswahlprinzip finden und vielleicht rechtfertigen. Sehen wir uns also die Bestandteile der jiddischen Sprache an. Siebzig bis fünfundsiebzig Prozent in ihr sind verschiedenen mittelhochdeutschen Dialekten entnommen. Auch heute noch sind diese Elemente mühelos als deutsch erkennbar, trotz Hebraisierung und Slawisierung der Aussprache. Der Sinn der Wörter jedoch ist für einen, der nur Neuhochdeutsch kann, nicht immer klar. Denn nicht immer deckt er sich mit der heutigen Bedeutung. In einzelnen Fällen ist der Bedeutungswandel erst im Osten bei den Juden eingetreten. Das ist aber selten. Viel öfter sind es gerade die Juden, die den alten, mitgebrachten Sinn bewahrt haben, während in Deutschland selber das Wort inzwischen eine neue Bedeutung gewann. Konservatismus und Traditionstreue der Juden, die sie im Osten am Deutschen festhalten ließ, ließ sie auch am alten Wortsinn der einzelnen deutschen Begriffe festhalten. Ein jiddisches Lexikon für Deutschsprachige müßte demnach genau genommen auch alle ‚deutschen' Ausdrücke des Jiddischen mitumfassen und übersetzen. Folgende paar Beispiele mögen von dieser Notwendigkeit überzeugen: Jiddisch ‚schmejcheln' entspricht dem deutschen ‚lächeln'. ‚Schmeicheln' im deutschen Sinne wird jiddisch dagegen mit einem hebräischen Verbum mit deutscher Endung wiedergegebenen: ‚chanfenen' (von hebr. chanóf = schmeicheln). Jiddisch ‚flattern' entspricht dem deutschen ‚beben', jiddisch ‚behalten' dem deutschen ‚verstecken'. Das jiddische Wort ‚Scheitel' ist der feste Name für die Perücke, die von den orthodoxen Jüdinnen nach der Hochzeit getragen wird. Man weiß, dies nur nebenbei, bis heute nicht genau, warum sie es tun, obwohl die Sitte meist sehr streng eingehalten wird. In der Bibel ist nichts Derartiges gefordert. Es ist nur erwähnt, daß anständige Frauen auf der Straße nicht mit unbedecktem Haupte herumgehen. Vermutlich ist die Sitte europäisch-heidnisch-mittelalterlichen Ursprungs: Germanen wie Slawen kannten ein solches Haaropfer der Frau bei der Heirat. – Aber natürlich haben die Jidden auch ein Wort für den deutschen Begriff des ‚Scheitels': er heißt bei ihnen ‚Schrunt'.

Diese leichten Verschiebungen des Sinnes interessieren jedoch nur den, der wirklich Jiddisch aus wissenschaftlichen oder praktischen Gründen genau kennenlernen muß. Die vollständige Aufzählung der deutschstämmigen Ausdrücke im Jiddischen wäre also für unsere Zwecke sinnlos.

Wie steht es nun mit dem restlichen Bestand der Sprache? Ein Fünftel ist hebräisch und aramäisch. Der Prozentsatz schwankt.

Je gebildeter der Sprecher, desto mehr Begriffe und Wendungen aus dem religiösen Schrifttum wird er einflechten. Ein Briefwechsel oder ein Protokoll religiös gebildeter Juden im Osten quoll über von hebräischen Wendungen und Zitaten.
Und sucht man nun aus einem jiddischen Lexikon die semitischen Bestandteile heraus, so stellt man fest: Sie bilden zugleich eine kleine Kultur- und Sozialgeschichte der Juden. Denn das rechtliche, religiöse und geistige Leben war nicht von der deutschen, sondern von der eigenen, semitischen, jahrtausendealten Tradition her genormt, die die Juden bereits nach Deutschland mitbrachten. Enumeriert und kommentiert man also die hebräischen Begriffe aus der jiddischen Sprache, so erfährt man über die Eigentradition der Juden mehr als aus mancher soziologischen und kulturgeschichtlichen Abhandlung.
Die Wiedergabe dieser semitischen Bestandteile wird also jeden etwas angehen, der nach einem geistigen Porträt der ‚Jidden' sucht.
Der Rest der Sprache ist hauptsächlich slawisch. Auch hier schwankt der Prozentsatz. In den südrussischen neuen Siedlungsgebieten, wo der Kontakt mit den ansässigen Russen ziemlich stark war, konnte der slawische Anteil bis zu fünfzehn Prozent hochklettern. Das geschah dann natürlich auf Kosten des Deutschen und Hebräischen. Da aber das Kulturleben der Juden nicht von dem der Slawen her bestimmt war und da die Juden mit der meist bäuerlichen Umwelt nur praktischen Kontakt hatten, sind die slawischen Wörter im Jiddischen ausschließlich Konkreta des Alltags: Lópete (= poln. lopáta) für Schaufel, drong (= poln. drag) für Stange und so weiter.
Dieser slawische Anteil im Jiddischen ist schwankender als der deutsche und hebräische. Wandern die Ostjuden nach Frank-

reich oder Amerika aus, so werden die slawischen Wörter am raschesten durch solche aus der neuen Umweltsprache ersetzt. Aber ein Teil von ihnen bleibt immer erhalten und gibt der Sprache ihre besondere Farbe.

Schließlich bleibt noch ein sehr kleiner Rest von Wörtern aus buchstäblich allen Ländern und Gegenden, durch welche die Juden seit ihrem Exil gewandert sind: Relikte von Griechisch, Latein, Persisch, Altfranzösisch, Italienisch, Holländisch, Rumänisch. Wer die jüdische Geschichte kennt, den muten diese vereinzelten Spuren der unfreiwilligen ewigen Wanderungen an wie eine dünne Blutspur im Gewebe der Sprache. Romanisch ist zum Beispiel benschen = lateinisch benedicere, lejen oder lejnen = lateinisch legere, altfranzösisch leire. Orn = lateinisch orare (beten), memern = lateinisch memorare (gedenken), im Sinne von: der Toten gedenken, fatscheile = italienisch fazzoletto (Taschentuch), Schalent von altfranzösisch chauld (= chaud [warm] im heutigen Französisch). Schalent oder Tscholent ist eine fette Sabbatspeise, die vor Sabbatbeginn, also am Freitag vor Einbruch der Nacht, in den warmen Ofen geschoben wird und bis zum nächsten Tage langsam weichdünstet. Feuer anzünden ist nämlich am Sabbat verboten, auf diese Weise aber hat man am Sabbat dennoch ein warmes Mittagessen. Daß griechische, lateinische und einzelne persische Ausdrücke nicht nur direkt, sondern auch auf dem Umweg über das Aramäisch, entsprechend verfärbt und umgeformt, ins Jiddisch eingedrungen sind, haben wir bereits früher, im Zusammenhang mit der aramäischen Sprache erwähnt.

Nun ist es aber keineswegs so, daß der Schnitt zwischen den Elementen aus den verschiedenen Sprachen wenigstens sauber zwischen den einzelnen Wörtern hindurchginge: vielmehr geht er oft genug quer durch ein einzelnes Wort. Der ‚póuer' oder ‚pójer' = Bauer: das ist reines Deutsch. Die Mehrzahl von póuer wird aber mit der hebräischen Endung -im gebildet, lautet also: póuerim. Ähnlich lautet die Mehrzahl von dóktor: doktójrim. Umgekehrt wird das hebräische, im Jiddischen gebräuchliche Wort für Gesicht: ‚pónem' (sephardisch ausgesprochen: paním), das im Grunde bereits eine Mehrzahlform ist, im Jiddischen als Einzahl aufgefaßt und mit der deutschen Mehrzahlendung -er kombiniert. Die ‚Gesichter' sind also: péjnemer. Oder nehmen wir das jiddische Wort kloúsnik oder klójsnik. Da haben wir das deutsche Wort ‚Klaus', das im Jiddischen soviel bedeutet wie ‚kleiner Betsaal', und dazu die slawische Endung -nik. Das Wort bezeichnet einen Mann, der mehr oder weniger in der ‚Klous' lebt, den ganzen Tag dort sitzt, womöglich dort auf den Bänken auch schläft.

Geht man so mit dem Seziermesser an die jiddischen Begriffe heran, so wundert man sich nicht unbedingt, daß es den rationalen Gehirnen der Aufklärer als Kauderwelsch und unmöglicher Mischmasch erschien. Es bedurfte schon eines besonders formbegabten Volkes, um aus solch heterogenen Bestandteilen dennoch eine echte, voll durchformte Sprache zu bilden.

Während ich mir nun Gedanken machte, wie ich das Vokabular für die besondern Zwecke dieses Buches passend aufbauen sollte, stieß ich auf eine Kostbarkeit, die das Problem mit einem Schlage löste: auf die ‚Jüdischen Sprichwörter und Redensarten' von Ignaz Bernstein. Er hat sie im Jahre 1908 in Warschau in einem dicken, sehr schön gedruckten Band herausgegeben, in welchem die jiddischen Sprichwörter auf nebeneinanderstehenden Seiten sowohl in hebräischer wie in lateinischer Schrift drinstehen, versehen mit einem Kommentar, sehr gut geordnet und mit ausgezeichneten Registern ergänzt. Und in diesem Buche ist auch ein Glossar, lateinisch transkribiert, mit dem hebräisch oder cyrillisch gedruckten Ursprungswort jeweils daneben. Dieses Glossar war genau das, was ich brauchte: es enthält nur sehr wenige ursprünglich deutsche Begriffe, und nur solche, die besonders radikal vom neuhochdeutschen Sinne abweichen oder heute überhaupt unbekannt sind. Dafür ist aber jeder hebräische Begriff, soweit sinnvoll und notwendig, mit einem ausführlichen Kommentar versehen, der sowohl etymologisch wie religiös und kulturhistorisch den gesamten Hintergrund freilegt. Normalerweise benützt man ein Glossar nur zum Nachschlagen. Dieses hier aber habe ich gelesen, wie man ein spannendes soziologisches Werk liest. Aus dem Mosaik seiner Begriffe baut sich das Bild der ostjüdischen Kulturwelt zwanglos vor uns auf.

Es besteht leider wenig Hoffnung, daß die wundervolle Riesensammlung von Sprichwörtern, die Bernstein so sorgfältig geordnet und kommentiert hat, neu aufgelegt wird. Das Glossar aber habe ich vollständig übernommen, obwohl sein Wortschatz nicht mit dem der Leseproben dieses Buches übereinstimmt. Es lohnt. Und ohne Konzessionen und etwas willkürliche Lösungen kann man ein Buch dieser Art heute ohnehin nicht schreiben.

Dieses Glossar von Bernstein ist so liebevoll und mit einer solch vollendeten Sachkenntnis aufgebaut, daß ich nicht gewagt habe, etwas hinzuzufügen oder wegzulassen. In den wenigen Fällen, wo in den letzten fünfzig Jahren neue gute etymologische Erklärungen hinzugekommen sind, habe ich diese so beigefügt, daß sie als neu eingesetzt deutlich erkennbar sind.

Eine empfindliche Lücke enthält das Glossar aber doch. Sie

kommt daher, daß es zu einer Sprichwörtersammlung gehört. Sprichwörter sind meist kurz, treffend, volkstümlich formuliert. Bei den Juden spricht dennoch eine riesige Bildungswelt aus ihnen. Das ist schon eigenartig genug. Unmöglich aber können Sprichwörter all jene Begriffe enthalten, welche nötig sind, um komplizierte logische Aufeinander- und Auseinanderfolgen festzulegen. Die jiddische Sprache ist nun aber wohl die einzige Volkssprache der Welt, welche voll ist von solchen Hilfsbegriffen der formalen Logik. Das Bild der Sprache ist daher unvollständig, wenn sie fehlen.

Und nun: ich habe zwar nicht gewagt, Bernsteins Glossar auf eigene Faust mit solchen formal-logischen Begriffen zu durchstreuen. Aber ich habe etliche dieser Begriffe separat im Anschluß an das Glossar aufgezählt. Und man könnte das Register dieser Begriffe beliebig vermehren. Denn die jiddische Sprache ist zwar spröde und störrisch, wenn man versucht, neuhochdeutsche Wörter in sie hineinzupressen. In der Richtung auf die beiden semitischen Idiome hin ist sie jedoch vollkommen offen. Es gibt kaum einen hebräischen oder aramäischen Begriff, den man nicht zwanglos einfügen könnte. Zumal eben, wenn es sich um Begriffe der Religion, der Moral und der formalen Logik dreht, die ohnehin nur dem hebräischen, nicht dem europäischen Bildungsbereich entnommen wurden.

Soviel zu den inhaltlichen Abänderungen und Ergänzungen. Sie sind, wie man sieht, geringfügig.

Etwas einschneidender sind die formalen Abänderungen, die sich kaum vermeiden ließen.

Bernstein gibt sein Glossar in lateinischer Schrift. Wahrscheinlich ist das eine Konzession an den westeuropäischen Leser. Offenbar schätzt er die Schwierigkeit, Texte in hebräischen Lettern zu entziffern, doch höher ein als Konsistorialrat Professor Strack, der sein jiddisches Wörterbuch, bestimmt für deutsche Soldaten und Beamte im Osten während des Ersten Weltkrieges, in hebräischer Schrift gibt und erklärt, ein Blick auf die hebräischen Buchstaben und die paar Erklärungen dazu genüge, um einen jeden sofort in die Lage zu versetzen, Jiddisch mühelos zu lesen. Im Gegensatz zu Strack also scheint Bernstein die Sprachtalente seiner Leser weniger hoch einzuschätzen. Er nimmt dafür den Nachteil in Kauf, daß dadurch die Aussprache auf einen bestimmten Dialekt festgelegt wird. Wir erwähnten schon früher, daß bei hebräischer Buchstabierung dieser Nachteil vermieden ist, weil die Unterschiede sich im wesentlichen auf die Aussprache der Vokale beschränken, die meisten Vokale aber in der hebräischen Schrift entweder überhaupt nicht oder nur als leere Vokalträger eingezeichnet sind. Allerdings macht Bernstein den Nachteil der vokalischen Festlegung dadurch wieder wett, daß er in Klammer jeweils dasselbe Wort in hebräischer Schrift noch dahintersetzt. Von hier aus kann jeder die Vokale seinem eigenen Dialekt entsprechend bestimmen.

Zur Zeit, da Bernstein sein Buch schrieb, gab es noch gegen zwölf Millionen Jidden, das heißt Jiddisch sprechende oder doch verstehende Juden. Bernstein selber stammte aus Galizien, sprach also von Haus aus den südlichen Dialekt. Es war dies zugleich der Dialekt, der von der überwiegenden Majorität der Jidden gesprochen wurde. Es war daher sinnvoll, wenn Bernstein sein Glossar in südjiddische Vokalisation transkribierte. Inzwischen aber sind die Ostjuden in Nord und Süd gleichzeitig und gleichmäßig so ausgerottet worden, daß alle solchen Erwägungen dahinfallen. Die Wahl der Aussprache muß heute nach andern als zahlenmäßigen Gesichtspunkten erfolgen.

Und nun: im Südjiddischen weichen die Vokale, wie der Leser auch aus den nachfolgenden Tabellen ersehen kann, weit stärker von der deutschen Aussprache ab als im Norden. Es ergibt sich eine Überfülle von i-Lauten, die dem Deutschsprachigen das Verständnis erschweren und auch klanglich eine gewisse Monotonie zur Folge haben.

In Amerika sind nun neuerdings Bemühungen im Gange, eine einheitliche Aussprache festzulegen. Sie soll vor allem für die Bühne und für Vorlesungen verbindlich sein. Diese Aussprache stellt eine Mischung aus den beiden Dialekten dar, entnimmt aber dem litwischen mehr als dem südlichen. Ungefähr diese Bühnenaussprache haben wir für unser Glossar gewählt. In Amerika selber hat sie sich nie ganz durchgesetzt. Die Gründe sind denkbar einfach: Wer noch von Haus aus Jiddisch spricht, der läßt sich keine andere Aussprache diktieren als seine gewohnte. Und wer Jiddisch nicht von zuhause aus kann, der spricht meist ohnehin nur noch Englisch. So gut diese Zwischenform also auch ausgewählt ist – sie hat einfach deswegen keine Zukunft, weil die ganze jiddische Sprache unter solch künstlichen Konditionen keine Zukunft hat. In unserm Glossar jedoch möge dieser reizvollen Variante ein Asyl gewährt sein.

Und noch in einer Hinsicht weicht unsere Aussprache von der Bernsteins ab: Wir erwähnten schon früher, daß der Akzent bei den hebräischen Wörtern, der meist auf der Endsilbe liegt, von den mittel- und ostjüdischen Gruppen in Angleichung an indogermanische Sprachen auf die zweitletzte Silbe oder sogar noch weiter zurückgenommen wurde. Die Endsilben bleiben nicht nur im Hinblick auf den Akzent, sondern auch in der Vokalisation entfärbt und abgeschwächt zurück. Endet zum Beispiel ein Wort auf -o oder -oiss und so weiter, so bleibt nur noch ein ausklingendes -e oder -ess zurück. Nur der Chasan, der Synagogensänger, pflegte im Osten die Endsilben vokalisch voll auszusprechen. Das auch im Deutschen gebräuchliche jiddisch-hebräische Wort ‚meschuge' zum Beispiel wurde vom südjiddischen Chasan als ‚meschígo' ausgesprochen, vom litwischen Chasan ‚meschúgo'. Dies ist, in der südlichen Variante, auch die Aussprache, die Bernstein gewählt hat.

Wir haben sie durch das gewöhnliche, gesprochene Alltagsjiddisch ersetzt.

Alles übrige ist intakt geblieben. Nur daß aus Kostengründen und als weitere Konzession an den Leser, dem hebräische Schrift Mühe bereiten könnte, die hebräischen Urformen in den Klammern ebenfalls in lateinischer Transkription dastehen, und zwar in sephardischer Aussprache. Das ist die Aussprache, die die Juden aus dem Orient mitgebracht und innerhalb von Europa nur in Spanien, hebräisch Sepharad, beibehalten haben. Sie ist heute in Israel die einzig übliche.

Alle Laute sind so wiedergegeben, daß der deutschsprachige Laie bei normaler, phonetisch genauer Aussprache sie ohne weitere Anleitung richtig aussprechen wird. ch wird im Hebräischen immer hart gesprochen, so wie in ‚Bach'. Einfaches s soll stimmhaft gesprochen werden, so wie in ‚Sage'. Das scharfe s, wie in ‚Haß', ist immer mit Doppel-ss angegeben. Es ergibt sich dadurch mitunter ein Doppel-ss am Anfang eines Wortes. In Übereinstimmung mit Bernstein ist ferner das sehr kurze hebräische e, das wir zum Beispiel in der ersten Silbe des Wortes meschuge haben und das im Hebräischen kaum hörbar ist, nicht mit einem e, sondern mit einem Apostroph bezeichnet: also m'schuge. Wer bestimmte Wörter im Vokabular nachsuchen will, der denke immer an diese Möglichkeit.

Was die Schreibweise der hebräischen Wörter im Jiddisch angeht, so ist es selbstverständlich, daß sie in dem Glossar eines gebildeten Juden der Jahrhundertwende von der Art Dr. Bernsteins nicht nach der erleichterten jiddischen Orthographie geschrieben sind, die heute in der Sowjetwelt üblich ist, sondern genau so, wie sie in der Bibel und in den nachbiblischen Texten drinstehen, orthographisch korrekt also. Es ist klar, daß Bernstein, wenn man entsprechende Beispiele aus heutigen Sprachen nennen will, nicht schreibt: Säniör, Scheni und Enscheniör, sondern Seigneur, Génie und Ingénieur. Da wir aber im Glossar ohnehin nur die Transkription in lateinische Buchstaben geben, fällt das Problem für uns hier dahin. Es stellt sich erst bei den in hebräischer Schrift gedruckten Leseproben, zusammen mit allen andern Problemen der jiddischen Orthographie. Wir kommen dort darauf zurück.

AVIS AN DEN LESER UND BENÜTZER DES LEXIKONS

Bei allen Wörtern, deren Herkunft für den deutschsprachigen Leser nicht unmittelbar verständlich und ersichtlich ist, steht die Abstammungsform in Klammern daneben:

d. = deutsch	klr. = kleinrussisch
r. = russisch	p. = polnisch

Bei Wörtern und Redensarten, die aus dem Hebräischen stammen oder reines Hebräisch sind, ist in der Klammer daneben die orientalisch-sephardische, ursprüngliche, und auch heute in Israel wieder übliche Ausspracheform beigefügt, die von der im Jiddischen üblichen, aschkenasischen, und obendrein oft durch den Sprachgebrauch deformierten, manchmal stark abweicht.

Die Akzente auf jiddischen und hebräischen Wörtern zeigen nur die Betonung an.

Scharfes s ist immer mit ss geschrieben. Der Leser suche also mit s anlautende jiddische Begriffe immer auch unter ss: zum Beispiel Ssóre (ssará) = Sara.
Das kurze hebräische e ist nur als Apostroph eingesetzt. Der Leser halte diese Möglichkeit immer im Auge: er findet ‚meschuge' unter m'schúge, ‚Jeschiwe' unter j'schíwe.

Die jiddische Aussprache stammt von einem Rabbi aus dem Grenzgebiet zwischen Litauen und Polen, der ganz ohne Deutsch, nur mit Jiddisch und slawischen Sprachen aufgewachsen ist und sich an den dortigen Jeschiwot solideste Kenntnisse des hebräisch-aramäischen Schrifttums erworben hat. Leichte Inkonsequenzen in der Aussprache mancher sich wiederholender hebräischer Wörter sind nicht auf nachlässige Redaktion des Glossars, sondern auf eine gewisse Freiheit zurückzuführen, die auch innerhalb eines jeden Dialektes herrscht. Ich habe daher keine vereinheitlichenden Korrekturen vorgenommen.

Als streng orthodoxer Mann legt der Redaktor des Glossars keinen Wert auf die Nennung seines Namens in einer profanen Publikation, obwohl er sehr liebevoll und mit viel Sorgfalt an ihr mitgearbeitet hat.

KLEINES LEXIKON FÜR JIDDISCHE WÖRTER UND REDENSARTEN

A

Abájej *(Abajéj)*, Name eines berühmten Amoräers, der im Talmud häufig mit den Worten: *ómar Abájej (amár Abajéj)* «Abajej sagte...» angeführt wird.

abí (p. *aby*), wenn nur, damit.

ácharej-mojss *(acharéj-mot)*, «nach dem Tode...». Benennung des Bibelabschnittes B.M. III. 16, 1.

Achaschwéjresch *(Achaschwejrósch)*, Ahasverus, Name des Perserkönigs im Buche Esther. Mit diesem Namen wird nach talmudischer Auffassung ein schwachsinniger, wankelmütiger Herrscher bezeichnet.

ách-b'rojsch, m., **ach-b'rójschim,** pl., anmaßender, naseweiser Mensch. Auch in der Bedeutung von: Spitzbube, Gauner.

Nach Bernstein Etymologie unbekannt. (5 Ableitungen von andern Autoren: *ach-b'rosch*, ‚aber unbedingt zu Häupten', *achbár-rosch*, ‚Mauskopf', ein üblicher Schimpfname für Dieb, *achberi reschii*, ‚schlechte Mäuse', *ach-parósch*, ‚Bruder des Flohs', *ach-péresch*, ‚Bruder des Unrats'.)

achíle, f. *(achilá)*, Essen, Speise.

áchlen *(achól* mit deutscher Endung), tüchtig essen, scherzhaft von einer starken Eßleistung.

achrájess, n. *(achrajút)*, Verantwortung, Gefahr.

achsórjess, n. *(achsarjút)*, Grausamkeit.

ad-hajójm *(ad-hajóm)*, bis auf den heutigen Tag, bis hierher.

ádrabe *(adrabá)*, umgekehrt, im Gegenteil, im Gegensatz.

adrójf, m. (d.), ‚Darauf'-Geld, Handgeld, Angeld. Syn. sadatek.

afikójmen, m. *(afikomán)*, das Stück Mazze, welches an den Ssejder-Abenden zu Ende der Mahlzeiten, gleichsam als Dessert verzehrt wird.

afíle *(afilú)*, sogar, wenn auch.

ágmass-néfesch, m. *(agmát-néfesch)*, ‚Seelenpein', Betrübnis, Kummer.

agóle, f., **agóless,** pl. *(agalá)*, Wagen, Fuhre.

agúne, f., **agúness** *(agunà)*, ‚die Gefesselte', eine Frau, deren Mann verschollen ist (z.B. auf der Reise, im Kriege u. dgl.). Solange der Tod des Mannes nicht konstatiert werden kann, gilt die agune gleichsam als ‚gefesselt' und darf nicht zum zweiten Mal heiraten.

Áharojn, häufiger **Arn** *(Aharón)*, Männername, Aaron.

aháwe, auch **áwe,** f. (st. constr. aháwass, auch áwass) *(ahawá)*, Liebe. – *aháwass-Mórd'chaj (ahawát-Mord'chaj)*, ‚Liebe zu Mord'chaj'. (Bezieht sich auf die talmudische Auffassung von dem im Buche Esther erwähnten Freundschaftsdienst, den ein Höfling des Achaschwejresch (s. d.) dem Mord'chaj geleistet hat.) – *áwe rábe (ahawá rabá)*, ‚große Liebe', Anfangsworte eines Abschnittes im Morgengebet.

ahí! Mit diesem Ausruf treiben die polnischen Bauern ihr Ochsengespann an. Vgl. *hetja!*

ájngemachts, n. (d.), Eingemachtes, in Zucker eingelegte Früchte, Konfitüren.

ajnóre, n. *(ájin-hará)*, ‚böses Auge', böser Blick. – *ajnóre gebn:* das ‚Berufen' durch den bösen Blick, besonders bei kleinen Kindern. Zur Abwehr eines bösen Blickes wird beim Anblick eines gesunden, hübschen Kindes oder bei Erwähnung eines glücklichen, beneidenswerten Zustandes in physischer, pekuniärer oder sonstiger Beziehung hinzugefügt: *kejn ajnóre* «Kein böser Blick!», Unberufen!

ájnschparn, sich (d.), sich sperren, kaprizieren, versteifen, eigensinnig etwas durchsetzen wollen.

akdómess *(akdamót)*, «zum Anfang». Damit beginnt ein Lobgedicht zur Verherrlichung Gottes, welches am Schwu'ess (s. d.) vorgetragen wird.

akóre, f., **akóress,** pl. *(akará)*, kinderlose, unfruchtbare Frau. Syn. *besditnize.*

akschn, m., **akschónim,** pl. *(akschán)*, hartnäckiger, starrsinniger Mensch.

akschóness, n. *(akschanút)*, Hartnäckigkeit, Eigensinn. S. akschn.

álef *(álef)*, erster Buchstabe des hebr. Alphabets.

álef-bejss *(álef-bejt)*, hebr. ABC, Alphabet.

alíje, f., **alíjess,** pl. *(alíá)*, ‚das Hinaufsteigen'. So heißt das Aufgerufenwerden zur Vorlesung aus der Thora. Da diese Vorlesung gewöhnlich auf einer Estrade stattfinden muß, so muß der Aufgerufene hinaufsteigen.

álje dáljej nje rusch (p. *ale dalej nie rusz*), «aber weiter rühre nicht an», Halt! nicht weiter!

al-kejn béjrach *(al-kejn bejrách)*, «darum segnete Er...». Dieser Bibelvers (B.M. II. 20,11) wird am Samstag vor der Mittagsmahlzeit beim *Kidusch* (s. d.) rezitiert.

álmen, m., **almóne,** f., **almóness,** pl. *(almán, almaná)*, Witwer, Witwe.

alz (d.), alles, immer.

Amólejk *(Amaléjk)*, judenfeindlicher Volksstamm, erwähnt B.M. II. 17,8.

amórez, m., **am-rázim,** pl. *(am-ha'árez)*, Landvolk. Heute nur noch: Landmann, Bauer; unwissender Mensch, Ignorant (besonders in bezug auf hebräisches Wissen).

áni *(aní)*, ich, ich bin.

aníjim, s. **óni.**

aníwuss *(aniwút)*, Demut, Bescheidenheit.

apikójress, m., **apikójrssim,** pl. *(apikoráss)*, ‚Epikureer', Freigeist oder Ketzer, der sich über die religiösen Vorschriften hinwegsetzt.

a púјdsjesch! (p. *a pójdziesz)*, «wirst Du gehen!», «Fort mit Dir!» – Mit diesem Ausruf treibt man Hunde weg.

árbe-kánfess, n. *(arbá-kanfót)*, ‚viereckiges' Kleidungsstück, an dessen vier Zipfeln die Schaufäden, *ziziss* (s. d.), angebracht sind und das von den Männern auf der Brust getragen wird.

árbe-kójssess, s. **kojss.**

arendár, s. **rendár**.

arénde, f., **aréndess**, pl. (p. *arenda*), Pacht; Pachtzins (für Milch- und Schankwirtschaft auf polnischen Gütern).

áscher-józar (*aschér-jazár*), «der, welcher erschaffen hat...», ist ein Segensspruch, der den Schöpfer des menschlichen Körpers und der Funktionen seiner Organe preist. Dieser Segensspruch wird nach jeder Leibesöffnung und vorangegangener Waschung rezitiert. – Euphemistisch wird das im Klosett gebrauchte Papier ebenfalls ‚*áscher-józar-papír*' oder schlechtweg ‚*áscher-józarlech*' genannt. Im übertragenen Sinne bezeichnet man damit auch wertlose Dokumente.

aschírim, s. **ójscher**.

aschíress, n. (*aschirút*), Reichtum, Vermögen. S. *ojscher*.

Áschk'nas, n., **Aschk'násim** (*aschk'nás*). Dieser Name kommt in der Völkertafel der Bibel (B.M. I. 10, 3) vor. Der spätere Sprachgebrauch bezeichnet damit Deutschland und die Deutschen. Daher werden die deutschredenden Juden, im Gegensatz zu den spanischen, (*Sephardim*) *Aschk'nasim* genannt.

áschrej (*aschréj*), «Heil denen ...», Anfangswort zweier Psalmverse (84, 5 und 144, 15), die zusammen mit Psalm 145 dreimal täglich im Gebete rezitiert werden und daher jedem Juden sehr geläufig sind.

ásess-pónim, s. **pónim**.

Asósejl, s. **la-Asósejl** = **lasósejl**.

asséress-alófim, s. **élef**.

assókim, s. **éjssek**.

áto b'chartónu (*atá b'chartánu*), «Du hast uns auserwählt...», Anfang eines Gebetes für die Feiertage. Mit diesem Ausdruck bezeichnen die Juden sich selbst scherzhaft als ‚auserwähltes' Volk.

áto horéjsso lodáass (*ata haréjta ladá'at*), «Dir ist bewiesen worden, damit Du erkennst...». Diese Worte, mit welchen Moses (B.M. V. 4, 35) sein Volk zur Gotteserkenntnis auffordert, bilden den Anfang eines Lobgesanges, welcher am Freudenfeste der Thora, *Ssímchess-tójre*, vorgetragen wird. Mit dem Vortrage dieses Lobgesanges wird gewöhnlich ein angesehenes Mitglied der Gemeinde beehrt, und die Versammelten antworten im Chor Vers um Vers.

awáde (*awadáj*), gewiß, sicherlich, zweifellos.

awéjre, f., **awéjress**, pl. (*awejrá*), ‚Übertretung' eines religiösen Gebotes, Sünde.

awójde, f., **awójdess**, pl. (*awodá*), Arbeit, Dienstleistung; Gottesdienst. Besonders heißt so die im Mussafgebet für den Versöhnungstag enthaltene Erzählung von dem Gottesdienst des Hohenpriesters im Tempel zu Jerusalem am *jom-kíper* (s. d.). – *awójde sóre (awodá sará)*, ‚fremder Gottesdienst', Götzendienst.

Awróhom, gewöhnlich: **Áwrom** *(Awrahám)*, Abraham. – **Áwrom awínu** *(awrahám awínu)*, «unser Vater Abraham». – *Loj ssóimar áni heeschárti ess Áwrom (lo tomár aní he'eschárti et Awrám)*, «Du sollst nicht sagen, ich habe Abram reich gemacht». Bibelvers B.M. I. 14, 13. Im Volksmunde lautet der Name verkleinert: *Awrejmel.*

awódim-hojínu, s. **ewed.**

awónim, s. **éwen.**

azómess, s. **ézem.**

B

ba'agólo *(ba'agalá)*, in Bälde. Das Wort befindet sich im Kaddischgebet. Vgl. *bismán-kóriw.*

bá'al, m., **bá'alim,** pl. *(bá'al)*, im J. meist einfach ‚**bal**' gesprochen, Mann, Ehemann. – *bal'agóle (bá'al-agalá)*, Fuhrmann. – *balbriss*, s. *briss.* – *Bal-boss*, richtiger *bá'al habájiss (bá'al-habájit)*, *balbósste*, f., Hauswirt, wohlhabender Mann, Bürger. – *bal-chéschben (bá'al-cheschbón)*, Rechenmeister. – *bal-chojw (bá'al-chow)*, Schuldner. – *bal-dájge (bá'al-da'agá)*, sorgenbeladener Mensch. – *bal-dárschen (bá'al-darschán)*, Wanderprediger. S. *drósche.* – *bal-din (bá'al-din)*, Partei in einem Prozeß vor Gericht. – *baldówer (bá'al-dawár)*, der betreffende, in Rede stehende Mensch (euphemistisch für: Teufel). – *bal-éjze (bá'al-ejzá)*: Ratgeber. – *bal-gájwe (bá'al-ga'awá)*, hochmütiger, aufgeblasener Mensch. – *bal-jissúrim (bá'al-jissurím)*, schwergeprüfter, betrübter, auch: von Krankheit geplagter Mensch. – *bal-kiss (bá'al-kiss)*, Geldmensch, Kapitalist (wörtl. Mann des Beutels). – *bal-magíha (bá'al-magihá)*, angestellter Korrektor, dem es obliegt, die geschriebenen Thorarollen von Zeit zu Zeit zu revidieren, ob sich in denselben keine verwischten oder abgesprungenen Buchstaben befinden, die er auszubessern hat; Aufseher und Korrektor in Druckereien. – *bal-milchóme (bá'al-milchamá)*, Kriegsmann, Soldat. – *bal-m'lóche (bá'al-m'lachá)*, Handwerker, Künstler. – *bal-nejss (bá'al-nejss)*, wundertätiger Rabbi. Bekannt ist besonders Rabbi Mejir bal-nejss, dessen Grab in Palästina noch heute von frommen Pilgern besucht wird. – *bal-páchad (bá'al-*

páchad), ängstlicher Mensch, Hasenfuß. – *bal-schem (bá'al-schejm)*, kabbalistischer Rabbi, der vermittels Anrufung des ‚Namens' Gottes Wunder wirkt. Berühmt unter diesem Namen ist besonders Israel bal-schem, Gründer der Sekte der Chassidim, s. *chossid.* – *bal-ssímche (bá'al-ssimchá)*, wörtl. Mann der Freude; derjenige, der ein Fest feiert, ein Gastmahl gibt; Gastgeber. – *bal-ssojd (bá'al-ssod)*, verschwiegener Mensch. – *bal-tájwe (bá'al-ta'awá)*, ein der Leidenschaft ergebener Mensch. – *bal-táksse:* so heißt in Rußland derjenige, der von der Regierung die Fleischbänke pachtet und das Fleisch zu hohen Preisen verkauft (Taksse = Taxe). Ein solcher Mann ist bei der armen Bevölkerung sehr verhaßt. – *bal-tfíle (bá'al-t'filá)*, Vorbeter, Kantor in der Synagoge. – *bal-t'kí'e (bá'al-t'kiá)*, der am Neujahr das Widderhorn bläst. – *bal-tójwe (bá'al-towá)*, wohltätiger, dienstfertiger, gefälliger Mensch. – *bal-t'schúwe (bá'al-t'schuwá)*, reuiger Sünder, Büßer. – *bal-z'dóke (bá'al-z'daká)*, wohltätiger Mann, Almosenspender.

bábe oder **bóbe, f., bábess,** pl. (p. *baba)*, Großmutter, altes Mütterchen.

bádchen, m., **badchónim,** pl. *(badchán)*, Lustigmacher auf Hochzeiten; Deklamator, Gelegenheitsdichter. Syn. *marschalek.*

bádkenen *(badók* mit deutscher Endung), untersuchen, sorgfältig prüfen, z. B. die inneren Teile von geschlachteten Tieren, ob sie vorschriftsgemäß *koscher* (s. d.) sind.

bájiss, n. (st. constr. **bejss), bótim,** pl. *(bájit)*, Haus. – In Zusammensetzungen: *bejss-din (bejt-din)*, Gerichtshof, Richterkollegium. – *bejss-haknéssess (bejt-hakn*é*sset)*, Versammlungshaus, Synagoge. – *bejss-hakísse (bejt-hakisséj)*, Abtritt, Abort. – *bejss-médresch (bejt-hamidrásch)*, Lehrhaus, Hochschule. – *bejss-hamíkdesch (bejt-hamikdásch)*, der heilige Tempel in Jerusalem. – *bejss-hakwóress*, s. *kwóress.* – *bejss-ójlom* oder *bejss-álmin (bejt-olám, bejt-almín)*, Friedhof.

baálon, gewöhnlich: **báln,** m., **balónim,** pl. *(ba'alón)*, Liebhaber einer Sache, Amateur. – *Ich bin a baln* = ich bin imstande (kapabel) ...

bánke, f., bánkess, pl. (p. *banka)*, Schröpfkopf. – *bánkess schteln*, schröpfen, Schröpfköpfe setzen.

bárchess, s. **chále.**

bar-mízwe, auch **bal-mízwe** *(bar-mizwá, bá'al-mizwá)*, ‚Sohn des Gebotes'. So heißt der dreizehnjährige Jüngling, der mit der Konfirmation in alle religiösen Rechte und Pflichten eines erwachsenen Israeliten eingeführt wird und für die Ausübung derselben die Verantwortung übernimmt.

bass, f., **bóness,** pl. *(bat)*, Tochter. In Zusammensetzungen: *bass-j'chíde (bat-j'chidá)*, einzige (gewöhnlich: verzärtelte) Tochter. – *bass-kojn (bat-kohéjn)*, Tochter des Priesters. – *bass-kojl (bat-kol)*, ,Tochter der Stimme', Stimme von oben, d. h. göttliche Stimme, vox Dei. – *bass-málke (bat-malká)*, Königstochter, Prinzessin.

bátlen, m., **batlónim** *(batlán)*, ,Müßiggänger' (entspricht dem ital. lazzarone); unpraktischer Mensch. – *assóre batlónim (assará batlaním)*, die zehn Armen, welche gegen Vergütung verpflichtet sind, am Morgen- und Abendgebet in der Synagoge teilzunehmen, um die zur Abhaltung eines Gottesdienstes erforderliche Zahl von zehn männlichen Personen zu komplettieren. – S. *mínjen*.

b'chínem *(b'chinám)*, vergebens, umsonst.

b'chojr, m., **b'chójrim** *(b'chor)*, Erstgeborener (bei Menschen und Tieren).

b'chójre, f. *(b'chorá)*, ,Erstgeburt', Erstgeburtsrecht.

bedárfn (d.), nötig haben, benötigen.

bedéknss, s. **Déktuch.**

béged, n., **b'gódim,** pl. *(béged)*, Kleid, Gewand. – *bígdej-málchuss (bigdéj-malchút)*, ,Königskleider', Galakleider. – In Polen werden die Sterbekleider euphemistisch *b'gódim (b'gadím)* genannt. S. *tachríchim*.

bejgl, sing. u. pl., m. (d.), Art Gepäck, Bretzel. In manchen Gegenden Deutschlands ,Beugel' genannt. – *bejgl-chháper:* gemeiner Dieb, der auf dem Markte Bretzeln stiehlt.

bejn, m. (st. constr. **ben**), **bónim,** pl. *(bejn, ben)*, Sohn. – In Zusammensetzungen: *ben-bájiss (ben-bájit)*, Hausgenosse, Hausfreund. – *ben-ir (ben-ir)*, Landsmann, wörtl. Sohn der (gleichen) Stadt. – *ben-jóchid (ben-jachíd)*, einziger Sohn, gewöhnlich im Sinne von: verzärteltes Muttersöhnchen. – *ben-mélech (ben-mélech)*, Königssohn, Prinz. – *ben-s'kúnim (ben-s'kuním):* ein auf die alten Tage der Eltern geborener und daher verzärtelter Sohn. – *ben-tójre (ben-torá)*, gelehrter Mann (in jüdischer Wissenschaft).

bejn-kach uwéjn-kach *(bejn-*

kach uwéjn kach), während diesem und jenem; mittlerweile, inzwischen.

béjne-l'wéjne (*bejnó-l'wejnó*), unterdessen, inzwischen.

bejsm, m., **béjsemess,** pl. (d.), Besen, Kehrbesen (in dieser Form kommt das Wort auch in süddeutschen Dialekten vor).

béjsern, sich (d.), ‚böse' sein, sich ärgern, schelten.

bejss, f. (*bejt*), zweiter Buchstabe des hebr. Alphabetes. Dieser Buchstabe kann sowohl als b wie auch als w ausgesprochen werden, je nachdem in seiner Mitte sich ein Punkt befindet oder nicht.

béjze, f., **béjzim,** pl. (*bejzá*), Ei.

béknbrojt, n. (d.), Brot oder Kuchen, welche man als Lohn für eine gute Botschaft erhält. Von dieser Belohnung wird die frohe Botschaft selbst ‚*béknbrojt sogn*' genannt. In Süddeutschland pflegten die Bäcker = Beck an die Kinder oder Dienstboten, die bei ihnen Brot kauften, kleine gezuckerte Brötchen oder Kuchen als Geschenk zu verteilen ‚zur Erhaltung der Kundschaft', und diese Brötchen hießen ‚Beckenbrot'.

béle, f. (ital. *la bella*), so heißt im ‚Derdl' und in andern Kartenspielen der König und die Dame in Trumpf.

bélfer, ursprünglich **behélfer,** m., **bélferss,** pl. (d.), ‚Gehilfe' des *M'lámed* (s. d.). Schuldiener oder Pedell, dem es obliegt, die Schulkinder nach dem *Chéder* (s. d.) zu bringen, zu beaufsichtigen und ihnen auch aushilfsweise Unterricht zu erteilen.

benschn, auch **bentschn** (lat. *benedicere*), ‚benedeien', segnen; Segensspruch nach der Mahlzeit sprechen. – *chánike-licht-benschn,* s. *chanike.* – *éssreg benschn,* s. *éssreg.* – *gojml benschn* (*goméjl*), nach überstandener Gefahr ein Dankgebet in der Synagoge verrichten. – *licht-benschn,* Segen, welchen die Frauen Freitag abend über die angezündeten Lichter sprechen. – *m'súmen-benschn* (*m'sumán*), das Tischgebet verrichten, an welchem mindestens drei erwachsene Männer teilnehmen. – *rojsch-chójdesch-benschn,* s. *rojsch*; *schabess.* – *tal-benschn,* s. *tal.* (Damit im Zusammenhang wird ein Gebetbüchlein in Taschenformat, welches das Tischgebet sowie das Nachtgebet vor dem Schlafengehen enthält, ‚Benscher' genannt.)

Ber, m., Männername, Bär.

bérje, richtiger **bírje,** f., **bérjess,** pl. (*birjá*), ‚Geschöpf'. Figürl. geschickter, tüchtiger Mensch. – *fájne bérje*: eine Person von gutem

Hause und guter Erzirhung, besonders eine solche Frau. Der Pole gebraucht das Wort *fáne bérje* (*fáne* = *fájne*) im verächtlichen Sinne zur Bezeichnung hochnäsiger, dummstolzer Menschen.

besdétnik, m., **besdétnikess,** pl., **besdétnize,** f. (p. *bezdzietny*), kinderloser Mann, kinderlose Frau. Syn. *akóre* (s. d.).

b'ha'alóss'cho, gewöhnl. gesprochen **balójss'cho** (*b'ha'alotchá*), «wenn Du anzünden wirst» (zu ergänzen: die Lichter). Benennung des Bibelabschnittes B.M. IV. 8, 2.

b'héjme, f., **b'héjmess,** pl. (*b'hejmá*), Vieh; fig. dummer, beschränkter Mensch. – *kóschere b'héjme:* nach rituellen Speisegesetzen erlaubtes Tier, fig. gutmütiger Dummkopf.

bíde, f., **bídess,** pl. (p. *biéda*), Elend, Ungemach, Unglück.

bí'e, f. (*bið*), das ‚Beiwohnen', Beischlaf, coitus.

bifrát, s. **p'rat.**

bik, m., **bíkess,** pl. (r. *bik*, p. *byk*), Stier; fig. roher, ungeschlachter Mensch.

bilbl, m., **bilbúlim,** pl. (*bilbúl*), falsche Anschuldigung, Verleumdung. – *bilbl-dam* (*bilbúl-dam*): falsche Anschuldigung der Juden wegen Blutgebrauchs. Vgl. *schéker.*

birschúss'chem (*birschutchém*), «mit Eurer Erlaubnis», Erwiderung des Gastes auf die Aufforderung des Hausherrn, sich zu setzen, an der Mahlzeit teilzunehmen usw.

bismán-kórew (*bismán-karíw*), in kurzer Zeit. Dieser Ausdruck findet sich im Kaddisch-Gebet. S. *ba'agólo.*

bisójen, m., **bisjójness,** pl. (*bisajón*), Schande, Schmach, Verachtung. – *m'wáse sajn* (*m'wasé*), beleidigen, beschimpfen.

bíto (*bitá*), «ihre Tochter». Der Volkswitz macht daraus ein Wortspiel mit «bitte!».

bitóchen, m. (*bitachón*), Sicherheit, Vertrauen, Zuversicht. Übertragen: Unterpfand, welches man dem Darlehensgeber zur ‚Sicherheit' gibt. Vgl. *botúach.*

blécher, m., **blécheress,** pl. (p. *blacharz*), ‚Blechner', Klempner.

b'li néder uw'lí masskóne (*b'li néder uw'lí masskaná*), «ohne Gelübde und ohne Vorsatz». Wird eingeschaltet, wenn man sich bei einem Versprechen, bei Übernahme einer Verpflichtung usw. nicht definitiv binden will.

blondzn (p. *bladzic*), sich verirren, auf Abwege geraten.

blóte, f., **blótess,** pl. (p. *bloto*), Schmutz, Straßenkot. Im übertragenen Sinne zur Bezeichnung einer Sache, die ihren früheren Glanz eingebüßt hat, z. B.: *es is gewórn darójs blóte.*

b'nej-ódem *(b'nej-addm)*, «Menschenkinder», Anfang eines Spruches, der beim *kapóress*-Schlagen gesagt wird. S. *kapóre.*

b'nej-rachmónim, s. **ráchamon** oder **ráchmon.**

b'nímze *(b'nimzd)*, häufig zu finden, nicht selten.

bóbe, f., **bóbess**, pl. (p. *babka)*, Hebamme, Großmutter.

bócher, m., **bóchrim**, sollte aber heißen: **b'chúrim**, pl. *(bachúr)*, Jüngling, unverheirateter junger Mensch, Junggeselle, Talmudschüler. Vgl. *j'schiwe.*

bodáj (p.), wenn nur, sogar.

bódner, m., **bódneress** (p. *bednarz*, r. *bondar)*, Böttcher, Faßbinder. Fig. roher, grober Mensch.

bofn, auch **pofn** (ital. *buffare)*, schlafen (im verächtlichen Sinne, z. B. von einem betrunkenen Menschen). ‚Puff' kommt von *pofn*, in südjid. Aussprache *pufn.*

bóji b'schólem *(bo'i b'schalóm)*, «komme in Frieden!» Willkommen! Anfang der Schlußstrophe eines Liedes *(l'chá dodí)* zur Begrüßung des Sabbats.

bojkr *(bóker)*, Morgen, Morgenstunde.

bójschess-pónim, s. **pónim.**

bóki, m., **b'kíim**, pl. *(bakí)*, bewandert, versiert (besonders von talmudischer Gelehrsamkeit gebraucht).

bóksser, m., **bókssern**, pl. (d.), ‚Bockshorn' (von der Form der Frucht!), Johannisbrot (carruba).

Bólok *(balák)*, Benennung des Bibelabschnittes, in welchem die Geschichte von Balak erzählt ist (B.M. IV. 22, 2).

bór'chu *(barchú)*, segnet! lobpreiset! – Mit diesen Worten beginnt ein Hymnus, bei welchem die betende Gemeinde sich von den Sitzen erhebt und sich gegen die Bundeslade verneigt.

bórek (**bérek**), m., **bórekess**, pl. (p. *burak)*, rote Rübe, Zuckerrübe.

bóri-li *(barí-li)*, «es ist mir klar». Das ist eine im Talmud gebrauchte juristische Formel, mit welcher der Angeklagte oder der Zeuge die Evidenz einer Sache behauptet.

borschtsch, m. (p. *barszcz*, r. *borschtsch)*, Suppe aus roten Rüben oder aus Sauerampfer.

Bóruch *(barúch)*, Männername, wörtl. ‚Der Gesegnete'.

bóruch dájen ho'émess *(barúch daján ha'emét)*, gelobt sei der gerechte Richter! Ausruf beim Anhören einer Nachricht vom Hinschied eines (bekannten) Menschen, etwa im Sinne von: Was Gott tut, ist wohlgetan.

bóruch hábo *(barúch habá)*, gesegnet (sei) der Eintretende! Begrüßungsformel, mit der man einen Gast empfängt. S. *s'gotselkumt.*

bóruch-hu *(barúch-hu)*, gelobt sei er! Als Nachsatz bei Erwähnung des Namens Gottes: *got, boruch-hu!*

bóruchscheptoráni, auch falsch: **schepotráni** *(barúch scheptaráni)*, «gelobt sei der, welcher mich erlöst (entlastet) hat!» Segensspruch des Vaters bei der Konfirmation seines 13jährigen Sohnes, der mit diesem Alter die Verantwortung für seine religiösen Handlungen selbst übernimmt und den Vater entlastet. S. *barmízwe.*

bórwess (d.), barfuß.

bósser, n. *(bassár)*, Fleisch. – *bósser w'dom (bassár w'dam):* Fleisch und Blut, der sterbliche, vergängliche Mensch.

bótel *(batéjl)*, 1. vernichtet, aufgehoben. – *bótel b'schíschim (batéjl b'schischím):* kleiner Bruchteil gewisser unerlaubter Speisen, welcher in der größeren, 60-fachen Masse einer erlaubten aufgeht, wodurch das Verbot des Genusses ‚vernichtet', d. h. aufgehoben wird. – *m'wátel sajn (m'watéjl)*, vernichten, aufheben, annullieren, z. B. ein Gesetz. – *ówar uwótel (awár uwatéjl)*, ‚abgetan und abgelebt', von einem alten, kindisch gewordenen Menschen. – 2. *bótel arúmgejn*, müßiggehen, untätig sein. S. *batlen.*

botúach, m., **b'túchim,** pl. *(batúach)*, ‚sicher', zuverlässig, reell; kreditfähiger Mann. Vgl. *bitóchen.*

Bowl *(báwel)*, Babel, Babylon; babylonische Verwirrung. – Damit im Zusammenhang: *bowlss'chójre (báwel, ss'chorá):* zusammengewürfelter, wertloser Kram, abgelagerte Ware, ‚*Pofel*'. – Fig. und übertragen: ein altes oder mißratenes Mädchen, das nicht an den Mann zu bringen ist.

brat, m. (p.), Bruder. – *pan-brat:* «Herr Bruder», eine vertrauliche Anrede.

breg, m., **brégess,** pl. (r. *breg*, p. *brzeg*), Ufer, Rand.

Brajne, Frauenname.

b'réjre, f., **bréjress,** pl. *(brejrá)*, Wahl. – *ejn bréjre (ejn brejrá):* keine Wahl!, notgedrungen.

b'riss-míle *(b'rit-milá)*, auch einfach: *briss.* Beschneidungsfest, wodurch das achttägige Knäblein in den Bund Abrahams (B.M. I. 17, 9–14) aufgenommen wird. – *bal-briss (bá'al-brit)*, Vater des zu beschneidenden Knäbleins.

b'róche, f., **b'róchess,** pl. *(b'rachá)*, 1. Segen, Segensspruch. –

b'róche machn: Segen vor dem Genuß von Speisen usw. sprechen. – *schábess-b'róchess (b'rachót schabát):* einige besondere Gebete für den Sabbat. – *b'róche l'watóle (b'rachá l'watalá),* unnötiger, verfehlter Segensspruch, d. h. ein solcher, der nicht in der richtigen Form oder nicht an seinem Platze angewendet wird. Ein solcher Segensspruch ist sündig, weil dabei der Name Gottes unnützerweise ausgesprochen wird. – 2. Frauenname.

b'rójges, s. **rójges.**

bronfn, m. (d.), Branntwein, Schnaps, Spiritus.

b'ssúle, f., **b'ssúless,** pl. *(b'tulá),* Jungfrau. Davon *b'ssúlim,* Hymen, Jungfernschaft.

b'ssúre, f., **b'ssúress,** pl. *(b'ssurá),* Botschaft, Verkündigung.

búlke, f., **búlkess,** pl. *(p. bulka, r. bulka),* Weißbrot, Semmel.

búsche, f., **búschess,** pl. *(buschá),* Schande, Schmach. Syn. *chérpe.*

b'zédek, s. **zédek.**

C

chad-gádje *(chad-gadjá),* das Lied von «einem Zicklein», welches zum Schluß der beiden Ssejder-Abende gesungen wird. S. *ssejder.* Fig. Singsang, Litanei.

chaj *(chaj),* lebend, lebendig. Da das Wort chaj dem Buchstabenwert nach 18 (8 + 10) beträgt, so gilt diese Zahl als heilbringend und wird daher zum Spenden für Wohltätigkeitszwecke und bei ähnlichen Anlässen angewendet.

Cháje *(chajá),* Frauenname (,die Lebendige').

chájej-scho *(chajéj-scha'á),* momentane Erleichterung, z. B. in einer Krankheit oder in geschäftlicher Beziehung. S. *m'cháje.*

chaj-w'kájom *(chaj-w'kajám),* «Lebendiger und ewig Bestehender» (d. i. Gott). Anfangsworte eines Gebetes, welches mit lauter Stimme hergesagt wird.

chále, f., **cháless,** pl. *(chalá),* Weißbrot für den Sabbat (in Deutschland ,*Barches*' genannt). Beim Backen dieses Brotes schneidet die Hausfrau ein Stück vom Teige ab und wirft es in den Ofen, wobei sie einen gewissen Segen spricht. Dieser Akt heißt: *chále némen.*

chálef, m., **chalófim,** pl. *(chaláf),* Schlachtmesser zum rituellen Schlachten der Tiere.

cháleschn, s. **chalóschess.**

chálfen, m., **chalfónim,** pl. *(chalfán),* Geldwechsler. S. *chíluf.*

chalóschess, n. *(chalaschút),* Ohnmachtsanfall, Ekel. – *chá-*

leschn, ohnmächtig werden, in Ohnmacht fallen.

chámar *(chamdr)*, rot; Rotwein.

chámer, m., **chamójrim,** pl. *(chamór)*, Esel. – Fig. dummer Mensch. *chdmer-ésel*, also das hebr. Wort in Verbindung mit dem gleichbedeutenden deutschen: geiler, lüsterner Mensch; vermutlich von der Geilheit des Esels abgeleitet.

chamíscho-ósser *(chamischd-assdr)*, ,fünfzehn'; der 15. Tag eines Monats. Besonders heißt so der 15. des Monats *Sch'wat* (s. d.), der in Palästina als Frühlingsanfang und Wiedererwachen der Natur gilt. Dieser Tag wird von den Schulkindern festlich begangen, indem sie vom Unterricht befreit und mit Südfrüchten und andern Leckerbissen beschenkt werden.

chánfenen, s. **chánef**.

chanífe, f. *(chanufd)*, Schmeichelei. S. *chójnef*.

chánike *(chanukd)*, ,Weihefest', begangen am 25. *Kisslejw* (s. d.) zur Erinnerung an die Wiedereinweihung des heiligen Tempels nach dem Siege der Makkabäer. Während dieses achttägigen Festes werden jeden Abend *,chdnike-licht gebénscht'*. – *chdnike-geld:* Almosen an Arme und Geschenke an Kinder und Dienerschaft, die an diesem Feste gespendet werden.

chap-lap! (p. *chapaj-lapaj*), nach etwas haschen, schnappen, schnell greifen.

chapn (p. *chapac*), haschen, fangen, hastig greifen; eilen. – *,sich ojfchapn':* plötzlich erwachen. – *ójs'chapn*, mit Gewalt entreißen. – *ferchápn*, vorwegnehmen, vorgreifen. – *ferchdpt wern*, eines plötzlichen Todes sterben.

chárif, m., **charífim,** pl. *(charíf)*, scharfsinniger Mensch, heller Kopf, Denker.

charífess, n. *(charifút)*, Scharfsinn, scharfsinniger Gedanke, spitzfindiger Einfall.

charójssess, f. *(charósset)*, Gemengsel aus Äpfeln, Nüssen und Wein, welches zur Erinnerung an das Lehmkneten bei den Fronarbeiten der Israeliten in Ägypten an den Ssejder-Abenden genossen wird. S. *ssejder*.

charóte, f. *(charatd)*, Reue. – *charóte hobn*, bereuen.

chásern *(chasór* mit deutscher Endung), wiederholen, büffeln.

cháser, m., **chaséjrim,** pl. *(chasír)*, Schwein. Auch in der Bedeutung eines geizigen, schmutzigen Menschen: Schweinskerl. – *chdser-hor*, Schweineborsten.

chasn, m., **chasónim,** pl. *(cha-*

sán), Vorbeter in der Synagoge, Vorsänger, Kantor.

chássene, f., **chásseness**, pl. *(chatuná)*, Hochzeit. – *chássene hobn*, sich verheiraten. – *chássene machn*, ein Kind verheiraten. – *chássene-matóness (chatuná, matanót)*, Hochzeitsgeschenke.

chásser-déje *(chassár-deá)*, ‚des Verstandes beraubt‘, Verrückter, geisteskranker Mensch. In manchen Gegenden lautet die Form mit polnischer Endung: *chasser-dejenik*.

chassíme, f. (st. constr. **chassímass**), **chassímess**, pl. *(chatimá)*, Petschaft, Siegel. – **chassímass-jad** *(chatimát-jad)*: eigenhändige Unterschrift.

chássmenen *(chatóm)*, unterschreiben, siegeln. S. *chassíme*.

chass-w'schólem *(chass-w'schalóm)*, Gott bewahre! behüte Gott!

cháwer, richtiger **chówer**, m., **chawéjrim**, pl. *(chawéjr)*, Freund, Kamerad, Kollege.

chawrússe, f., **chawrússess**, pl. *(chawrutá)*, Gesellschaft, Kompanie. S. *chewre*.

Cháwe *(chawá)*, Eva, Name des ersten Weibes und der Stammmutter aller Menschen.

cházi-chójdesch, s. *chójdesch*.

chazúfe oder **chzúfe**, f., **chzífess**, pl. *(chazufá, chazifá)*, freches, schamloses Frauenzimmer. S. *chúzpe*.

chéjder, m., **chadórim**, pl. *(chéder)*, 1. Stube, Zimmer, 2. jüdische Elementarschule. – *chéjder-jungl*, Elementarschüler.

chéjfez, n., **chféjzim**, pl. *(chéjfez)*, wertvoller Gegenstand, Geschmeide, Hausgerät.

chéjlek, m., **chalókim**, pl. *(chéjlek)*, Teil, Anteil. – *chéjlek ójlamhábe (chéjlek olám-habá)*, «Anteil an der zukünftigen Welt», wird vom Talmud jedem rechtschaffenen Menschen verheißen.

chéjlew, m. *(chéjlew)*, Talg. Wiewohl der Genuß von Talg dem Juden verboten ist, so ist der Handel mit diesem Artikel erlaubt.

chéjme, f. *(chejmá)*, Zorn, Wut.

chejn, m., dim. **chejndl**, n. *(chejn)*, Anmut, Grazie. – *chejn machn*, sich zieren, sich schamhaft stellen, verschämt tun; kokettieren. Davon gebildet und mit deutscher Endung: *chejnewdig*, anmutig, graziös. – *schwarz-chejnewdig*, hübsche, schwarzäugige Frau, Brünette. Vgl. *umchejn*.

chéjrem, m., **charómim**, pl. *(chéjrem)*, Bann, Bannfluch, Anathema. – *In chejrem arajnlegn:* in Bann tun.

chéjruss, n. *(chejrút)*, Freiheit, Zügellosigkeit, Ungebundenheit.

chéjschek, m. *(chéjschek)*, Lust, Begierde.

chess, f. *(chejt)*, achter Buchstabe des hebr. Alphabets, ch.

chejt oder **chet,** m., **chatoim,** pl. *(chejt)*, Sünde, Vergehen. – *al chet (al-chejt)...*, «wegen der Sünde...», Anfangsworte eines jeden Verses im (alphabetischen) Sündenbekenntnis, welches am *jom-kiper* (s. d.) mehrmals sowohl leise wie laut hergesagt wird, wobei der Betende sich reumütig an die Brust schlägt. Vgl. *chojte sajn.*

chélb'ne, f. *(chelb'ná)*, übelriechender Bestandteil des Räucherwerks für den heiligen Tempel (B.M. II. 30, 34). – Fig. mißratener, verkommener Mensch (aus gutem Hause).

chérew, m., **charówess,** pl. *(chérew)*, Schwert. – *b'chárboj uw'káschtoj (b'charbó uw'kaschtó)*, mit seinem Schwert und Bogen, d. i. mit Waffengewalt, mit Übermacht (nach B.M. I. 48, 22).

chérpe oder **chárpe,** f., **chárpess,** pl. *(cherpá)*, Schande, Schmach. Syn. *búsche.*

chéschbn, m., **cheschbójness,** pl. *(cheschbón)*, Rechnung, Konto. – Davon mit der Endung: **cheschbójnen** oder **chéschbenen,** rechnen. Vgl. *ba'al.*

chéschwen, eigentl. **marchéschwen** *(cheschwán, marcheschwán)*, Benennung eines jüdischen Monates, dem Oktober entsprechend.

chéssed, m., **chassódim,** pl. *(chéssed)*, Gnade, Wohltat, Nachsicht. S. *g'míluss-chéssed.*

chéwre, f., **chéwress,** pl. *(chewrá)*, Gesellschaft, Verein, Kompanie; Gesindel (im schlechten Sinne). – *chéwre-kadísche (chewrá-kadischá)*, ‚heilige Bruderschaft', Verein für Leichenbestattung. – In manchen Gegenden werden die Gassenjungen und losen Buben mit ‚*wéjsse chéwre*' bezeichnet, vielleicht deshalb, weil sie gewöhnlich in Hemdsärmeln und zerlumpten leinenen Unterhosen herumlaufen. – Vgl. *chawer.*

chíbet-hakéjwer, m. *(chibút-hakéwer)*, Züchtigung, die der Tote, dem Volksglauben nach, zur Strafe für seine Sünden im Grabe erleidet, bevor er in den Himmel kommt.

chíbur, m., **chibúrim,** pl. *(chibúr)*, 1. Addition, in der Arithmetik, 2. literarische Arbeit, Werk, Buch. Vgl. *m'cháber.*

Chídke *(Chidká)*, Name eines Tannaiten.

chídusch, m., **chidúschim,** pl. *(chidúsch)*, ‚Neuigkeit', Wunder, Seltenheit.

chíluf, m., **chilúfim,** pl. *(chilúf)*, ‚Tausch', Tauschgeschäft. – *chíluf-matbéja (chilúf-matbéja)*,

Wechselgeschäft, Münzwechsel. S. *chalfn.*

chíluk oder **chílek,** m., **chilúkim,** pl. *(chilúk),* 1. Unterschied, 2. Teilung, Division in der Arithmetik, 3. (veraltet) kasuistische Rede über ein talmudisches Thema.

chissóren, m., **chissrójness,** pl. *(chissarón),* Fehler, Gebrechen; Mangel.

chíssur, m. *(chissúr),* Verminderung (das Abziehen), Subtraktion in der Arithmetik.

chítin oder **chítim** *(chitín, chitím),* Weizen. Vgl. *mo'ess.*

chítun, m. *(chitún),* Verschwägerung.

Chmjielnizki, Bogdan. Kosakenhetman, der sich durch die Judenmetzeleien im Jahre 1648 eine traurige Berühmtheit erworben hat.

chóchem, m., **chachóchim,** pl. *(chachám),* kluger, weiser Mann. S. *chochme.*

chóchme, f. (st. constr. **chóchmass**), **chóchmess,** pl. *(chochmá),* Weisheit, Wissenschaft. – *chóchmass-hatéwa (chochmát-hatéwa),* Naturwissenschaft. – *chóchmass-jówen,* s. *jowen.* – *chóchmass-nóschim (chochmát-naschím),* ‚Frauenweisheit', scherzhaft für Afterweisheit.

chodatáj, m. **chodatájess,** pl. *(r. chodataj),* Anwalt, Advokat; Winkeladvokat, Rechtsverdreher. (Nur in Rußland gebraucht.)

chóge, f. **chagóim,** auch **chagó'ess,** pl. *(chagá),* christlicher Feiertag.

chójdesch, m., **chodóschim,** pl. *(chódesch),* Monat. – *cházi-chójdesch (chazí-chódesch),* ‚Monatsmitte', Zeit des Vollmondes. – *rojsch-chójdesch (rosch-chódesch),* Neumond. – *ssojf-chójdesch (ssof-chódesch),* Ende des Monats, Zeit der Mondabnahme.

chojlamójd, zusammengezogen aus **chojl-hamó'ejd,** m. *(chol-hamo'éjd),* Halbfeiertage, zwischen den zwei ersten und zwei letzten Festtagen am *Péssach* (s. d.) und *Ssúkess* (s. d.). An diesen Zwischenfeiertagen ist die Verrichtung mancher Arbeiten gestattet. – Vgl. *schábess.*

chójle, m., **chójlim,** pl. *(cholé),* Kranker, Patient. – *bíkur-chójlim (bikúr-cholím),* (Verein für) Krankenpflege. – *m'wáker-chójle sajn,* einen Krankenbesuch machen.

chójnef, m., **chanéjfim,** pl. *(chonéjf),* Schmeichler, Lobhudler, Speichellecker. – Davon mit d. Endung: *chánfenen,* schmeicheln, lobhudeln. Vgl. *chanúfe.*

chójresch, m. *(chóresch),* Bestechung. Das Wort steht im Zusammenhang mit dem Begriff 'schweigen'; es würde sodann die Bedeutung erhalten von: Geld oder Belohnung für zugesagte Verschwiegenheit.

chójschech, m. *(chóschech)*, Finsternis, finster. – *chójschech-Mizrájim* *(chóschech-mizrájim*, ägyptische Finsternis. – Fig. Verwirrung, Wirrwarr.

chójsched sajn *(choschéjd)*, argwöhnen, verdächtigen.

Chójsek. Mit diesem Namen, gewöhnlich mit dem Zusatz '**nar**', wird ein Erzdummkopf bezeichnet, der früher irgendwo in Polen gelebt haben soll. Diesem *Chojseknar* werden alle Abderitenstreiche zugeschrieben, und er gilt noch heute als Typus eines erzdummen Menschen. In diesem Sinne ist der Name so populär geworden, daß daraus sogar ein Hauptwort in hebr. Form gebildet wurde: *machsókess machn*, Possen treiben, Dummheiten begehen à la Chojsek. – *Chojsek machn:* jemanden zum Narren halten, sich über jemanden lustig machen.

chójte sajn *(choté)*, sündigen. – *chójte-b'éjgel sajn (choté b'éjgel)*, eine schwere Sünde, wie mit der Anbetung des goldenen Kalbes, begehen. B.M. II. 32. S. *chet.*

chojw, m., **chójwess,** pl. *(chow)*, Schuld, Pflicht, Verpflichtung. S. *bá'al.*

chólem, m., **chalójmess,** pl. *(chalóm)*, Traum; Hirngespinst, Utopie. – *chalójmess-bátlen (chalomót, batéjl)*, böse Träume durch günstige Auslegung entkräften. – *sich chólemen*, träumen. Vgl. *bótel.*

chólewe, f., **chólewess,** pl. (p. *cholewa)*, Stiefelschaft.

cholíle *(chalilá)*, fern sei es! behüte Gott!

chómez, m. *(chaméjz)*, Sauerteig. Als Nebenbegriff versteht man unter *chómez* solche Speisen und Getränke, die leicht in Säure (Fermentation) übergehen können und deren Genuß am Osterfeste verboten ist. Fig. nichtsnutzige, unbrauchbare Sache, wie Sauerteig am Osterfeste. – *chómezdig*, auch *chómezig* heißt alles, was mit *chómez* in Berührung kommt. So z. B. Gefäße, Küchengeschirr, Tischbesteck usw.

Chóne *(Chaná)*, Männername. Abkürzung von *Elchónon (Elchanán).*

chónte, f., **chóntess,** pl., Buhldirne. Meist in Deutschland gebraucht. Nach Bernstein Etymologie unbekannt. Andere schlagen vor: von *chano* = lagern. Syn. *sojne.*

chórew oder **chóruw** *(charúw)*, zerstört, ruiniert. – *chóruw sajn:* unpäßlich, leidend sein. S. *chórben.*

Chórme *(Charmá)*, Ortsname, erwähnt B.M. IV. 14, 45, wo erzählt wird, der Feind hätte die Juden verfolgt bis *Chorme (ad-Charmá)*.

chóruz, m., **charúzim**, pl. *(charúz)*, gescheiter, tüchtiger, durchtriebener Mensch.

chóschew, m., **chaschúwim**, pl. *(chaschúw)*, ehrenwerter, geachteter Mann; Liebling (persona grata).

chóssid, m., **chssídim**, pl. *(chassíd)*, ‚frommer Mann'. Benennung der Anhänger einer bekannten Sekte unter den Juden in Rußland und Polen, gegründet von *Israel Bal-schem (ba'al-schejm)* im 18. Jahrh. S. *ba'al*.

chóssen, m., **chassánim**, pl. *(chatán)*, Bräutigam. S. *zad*.

chótsche, chotsch (p. *choc*, *chociaz*), obschon, obwohl; wenigstens.

chrap, m. (p. *chrap*), Groll. – *a chrap hobn*, jemandem etwas nachtragen.

chrapn (p. *chrapac*), schnarchen.

chrejn, m. (r. *chren*, p. *chrzan*), ‚Kren', Meerrettich.

chúmesch, n., **chumóschim**, pl. *(chumásch)*, ‚Fünftel'. So heißen im Volksmunde die fünf Bücher Mosis (Pentateuch). Eigentlich und richtiger sollte es heißen: *chamíscho chúmschej-tójre (chamischá chumschéj-torá)*, ‚Fünf Fünftel der Tora'. – *tajtsch-chúmesch*, ‚deutsches Chumesch', so wird die Übersetzung des Pentateuchs für Frauen in *Iwri-tajtsch* (s. *iwri*) genannt.

chúpe, f., **chúpess**, pl. *(chupá)*, Baldachin, unter welchem die Trauung vollzogen wird. Von diesem Traubaldachin wird die Trauung selbst ebenfalls *chúpe* genannt. – *chúpe schteln:* eine Trauung vollziehen. – *chúpe w'kidúschin:* nach mosaischem Gesetz vollzogene Trauung.

chúrben, m., n. *(churbán)*, Zerstörung, Ruine. – *chúrben-bejss-hamíkdesch (churbán-bejt-hamikdásch)*, Zerstörung des heiligen Tempels in Jerusalem.

Chúschem *(Chuschám)*, bibl. Männername. B.M. I. 34, 36. Gewöhnlich wird mit diesem Namen, nach einer talmudischen Sage, ein Idiot, ein tauber Mensch bezeichnet.

chuz *(chuz)*, ‚außerhalb', besonders, extra. – *chuz-lo'órez (chuz-la'árez):* ‚außerhalb des Landes', d. h. Palästinas.

chúzpe, f. *(chuzpá)*, Frechheit, Dreistigkeit, Keckheit. Vgl. *chzúfe*.

D

dájen, m., **dajónim**, pl. *(daján)*, Richter; Beisitzer beim jüdischen Gerichtskollegium.

dájge, f., **dájgess,** pl. *(da'agá),* Kummer, Sorge. – *dájgass-parnósse (da'agát-parnassá),* Nahrungssorgen. S. *ba'al.*

dal, m., **dálim,** pl. *(dal),* Armer. Syn. *éwjojn*; *óni.*

dáless, m. *(dalút),* Armut, Elend.

Dálfen *(Dalfón),* Name eines der zehn Söhne Hamans (s. *Homon*). Weil der Name an das Wort *dal* = arm anklingt, so bezeichnet der Volkswitz damit einen armen Teufel.

dalíbug (p. *dalibóg),* wollte es Gott! Bei Gott! Als Ausruf oder Schwur.

dam, m., **dómim,** pl. *(dam),* Blut. – *schójfech-dam-sajn (schoféach-dam),* Blut vergießen. – Fig. beschämen, die Schamröte ins Gesicht treiben. – Vgl. *bilbl.*

dárschenen *(darósch* mit deutscher Endung), predigen. S. *drosche.*

dáwenen, das Gebet verrichten, beten. Nach Bernstein Etymologie unbekannt. Er selber schlägt vor: vom engl. Wort *dawn* = Tagesanbruch, weil das Hauptgebet mit Tagesanbruch abgehalten wird. (In Deutschland sagt man für dawenen: *óren,* vom lat. *orare.*) Seither sind folgende Ableitungen vorgeschlagen worden: von *daf* = Seite (also vom Blättern im Gebetbuch); von *da'awon* = Leid; und von einem persischen Stamm mit passender Bedeutung.

déje, f., **déjess,** pl. *(dejá),* Verstand, Meinung, Ansicht, Stimme in Gemeindeangelegenheiten. Vgl. *chássar-déje.*

déjfek, m. *(déjfek),* ‚Klopfer', Puls, Schlagader.

déktuch, n., **dékticher,** pl. (d.), seidenes Tuch, womit das Gesicht der Braut vor ihrem Gange zur *Chupe* (s. d.) *‚bedekt',* d. h. verhüllt wird. Die Zeremonie dieser feierlichen Verhüllung heißt: *bedéknss.*

demb, auch **domb,** m., **démbess,** pl. (p. *dab),* Eiche.

dérech, m., **d'róchim,** pl. *(dérech),* ‚Weg', Art, Weise. – *dérech-érez (dérech-érez),* Landesbrauch, gute Sitte, Etikette. – *dérech-hatéwe (dérech-hatéwa),* natürlicher Weg.

der'jáchmenen *(jachéjm* + d. Endung), sich erhitzen, in Zorn geraten, sich aufregen.

der-rágsenen *(roges* + d. Endung), erzürnen, empören, aufreizen. S. *rígse*; *rójges.*

déwer, m. *(déwer),* Pest, Epidemie, Seuche. (Die fünfte ägypt. Plage.)

din, m., **dínim,** pl. *(din),* religiöses Gesetz. – *din-tójre:* Prozeß nach mosaischem Recht. Vgl. *ba'al.*

dínje, f., **dínjess,** pl. (p. *dynia*), Kürbis, Melone.

dinsst, f., **dinsstn,** pl. (d.), Dienstmagd.

díre, f., **díress,** pl. (*dirá*), Wohnung. – *díre-geld*, Mietzins für Wohnung.

díschel, m., **díscheless,** pl. (p. *dyszel*), Wagendeichsel.

dno, m. (p.), Boden eines Gefäßes, Grund.

dóbre (klr. *dobre*, p. *dobrze*), gut, wohl.

dog, m., **dógim,** pl. (*dag*), Fisch. – *d'gej-hajóm* (*d'gej-hajám*), Seefische.

dójche-schábess (*doché-schabát*), ‚verdrängt den Sabbat'. Man versteht darunter solche dringenden Fälle, die sogar die Sabbatgebote aufheben, z.B. gefährliche Krankheit, force majeure u. dgl.

dojr, m., **dójress,** pl. (*dor*), Geschlecht, Generation, Zeitalter.

dórem, m. (*daróm*), Süden, Mittag, südl. Himmelsrichtung.

dówer (st. constr. **d'war**), m., **d'wórim,** pl. (*dawár, d'war*), ‚Wort'; Sache, Ding. In Zusammensetzungen: *dówer-acher* (*dawár-achéjr*), ‚andere Sache', euphemistisch für Schwein, Schweinefleisch, deren Namen man nicht erwähnen will. – *dówer-min-hachaj* (*dawár min hachaj*), Nahrungsmittel, welches vom lebendigen Tiere herrührt. – *d'war-schójresch* (*d'war-schóresch*), ‚Wurzel', Grund, Kern einer Sache. S. *bá'al*; *schójresch*.

drab, m., **drabess,** pl. (p. *drab*), roher Bengel, Strolch.

dredl, n., **drédlech,** pl. (vom d. *drehen*), ‚Trenderl'. Kleines, aus Blei gegossenes Spielzeug, eine Art Kreisel, womit die Kinder am *Chanike*-Fest (s. d.) spielen.

drik, m., **drikess,** pl. (klr. *drutschok*, p. *drag*), Knüppel, Knüttel, Stange.

d'rósche, f., **d'róschess,** pl. (*d'raschá*), Predigt (mit Benutzung einer Bibel- oder Midrasch-Stelle). – *d'rósche-geschank*: Geschenk, das der Bräutigam von Verwandten und Bekannten für den gelehrten Vortrag erhielt, den er in früheren Zeiten beim Hochzeitsschmaus zu halten pflegte.

dsjégez, m. (p. *dziegiec*), Wagenschmiere, Teer.

dúchenen (*duchán* + d. Endung), den Priestersegen an den Feiertagen erteilen (wobei die Kohanim die Hände mit gespreizten Fingern über die Häupter der Gemeinde hinstrecken). S. *kojhen*, *kojn*.

dúlen (von d. ‚toll' machen?), jemandem den Kopf voll machen, plagen, molestieren.

dúren, m., **dúreness,** pl. *(p. duren),* Narr, einfältiger Mensch.

duschn (p. *dusic*), würgen, garrottieren, knebeln. (In der Kochkunst: Speise in Dampf kochen, dämpfen.)

d'wasch, m. *(d'wasch),* Honig, Honigseim. – *k'zapíchiss bid'wásch (k'zapichít-bid'wásch),* ‚wie Honigkuchen', bezeichnet (B.M. II. 16, 31) den Geschmack des Manna. (Überhaupt von Leckerbissen gebraucht.)

dzach, Anfangsbuchstaben der ersten drei ägyptischen Plagen, als mnemotechnisches Mittel zur Aufzählung derselben nach der Reihenfolge.

E

éfscher *(efschár),* möglicherweise, vielleicht.

égle-arúfe *(eglá-arufá).* So heißt, nach B.M. V. 21, 6, das Kalb, dessen Nacken durchhauen wurde, zum Sühnopfer für eine Mordtat, deren Urheber nicht entdeckt werden konnte.

éjdem, m., **éjdemess,** pl. (d.), Eidam, Schwiegersohn, Tochtermann.

éjder (d.), bevor, eh, als.

éjdess, n. *(ejdút),* Zeugenschaft. – **éjdess sogn,** Zeugnis ablegen. – Davon abgeleitet, heißt die zeugnisablegende Person, der Zeuge, ebenfalls *éjdess.* – *jor-éjdess* (jor = Jahr), der bei der Gemeinde angestellte Beamte, dessen Obliegenheit es ist, die bei Gericht vorkommenden Dokumente zu beglaubigen. Daher bezeichnet der Volkswitz mit diesem Worte einen Menschen, der zu allem ‚Ja' sagt, alles beglaubigt. – Vgl. *omejn.*

ejl, f., **éjlen,** pl. (d.), Elle. Ellenmaß.

ejle, s. **Nojach.**

Ejlijóhu oder **Elijóhu** *(Eliáhu),* Elias, ‚Der Prophet Elias', eine Lieblingsgestalt des jüdischen Volkes, an welche sich viele schöne Sagen knüpfen. Dem Volksglauben nach soll er noch heute auf der Erde herumwandeln und ein Beschützer der Unterdrückten sein. So erwartet man ihn auch als Gast zum *Ssejder* (s. d.), und darum weiht man ihm einen besondern Weinpokal *(koss schel Eliahu).* Ebenso soll er bei jeder Beschneidungszeremonie zugegen sein, weshalb für ihn ein besonderer Ehrenstuhl *(kissej schel Eliahu)* vorbereitet wird.

ejl-móle-ráchmim *(ejl maléj rachamím),* «Gott, der voll Erbarmen...» lautet der Anfang eines Trauergebetes, welches zum Andenken an die Verstorbenen in der

Synagoge oder am Grabe verrichtet wird.

ejn chóchme w'ejn t'wúne k'néged... *(ejn chochmá w'ejn t'wuná k'néged)*, «keine Klugheit und keine Einsicht (helfen) gegen...» (zu ergänzen: Gottes Beschlüsse). Spr. Sal. 21, 30.

ejn li *(ejn li)*, «ich habe nichts». Nach dem talmudischen Zivilrecht wird ein Schuldner, der durch einen (Manifestations-) Eid beweist, daß er nichts besitzt, nichts sein eigen nennen kann, vom Zahlen der Schulden befreit. Ungefähr im Sinne des d. Sprichwortes: «Wo nichts ist, da hat der Kaiser sein Recht verloren.»

ejn lónu *(ejn lánu)*, «wir haben (besitzen) nicht». Der Volkswitz gebraucht oft diesen Satz im Sinne, daß man seine Machtlosigkeit einsieht.

ejn-l'rachéjm *(ejn l'rachéjm)*, ‚nicht zu erbarmen', kein Erbarmen.

éjrew, m., **ejrúwim,** pl. *(ejrúw)*, so heißt die Verbindung der Eckhäuser in einer oder mehreren Straßen vermittels eines Drahtes, wodurch ein einziger, geschlossener Raum, eine Art Weichbild geschaffen wird, in welchem das Verbot des Tragens von Gegenständen am Samstag aufgehoben ist. Über diesen Gegenstand handelt der Talmudtraktat ‚*Erubin*'.

éjrew-raw *(éjrew-raw)*, ‚großes Gemisch', d.h. ein zusammengelaufener Haufen, Pöbel, Mob, wie ein solcher nach B.M. II. 12, 38 beim Auszug aus Ägypten sich den Israeliten anschloß.

éjschess, s. ísche.

éjsehu gíber? *(ejsehú gibór?)* Wer ist der Held? (als Antwort zu ergänzen: *hekójwejsch ess jízroj (hakowéjsch et jizró)*), «wer seinen (bösen) Trieb bezwingt». Talmudischer Ausspruch.

éjssek, m., n., **assókim,** pl. *(éjssek)*, Geschäft, Beschäftigung, Beruf.

Éjssew *(Ejssáw)*, Esau, der Bruder Jakobs. Er gilt beim Volke als roher, gewalttätiger Mensch, Rowdy; es versagt ihm jedoch nicht die Anerkennung als nahem Verwandten und nennt ihn gewöhnlich ‚Vetter Ejssew'. Der Name bezeichnet auch einfach einen Nichtjuden.

éjwer, n., **éjwerim** *(éjwer)*, Glied des menschlichen oder tierischen Körpers. Nach der talmudischen Anatomie besitzt der menschliche Körper *r'mach éjwerim (r'mach eiwarím)*, d. h. 248 Glieder.

ejz-hadáss, m. *(ejz-hadá'at)*, ‚Baum der Erkenntnis'.

éjze, f., **éjzess,** pl. *(ejzá)*, Ratschlag. – *ejze gebn*, Rat erteilen. S. *ḅa'al.*

ek, m., **éken,** pl. (d.), Ende. Euphemistisch: Schwanz, Schweif.

ékber, m., **ékbojrss,** pl. (d.), Bohrinstrument, Bohrer.

élef, m., **alófim,** pl. *(élef)*, tausend. – *asséress-alófim (asséret-alafím)*, zehntausend.

élef-haschíschi *(élef-haschischí)*, ‚sechstes Tausend', d. h. das 6. Jahrtausend der Weltschöpfung nach jüdischer Zeitzählung (aera mundi).

élel, m. *(elúl)*, Benennung eines jüdischen Monats, dem September entsprechend.

Eléser *(El'asár)*, Männername, Eleasar.

émess, m. *(emét)*, Wahrheit; wahr.

émojr *(emór)*, «sage!», verkünde... Anfang eines Wochenabschnittes der Bibel. B.M. III. 21, 1.

épess (im Dialekt auch d.), etwas.

érew, m., **arówim,** pl. *(érew)*, Abend. In Zusammensetzung mit Festtagen hat das Wort die Bedeutung von Rüsttag, z. B. *érew-jomkíper*, *érew-jóntef*, *érew-péssach*, *érew-schábess* usw. – *érew uwójker (érew uwóker)*, ‚Abend und Morgen', Tag und Nacht, fortwährend.

érez-jissró'ejl, n. *(érez-jissra'éjl)*, das Land Israels, Palästina.

ésser-mákess, s. **máke.**

éssreg, m., **essrójgim,** pl. *(etróg)*, Paradiesapfel, über welchen am Laubhüttenfeste *(ssukess)* ein Segen gesprochen wird. – **éssreg-benschn** heißt diesen Segen über den *éssreg* und *lúlew* (s. d.) sprechen.

Ésster *(Esstéjr)*, Esther. – *Ésster hamálke (Esstéjr hamalká)*, Königin Esther. – *tájness-Ésster (ta'anít-Esstéjr)*, Fasttag vor *Purim* (s. d.), der von der Königin Esther angeordnet wurde.

éwed, m., **awódim,** pl. *(éwed)*, Sklave, Knecht. – *éwed-knájni (éwed-k'na'aní)*, kanaanitischer Sklave, welcher nach B.M. III. 25, im Gegensatz zum einheimischen Sklaven, von seinem Besitzer in lebenslänglicher Knechtschaft behalten werden durfte. Daher bezeichnet der Volksmund mit diesem Ausdruck einen von der Last der Arbeit gebeugten Menschen. – *awódim-hojínu (awadím-hajínu)*: «Sklaven waren wir...» So beginnt die Antwort des Hausvaters auf die vier Fragen des Kindes beim *Sséjder* (s. d.).

éwen, m., **awónim,** pl. *(éwen)*, Stein. – *éwen-tojw (éwen-tow)*, Edelstein.

éwjojn, m., **ewjójnim,** pl. *(ew-*

jón), armer Wicht. – Syn. *dal, óni.*
ézem, m., **azómess,** pl. *(ezem)*, Knochen. – *azómess arójssnemen*, die Knochen, das Mark aus dem Leibe ziehen, d. h. aufs Blut plagen, bedrücken.

F

fajg, f., **fajgn,** pl. (d.), Feige (Frucht, ficus). – *a fajg wajsn* oder *a fajg schteln*, heißt, wie auch im Deutschen und in andern Sprachen, ein verächtliches, höhnisches Zeichen mit der Hand machen, indem man den Daumen zwischen den Zeige- und Mittelfinger steckt.
falbáne, f., **falbáness,** pl. (p. *falbana)*, Falbel (an einem Kleid).
farfl, f. u. pl. (d.), kleingeschnittene, viereckige Teigstücklein zur Suppe. Vielleicht vom d. ‚Würfel' abzuleiten.
fártuch, m., **fárticher,** pl. (p. *fartuch)* (vom d. Vortuch), Schürze.
fassólje, f. **fassóljess,** pl. *(p. fasola)*, Bohne, Linse.
fasstríge, f., **fasstrígess,** pl. (p. *fastrzyga)*, Anschlagfaden beim Nähen.
fatschéjle, f., **fatschéjless,** pl. *(ital. fazzola)*, Taschentuch, Kopftuch, besonders das wollene Tuch, welches die Frauen als Hülle tragen.
farfáln (d.), verloren, abhanden gekommen, nicht mehr gutzumachen (wörtl. verfallen).
farpróschn *(p. zaprószyc)*, mit Sand oder Staub Augen oder Nase verschütten.
farschárt sajn (Etym. unbekannt), mutwillig, ausgelassen fröhlich sein (von Kindern).
fartárfenen, s. **trejfe.**
fartschépn, sich *(p. zaczepic)*, anhaken (z. B. ein Kleid). S. *tschepn.*
farwálgern (sich), von einer verlegten, unauffindbaren Sache, die erst nach langem Suchen wieder zum Vorschein kommt. Vgl. *walgern.*
Féjwusch, abgeleitet von Phoebus, Männername. Diminutivform: *Fejwel.* Vgl. *Sch'ráge.*
fónje, m., **fónjess,** pl. (Etym. schwierig). So wird das russische Volk, besonders die russischen Soldaten, scherzhaft genannt; oft mit dem Zusatz: *fónje-gánew* oder *fónje-chóser.* Vielleicht ist das Wort von dem bei Russen oft gebräuchlichen Kosenamen ‚Afonja', Athanasius, abzuleiten.
fort (d.), trotzdem, dennoch, immerzu.
fúterfass, n., **fúterfesser,** pl. (d.). Es ist eine im Volk verbreitete, scherzhaft aufgefaßte Vorstellung, daß die Sonne gewöhnlich

in einem ,gefutterten Faß' aufbewahrt wird, aus dem sie Gott nur an besonders heißen Tagen ganz herauszieht. Diese scherzhafte Meinung wird schon im Talmud (Baba Mezia 86b) angedeutet.

G

gábaj oder **gábe,** m., **gabóim,** pl., **gábete,** f. *(gabáj)*, Synagogenvorstand, Verwalter einer Wohltätigkeitsanstalt; Einsammler von milden Gaben. So heißt auch bei den Chassidim der diensttuende Assistent des Wunderrabbi. Davon gebildet: *gabó'ess (gaba'út)*, Amt, Würde des *Gábaj.*

gabó'ess, s. *gábaj* oder *gábe.*

gádlen, m., **gadlónim,** pl. *(gadlán)*, hochmütiger Mensch. S. *gádless.*

gájwe, f. *(ga'awá)*, Stolz, Hochmut, Aufgeblasenheit. S. *ba'al.*

gálech, m., **galóchim,** pl. *(galách)*, ,Rasierter, Geschorener', katholischer Geistlicher, Priester. So genannt wegen der Tonsur.

gálgal, m., **galgálim,** pl. *(galgál)*, Rad, besonders Weltrad, Sphäre.

gálgan, m., **gálganess,** pl. (p. *galgan)*, Fetzen, Lumpen. Fig. gemeiner Mensch, Lump.

gam-su-l'tójwe *(gam-su-l'towá)*, « auch dieses ist zum Guten », Devise eines talmudischen Weisen, als Trost in Unglücksfällen.

gan-ejdn, m., n. *(gan-éjden)*, ,Garten Eden', Paradies.

gánew, m., **ganówim,** pl., **gánewte,** f. *(ganáw)*, Dieb. Fig. und scherzhaft: durchtriebener Mensch.

gánwenen *(ganów* + d. Endung), stehlen. S. *gánew*; *g'néjwe.*

gápa, m., **gápess,** pl. (p. *gap)*, Maulaffe, Tölpel, Gimpel.

garb, s. **horb.**

gáslen, m., **gaslónim,** pl. *(gaslán)*, Räuber. Vgl. *g'séjle.*

gatúnek, m. (p.) (v. d. Gattung), Sorte.

Gawrí'el *(Gawri'éjl)*, Gabriel. Auch Name eines Erzengels.

G'dálje *(G'daljáhu)*, Männername. Vgl. *zojm.*

g'dúle, f., **g'dúless** *(g'dulá)*, ,Größe', Freude, Auszeichnung. Häufig von Müttern als Kosewort für ihre Kinder gebraucht.

gejr, m., **géjrim,** pl. *(gejr)*, ,Fremdling', Bekehrter. Ein zum Judentum übergetretener Andersgläubiger. Letzterer heißt eigentlich *gejr-zédek (gejr-zédek).*

gekríg, n., pl. (d.), Gezänk, Zank, Hader. Vgl. *krigen, sich.*

génem *(gejhenóm, gejhinóm)*, Tal Hinnom, Hölle, Gehenna.

Genéndel, Frauenname.

genít (Etym. unsicher, vielleicht vom d. ‚genietet' = beschlagen), erfahren, praktisch.

geschmá dir far fil! (d.?) Sinn ungefähr wie: Ich schere mich den Teufel um Dich! Sowohl Etym. wie genaue Bedeutung von ‚geschma' unbekannt.

gesíndel, n. (d.), Familie, Hausgesinde. Nicht im schlechten Sinne wie im heutigen Deutsch!

gessróche, f., **gessróchess,** pl., verpestete Luft, Gestank (v. *ssaroch* = stinken).

get, m., **gítin,** pl. *(get)*, Scheidebrief des Mannes an seine Frau. – Fig. Absagebrief. – *getn* oder *get gebn:* Scheidebrief geben. *Gitin* ist der Titel eines Talmudtraktates, der über die Gesetze der Ehescheidung handelt.

gewínen (d.), gebären. S. *hobn.*

gewínerin, f., **gewínerinns,** pl. (d.), Gebärerin. S. *gewinen*; *hobn.*

Gézel (d. *Götzel)*, Männername.

gich (vom d. *gach, jäh, jach)*, schnell, flink.

gilgl, m., **gilgúlim,** pl. *(gilgúl)*, Seelenwanderung, Metempsychose.

gilójen, m., **giljójness,** pl. *(gilajón)*, Bücherrand, Marginalien.

gímel, f. *(gímel)*, dritter Buchstabe des hebr. Alphabetes.

Gítel (v. d. *gut)*, Frauenname.

glajch (d.), gerade, geradeaus; witzig, passend, zutreffend. S. *glajch-wertl.*

glajch-wertl, n., **glájche wértlach,** pl. (d.), witziges, passendes Wörtchen, Witzwort, Bonmot; Sprichwort.

g'mátrije, f., **g'mátrijess,** pl. *(g'matriá)*, ‚Geometrie', Rechenkunst. Besonders gebraucht von Zahlen, welche vermittels der Buchstaben des hebr. Alphabetes ausgedrückt werden. So z. B. repräsentiert das Wort *chaj (chaj)* die Zahl 18 (8 + 10), das Wort *émess (emét)* die Zahl 441 (1 + 40 + 400).

g'míluss-chéssed, n., **g'míluss-chassódim,** pl. *(g'milút-chéssed)*, im allgemeinen Wohltat (Vergeltung). Im besondern ein aus Gefälligkeit gewährtes, zinsfreies Darlehen.

g'móre, f. *(g'mard)*, mündlich überlieferte Lehre und Auslegung des mosaischen Gesetzes, Talmud. – *g'móre-képel*, scharfsinniger Kopf, der sich im Talmudstudium übt.

g'néjwe, f., **g'néjwess,** pl. *(g'nejwá)*, Diebstahl. S. *gdnew.*

goj, m., **gójim,** pl. *(goj)*, wörtl. Volk. Mit diesem Wort wird im allgemeinen ein Nichtjude bezeichnet; Bauer als Gegensatz zu Edelmann (Edelmann = *pórez*). Davon abgeleitet: unwissender

Mensch, Ignorant. – *schábess-goj (schabát-goj)*: christlicher Diener, der in Judenhäusern die am Sabbat verbotenen Arbeiten, z.B. Ofenheizen, Lichtanzünden usw., verrichtet. Im verächtlichen Sinne wird auch ein Jude so genannt, der sich über Sabbatverbote, wie: Tabakrauchen, Schreiben, Fahren usw., hinwegsetzt.

gójel, m., **gojálim,** pl. *(go'éjl)*, ‚Erlöser', biblische Bezeichnung für einen Blutsverwandten.

Gojg-u-Mógojg *(Gog-u-Magóg)*, Gog und Magog. Gog ist der Name des sagenhaften Königs des riesenhaften Volksstammes Magog, erwähnt in Ezechiel 38, 2. Nach einer talmudischen Sage wird der Messias mit ihnen Krieg führen und sie besiegen.

gójisch, nach christlicher (nicht jüdischer) Art.

gójlem, m., **gójlemess,** pl. *(golám)*, ‚Klumpen', Lehmfigur in menschlicher Gestalt. Die Sage erzählt, ein berühmter kabbalistischer Rabbi habe eine Lehmfigur geformt, der er mit Hilfe von Amuletten Leben eingehaucht haben soll. Fig. plumper, unbeholfener Mensch, Golem.

gójmel-benschn, s. **benschn.**

gójrel, m., **gójreless,** pl. *(gorál)*, Los, Schicksal. – *gójrel-warfn*, das Los werfen.

Gójschen *(Goschán)*, das Land Gosen, der Aufenthaltsort der Israeliten in Ägypten. B.M. I. 46, 28.

gójser sajn *(goséjr)*, verhängen, Strafe auferlegen. – *gójser-tájness sajn (goséjr ta'anít)*: einen Fasttag ansetzen zur Abwendung eines befürchteten allgemeinen Unglücks. Vgl. *g'séjre*; *tájness*.

goln (p. *golic*), rasieren. In Rußland wird ‚*goln*' beim Kartenspiel zur Bezeichnung eines ungewöhnlichen, glücklichen Spieles gebraucht, etwa: tabula rasa machen.

góless, m., n. *(galút)*, ‚Vertreibung', Verbannung, Gefangenschaft, Bezeichnung der jüdischen Diaspora.

górusch, m., **g'rúschim,** pl., **g'rúsche,** f. *(garúsch)*, ‚vertriebener', geschiedener Mann; geschiedene Frau.

gosspodínje, f., **gosspodínjess,** pl. (p. *gospodyni*), Wirtin, Hausfrau, Haushälterin.

s'gótsel-kumt (d.). Man will das Wort von «Gottes Willkommen» ableiten. Gruß beim Eintritt einer Frau als Gast, während ein Mann mit dem Wort *«bóruch-habó»* (s. d.) begrüßt wird.

gráblje, f., **grábljess,** pl. (p. *grabie*), Harke, Rechen.

gráger, auch **greger,** m., **grágeress,** pl. (p. *grzechotka*), Schnarre. Instrument, mit welchem die Kinder am Purimfeste bei Erwähnung des Namens ‚Haman' einen schnarrenden Ton, gleichsam eine Katzenmusik, hervorbringen. S. *Homon.*

grajs, m., **grajsn,** pl. (Etym. schwierig. Vielleicht von d. Kreis?) Fehler (in Wort oder Schrift), Druckfehler.

grajsn (Etym. unbekannt; vielleicht kreisen?), fehlgehen, irren. S. *grajs.*

gratsch, m., **grátschess,** pl. (p. *gracz, gracki*), tüchtiger, geriebener Mensch, Mordskerl.

gréblje, f., **grébljess,** pl. (p. *grobla*), Damm, Deich zum Schutze gegen Überschwemmungen.

gram, m., **gramen,** pl. (d. *Gereimtes*), Reim. Besonders werden so die improvisierten Hochzeitsgedichte des *Marschalek* (s. d.) genannt.

gret, n. (d. *Gerät*), Weißzeug, Leinenwäsche, Leib- und Tischwäsche.

grétschene kásche, s. **kásche.**

grisn (p. *gryzc*), nagen, z. B. an einem Knochen. – *sich grisn:* fig. sich grämen, sich kränken; Gewissensbisse haben.

griw, f., **griwen,** pl. (d.), Griebe (aus Gansfett).

grochowíne, f. (p. *grochowina*), Erbsenstroh.

grójgeress d'rábi Zódojk (*grogéret d'rabí Zadók*), ‚Die Feige des Rabbi Zadok'. Der Talmud erzählt: der fromme Rabbi Zadok habe im prophetischen Geiste die Zerstörung des heiligen Tempels vorausgesehen und vierzig Jahre gefastet, um dieses Unglück abzuwenden. Während dieser ganzen Zeit saugte er, um sich am Leben zu erhalten, täglich einmal an einer einzigen Feige, bis von derselben nur eine dünne Haut zurückblieb.

g'rúsche, s. górusch.

g'sar, s. g'sejre.

g'séjle, f., **g'séjless,** pl. (*g'sejld*), Raub, Gewalttat. S. *gdslen.*

g'séjre, f., **g'séjress,** pl. (*g'sejrd*), böses Verhängnis (besonders judenfeindliches Gesetz). – *g'sardin* (*g'sar-din*), (ungünstiges) Gerichtsurteil. Vgl. *gójser sajn.*

guf, m., **gúfim,** pl. (*guf*), menschlicher Körper.

gúsme, f., **gúsmess,** pl. (*gusmd*), Übertreibung, Aufschneiderei, Blague. Davon abgeleitet: *m'gdsejm sajn* (*m'gaséjm*), übertreiben, blagieren, besonders bei Erzählungen.

gut-ort, n. (d.), oft auch: **heiligort,** euphemistische Bezeichnung für Friedhof. Syn. *bejss-ójlom.* S. *bdjiss*; *kwóress.*

guter-jid, m., **gute jidn,** pl. (d.),

volkstümliche Bezeichnung eines Wunderrabbi der Chassidim. S. *chossid.*

g'wir, m., **g'wírim,** pl. *(g'wir),* reicher, angesehener Mann, Magnat.

g'wíress, f., pl. *(g'wirót),* Stärke, Macht, Wunderkraft.

g'wúre, f., **g'wúress,** pl. *(g'wurd),* Stärke, Kraft; heroische Tat.

H

hachnósse, f., **hachnóssess,** pl. *(hachnassd)* (st. constr. **hachnóssass**), 1. ‚Ansammlung', Anhäufung von Hab und Gut, Einkünfte, Einkommen, Revenuen; 2. ‚Wiedereinsetzung' der Thora-Rolle in die heilige Lade nach der Vorlesung. – *hachnóssass-kdle (hachnassdt-kald):* ‚Einführung' der Braut in den Ehestand, ein Mädchen unter die Haube bringen, was als frommes, gottgefälliges Werk gilt. – *hachnóssass-ójrchim (hachnassdt-orchím):* Gastfreundschaft. S. *ójrach.*

haftójre, f., **haftójress,** pl. *(haftard),* ‚Abschluß'. So heißen die Kapitel aus den Propheten, welche zum Schlusse der Thora-Vorlesungen vom *Maftir* (s. d.) vorgetragen werden.

hágbe, f., **hagbójess,** pl. *(hagbahd),* ‚das Emporheben'. So heißt das Aufheben der Thorarolle vom Tisch, auf dem die Vorlesung stattgefunden hat. Dem zu dieser Zeremonie ‚Aufgerufenen' wird dadurch eine Ehre erwiesen.

hagóde, f., **hagódess,** pl. *(hagadá),* ‚Erzählung'. Besonders das Buch, welches die Erzählung vom Auszuge des jüdischen Volkes aus Ägypten enthält und das an den ersten zwei Osterabenden rezitiert wird beim *ssejder* (s. d.).

hajójm *(hajóm),* ‚heute...', Chorgesang zum Schluß des Mussof-Gebetes an den hohen Feiertagen. S. *mussof.*

hakdóme, f. **hakdómess,** pl. *(hakdamd),* Vorrede, Einleitung zu einem Buch.

hálass, m. (p. *halas*), Lärm, Geschrei, Trubel.

hálejl, m. *(haléjl),* ‚Lobgesang', Sammlung ausgewählter Psalmen für den Gottesdienst an Neumonds- und Festtagen.

helitéjni-no *(hal'itéjni-na),* «Laß mich, bitte, schlingen, kosten». So sprach Esau, als er das Recht der Erstgeburt an Jakob für ein Linsengericht verkaufte. B.M. I. 25, 30.

halwáj! *(halwdj),* wollte Gott! gebe Gott!

halwóje, f., **halwójess,** pl. *(halwa'd),* Darlehen. – *kóschere hal-*

wóje: Darlehen gegen gesetzlich erlaubte Zinsen.

hamáwdil bejn kójdesch l'chojl *(hamawdíl bejn kódesch l'chol)*, «der da scheidet zwischen Heiligem und Profanem...», ist ein Vers im Segensspruch *hawdóle* (s. d.) am Ausgange des Sabbats und der Feiertage.

hámenju! bedeutet in der Kindersprache das Essen, etwas Eßbares (Hamham im süddeutschen Dialekt).

hamójzi, s. mójzi.

hanóje, f., **hanójess,** pl. *(hana'á)*, Annehmlichkeit, Vergnügen, Genuß.

haójchejs b'jad *(ha'ochéjs b'jad)*, «der da hält in der Hand» (zu ergänzen: das Maß der Gerechtigkeit). Anfang eines Hymnus für Neujahr und Versöhnungstag.

háren (d.), genieren, lästig, überdrüssig werden. – *es hart mich:* es stört mich, es ist mir unlieb.

hárgenen *(haróg* + d. Endung), totschlagen, töten.

hármel (d.), Hermelin.

haschgóche, f. *(haschgachá)*, Vorsehung; Obacht, Sorgfalt. – *haschgóche-p'rótiss (haschgachá-pratít)*, göttliche Vorsehung in bezug auf jeden einzelnen Menschen im besondern (individuelle Vorsehung).

hassróche, s. gessróche.

hawáje, f., **hawájess,** pl. *(ha'awajá)*, ,Verkrümmung', Verzerrung des Gesichts, Grimasse.

hawdóle, f., **hawdóless,** pl. *(hawdalá)*, ,Scheidung'; so heißt der Segensspruch über einen Becher Wein (oder andere Getränke) am Ausgang des Sabbats und der Feiertage, an welchen der Unterschied zwischen den Ruhe- und Werktagen hervorgehoben wird. Davon abgeleitet, wird das Wachslicht, welches bei Verrichtung dieser Zeremonie angezündet wird, ebenfalls *hawdóle* genannt. Solcher *hawdóless* bedient man sich auch bei feierlichen Gelegenheiten, z. B. bei Trauungen, am *ssímchess-tójre* usw.

hazlóche, f., **hazlóchess** *(hazlachá)*, Glück, Erfolg.

héfker *(hefkéjr)*, ,preisgegeben', vogelfrei; herrenlos. Im übertragenen Sinne: waghalsig, tollkühn.

héjkele, n., **héjkelech,** pl. (d.), ,Häkchen'. Kleine Klammer, Spange zum Zusammenhalten der Kleider.

héjlig-ort, s. gut-ort.

hékdesch, n., **hekdéjschim,** pl. *(hekdéjsch)*, ,das geweihte' (zu ergänzen: Haus). Der Krankenpflege geweihtes Haus, Spital.

Hendl, Frauenname.

hések, m. *(heséjk),* Schaden, Verlust (an Geld).

héssebet, n. *(hessejw* + d. Bett), ‚Anlehnungsbett', so heißt das Ruhebett, welches an den Ssejder-Abenden so hergerichtet wird, daß der Hausvater darauf in halb liegender Stellung (zum Zeichen eines freien Mannes) den *Ssejder* (s. d.) abhalten kann.

héssped, m., **hesspéjdim,** pl. *(hesspéjd),* ‚Trauerrede', Leichenrede am Grabe eines Verstorbenen.

héter, m., **hetéjrim,** pl. *(hetéjr),* Erlaubnis, Dispens.

hétja! Ausruf der polnischen Bauern beim Lenken des Ochsengespanns. Vgl. *Ahi*

héwel, m., **hawólim,** pl. *(héwel),* 1. Eitelkeit, Nichtigkeit, eitler Tand. – *hákojl-héwel (hakól-héwel):* Alles ist nichtig, eitel. (Eccl. I. 2.) – Daraus bildet das Volk ein Zeitwort mit d. Endung: *héwlen, gehéwelt,* d. h. tändeln, schäkern, Allotria treiben. – 2. *Abel,* der zweite Sohn Adams.

hípuch, m. *(hipúch),* das Verkehrte, Entgegengesetzte; Gegensatz.

hischómer l'cho pen... *(hischaméjr l'cha pen),* «Nimm Dich in acht, damit nicht...», ein oft wiederkehrender Ausdruck in der Bibel, als Warnung.

hobn (d.), ‚haben', gebären. S. *gewinen.*

hódess, m., **hadássim,** pl. *(hadáss),* 1. Myrte, Myrtenzweig. – 2. Gewürzbüchse zum Aufbewahren von Nelken und andern Gewürzen, an deren Duft man sich am Ausgange des Sabbats bei dem Segensspruch ‚*hawdóle*' (s. d.) erfreut. – 3. Frauenname: Hadassa.

hódowen (p. *hodowac),* füttern, züchten; ein Kind aufziehen, aufpäppeln.

hojch (d.), 1. hoch. – 2. laut (von der Stimme), hoher Ton.

Hójdu *(Hódu),* Name eines Landes (Indien), erwähnt im Buche Esther 1. 1.

hójker rágl'cho... *(hokéjr ragl'chá),* «setze Deinen Fuß selten...» (zu ergänzen: «in das Haus Deines Freundes»), ist der weise Rat Salomos (Spr. Sal. 25, 17).

hójker, m., **hójkeress,** pl. (d.), Höcker, Buckel; buckliger Mensch. S. *horb.*

hójlech, m. *(holéjch),* Gehender, Wandernder. Fig. schlechte, zerrissene, abgetragene Kleidung.

hojscháne, f., **hojscháness,** pl. *(hoschaná),* «O hilf!» Gebete, die am großen Hosianna-Tage gesagt werden, wobei ein Bündel von fünf oder sechs Weidenruten abgeklopft wird. Von diesem Gebete werden die Weidenrutenbündel ebenfalls ‚*hojscháness*‘ genannt.

hojssófe, f., **hojssófess,** pl. *(hossafá)*, Zulage, Zugabe (z. B. zum Gehalt).

hojzóje, f., **hojzójess,** pl. *(hoza'á)*, 1. Ausgabe, Unkosten, Spesen. – 2. Ausheben der Thora aus der Bundeslade behufs Vorlesung während des Gottesdienstes.

hólech jéjlech *(halóch jejléjch)*, «fort und fort geht er...» (zu ergänzen: und weint). So schildert Psalm 126,6 den bekümmerten Sämann.

Hómen *(Hamán)*, Haman, der judenfeindliche Minister am Hofe des Perserkönigs Ahasverus. Fig. judenfeindlich gesinnter Mensch, Judenfresser. – *wajimólej Hómon chéjmo (wajimaléj Hamán chejmá)*, «und Haman ward voll Zorn», B. Esther 3.5. – *wajówoj Hómon (wajawó Hamán)*, «und Haman kam herein», B. Esther 6.6. S. *m'ssiro*.

horb, m., **hórbess,** pl. (r. *gorb*), Buckel, Höcker. Syn. *garb, hójker*.

hórej-chójschech, pl. *(haréj chóschech)*, ‚schwarze Berge‘; damit wird ein unbestimmter geographischer Begriff ausgedrückt, zur Bezeichnung eines fernen, unbekannten Landes.

hórowen (p. *harowac*), schwer arbeiten, sich abrackern.

Hryc, kleinrussischer Bauernname. Abkürzung von Gregor.

hulák, m., **hulákess,** pl. (p. *hulaka*), Lebemann, Bummler, Prasser. Vgl. *húljen*.

húljen (p. *hulac*), ein ausgelassenes, liederliches Leben führen, bummeln, in Saus und Braus leben. S. *hultaj*.

húltaj, m., **húltajess,** pl. (p. *hultaj*), ausgelassener, sittenloser Mensch. S. *huljen*.

I

íjer, m. *(ijár)*. Benennung eines jüd. Monats, dem Mai entsprechend.

íker, m., **ikórim,** pl. *(ikár)*, Grundlehre, Dogma; Hauptsache, Zweck. – *íkor schocháchti (ikár schacháchti)*, «das Wesentliche habe ich vergessen», Redewendung, die oft in mündlicher Unterhaltung wie auch in Briefen, gleichsam als Ergänzung des Erzählten oder als Nachschrift gebraucht wird.

im b'gápoj jówoj, b'gápoj jéjzej *(im b'gapó jawó, b'gapó jejzéj)*, «wenn er (der Sklave) allein kam, so soll er auch allein wegziehen.» Bibelvers, B.M. II. 21,3.

im jírze haschém, s. **schem.**

im kol han'órim, s. **na'ar.**

ímru lejlóhim (fromme Juden sagen: **ímru lolókim,** um den Namen Gottes nicht auszusprechen) *(imrú lejlohím)*, «rufet Gott an», ist der Refrain eines Lobgedichtes für die hohen Feiertage, welches gemeinschaftlich vom Vorbeter und von der Gemeinde im Chor vorgetragen wird.

índik, m., **índikess,** pl., **índitschke,** f. (p. *indyk)*, Indian, Truthahn, Puthahn.

inérgiz (d.), nirgends.

ínuj-hadín, m. *(inúj hadín)*, ‚die Pein des Gerichtes', hochnotpeinliches Gerichtsverfahren; die Verschleppung des Urteils.

ípesch, m. *(ipúsch)*, Epidemie, Pestilenz; Seuche; verpestete Luft.

ísche, f. (st. constr. **éjschess**), **nóschim,** pl. *(ischá)*, Weib, Ehefrau. – *éjschess-chájil mi jímzo (éjschet chajíl mi jimzá)*: «eine wackere Frau, wer findet sie?» So preist König Salomo (Spr. Sal. 31, 10) die wackere Hausfrau. – *éjschess-isch (éjschet-isch)*, Ehefrau. Wörtl. Frau eines Mannes.

íwri *(iwrí)*, ‚hebräisch', besonders hebr. Schrift. – *íwri-tajtsch* heißen der ‚juden-deutsche' Dialekt sowie die besondere Druckschrift, mit der die, meist für Frauen bestimmten, Volksbücher in diesem Dialekt gedruckt sind.

J

jabédnik, m., **jabédnikess,** pl. (r. *jabednik)*, zänkischer, prozeßsüchtiger Mensch; Verleumder. (In Rußland gebraucht.)

jáchssen, s. **m'júchess.**

jád, f., jodájim, pl. *(jad)*, Hand. – *b'jad rómo*, ‚mit erhobener (siegreicher) Hand', d.h. mit Triumph. ‚*Jad*' heißt auch das ‚Händchen', mit dem die Zeilen in der Thora beim Vorlesen angezeigt werden. S. *tejtl.*

jájin-ssórof, m. *(jajín-ssaráf)* (abgekürzt: *jasch*), ‚Branntwein', Schnaps, Spiritus. S. *bronfn.*

Jáinkew *(ja'aków)*, Name des Patriarchen Jakob. – *wajíwrach Jáinkew (wajiwrách ja'aków)*: «und Jakob entfloh», scherzhaft für Reißaus nehmen. Bibelvers, Hosea 12, 13. Im Volksmund lautet der Name verkleinert *Jankel.*

jak (p.), wie, wenn, als. Vgl. *jéjzer.*

jákn'has, m. *(jakn'has)*, Anfangsbuchstaben der Worte: *J(ajin), K(idusch), N(er), H(awdala), S(man)*, nämlich: der fünf Segenssprüche, welche am Ausgange des Sabbats, auf den ein Feiertag folgt, zu rezitieren sind.

jákren, m., **jakrónim,** pl. *(jakrán)*, Kaufmann, der seine Ware teuer einschätzt, allzu hohe Preise fordert.

jákress, n. *(jakrút)*, Teuerung.

jam, m., **jámim,** pl. *(jam)*, Meer, See. – Fig. Menge, Unzahl, Masse. – *jam-ssuf (jam-ssuf)*, Schilfmeer, Rotes Meer. Vgl. *k'riass-jam-ssuf.*

ja nje dam! (p. *ja nie dam*), «ich gebe nichts».

jármulke, f., **jarmúlkess,** pl. (p. *jarmulka*), Samtkäppchen, welches die Juden unter der Kopfbedeckung tragen, um beim Lüften derselben nicht barhäuptig zu erscheinen, was als unstatthaft gilt.

járschenen, s. **jójresch.**

jaschróness, s. **jójscher.**

jáschtscherke, f., **jáschtscherkess,** pl. (p. *jaszczurka*), Eidechse. Fig. böser Mensch (besonders von Frauen). Xanthippe.

játke, f., **játkess,** pl. (p. *jatki*), Fleischbank.

jéjzer, m. *(jéjzer)*, Trieb, Naturtrieb. – *jéjzer-hóre (jéjzer-hará)*, böser Trieb, Leidenschaft. – *jak jéjzer hore napádnie:* «wenn die Leidenschaft befällt», d. h. in Versuchung führt. (Die Redensart ist halb polnisch, halb hebr.) – *jéjzer-tojw (jéjzer tow)*, Trieb zum Guten.

jéled, n., **j'lódim,** pl. *(jéled)*, ‚neugeborenes' Kind, Säugling.

Jénte, Frauenname.

jéssjen, m. (p. *jesien*, r. *ossenj*), Herbst.

j'fass-tójer *(j'fat-toar)*, ‚schöne Gestalt', schön von Ansehen. Hübsche, graziöse Frauengestalt.

J'húde *(j'hudá)*, Männername: Jehuda, Juda. Name des vierten Sohnes Jakobs, der zum Sammelnamen des jüdischen Volkes geworden ist: jehúdim, pl.

jíchuss, m. *(jichúss)*, Adel, edle Abstammung. – *jíchuss-ázmoj (jichúss-azmó)*, ‚persönlicher Adel', d. h. ein solcher, der dem eigenen Verdienst zuzuschreiben ist (Selfmademan).

jíre, f. *(jir'á)*, Ehrfurcht, Gottesfurcht.

jíschuw-hadáss, m. *(jischúw-hadá'at)*, ‚Überlegung mit dem Verstande', d. h. reife Überlegung. Davon gebildet mit d. Endung: sich jischewen: mit sich selber zu Rate gehen.

jissbórach *(jitbarách)*, «er sei gepriesen!...» antwortet die Gemeinde auf den Hymnus «*bór'chu*» (s. d.).

Jíssroj *(Jitró)*. Name des Schwiegervaters von Moses. B.M. II, 18, 1. Der Talmud sagt, daß ihm sieben Namen oder Titel beigelegt wurden.

Jissró'ejl *(Jissra'éjl)*, Männername, Israel. Dieser Name, den der Patriarch Jakob später erhalten hat, wurde zum Sammelnamen des jüdischen Volkes. – *kol jissró'ejl achéjhem (kol jissra'éjl achejhém)*: «ganz Israel sind Brüder», drückt die Anhänglichkeit und die Solidarität der Juden untereinander aus. Vgl. *orejw*.

jissúrim, pl. *(jissurím)*, Trübsal, Pein, Schmerz.

jóchid, m., **j'chídim**, pl. *(jachíd)*, einzelner Mensch, Individuum. S. *bejn*.

jud *(jud)*, der zehnte Buchstabe des hebr. Alphabets.

jogáti umozóssi *(jagáti umazáti)*, «ich habe mir Mühe gegeben und habe gefunden.» Talmudische Sentenz, die ausdrückt, daß man nur mit Mühe etwas erreichen kann.

jógen-wanócho *(jagón wa'anachá)*, ‚Klage und Seufzer', Kummer und Sorge.

jojch, f. (d.), ‚Jauche'; Fleischbrühe, Suppe.

jojchlúhu *(jochlúhu)*, «sie sollen verzehren», «genießen» (nämlich: das Passah-Lamm). Schlußwort des Bibelverses B.M. IV. 9. 11, welcher am Ssejder-Abend rezitiert wird. (Scherzhaft wird dem Ignoranten eingeredet, daß er mit dem bloßen Aussprechen dieses Wortes von vielen Verpflichtungen dispensiert wird.)

jojdéja sche'éjnoj jojdéja... *(jodéa sche'ejnó jodéa)*, «Einer, der weiß, daß er nicht weiß» (zu ergänzen: weiß schon zur Hälfte). Nach einem rabbinischen Ausspruch.

jojlédess, f. *(jolédet)*, ‚Gebärerin', Kindbetterin. Syn. *kímpetorn*.

jojm-kíper oder **jom-kíper**, m. *(jom-kipúr)*, ‚Tag der Vergebung'. Versöhnungstag, am 10. Tischri. In der Bibel stets *jojm-hakipúrim (jom hakipurím)* genannt. – *jojm-kíper-kóten (jom-kipúr-katán)*, ‚Klein Jom-kipur', wird von manchen Frommen am Vorabend eines jeden Neumondtages durch Fasten und besondere Bußgebete begangen.

jójresch, m., **jójrschim**, pl. *(joréjsch)*, Erbe, Nachfolger. (Davon mit d. Endung: *járschenen* = erben, Erbschaft antreten.) Vgl. *jerúsche*.

jójschew baschomájim jíss'chok *(joschéjw baschamájim jiss'chák)*, «Der im Himmel thront, lacht», Ps. 2. 4.

jójscher, m., auch **jaschróness** *(jóscher)*, Rechts- und Billigkeitsgefühl.

jójzej sajn *(jozéj)* (zu ergänzen: *j'dej chowóssoj (j'dej chowató)*), eine Pflicht erfüllen. (Gewöhnlich um auszudrücken, daß man eine Sache tut, nur um sein Gewissen zu beschwichtigen, gleichsam pour acquitter sa conscience.)

jojzej b'chipósen *(jozej b'chipasón)*, «wer in Eile hinausgeht». Von dem Auszug der Israeliten aus Ägypten heißt es nach B.M. II. 12, 11, daß er in Eile geschah. Im übertragenen Sinne wird der Ausdruck von einem Menschen gebraucht, der stets Eile hat und alles überstürzt.

jójzer, m., **józress,** pl. *(jozéjr)*, 1. Schöpfer, 2. Benennung gewisser liturgischer Gedichte für die Feiertage.

jold, m., **joldn,** pl. (Etym. unbekannt), Zierbengel, Modegeck, Gigerl. (Nur in manchen Gegenden Rußlands.)

Jóntef, m., **jómim-tójwim,** pl. *(jom-tow)*, ‚guter Tag', jüdischer Feiertag. – *jóntewdig*, feiertäglich, von Speisen, Kleidern usw.

Jóssel, volkstümlich gebildetes Diminutivum des Männernamens Joseph.

jóssem, m., **j'ssójmim,** pl., **j'ssójme,** f. *(jatóm)*, Waisenkind, elternloses Kind. – **jóssem-kóten** *(jatóm-katán)*, ‚kleines Waisenkind', scherzhafz von einem abgefeimten Schelm, der sich unschuldig, naiv stellt.

jown, m., **j'wónim,** pl. *(jawán)*, Grieche; griechisch-orthodoxer Christ (daher werden die Russen so genannt). – **chóchmass-jown** *(chochmát-jawán)*, griechische Weisheit, d. h. griechische Philosophie. Im übertragenen und scherzhaften Sinne werden damit auch die Volksweisheit und die Bauernregeln der slawischen (griechisch-orthodoxen) Bevölkerung bezeichnet.

j'rid, m., **j'ridm** oder **j'ridn,** pl. *(j'rid)*, Jahrmarkt, Messe.

j'rúsche, f., **j'rúschess,** pl. *(j'ruschá)*, Erbschaft. S. *jójresch.*

j'schíwe, f., **j'schíwess,** pl. *(j'schiwá)*, ‚Sitz' (zu ergänzen: der Gelehrsamkeit). Hochschule zur Pflege des Talmudstudiums. – *j'schíwe-bócher* *(j'schiwá-bachúr)*, Talmudjünger, Student. S. *bocher.*

júbke, f., **júbkess,** pl. (r. *jubka*), ‚Joppe', Oberkleid der Frauen in Rußland und Polen.

j'zíass-Mizrájim, f. *(j'ziát-mizrájim)*, ‚Auszug aus Ägypten'. Fig. Erzählung voller Wunder, Wundersage. (Gebraucht beim Anhören von übertriebenen, unglaubhaften Dingen.)

K

kabóle, f., **kabóless,** pl. (st. constr. **kabólass**) *(kabalá)*, ‚Überlieferung, Tradition'. – 1. Die bekannte mystische Lehre im Judentum, Kabbala. – 2. Empfang, Empfangsschein. – *kabólass-schábess (kabalát-schabát)*, ‚Empfang des Sabbats', durch den feierlichen Gottesdienst am Freitagabend. – 3. Bestätigung und Approbation, die der Rabbiner einem bei der Gemeinde anzustellenden Schächter (*schojchet*, s. d.) erteilt.

kabzn (auch **kapzn**), m., **kabzónim**, pl. *(kabzán*, auch p. *kapcan)*, armer Teufel.

kádisch, m., **kadéjschim,** pl. *(kadísch)*, Gebet, welches die männlichen Nachkommen für das Seelenheil ihrer verstorbenen Eltern oder nahen Verwandten während des ganzen Trauerjahres sagen. Die Benennung dieses Gebetes wird auf den leidtragenden Sohn übertragen, der ebenfalls kadisch (dialekthaft: *kádischnik)* genannt wird.

kadóchess, n. *(kadáchat)*, Fieber; hitzige Krankheit. Volkstümlich auch zur Bezeichnung eines großen Elends. *«Er hot kadóchess»* = er ist blutarm.

kaftn, m., **káftaness,** pl. (p. *kaftan)*, Galakleid, früher auch bei den Polen gebräuchlich.

Kájin *(Kajín)*, Kain. Erster Sohn Adams.

kajssn, m., **kajssónim,** pl. *(ka'assán)*, jähzorniger Mensch. S. *ka'ass*.

kále, f., **káless,** pl. *(kalá)*, Braut. – *káless-chejn* (s. *chejn*), Anmut, die der Braut innewohnt. – *kále-matóness (kalá, matanót)*, Hochzeitsgeschenke für die Braut. S. *zad*.

kálfi, f. *(kalfí)*, Urne, Wahlurne.

kálje machn (p. *kalac)*, verderben, verpfuschen, mutwillig zerstören.

káleke, m., f., **kálekess,** pl. (p. *kaleka)*, Krüppel. Fig. ungeschickter Mensch, Pfuscher. Vgl. *kalje machen*.

káless-rojsch, n. *(kalút-rosch)*, ‚Leichtsinn'. Im Volksmund bedeutet *káless-rojsch* auch: entblößten Hauptes herumgehen, was bei Juden als unstatthaft gilt.

kal-w'chójmer, m. *(kal w'chómer)*, ‚Leichtes und Schweres', so heißt im Talmud eine Schlußfolgerung (Syllogismus) von einer kleinen (leichten) Sache auf eine große (schwere). Lat. de minori ad maius.

kaméje, f., **kaméjess,** pl. *(kameja)*, ‚Kamee'. Ein mit kabbalistischen Sprüchen und Zauberformeln beschriebenes Pergament- oder Papierstückchen, welches zum Schutz vor Krankheiten und bösen Geistern besonders von Kindern am Halse als Amulett getragen wird.

kan *(kan)*, hundert und fünfzig, nach der Buchstabenzahl der hebr. Lettern.

kanárek, m., **kanárkess,** pl. (p. *kanarek*). Kanarienvogel.

kántschik, m., **kántschikess,** pl. (p. *kanczug*), aus Riemen gefertigte Peitsche; Disziplin, deren man sich in den jüdischen Elementarschulen zur Bestrafung der Kinder bediente.

kápelesch oder **kápelusch,** m., **kápeluschen,** pl. (p. *kapelusz*, ital. *cappello*), Hut.

kap-kap (v. p. *kapac* = tropfen), tropfenweise, d. h. in kleinen Portionen.

kapójr (Etym. unbekannt; vielleicht von d. gen bor, vielleicht von r. k'uporu), verkehrt, entgegengesetzt, gegen den Strich, kopfüber.

kapóre, f., **kapóress,** pl. *(kapará)*, ‚Sühne', Hahn oder Henne, welche am Vorabend des Versöhnungstages, nach altem Brauch, als symbolisches Sühnopfer dargebracht werden. Dieser Akt heißt: *kapóress schlogn.* Im übertragenen Sinne wird das Wort von Menschen oder Dingen gebraucht, die lästig und unangenehm sind, z. B. *«ich darf im hobn af kapóress»*; *«er sol majn kapóre wern»*; *«a schejne, rejne kapóre»*.

kapóte, f., **kapótess,** pl. (p. *kapota*), langer Männerrock.

kark, m., **kárkess,** pl. (p.), Nacken.

kásche, f. (p. *kasza*), Graupen, Grütze. – **grétschene kásche** (p. *gryczana kasza*), Graupen aus Buchweizen.

kásche, f., **káschess,** pl. *(kuschiá, kaschiá)*, Einwand in einer Diskussion, meist in Form einer Frage vorgebracht. – Vgl. *tejrúz.* – *fir-káschess:* so heißen die vier Fragen, welche das jüngste Kind an den Ssejder-Abenden an den Hausvater richtet.

káschtan, m., **káschteness,** pl. (p. *kasztan*), ‚kastanienbraunes', Pferd, ‚Fuchs'.

kass, m. *(ká'ass)*, Zorn, Wut. – *in kass wern*, in Zorn geraten. Syn. *chéjme.*

katscheláp, auch **katschelápnik,** m., **katschelápess,** pl. (p. *kaczylap*), unsauberer, unflätiger, ordinärer Mensch. Dieses Wort, welches polnischen oder kleinrussischen Ursprunges ist und mit ‚Entenfänger' übersetzt werden kann, bezeichnet bei den Chassiden in Rußland und Polen eine Art privilegierter Schmarotzer und Müßiggänger. Vgl. *zlap.*

kátschelke, s. *Walgerholz.*

kátschke, f., **kátschkess,** pl. (p. *kaczka*), Ente.

kátowess, m., n. (nach Bernstein Etym. unbekannt. – Elja Levita erwägt die Ableitung von *katawút* = Schreiberei, wobei es sich um die schon in der Antike nachweisbare Sitte handeln könnte, den Leuten Spottverse an ihre Hauswand zu malen. Eine heutige Ableitung versucht das Wort mit *kasow* oder *kadow* = lügen in Verbindung zu bringen), Scherz, Unsinn. – *kátowess treiben:* Unsinn, Allotria treiben, scherzen, schäkern.

kázew, m., **kazówim,** pl. (*kazáw*), Fleischer, Metzger.

k'daj (*k'daj*), verlohnend; es lohnt sich, der Mühe wert.

k'dej, bíchdej (*k'dej, bichdéj*), damit, um.

k'dójme, (*k'domé*), ‚dergleichen', et cetera, und so weiter. – *uch'dójme (uch'domé):* ‚und dergleichen'.

k'dójschim, m. (*k'doschím*), pl., ‚Heiligung', Lobgesang, der die Heiligung und Verherrlichung des Namens Gottes zum Inhalt hat und daher von der Gemeinde ehrfurchtsvoll und stehend dem Kantor nachgebetet wird. Vgl. *kodesch.*

kéjfel, m. (*kéjfel*), ‚doppelt'. Multiplikation in der Arithmetik. – *kíflej-kifldájim (kifléj-kifldájim)*, ‚doppelt und vielfach', als Wunsch der göttlichen Belohnung und Vergeltung für erhaltene Wohltaten.

kéjli, f., **kéjlim,** pl. (st. constr. **k'lej**), (*kejlí*), Gefäß, Gerät; Musikinstrument. – *k'lej-kójdesch (k'lej-kódesch)*, ‚heilige Gerätschaften' der Synagoge. Auch scherzhaft übertragen auf die Beamten der Synagoge. – *klésmer*, m., *klésmorim*, pl. (*k'lej-sémer*), Musikanten. Genau heißt das Wort: Musikinstrumente. Es ist also so ähnlich gebildet wie im D. ‚die Leibwache'.

kéjsser, m., **kessórim,** pl. (*kejssár*, von lat. *caesar*), Kaiser, mächtiger Fürst.

kejt, f., **kejtn,** pl. (d.), ‚Kette', Fessel.

kélew, m., **k'lówim,** pl. (*kélew*), Hund. Fig. schlechter, böser Mensch; Antisemit.

kémach, n. (*kémach*), Mehl. – *kímcho d'físs'cho (kimchá d'fiss'-chá)*, ‚Ostermehl' zum Backen der Mazess, welche zum Verteilen an Arme bestimmt sind. S. *maze, mo'ess.*

kerbl, n., **kérblach,** pl. (klr. *karbowanjez*), russischer Silberrubel, so genannt von dem ‚gekerbten' Rande.

kéren, n. (*kéren*), ‚Kapital'. – *kéren-kajémess (kéren-kajémet):*

Grundkapital, eiserner Fonds zur Erhaltung einer Wohltätigkeitsanstalt, in Form eines Legates usw.

kérmisch, m., **kérmischess,** pl. (p. *kiermasz*). Kirmeß, Festessen, Gelage. Meist im Dim. *kérmischel* gebraucht.

késchene, f., **késcheness,** pl. (p. *kieszen*), Tasche, Rocktasche.

késchess, f. u. n. (*késchet*), Bogen, Armbrust. S. *cherew*.

késsef, n., auch **kóssef** (*késsef*), Silber, Geld. – *hakéssef jáne ess hakójl* (*hakéssef ja'ané et hakól*), «das Geld verantwortet alles» (Kohelet 10, 19). – *késsef w'sóhow m'táhejr mamséjrim* (*késsef w'sahdw m'tahéjr mamsejrím*), «Silber und Gold wäscht Bastarde rein» nach einer talmudischen Bemerkung. – *ófejss kóssef* (*aféjss kássef*), «ausgegangen ist das Geld», Bibelvers B.M. I. 47, 15.

késser, m., **k'ssórim,** pl. (*kéter*), Krone. Mit diesem Worte beginnt die *k'dúsche* (s. d.) bei ‚*mussef*' (s. d.) nach spanischem Ritus. – *késser-málchuss* (*kéter malchút*), ‚Königskrone'. Titel eines Lobgedichtes von Salomo ibn Gabirol zur Verherrlichung Gottes. Vgl. *na'arízoch*.

kesst, f. pl. (d.), ‚Kost'. Damit bezeichnet man die Verpflichtung der Eltern der Brautleute, dem jungen Ehepaar eine gewisse Zeit ‚Kost' und Quartier zu geben.

kéwer, m., n., **kwórim,** pl. (*kéwer*), Grab, Gruft. – *kéwer-jissró'ejl* (*kéwer-jissra'éjl*), Bestattung einer Leiche nach jüdischer Vorschrift. – *kéwer-ówess* (*kéwer-awót*), ‚Grab der Vorfahren', welches an Gedenk- und Sterbetagen von den Angehörigen besucht wird.

k'híle, s. **kol.**

k'húne, f., **k'húness,** pl. (*k'huná*), Priesterwürde. S. *kojhen*.

kíbed, m., **kibúdim,** pl. (*kibúd*), Ehrenamt bei religiösen Zeremonien. Vgl. *kowed*.

kíder-wíder sajn (Etym. zweifelhaft), mit jemandem auf gespanntem Fuße stehen. Das letztere Wort ‚wider' scheint dem D. entnommen zu sein.

kídusch, m. (*kidúsch*), ‚Heiligung', Segensspruch über einen Becher Wein vor den Abend- und Mittagmahlzeiten an Samstagen und Feiertagen. Vgl. *hawdole*.

ki ejl schojm'réjnu umaziléjnu óto (*ki ejl schomréjnu umaziléjnu atá*), «denn der Gott, der uns behütet und errettet, bist Du», bildet einen Vers im Nachtgebet, dessen Anfang lautet: *uw'zejl k'nofécho* ... S. *zejl*.

kíflej-kiflájim, s. *kéjfel*.

ki-hínej-kachójmer (*ki-hinéj-*

kachómer), «denn siehe da, wie die Tonerde...» (zu ergänzen: «in der Hand des Formers...»), Anfangsvers eines langatmigen Gebetes, einer Art Litanei, im Abendgottesdienst des Versöhnungstages.

kíjum, m. *(kijúm)*, ‚Bestand', (dauernde) Existenz.

ki l'ójlom chássdoj *(ki l'olám chassdó)*, «denn ewig währt seine Gnade...», Psalmvers, der als Refrain in den Gebeten oft vorkommt.

kímpet, f., **kímpeten,** pl. (d.), ‚Kindbett'.

kímpetorn, f., **kímpetorinss,** pl. (d.), Kindbetterin. S. *kímpet.*

kíne, f., **kíness,** pl. *(kiná)*, ‚Klagelied'. Jeremiaden auf die Zerstörung des heiligen Tempels, die am *tische-bow* (s. d.) angestimmt werden. Im allgemeinen: Klagelieder, Lamentationen.

kíne, f. *(kin'á)*, Neid, Eifersucht. – *kíne-ssíne (kin'á-ssin'á)*, Neid und Haß. S. *ssíne.*

kínim, pl. *(kiním)*, Läuse; Ungeziefer. Dritte Ägyptische Plage, B.M. II. 8, 12.

kíre, m. *(kira)*, Abkürzung der hebr. Worte: *K(ejssár) J(arum) H(odo)*, «der Kaiser, dessen Majestät erhoben werden möge». Mit diesem Worte wird Österreich und das österreichische Volk bezeichnet (zur Zeit der Donaumonarchie). Als Scherz- und Neckwort wird *kiro-mok* oder *kiro-floken* zur Bezeichnung eines Österreichers gebraucht.

kíschef, m. *(kischúf)*, Zauberei, Hexerei. – *kíschef-mácher*, Zauberer, Hexenmeister, Zauberkünstler. S. *m'chaschejf.*

kíschke, k., **kíschkess,** pl. (p. *kiszka)*, Darm, Gedärme; Wurst.

kísslew, m. *(kissléjw)*, Benennung eines jüdischen Monats, dem Dezember entsprechend.

kitl, m. **kítlen,** pl. (d.), ‚Kittel', weißes, leinenes Hemd, welches bei feierlichen Gelegenheiten, z. B. bei Hochzeiten, beim Ssejder (s. d.) und am Versöhnungstage, über die Kleider gezogen wird. Der ‚Kittel' bildet auch einen Bestandteil der Sterbekleider. Vgl. *tachrichim.*

kízwe, f., **kízwess,** pl. *(kizwá)*, ‚bestimmtes' Almosen, welches verschämte Arme aus der Gemeindekasse erhalten.

k'lal, m., **k'lólim,** pl. *(k'lal)*, ‚allgemeine' Regel, Axiom. – *k'lal-ufrát (k'lal ufrát)*: ‚Allgemeines und Besonderes', Regel und Ausnahme. S. *p'rat.*

klámke, f., **klámkess,** pl. (p. *klamka)*, Türklinke.

klápergezajg, n. (d.), Werkzeuge der Handwerker. Fig. und scherzhaft von verschiedenen, aber zusammengehörigen Personen oder Sachen, z. B. von einer kompletten Familie, Gesellschaft usw., ‚mit Kind und Kegel‘.

k'lej, s. **kejli.**

klejt, f., **klejtn**, pl. (p. *kleta*), (kleiner) Laden, Kram, Bude.

klern (d. klären), eine Sache ‚klar‘ machen; nachdenken, grübeln.

k'lípe, f., **k'lípess**, pl. (*k'lipá*), ‚Schale, Rinde‘. Euphemistische Bezeichnung des bösen Prinzips in der Welt, gleichsam um anzudeuten, daß diese Schale bloß als schlechte äußere Hülle für den inneren guten Kern dient. Mit diesem Wort bezeichnet das Volk auch ein böses, zänkisches Weib, eine Xanthippe. – *k'lípe-túm'e* (*k'lipá-tum'á*), ‚unreine Schale‘, bedeutet alles Böse, z. B. die Leidenschaft des Kartenspiels, der Trunksucht usw. Vgl. *ssam.*

k'lóle, f., **k'lóless**, pl. (*k'lalá*), Fluch, Verwünschung.

klómerscht, auch verstümmelt: **klómperscht** (v. *k'ílu amár* oder *k'lomár*), gleichsam, sozusagen, quasi.

klop, m. **klep**, pl. (d. *klopfen*), Schlag, Hieb. In Galizien wird mit klop oder klap eine plauderhafte Person, besonders eine solche Frau, bezeichnet; eine Plaudertasche.

klótsche, f. (klr. *klotscha*), Werg, Filz.

klum (*klum*), garnichts. – *loj ómar klum* (*lo amár klum*), «er sagte gar nichts», ist eine oft im Talmud vorkommende Phrase.

klússke, f., **klússkess**, pl. (p. *kluska*), ‚Klößchen‘ zur Suppe.

knafl, m., **knáflen**, pl. (p. *knaflak*), Stiefelabsatz. Syn. *obzass.*

k'nass, m. (hebr. *k'nass*, v. lat. *census*), ‚Geldstrafe‘. Davon gebildet: *verknássen* = verloben, weil man im Verlobungsakte die Geldstrafe festzustellen pflegte, die der zurücktretende Teil an den andern zu zahlen hatte. Ferner davon abgeleitet, mit d. Endung: *kánssenen*, Geldstrafe verhängen.

knejdl, n., **knéjdlach**, pl. (d.), ‚Knödel‘, Mehlklößchen zur Suppe. Besonders die am Pessach (s. d.) gebrauchten, aus Mazzemehl gemachten Knödel.

knejtschn (d. *knautschen*), einbiegen, zerknittern, falten (z. B. Papier). *Sich knejtschn:* die Nase rümpfen. In manchen Gegenden auch: sich überfromm gebärden.

kneln (Etym. zweifelhaft), eine langwierige, mühsame Arbeit verrichten. Besonders von Schullehrern (*m'lamdim*) gebraucht, im Sinne von: eintrichtern, büffeln, ochsen.

knipl, n., **kníplach**, pl. (d.), Knoten. Fig. unreelle, unsolide Gesellschaft; nette Sippschaft. – *knipl zijen* heißt: den Knoten ziehen, den man in einem Taschentuch macht, behufs Auslosung einer Person.

knisch, m., **knischess,** pl. (klr. *knisch*), Art Pastete; beliebte Speise der Kleinrussen.

knobl, m. (d.), Knoblauch.

kódesch, m. **k'dójschim,** pl. (*kadósch*), ‚Heiliger', Märtyrer. Der dreimalige Ausruf: *kódesch, kódesch, kódesch!* «heilig! heilig! heilig!» ist eine besonders feierliche Stelle in der *k'dúsche*, s. d.

kojach, m., **kójchess,** pl. (*kóach*), Stärke, Kraft, Macht. – *mikójach* (*mikóach*), von wegen, kraft einer Sache.

kójdem (*kódem*), zuvor, bevor. – *kójdem-lakójl* (*kódem-lakól*), ‚vor allen Dingen', vor allem.

kojl, n., **kójless,** pl. (*kol*), Stimme, Geschrei; Gerücht, vox populi. Vgl. *bass-kojl.*

kojl, f., **kojln,** pl. (d.), Kohlen (Holz- und Steinkohle).

kojl, f., **kojln,** pl. (d.), 1. Kugel (Kanonen- oder Flintenkugel). – 2. In manchen Gegenden werden auch kleine Fleischkügelchen (*kéjlecher*) sowie auch die Mehlspeise ‚*Kugl*' so genannt. – Soweit Bernstein. Die Mehlspeise heißt aber *der* kugl und kommt nach neueren Ableitungsversuchen nicht von d. Kugel, sondern von hebr. *k'ugal* oder *k'ukal* = ‚gleichsam gekrümmt, gerundet'.

kójletsch, m., **kójletschess,** pl. (p. *kolacz*, r. *kalatsch*), geflochtenes Weißbrot für Sabbat. Syn. *chale.*

kojln (r. *kolot'*, p. *kluc*), stechen, schlachten, besonders vom rituellen Schächten des Viehs und Geflügels. – *ópkojln*, abschlachten, in Grund und Boden vernichten, zerstören, ruinieren.

kojn, genauer **kójhen,** m., pl. **kójhanim** (*kohéjn*), Priester. – *kojn-gódel* (*kohéjn-gadól*), Hohepriester. – *kojhdnim dúchenen*, s. *duchenen.*

kójne, m., **kójnim,** pl. (*koné*), Käufer, Kunde, Klient.

kójne-hákel, m. (*koné-hakól*), ‚Besitzer (Gründer) des Alls', ist eines der vielen Epitheta, welche Gott beigelegt werden. – Da das Wort ‚*kojne*' (s. d.) auch Käufer bedeutet, so gebraucht der Volkswitz das Wort ‚*kojne-hakel*' scherzhaft von einem leichtsinnigen Kaufmann, der ‚alles kauft', d. h. mit allem unnützen Kram Handel treibt und dabei sein Geld verliert. (Wird auch von einem Menschen gesagt, der sich alles aneignet, usurpiert.)

Kójrach (*Kórach*), Benennung des Bibelabschnittes B.M. IV.

16, 1, in welchem die Geschichte von Kora und seiner Rotte erzählt wird. Der Talmudsage nach soll Kora eine Art Krösus gewesen sein und unermeßliche Reichtümer besessen haben.

kojsch, m., **kójschn,** pl. *(p. kosz)*, Korb.

kojss, m., **kójssess,** pl. *(koss)*, Becher, Kelch. Volkstümlich auch **kójsse** genannt. – *drba-kójssess (arbá-kossót)*, ‚vier Becher' Wein, die an den Ssejder-Abenden vorgeschrieben sind. S. *Ssejder.* – *kojss-schel-Elijóhu (koss-schel-elijáhu)*, s. *Elijohu.*

kol oder **kóhol,** n., auch **k'hile** oder **kile,** f., **k'hiless,** pl. *(kahal, k'hila)*, ‚Versammlung', Gemeinde; im übertragenen Sinne auch: Gemeindevorstand. S. *rojsch.*

kólbass, m., **kolbássess,** pl. *(r. kolbassa, p. kielbasa)*, Wurst. – Davon gebildet mit p. Endung: *kolbássnik* = ‚Wurstfresser', frivoler Mensch, der die jüdischen Speisegesetze mißachtet.

kol-boj *(kol-bo)*, ‚Alles ist in ihm', Sammelsurium, Quodlibet. Titel eines dickleibigen Buches (auch Gebetbuches), welches ‚Alles in sich enthält'. Auf Menschen übertragen mit p. Endung: *kol-bójnik:* Vocativus; frivoler, zu allem fähiger Mensch.

kol-ho'ójrew ..., s. **min.**

kol-Jissró'ejl, s. **jissra'ejl.**

kólner, m., **kólnerss,** pl. *(p. kolnierz)*, Kragen.

kol-nídrej ... *(kol-nidréj)*, «alle Gelöbnisse ...», Anfangsworte des feierlichen Gebetes in der Synagoge, womit der Versöhnungstag, *jom-kiper* (s. d.), eingeleitet wird.

kol-s'man, s. **s'man.**

kómar, m., **komáress,** pl. *(p. komar)*, Mücke.

kómez, m. *(kamáz)*, Vokalzeichen des hebr. Alphabetes.

kon, m., **kónen,** pl. *(r. kon)*, 1. Kreis, der beim Tanz gebildet wird, Reigen. – 2. Einsatz beim Kartenspiel.

kopn *(p. kopnac)*, mit dem Fuße ausschlagen (bei Pferden); treten, einen Fußtritt geben.

kópete, f., **kópetess,** pl. *(p. kopyto)*, 1. Huf (bei einem Tier), 2. Schusterleisten.

kórben, m. u. n., **korbóness,** pl. *(korbán)*, Opfer. – *kórben-péssach (korbán-péssach)*, Passahopfer, nach B.M. II. 12. Vgl. *Ssíder.*

kórek, m., **kórkess,** pl. *(p. korek)*, Kork, Pfropfen, Stöpsel.

kórew, m., **k'rójwim,** pl. *(karów)*, ‚naher' Verwandter. – Mit *reb-kórew (rabí-karów)*, «Herr Verwandter», wird jeder unbekannte Glaubensgenosse angeredet, wodurch die Zusammengehörigkeit des jüdischen Volkes ausgedrückt werden soll.

kosatschók, m., auch **kosázke,** f. (r. *kosatschok*), Art Kosakentanz.

kóscher (*kaschéjr*), was nach den rituellen Speisegesetzen erlaubt ist (auch von einwandfreien Handelsmanipulationen gebraucht). Im Volksmunde wird mit diesem Worte auch die reine, d. h. nicht menstruierende Frau bezeichnet. Davon gebildet, mit d. Endung: *kdschern* = ‚kóscher machn'. Besonders Gefäße und Gerätschaften vor dem Passah-Fest. S. *t'rejfe*.

kósse, f., **kóssess,** pl. (p. *kosa*, r. *kossa*), Sense.

kówed, m., (*kawéjd*), Leber.

kówed, m. (*kawód*), Ehre, Ehrenbezeigung, Ehrerbietung.

kówen (p. *kowac*, *kuc*), schmieden, ein Pferd beschlagen. – *gekówet*, fig. von Menschen, die gut beschlagen sind, etwa im Sinne des d. ‚mit allen Hunden gehetzt'.

kótschere, f., **kótscheress,** pl. (r. *kotschera*), Ofenkrücke, eiserner oder hölzerner Haken zum Schüren des Feuers, Schüreisen.

s'kótsel-kumt, s. **s'gotsel-kumt.**

kózin, m., **k'zínim,** pl. (*kazín*), Vorgesetzter; Herr, reicher Herr.

krap, m., **krapn,** pl. (d.), Krapfen. – Von der Form dieses Gebäcks wird der dreieckige Hut des Militärs und der Beamten, der ‚Dreispitz', ‚Dreimaster' ebenfalls ‚*krap*' genannt. Davon auf Personen übertragen wird es als Neckwort zur Bezeichnung eines deutschen Beamten gebraucht, ‚*Deutsch-krap*'. S. *krepl*.

krechzn (d.), stöhnen, ächzen (vom Menschen), winseln.

Kréjnze (v. d. *Krone*), Frauenname.

krétschme, f., **krétschmess,** pl. (p. *karczma*), ‚Kretscham', Dorfschenke.

krenk, f. sing. u. pl. (d.), Krankheit, Leiden, Übel, Elend.

krepl, n., **kréplach,** pl. (d.), kleiner Krapfen mit Fleisch oder Käse gefüllt. Vgl. *krap*; *warenik*.

k'ríass-jam-ssuf (*k'ridt-jam-ssuf*), ‚Spaltung des Schilfmeeres', beim Auszuge der Israeliten aus Ägypten. Dieses Wunder wird von den Rabbinern als besonders wichtig und bedeutsam hervorgehoben; darum verbindet das Volk mit diesem Ausdruck den Begriff eines schwierigen Unternehmens, einer staunenerregenden Tat.

k'ríass-sch'ma, im Volksmund: **kríschme,** f. (*k'ridt-sch'ma*), ‚Das Lesen des '*sch'ma*' (s. d.).

k'rí'e, f., **k'rí'ess,** pl. (*k'riá*), Riß. Einschnitt, der an der Klappe des Oberkleides bei den nächsten Leidtragenden angebracht wird, zum Zeichen der tiefen Trauer um einen Verstorbenen. Der Volksmund bezeichnet im allgemeinen mit dem Ausdruck *k'ri'erdjssn :* ein schweres Unglück oder einen großen Schaden erleiden. – *k'rije-b'lije (k'rid-b'lid)*, zerlumpt und schmutzig.

krign, sich (d.), sich bekriegen, streiten, zanken, mit jemandem in Unfrieden leben. Vgl. *gekrig.*

kríschme, s. **kriass-sch'ma.**

kríwde, auch **kschíwde,** f., **kríwdess,** pl. (p. *krzywda*, r. *kriwda*), Unrecht, Schaden, Benachteiligung, Unbill. – *kríwde ton*, Unrecht tun, übervorteilen.

kro, f., **kró'en,** pl. (d.), Krähe.

króchmal, m. (p. *krochmal*), Stärkemehl.

krópewe, f. (r. *krapiwa*), Brennnessel, Unkraut. Syn. *pokschíwe.*

krul Jagjéle (p. *król Jagiello*), König Jagiello von Polen.

krúpnik, m. (p. *krupnik*), Graupensuppe.

k'ssaw, n. **k'ssówim,** pl. (*k'taw*), ‚Schrift', Schriftstück, Dokument.

k'ssaw-jad, Handschrift.

k'sséjder, s. **ssejder.**

k'ssúbe, f., **k'ssúbess,** pl. (*k'tubd*), ‚Verschreibung', Ehekontrakt, in welchem die Pflichten des Mannes sowie die Vermögensverhältnisse der Eheleute zueinander stipuliert werden.

k'tójress, f. pl. (*k'tóret*), Räucherwerk für den heiligen Tempel, nach B.M. II. 7, 30.

Kúba, Männername, poln. Abkürzung von Jakob.

kúbke oder **kúpke,** f. **kúpkess** (p. *kubka*), Kopfbedeckung der verheirateten Frau in manchen Gegenden von Rußland und Polen.

kúflek, m., **kúflekess,** pl. (p. *kufelek*, wohl vom d. *Kufe*), Bierglas, Seidel.

kugl, m., **kúglen,** pl. (*k'ugal* oder *k'ukal* = gekrümmt, gerundet), bekannte Nationalspeise der Juden. Ein großer Kloß, in der Art eines Puddings, welcher am Sabbat genossen wird. In manchen Gegenden wird diese Mehlspeise auch ‚*kojl*' genannt (s. d.).

kúlak, m., **kulákess,** pl. (p. *kulak*, r. *kulak*), geballte Faust.

kúlisch (klr. *kulisch*), Kartoffelsuppe (in Kleinrußland beliebt).

kúndass, m., **kundéjssim,** pl. (Bernstein leitet v. p. kundel = Windspiel ab. Das Wort ‚*kunddss*' figuriert aber in hebr. Wörterbüchern! Es kommt v. griech. *kondass* = Stange. Ist also eine ähnliche Wortbildung wie d. Stift oder Bengel für Bub oder Lausbub.) Gassenjunge, wilder Knabe. Syn. *lobus*.

kúne, f., kúness, pl. (p. *kuna*), Art Pranger, den man in früheren Zeiten in Elementarschulen zur Bestrafung unfolgsamer Kinder anwandte. Auch Erwachsene wurden für gewisse (besonders religiöse) Vergehen mit der ‚*kune*' bestraft, indem sie sich einer demütigenden Zeremonie im *pólisch* (s. d.) unterziehen mußten. In Polen wurden liederliche Frauenzimmer mit diesem Pranger bestraft, p.: *postawic w kunie*.

kúpe, f., kúpess, pl. (p. *kupa*), Haufen.

Kusch (*Kusch*), Name eines Landes (Äthiopien), in der Bibel oftmals erwähnt.

kwass, m. (r. *kwass*), in Rußland beliebtes Getränk von ‚säuerlichem' Geschmack, eine Art ‚cidre', welches aus Obst bereitet oder aus gärendem Schwarzbrot gebraut wird.

kwatírl, n., kwatírlach, pl. (p. *kwaterka*), Quartmaß, Viertelmaß. S. *kwort*.

kwatr, m., kwáterss, pl., kwátern, f. (d.), Gevatter, Gevatterin. – *kwdterschaft*: Ehrenamt bei dem ‚b'riss', welches darin besteht, das achttägige Knäblein von der Mutter zu empfangen und es dem *ssandek* (s. d.) zu übergeben.

kweln (d. *quillen*), vor Freude dick und fett werden (wie Holz im Wasser quillt).

kwénklen, sich (wahrscheinlich v. d. *wanken*), ‚wankelmütig' sein, hin und her schwanken, unschlüssig sein.

kwitl, n. kwítlach, pl. (d.), ‚Quittung', Zettelchen. Mit dieser Diminutivform bezeichnet man hauptsächlich das Papierstückchen, auf welches der Bittsteller dem *gutn-jid* (s. d.) seine Bitten und Wünsche unterbreitet, damit derselbe deren Erfüllung beim lieben Herrgott befürworte.

k'wóress, m., n. (*k'warót*), richtiger *bejss-k'wóress* (*bejt-k'warót*), Friedhof. – *kwóress-jid*, Friedhofwächter, Totengräber. – Vgl. *bdjiss*; *gut-ort*.

kwort (p. *kwarta*), Quart, Viertelmaß.

L

lag-b'ójmer, m. (*lag-b'ómer*), ‚der 33. Tag' in der *ss'fire* (s. d.), welcher als Freuden- und Ferientag von der Schuljugend meist im Freien begangen wird. Er macht eine Ausnahme in der Trauerzeit der *ss'fire*, da an diesem Tag Hochzeiten stattfinden dürfen.

lájlach, n. lájlacher, pl. (d.), ‚Leilach', Laken, Bettuch.

lákomen, sich (p. *lakomic sie*), auf etwas begierig sein, erpicht sein.

lamdn, m., **lamdónim**, pl. (*lamdán*), ein im Talmud bewanderter Mann. – *lamdn-múfleg (lamdan mufldg)*: hervorragender, talmudischer Gelehrter.

lámed-wównik, m., **lámed-wównikess**, pl. (hebr. *lamed-waw* mit p. Endung), ‚Sechs-und-dreißiger', d. h. einer von den sechs-und-dreißig Gerechten (*zadikím*), welche, einem Volksglauben nach, unerkannt und meist in Gestalt einfacher Leute aus dem Volke unter den Menschen herumwandeln, und um deren Verdienste willen die Welt, trotz ihrer Sündhaftigkeit, nicht untergeht. Dieser Volksglaube findet sich schon im Talmud, Sukka 45, b.

l'Asósel (*la'asaséjl*), ‚zum Asasel'. Asasel hieß, nach B.M. III. 16, 8, ein Ort in der Wüste, wohin der Sündenbock am Versöhnungstage gebracht wurde. Im Volksmund wird das Wort als Verwünschung gebraucht, im Sinne von: Geh zum Teufel!

láte, f., **látess**, pl. (p. *lata*), Fleck, Flicken auf einem Kleide. Davon mit d. Endung: *láten*, flicken, notdürftig ausbessern.

law (*law*), nein, nicht, nimmermehr. Diese Verneinung kommt nur im talmudischen Idiom vor und entspricht dem hebr. *loj (lo)*, s. d. Als Hauptwort, m., bedeutet *law* ein biblisches Verbot. – *law kol ódom sójche (law kol adám soché)*, «nicht jeder Mensch wird dessen würdig befunden.»

léchem, m., n. (*léchem*), Brot. – *léchem-haklójkel (léchem-haklokéjl)*, «das elende Brot» wurde, nach B.M. IV. 21, 5, das Manna von den murrenden Israeliten in der Wüste genannt. – *léchem léchel uwéged lílbesch (léchem le'echól uwéged lilbósch)*, «Brot zum Essen und ein Kleid zum Anziehen». Bibelvers B.M. I. 28, 20. (Bezeichnung für die allernotwendigsten Bedürfnisse des Menschen.) S. *béged*.

lech-l'cho (*lech-l'cha*), «ziehe hinaus!» Benennung des Bibelabschnittes B.M. I. 12, 1.

Lejb (d. *Löb*), 1. Männername, 1. Löwe.

Léje (*lejá*), Frauenname, Lea.

léjenen oder **lejnen** (Etym. schwierig; vermutl. von lat. *legere*, altfranz. *leire*), 1. lesen, besonders das Vorlesen aus dem Pentateuch oder aus dem Buche Esther. 2. *(das) lejenen* oder *lejnen*: Pensum aus dem Talmud, welches den Schülern aufgegeben wird.

lejw, auch **léjwow**, n. **l'wówess**, pl. (*lejw, lejwdw*), Herz.

lejz, f., **léjzen,** pl. *(p. lejce)*, Zügel, Leine.

lékach, m., **léjkecher,** pl. (d.), Lebkuchen, Honigkuchen. – *lékech und bronfn*, ‚Kuchen und Schnaps', wird ein kleiner Imbiß bei kleinen Festlichkeiten genannt. Fig. wird mit ‚*lekech*' auch ein unangenehmes Aktenstück, etwa eine Vorladung bei Gericht, bezeichnet. (Es ist aber möglich, daß Bernstein hier irrt: *lékach* im Sinne von Aktenstück könnte auch von hebr. ‚lékach' = Lehre, Überredung kommen.)

lékach tojw *(lékach tow)*, ‚gute Lehre'. Spr. Sal. 4.2 heißt es von der göttlichen Offenbarung: *ki lékach tojw nossáti lóchem (ki lékach tow nassáti lachém)*, «denn eine gute Lehre habe ich euch (zur Richtschnur) gegeben» (zu ergänzen: «darum verlasset nicht meine Lehre»). Der Volkswitz bedient sich des Wortes *lékach* (= Lehre) als Wortspiel mit lekach = Honigkuchen.

leháchiss, genauer **l'háchiss** *(l'hach'íss)*, ‚zu erzürnen', zum Trotz, um böses Blut zu machen. Vgl. *m'schúmed*.

léker, m., **lékerss,** pl. (d.), verblümte Umschreibung für Ochsenzunge, besonders geräucherte.

Lémel (d. *Lämmel)*, Männername.

lémeschke, f., **lémeschkess,** pl. (p. *lemieszka)*, Mais- oder Hirsebrei. Beliebte Speise der Polen und Kleinrussen. Fig. und scherzhaft von einem weichlichen, unentschlossenen Menschen.

létnik, m., **létnikess,** pl. (r. *letnik)*, ‚Sommerkleid', dessen sich die Frauen in Rußland bedienen.

l'fíchoch *(l'fichách)*, dessentwegen... Anfang eines Dankgebetes in der Hagada (s. *hagode*).

l'háwdil *(l'hawdíl)*, ‚zur Unterscheidung'. Wird gebraucht, wenn man den Unterschied zwischen heiligen und profanen Sachen hervorheben will.

li *(li)*, mir. In der jüdischen Trauungsformel spricht der Bräutigam zu seiner Braut: «Hiermit sei Du mir angetraut» usw.

lífnej-mélech *(lifnéj-mélech)*, «vor dem König...», Anfang eines Gebetes, welches mit lauter Stimme rezitiert wird.

lítwak, m., **litwákess,** pl., **lítwatschke,** f. (p. *litwin)*, ‚Litauer'; litauischer Jude.

ljarem oder **lárem,** m., **láremess,** pl. (p. *larum)*, ‚Lärm', Geschrei, Tumult, Straßenauflauf.

ljepke oder **lépke** (p. *lepki)*, klebrig, weichlich.

ljulju! Mit diesen Worten ‚lullen' die Mütter ihre Kinder in den

Schlaf. Daher wird damit in der Kindersprache der Schlaf selbst bezeichnet.

ljúlke oder **lúlke,** f., **lúlkess,** pl. (klr. *lulka*), Pfeife, Pfeifenkopf.

lóbuss, m., **lóbussess,** pl. (p. *lobuz*), Gassenjunge, Wildfang. Nur in Polen gebräuchlich. Syn. *kundass.*

l'man haschém (*l'má'an haschéjm*), s. **schem.**

loj (*lo*), nein, nicht.

loj-aléjchem (*lo-alejchém*), «nicht auf euch...» (zu ergänzen: sei es gesagt). Diese Worte werden hinzugefügt, wenn man vor jemandem über eine Krankheit oder ein Unglück klagt, um auszudrücken, daß man den Angeredeten von diesem Mißgeschick verschont wissen möchte.

l'ójlom (*l'olám*), immerwährend, stets. – *l'ójlom tíkach* (*l'olám tikách*), «nimm nur immerzu!», scherzhafte Redensart, gebraucht von einem, der in seinen Mitteln nicht sehr wählerisch ist. – *l'ójlom wó'ed* (*l'olám wa'éd*), ‚in alle Ewigkeit', für und für; solange das Weltall (*olam*) bestehen wird.

loj-lónu (*lo-lánu*), «nicht uns» (zu ergänzen: sondern Deinem Namen), Anfangsvers eines Kapitels im *hálejl*-Gebet. S. *hálejl.*

loj miduwschéjch w'loj mejukzéjch (*lo miduwschéjch w'lo mejukzéjch*). (Man sagt zur Biene:) «nicht von Deinem Honig und nicht von Deinem Stachel!» Talmudisches Sprichwort.

loj-ssejwóschi, w'loj-ssikálmi (*lo tejwoschi w'lo tikalmi*), «Du sollst nicht beschämt und nicht zuschanden werden». Anfang einer Strophe im Sabbatliede ‚*lchodójdi*' (*l'cha-dodi*).

loj ssígnojw (*lo tignów*), «Du sollst nicht stehlen», das achte Gebot.

Lojt (*lot*), Lot, der Neffe des Patriarchen Abraham (B.M. I. 19). Vgl. *schikojr* oder *schiker.*

lókaj, m., **lokájess,** pl. (p. *lokaj*), Lakai, herrschaftlicher Diener.

loksch, m., **lókschen,** pl. (klr. *lokscha*), Nudel zur Suppe. – Fig. ein langer, hagerer, auch einfältiger Mensch. Soweit Bernstein. – Indes sind *lokschen* keine slawische, sondern eine jüdische Nationalspeise, und es gibt ein ukrainisches Sprichwort: Wann hat Marisia lokschen gegessen? – Als sie beim Juden diente. – Das Wort ist wahrscheinlich aus dem Jiddischen in die slawischen Sprachen eingegangen und kommt vielleicht von hebr. *lechesch* = Holzwolle, oder *lakosch* = zusammenklauben.

lómo-se anóchi (*lamá-se anóchi*) «Wozu bin ich nun da?» lautete die Klage der Patriarchin Rebekka, nach B.M. I. 25, 22.

lópete, f., **lópetess,** pl. *(p. lopata)*, Schaufel.

loptschen *(p. leptac?, r. loptschit')*, prickeln, einen herben, pikanten Geschmack haben.

lóschek, m., **lóschekess,** pl. (r. *loschak)*, Füllen, junges, mutwilliges Pferdchen, Pony.

lóschen, n., **l'schójness,** pl. *(laschón)*, Zunge, Sprache. – *lóschenhóre (laschón-hard)*, böse Nachrede, Verleumdung. – *lóschenkójdesch (laschón kódesch)*, heilige Sprache, d. h. das Hebräische. – *lóschen sságí-nóhojr (laschón ssagínahór)*, ‚Sprache vom Hellsehenden', verblümte Sprechweise, wie man z. B. für einen Blinden die euphemistische Bezeichnung ‚*sságí-nóhojr*' (s. d.) gebraucht.

lúach, m., **lúchess,** pl. *(lúach)*, 1. Tafel, Gesetztafel. – *schíwrej-lúchess (schiwréj-luchót)*, die durch Moses zerbrochenen Gesetztafeln, nach B.M. II. 32, 19. – 2. Kalender.

Lúbe, Lúbke, Frauenname (r. *luba*, v. *lubow*, Liebe, gebildet).

lúlew, m., **lulówim,** pl. *(luláw)*, Palmenzweig, der am Laubhüttenfeste zum ‚*éssrojg benschn*' gebraucht wird. Vgl. *éssrojg* oder *éssreg*.

l'wáje, f., **l'wájess,** pl. *(l'wajá)*, ‚Geleit', mit welchem man den Toten die letzte Ehre erweist. Leichenbegängnis.

l'wóne, f., **l'wóness,** pl. *(l'waná)*, Mond. (Mit Anlehnung an das Wort *lawán* = weiß, blaß.) – *l'wóne m'chádesch sajn* oder *m'kádesch sajn (l'waná m'kadéjsch, m'chadéjsch)*, den Segen zur Begrüßung des Neumondes sprechen.

M

mábel, m., n. *(mabúl)*, Sintflut, nach B.M. I. 6, 17.

machlójkess, n. *(machlóket)*, Zwist, Hader; Disputation in gelehrten Sachen, Polemik.

máchniss-ójrach, s. **ójrach.**

máchojw, m., **machójwess,** pl. *(mach'ów)*, Schmerz, Wehe. Der Volkswitz macht daraus ein Wortspiel: *mach-chojw* = mache Schulden! Vgl. *chojw.*

machschéjfe, s. **m'chaschejfe.**

machschówe, f., **machschówess,** pl. *(machschawá)*, Gedanke.

máchser, m., n., **machsójrim,** pl. *(machsór)*, ‚Cyclus'. Gebetbuch für sämtliche Festtage.

machsókess, s. **Chójsek.**

madréjge, f., **madréjgess,** pl. *(madrejgá)*, Stufe, Rang.

máftir, m. *(maftír)*, ‚Beschließer' heißt diejenige Person, welche bei der Vorlesung aus der Thora zum ‚Schluß'-Kapitel aufgerufen wird. Der *máftir* trägt nachher die *haftójre* (s. d.) vor. Das Aufgerufenwerden als *máftir* ist eine Ehrenbezeigung, welche gewöhnlich einem Konfirmanden, einem Verlobten oder einem vornehmen Gaste erwiesen wird.

magéjfe, f., **magéjfess**, pl. *(magejfá)*, Pest, Seuche, Epidemie. Syn. *ípusch*.

mágid, m., **magídim**, pl. *(magíd)*, ‚Sprecher', Prediger. Solche Prediger pflegten im Lande herumzuziehen und in verschiedenen Gemeinden ihre Vorträge zu halten. Syn. *bal'dárschen*.

májchel, n., **majchólim**, pl. *(ma'achál)*, Speise, Gericht. – *májchel-m'lóchim (ma'achál-m'lachím)*, Königsspeise, d. h. eine eines Königs würdige Speise.

májle, f., **májless**, pl. *(ma'alá)*, Vorzug, Eigenschaft, Tugend.

májim, n. *(májim)*. Wasser. – *májim achrójnim (májim achroním)*: Wasser, welches zuletzt, d. h. zum Schluß der Mahlzeit, zum Fingerwaschen vor dem Tischgebete herumgereicht wird.

majóntek, m., **majóntkess**, pl. (p. *majatek)*, Vermögen, Besitz, Eigentum.

majówe (p. *majowy)*, dem Monat Mai angehörend; Mai.

májrech sajn *(ma'arích)*, ‚verlängern', etwas in die Länge ziehen. – *májrich jómim w'schónim sajn (ma'arích jamím w'schaním)*, ‚die Tage und Jahre verlängern' ist ein Wunsch um langes Leben, an Personen, denen man wohl will.

májrew, m., *(ma'aráw)*, westliche Himmelsgegend, Abend.

májriw, m. *(ma'aríw)*, Abendgebet. Vgl. *mínche*.

máj-sch'ne, ma-schínuj *(majsch'ná, ma-schinúj)*, «welcher Unterschied ist?...», ein im Talmud oft vorkommender Ausdruck beim Vergleich von zwei verschiedenen Dingen.

májsse, f., **májssess**, pl. *(ma'assé)*, ‚Tat', Geschichte, Märchen, Neuigkeit, Begebenheit. – *áchar hamájsse (achár ha'ma'assé)*, ‚nach vollbrachter Tat'. – *kejn májsse nit*: es geht an, es ist passabel. – *bobe-májsse*: Ammenmärchen. Bei dieser Ableitung irrt Bernstein. *bobe-májsse* kommt nicht von *bóbe* = slaw. baba = alte Frau, Großmutter; sondern ursprünglich hieß es *Bóvo-majsse*, nach dem berühmten jiddischen Ritterroman von Elia Levita im 16. Jahrhundert. – *májsse-buch*: Märchenbuch.

májsser, m., n. *(ma'asséjr)*, ‚der Zehent', d. i. der zehnte Teil des

Einkommens, welcher nach B.M. V. 26, 12 an die Armen verteilt werden soll. – *májsser gebn:* den Zehent entrichten.

májssim, m. pl. (st. constr. **majssej**), Taten, Handlungen. – *májssim-rójim (ma'assím-raím)*, ‚böse Taten', d. h. unerlaubte, verwerfliche Missetaten (B.M. I. 18, 20–21). – *májssim-tójwim (ma'assím-towím)*, ‚gute Taten'. Vgl. *májsse.*

mákschen, m., **makschónim,** pl. *(makschán)*, ‚fragesüchtiger' Mensch, d. h. einer, der gerne Fragen stellt.

máke, f., **mákess,** pl. *(maká)*, 1. Hieb, Schlag; Wunde, Geschwür, fig. Plage, Elend, auch in der Bedeutung von ‚nichts', z. B. *«er hot a máke»* – *ésser-mákess (ésser makót)*: ‚die zehn Ägyptischen Plagen'. – *mákass-b'chójress (makát-b'chorót)*: die zehnte Ägyptische Plage an den Erstgeborenen. – 2. *makess (makót)* ist auch der Titel eines Talmudtraktates, der von Körperstrafen handelt.

málbesch, n., **malbúschim,** pl. *(malbúsch)*, Kleid, Gewand. Syn. *béged.*

málech, m., **malóchim,** pl. *(mal'ách)*, Engel. – *málach-hamówess (mal'ách-hamáwet)*, Todesengel. – *maláchej-chabóle (mal'achéj-chabalá)*, ‚Zuchtengel', welche, dem Volksglauben nach, auf die Erde herabgesandt werden, um die Bösen nach dem Tode zu züchtigen. – Fig. wilde, zügellose Schar.

málke, f., **málkess,** pl. *(malká)*, 1. Königin. Übertragen: die ‚Zehn' im Kartenspiel und die Königin im Schachspiel. – *málkass-Sch'wo (malkát-sch'wá)*, ‚die Königin von Saba'. – 2. Frauenname, entspricht Regina.

málkess, f. *(malkút)*, Ruten- oder Peitschenhiebe, die, nach B.M. V. 25, 3 für gewisse Vergehen verhängt wurden. Noch heute lassen sich fromme Juden beim Eintritt in die Synagoge am Vorabend des Versöhnungsfestes als symbolische Sühne 39 Hiebe geben.

mamelíge, f., **mamelígess,** pl. (p. *mamalyga*), Art Polenta. Beliebte Speise aus Maisgrieß, besonders in Rumänien.

mámke, f., **mámkess,** pl. (p. *mamka*), Amme.

mamódess, f. pl. *(ma'amadót)*, ausgewählte Stücke aus der Bibel und dem Talmud, zum Rezitieren für alle Tage der Woche.

mámser, m., **mamséjrim,** pl. *(mamséjr)*, Bastard, uneheliches Kind. – Fig. abgefeimter, durchtriebener Mensch, oft mit dem

Zusatz: *ben-hanide (ben-hanidá)*, d. i. in menstruis empfangener Bastard.

ma-nischtáne, f. *(ma-nischtané)*, «wie verschieden...», «wodurch unterscheidet sich?...» Mit diesen Worten beginnen die ‚vier Fragen', welche der jüngste Knabe bei der Zeremonie des *Ssejder* (s. d.) an den Hausvater richtet.

mapl sajn *(mapíl)*, abortieren, eine Fehlgeburt tun.

mapóle, f., **mapóless,** pl. *(mapalá)*, Fall, Sturz; Niederlage. – *Hómens mapóle:* der Sturz Hamans. S. *Homen.*

márbe, s. **n'chóssim.**

máre-kojn *(mar'é-kohéjn)*, ‚das Aussehen des Hohenpriesters', von welchem die talmudische Tradition erzählt, daß nach dem Gottesdienste am Versöhnungstage sein Gesicht in rosiger Farbe erstrahlte. Der Volkswitz gebraucht dieses Wort scherzhaft von einem Angeheiterten, dessen Gesicht vom Trinken gerötet ist.

maróche, f., **maróchess,** pl. *(ma'arachá)*, ‚Konstellation' in der Astrologie. Davon abgeleitet: glückliches Zusammentreffen, glückliche Fügung, günstiger Zufall, Chance.

márpe-lóschen *(marpéj-laschón)*, «Heilmittel für die Zunge». So nennt König Salomon die Weisheit. Spr. Sal. 15, 4. – Übertragen und fig.: tüchtige, gewandte Beredsamkeit. Volkstümlich und scherzhaft: loses Maul.

marschálek, m., **marschálkess,** pl. (p. *marszalek)*, Lustigmacher; Spaßmacher, dem es obliegt, für die Unterhaltung der Hochzeitsgäste, durch Späße, Deklamationen usw., zu sorgen. Solche Spaßmacher (p. *marszalek godów)* traten in früheren Zeiten auch auf den Hochzeiten des poln. Adels auf. – S. *bádchen.*

marzówe (p. *marcowy)*, den Monat März betreffend, Märzen... (z. B. Bier, Sonne usw.).

máschke, f., **máschkess,** pl. *(maschké)*, Getränk. Meist von Spirituosen.

máschken, m., n., **maschkójness** oder **maschkóness,** pl. *(maschkón)*, Pfand, Unterpfand. – *máschken fersézn:* einen Gegenstand in Pfand geben, verpfänden. Vgl. *bitóchen.*

máschlich kárchoj k'fítim *(maschlích karchó k'fitím)*, «der da die Eiszapfen schleudert, wie die Schneeflocken». So schildert der Psalmist (Ps. 147, 17) die durch den Willen Gottes wahrnehmbaren Naturerscheinungen auf Erden.

másel, n., **masóless,** pl. *(masál)*, ‚Himmelszeichen (im Zodiakus);

Gestirn'. Davon abgeleitet: Glücksstern, Glück. – *másel-tow: (masál-tow)*, «Glückauf!», «Gut Glück!», Wunsch bei freudigen Ereignissen. – *másel un b'róche (masál, b'rachá)*: Glück und Segen! Wunschformel bei Abschluß eines Geschäftes usw. – Davon mit d. Endung: *máseldig* oder *maséldik*: glückbringend, glückverheißend.

másik, m., **masíkim**, pl. *(masík)*, schaden- und verderbenbringendes Wesen, Dämon.

másse, f., **massójess**, pl. *(massá)*, Last, Bürde, Gewicht.

másse-máten, m. *(massá-matán)*, ‚Handel und Wandel'; Geschäft, Verkehr. Fig. eine unangenehme, lästige Sache, z. B. ein Prozeß usw.

matbéje, f., **matbéjess**, pl. *(matbéja)*, Münze; Geld. – *zúrass-matbéje (zurát-matbéja)*: das auf der Münze aufgeprägte Bild. S. *chíluf*.

ma-tójwu *(ma-towú)*, «wie schön sind...» (zu ergänzen: Deine Zelte, Jakob!), Bibelvers B.M. IV. 24, 5, der zu Anfang des Morgengebetes rezitiert wird.

máton oder **máten**, s. **matóne**.

matóne, f. (st. constr. **mátnass**), auch **maton**, m., **matoness**, pl. *(matană, matán)*, Gabe, Geschenk. – *mátnass-jad (matnát-jad)*: mit voller ‚Hand' gespendete Gabe; volkstümlich und scherzhaft: Ohrfeige. – *máten-b'sséjsser (matán-b'sséjter)*, heimliche Gabe, d. h. eine solche, die ungesehen in die Armenbüchse hineingeworfen wird. – *máten-tójre (matán-torá)*, ‚das Geschenk der Tora', d. h. die Offenbarung der mosaischen Lehre am Berge Sinai.

Mátschek (p. *Maciek*), polnischer Bauernname, von Maciej = Matthias.

mawtíach sajn *(mawtíach)*, versichern, beteuern. Vgl. *bitóchen*.

máze, f., **mázess**, pl. *(mazá)*, ungesäuertes Osterbrot. – *máze-sch'múre (mazá-sch'murá)*: ‚behütetes Osterbrot', so heißt dasjenige Brot, welches von manchen streng Frommen, besonders Chassiden (s. *chossid*), genossen wird. Das zu diesem Brot verwendete Mehl steht schon seit der Feldernte unter der strengsten Kontrolle, welche zur Zeit des Backens noch mehr verschärft wird, um nicht die geringste Fermentation zuzulassen. – *máze-wásser*: heißt das in einem besondern, streng überwachten Gefäße bereitgehaltene Wasser zum Backen der *mázess*. – *máze-béker*: so nennt das Volk scherzhaft einen Müßiggänger, der nur auf Gelegenheitsgeschäfte wartet, etwa wie der Bäcker von *mázess* nur einige Wochen vor Passah beschäftigt ist.

mazéjwe, f., **mazéjwess,** pl. *(mazejwd)*, Grabstein, Denkmal.

mazl sajn *(mazîl)*, erretten, befreien. Davon die passive Form: *nizl wern (nizól)*: errettet, befreit werden.

m'chábed sajn *(m'chabéjd)*, beehren, jemandem eine Ehre antun; bewirten. S. *kówed.*

m'chåber, m., **m'chábrim,** pl. *(m'chabéjr)*, Verfasser eines Werkes, Schriftsteller. S. *chíbur.*

m'chádesch sajn, s. l'wóne.

m'cháje sajn *(m'chajé)*, ‚beleben', erquicken. Vgl. *chájej-scho.*

m'chálel-schábess sajn *(m'chaléjl-schabdt)*, den Sabbat entweihen.

m'cháper sajn *(m'chapéjr)*, eine Sünde ‚vergeben', tilgen. S. *jomkíper*; *kapóre.*

m'chaschéjfe, f., **m'chaschéjfess,** im Volksmunde: **machschejfe** *(m'chaschejfd)*, Hexe, Zauberin, Wahrsagerin. Fig. böses Weib, Xanthippe. S. *kischuf.*

m'chíle, f., **m'chíless,** pl. *(m'chíld)*, ‚Verzeihung', Vergebung; Verzichtleistung. – *m'chíle* wird auch gebraucht bei Erwähnung eines unanständigen Wortes, im Sinne von: «mit Respekt zu sagen!» – *m'chíle betn:* ein pietätvoller Akt, der darin besteht, daß man einen Toten um Verzeihung bittet, für alles Unrecht, für alle Kränkungen, die man ihm, bewußt oder unbewußt, zugefügt haben könnte. Vgl. *mojchl sajn.*

m'chutn, m., **m'chutónim,** pl., **m'chuténesste,** f. *(m'chután)*, diejenige Person, mit der man sich verschwägert, z. B. Vater des Bräutigams oder der Braut. Im allgemeinen: entfernte und angeheiratete Verwandte. Vgl. *chítun.*

m'díde, f., *(m'didá)*, ‚Vermessung'. So heißt bei den Kaufleuten die jährliche Inventuraufnahme des Warenlagers zur Feststellung der Bilanz, wobei die Vorräte ‚vermessen' und abgewogen werden.

m'díne, f., **m'díness,** pl. *(m'dind)*, Reich, Land, Provinz.

méchess, m. *(méchess)*, Zoll, Abgabe. In Polen wird ein getaufter Jude ‚*méchess*' genannt.

mechetéjsse korrumpiert aus *mejhéjchi-téjssi (mejhejchí-tejtí)*, «warum denn nicht!» Wohlan!

médresch, m., **medróschim,** pl. *(midrásch)*, ‚Midrasch', ‚Forschung'. So heißt der poetische und homiletische Teil des Talmuds und der späteren rabbinischen Literatur.

méje, f., **méjess**, pl. *(mejá)*, hundert. – *méjess (mejót)* auch in der Bedeutung von Geld.

méjrche *(mejrchá)*, Akzentzeichen im hebr. Alphabet. Vgl. *típche.*

mejss, m., n., **méjssim**, pl. *(mejt)*, Toter, Leichnam.

m'éjwer-lajám *(mejéjwer-lajám)*, ‚jenseits des Meeres', überseeisch. Vgl. *jam.*

méjwin, m., **m'wínim**, pl. *(mejwín)*, Kenner, Sachverständiger, Experte. – *m'wíness (m'winút)*, Sachkenntnis, Expertise.

méjzar, m. *(mejzár)*, ‚Bezwinger, Bedrücker'. Fig. der böse Trieb, die unbezähmbare Leidenschaft. Vgl. *jéjzer-hóre.*

mékach, m., **m'kóchim**, pl. *(mékach)*, ‚Kauf', Preis für eine Ware.

mélech, m., **m'lóchim**, pl. *(mélech)*, 1. König, Herrscher. – *k'mélech bagdúd (k'mélech bagdúd)*: «wie der König unter der Heerschar» (Hiob 29, 25). Übertragen: König im Karten- und Schachspiel. – 2. Männername; Abkürzung von Elimelech.

Mendl, Männername, dessen hebr. Äquivalent *m'náchejm (m'nachéjm)* = ‚Tröster' lautet.

mérchez, n. *(mirchás)*, Bad, Badehaus, Badeanstalt.

meríden, pl. (gr.), Hämorrhoiden. Krankheit der goldenen Ader.

mesch (d.), Messing. – *meschn* = aus Messing, messing-.

méschte, f., **méschtess**, pl. (türk.), Art Morgenschuhe, Pantoffel.

m'fárness sajn, s. parnósse.

m'gádel sajn *(m'gadéjl)*, ‚großziehen', von Kindern.

m'gásem sajn, s. gúsme.

m'gíle, f., **m'gíless**, pl. *(m'gilá)*, ‚Rolle', besonders die Pergamentrolle, die das Buch Esther enthält. Fig. von einem langatmigen Schreiben.

m'gúschem *(m'guschám)*, grob, plump, ungeschlacht, martialisch.

m'húme, f., **m'húmess**, pl. *(m'humá)*, Getümmel, Verwirrung.

Michel oder **Mechel**, Michael.

míchje, f., **míchjess**, pl. *(michjá)*, ‚Lebensunterhalt', Erwerb. Syn. *parnósse.*

míchschl, n., **michschólim**, pl. *(michschól)*, ‚Falle, Schlinge'. Übertragen: Unfall, Unglück.

mídber, m., **midbóress**, pl. *(midbár)*, Wüste, Einöde.

míde, f., **mídess**, pl. *(midá)*, ‚Maß', Eigenschaft, Art und Weise, Attribut. – *míde k'néged míde (midá k'néged midá)*: Maß für Maß. Damit wird eine der vielen Eigenschaften Gottes bezeichnet, daß er die Taten der Menschen je nach Verdienst belohnt oder bestraft.

míess *(miúss)*, ‚ekelhaft', häßlich (sowohl von Personen wie von Sachen). Das Wort *miess* ist auch in die d. Sprache eingegangen.

mihen, sich (d.), sich bemühen. Einem Volksglauben nach sollen die Seelen der verstorbenen Vorfahren für das Wohlergehen ihrer Angehörigen auf Erden ‚sich mühen', d. h. Fürbitte halten. Man verfehlt daher niemals, bei Erwähnung eines Toten hinzuzufügen: «*er soll sich mihen*».

mi-jíchje *(mi-jichjé)*, «wer leben soll...» ist eine Stelle im Gottesdienste für die hohen Feiertage, welche besagt, daß an diesem Tage im Himmel über Leben und Tod der Menschen bestimmt wird. Vgl. *mi-jómuss*.

mi-jómuss *(mi-jamút)*, «wer sterben soll...». S. *mi-jíchje*.

Mikíte (klr. *Mikita)*, Männername, Niketas, häufig unter Bauern gebraucht.

mikójach, s. **kójach**.

míkwe, f. **míkwess**, pl. *(mikwd)*, ‚Ansammlung' (von Wasser). Bassin, in welchem die Frauen das rituelle Reinigungsbad nehmen. Auch Männer gebrauchen die mikwe als Reinigungsbad, besonders die Vorbeter vor Beginn des Gebetes. Vgl. *t'wíle*.

milchóme, f., **milchómess**, pl. *(milchamd)*, Krieg, Schlacht.

míle, f., **míless**, pl. *(milá)*, ‚Beschneidung', Circumcision. Davon übertragen: männliches Glied. S. *b'riss-mile*.

miméjle *(mimejld)*, von selbst, von ungefähr.

mimischmánej-ho'órez *(mimischmanéj-ha'árez)*, «von der Fettigkeit der Erde» ist die Fortsetzung des Gebetes «*w'jíten-l'cho*» (s. d.) am Ausgange des Sabbats.

min, m., **mínim**, pl. *(min)*, Gattung, Art. Im Volksmunde wird mit diesem Worte ein Sonderling bezeichnet. – *kol-ho'ójrew l'minéjhu (kol-haoréjw l'minéjhu)*: «jeder Rabe nach seiner Gattung». Bibelvers B.M. III. 11.15.

mínche, f., **mínchess**, pl. *(minchá)*, «Gabe, Spende», Benennung des Gebetes vor Sonnenuntergang. Vgl. *majriw*.

míneg, m., **minhógim**, pl. *(minhdg)*, Brauch, Sitte, Aufführung. – *mínhag-Jissró'ejl (minhág-jissra'éjl)*: israelitischer Brauch. Davon gebildet: *sich nójheg sajn*: sich aufführen. S. *ojlom*.

min-hasstám, s. **misstome**.

mínjen, m., **minjónim**, pl. *(minjdn)*, ‚Zahl', d. i. die vorgeschriebene Zahl von zehn männlichen Personen, die zur Abhaltung eines öffentlichen Gottesdienstes erforderlich ist. – *k'mínjen (k'minján)*, ‚nach der Zahl', d. h. eine Zahl, die mit dem Buchstabenwert eines Wortes ausgedrückt ist, z. B. 441 durch das Wort *émess (emét)*. Vgl. *g'mátrije*.

misbéjach, m. *(misbéjach)*, Altar, Opferstein.

mi-schebéjrach, m. *(mi-schebejrách)*, «der da gesegnet hat...». Anfangsworte eines Segensspruches, welcher der zur Thoravorlesung aufgerufenen Person im Namen des Gemeindevorstandes erteilt wird. Der ‚Aufgerufene' revanchiert sich für die ihm erwiesene Ehre, indem er ebenfalls denselben Segen für die Gemeinde erwidert und dabei eine Spende zu wohltätigen Zwecken bestimmt. Vgl. *alíje*.

mischkl-rischn, s. **musskl-rischn**.

mischlójach-móness, n., im Volksmund: **schlach-móness** *(mischlóach-manót)*, ‚Geschenke', welche am Purim (s. d.) an Verwandte und Freunde ‚übersandt' werden. Nach Buch Esther 9, 19.

mischnájess, f. pl. *(mischnajót)*, Mehrzahl v. *míschne (mischná)*: ältester, grundlegender Teil des Talmuds. Dem Volksglauben nach gereicht das Studium der *mischnájess* am Todestage eines Verwandten zu dessen Seelenheil.

míschpet, m., **mischpótim**, pl. *(mischpát)*, 1. das (mosaische) Gesetz, 2. Richterspruch, Verdikt. – *sich míschpetn*: prozessieren.

mischpóche, f., **mischpóchess**, pl. *(mischpachá)*, Familie, Verwandtschaft, Sippschaft.

mísmer, m., **mismójrim**, pl. *(mismór)*, ‚Gesang', Lobgesang. Benennung verschiedener Choräle im Gottesdienst. Vgl. *s'míress*.

mísrech, m. *(misrách)*, Osten, Morgen, Orient. – Diese Himmelsgegend hat für die Juden eine besondere Bedeutung, weil sich dort ihr Vaterland, Palästina, befindet. Deshalb werden die Synagogen nach der Richtung des Morgenlandes, d. i. nach Jerusalem gebaut. Aus demselben Grunde werden diejenigen Plätze in der Synagoge, welche an der *mísrech-Wand* gelegen sind, besonders geschätzt und teuer bezahlt. In Privatwohnungen wird häufig eine geschnitzte und bemalte Tafel mit der Inschrift ‚*mísrech*' *(misrách)* angebracht, um den Betenden die Richtung nach Osten anzuzeigen.

misse, f., **missess**, pl. *(mitá)*,

Tod, Todesart. – *misse-meschúne (mitá-m'schund)* : plötzlicher, unnatürlicher Tod.

misstóme, auch **min-hasstám** *(misstamá, min-hasstám)*, selbstverständlich, wahrscheinlich, natürlich.

míte, f., **mítess,** pl. *(mitá)*, Bett, Lager; Totenbahre. Vgl. *tdschmisch.*

mízwe, f., **mízwess,** pl. *(mizwá)*, religiöses ‚Gebot'; gute, gottgefällige Tat. Nach rabbinischer Tradition gibt es 613 solcher mosaischer Gebote (und Verbote): *tárjag mízwess (tarjág mizwót).*

m'jáschew sajn, sich *(m'jaschéjw)*, sich eine Sache überlegen, eine andere Meinung fassen. – *m'júschew (m'juschdw)* : wohl überlegt, vernünftig, logisch. S. *jíschuw-hadá'ass.*

m'júchess, m., **m'juchóssim,** pl. *(m'juchdss)*, Adliger, von edler Abstammung, Edelmann, Aristokrat. Syn. *jáchssen.*

m'júschew, s. **m'jáschew.**

m'káber sajn *(m'kabéjr)*, begraben, eine Leiche beerdigen. Im übertragenen Sinne: jemanden total ruinieren.

m'kabl, m., **m'káblim,** pl. *(m'kabéjl)*, ‚Empfänger' von Almosen, verschämter Armer, der von der öffentlichen Wohltätigkeit unterhalten wird.

m'kabl sajn *(m'kabéjl)*, ‚empfangen', entgegennehmen. Im übertragenen Sinne: etwas auf sich nehmen, schwören, einen Eid leisten. – *m'kabl beawe sajn (m'kabejl b'ahawa)*, mit ‚Liebe' und Ergebenheit die Strafen des Himmels ‚empfangen'. – *m'kabl pónim sajn (m'kabéjl paním)*, eine Person (zum ersten Mal) sehen, erblicken, in Augenschein nehmen, begrüßen, z. B. die erste Begrüßung eines Bräutigams mit seiner Braut. – *m'kabl schábess sajn (m'kabéjl schabát)*, den ‚Sabbat' feierlich ‚empfangen'. – *Vgl. auch kabóle.*

m'kájem sajn *(m'kajéjm)*, ein Versprechen, ein religiöses Gebot erfüllen, einer Verpflichtung nachkommen. S. *kíjum.*

m'káne sajn *(m'kanéj)*, beneiden. S. *kíne.*

m'lámed, m., **m'lámdim,** pl. *(m'laméjd)*, ‚Lehrer', Schul- und Hauslehrer, Schulmeister. Fig. einfältiger, unpraktischer Mensch.

m'láwe-málke, f. *(m'lawé-malká)*, ‚Geleit der Königin'. So wird das Festmahl genannt, welches zur Verabschiedung der ‚Königin Sabbat' am Samstagabend gegeben wird.

m'lóche, f., **m'lóchess,** pl. *(m'lachá)*, Handwerk; Kunststück, Meisterstück. S. *ba'al.*

m'lúche, f., **m'lúchess,** pl. *(m'luchá)*, Königreich, Königtum, Herrschaft. S. *mélech*.

m'náchem, s. **ówel.**

m'núche, f., **m'núchess,** pl. *(m'nuchá)*, 1. Ruhe, Rast, Erholung, 2. Frauenname.

moch, s. **tímche.**

mogn, m., **mogínem,** pl. *(magéjn)*, ‚Schild', Schutz. – *mógn-Dówid (magéjn-dawíd)*: Schild Davids, gilt als Wappen des jüdischen Volkes (= Judenstern). – *mogn-ówess (magéjn-awót)*: «Schild der Ahnen» ist der Anfang eines Sabbat-Gebetes.

mójach, m., **mójchess,** pl. *(móach)*, ‚Gehirn'. – *grójsser mójach*: guter Kopf, scharfsinniger Mensch. Die Verkleinerung lautet: *mójachel* = gutes, geistreiches Köpfchen.

mójchel sajn *(mochéjl)*, verzeihen, vergeben; verzichten, entsagen. Vgl. *m'chile*.

mójcher, m., **mójch'rim,** pl. *(mochéjr)*, Verkäufer, Händler. – *mójcher-ss'fórim (mochéjr-ss'farím)*, Bücherhändler. – *mójcher-t'wú'e (mochéjr-t'wud)*, Getreidehändler.

mojchíach, m., **mojchíchim,** pl. *(mochíach)*, Strafprediger, Moralprediger.

mójde sajn *(modé)*, ‚bekennen', eingestehen, geständig sein. – *mójde áni (modé aní)*, «ich bekenne...», Anfangsworte des Morgengebetes für Kinder.

mojdía sajn *(modía)*, verkünden, benachrichtigen, anzeigen, kundtun.

mójdim *(modím)*, «wir bekennen...» ist eine Stelle im *sch'mójne-éssrej*-Gebet, bei der man sich vor Gott demütig verneigt.

mójess, n. *(maót)*, Geld. – *mójess-chitn (maót-chitín)*, ‚Weizengeld', d. h. das Geld, welches vor Ostern zum Ankauf von Weizenmehl für die Armen gesammelt wird. S. *chitn*.

mójes-zur *(maós-zur)*, ‚Felsenburg'. Anfang eines Lobgesanges, welcher nach Anzünden der *Chanike-Lichter* (s. d.) vorgetragen wird.

mójhel, m., **mójhalim,** pl. *(mohéjl)*, ‚Beschneider', d. i. derjenige, welcher an den achttägigen männlichen Kindern die Beschneidung (s. *míle*) vollzieht.

mojl, n., **májler,** pl. (d.), ‚Maul', Mund bei Menschen. Vgl. *pisk*.

mójled, m., **mojlódess,** pl. *(molád)*, ‚Geburt' (Konjunktion) des neuen Mondes.

mójre, f. *(morá)*, Furcht, Angst.

Mójsche *(mosché)*, Moses, Männername. – *Mójsche w'Arn (Mosché w'aharón)*, Moses und Aaron, das Brüderpaar, welches in der

Bibel oft zusammen genannt wird. – **Mójsche-rabéjnu** *(mosché-rabéjnu)*: ‚Moses, unser Lehrer', Stifter der jüdischen (mosaischen) Religion. In Rußland und Polen wird der Name verächtlich in ‚*Móschko*' korrumpiert.

mójschew, m., n. *(moschdw)*, bewohnter Ort, Sitz. In Galizien wird damit eine unsaubere, unordentliche Hauswirtschaft bezeichnet.

mójze oder **hamójze** *(mozí, hamozí)*, Segensspruch vor dem Genuß von Brot. Der Segensspruch lautet: *hamójze léchem min ho'órez (hamozí léchem min ha'drez)*: «der das Brot aus der Erde emporwachsen läßt». Im übertragenen Sinne wird das Stückchen Brot, über welches dieser Segen gesprochen wird, ebenfalls *mojze* genannt.

mok, m. (Etym. unbekannt), Scherz- und Neckwort für einen Österreicher. Vgl. *kire.*

mókem (st. constr. **m'kojm**), n., **m'kójmess,** pl. *(makóm)*, Ort, Stelle. – *bim'kójm (bim'kóm)*, ‚an Stelle', Stellvertreter. – *b'mókem sche'éjn isch (b'makóm sche'éjn isch)*: «an einem Orte, wo es an Männern mangelt», d. h. wo kein rechter Mann am Platze ist (zu ergänzen: bestrebe dich, ein Mann zu sein). Talmudischer Ausspruch. – *mókem kódesch (makóm kadósch)*: ‚heiliger, geweihter Ort', Tempel, Bethaus, Synagoge. (Mit *mókem*, gewöhnlich *hamókem (hamakóm)*, wird im Talmud Gott bezeichnet, um auszudrücken, daß Gott das Weltall umfaßt.) S. *m'schdne sajn.*

mómen, n. *(mamón)*, Geld.

mon, m., n. *(man)*, ‚Manna', die Nahrung der Israeliten in der Wüste, nach B.M. II. 16, 15.

Mórd'che *(Mord'chdi)*, Männername, Mordechai. In Rußland und Polen oft korrumpiert in: *Motje.*

mórer, m., **m'rójrim,** pl. *(marór)*, ‚Bitteres', so heißt die bittere Kräuterwurzel, gewöhnlich Meerrettich, welche an den Ssejder-Abenden zur Erinnerung an die bitteren Leiden der Israeliten in Ägypten verzehrt wird, nach B.M. IV. 9, 11.

morsch, m. (d.), Arsch, Hinterer.

móschel, n., **m'schólim,** pl. *(maschdl)*, Beispiel, Gleichnis, Fabel. Sprichwort. – *l'móschel (l'maschdl)*: zum Beispiel, beispielsweise.

moschíach, m. *(maschíach)*, ‚Gesalbter' Gottes, Messias.

Móschko, s. Mójsche.

Moskwíter, m., **moskwíterss,** pl. (d.), ‚Moskowiter', d. h. Russe, besonders russischer Soldat.

móslen (d.), Masern; an Masern erkrankt sein.
mósser, m., **mójssrim,** pl. *(massár, massór)*, Denunziant, Angeber. S. *m'ssíre.*
mótje, f., verdorben aus franz. *moitié:* Kompaniegeschäft, an welchem man zur Hälfte beteiligt ist.
Mótje, s. **Mórd'chaj.**
mówuj *(mawúj)*, Durchgang, Gäßchen. Das Wort kommt häufig im Talmudtraktat *Erubin* (s. d.) vor.
m'schádech sajn, s. **schíduch.**
m'scháne sajn *(m'schané)*, verändern; in der kaufmännischen Sprache: wortbrüchig werden. – *m'scháne mókem sajn (m'schané makóm)*, den Ort verändern, die Wohnung oder das Domizil wechseln.
m'schójrer, m., **m'schójr'rim,** pl. *(m'schoréjr)*, ‚Sänger'. Chorist, der den Gesang des *Chasen* (s. d.) begleitet.
m'schóress, m., **m'schór'ssim** *(m'scharéjt)*, Diener, Ladendiener, Kellner.
m'schúge, m., **m'schugóim** *(m'schugá)*, verrückt, überspannt, wahnsinnig. Davon mit d. Endung: *m'schúgener:* verrückter, geisteskranker Mensch. Im Volke wird die Form *meschugáss (m'schugá'at)* im Sinne von Verrücktheit, Wahnsinn, sonderbarer Einfall gebraucht. – *m'schúge-m'tójref (m'schugá-m'toráf):* ‚verrückt und übergeschnappt', dient zur Verstärkung des Ausdrucks.
m'schúmed, m., **m'schumódim,** pl. *(m'schumád)*, getaufter Jude, Abtrünniger, Apostat. – *m'schúmed-l'hách iss (m'schumád-l'hach'íss)*, ‚Abtrünniger zum Trotz', d. h. nur, um öffentliches Ärgernis zu erregen.
m'ssálek sajn *(m'ssaléjk)*, eine Schuld bar bezahlen, saldieren. S. *ssíluk.*
m'ssíre, f. (st. constr. **m'ssírass**), **m'ssíress,** pl. *(m'ssirá)*, ‚Angeberei', Denunziation. – *m'ssírass Hómen (m'ssirát-hamán):* die Angebereien Hamans gegen die Juden. Vgl. *Hómen*; *mósser.*
m'ssúgl, s. **ss'gúle.**
m'súmen, m. n., **m'sumónim,** pl. *(m'sumán)*, 1. bares Geld. – 2. das Tischgebet, an welchem mindestens drei erwachsene männliche Personen teilnehmen. S. *benschn.*
m'súse, f., **m'súsess,** pl. *(m'susá)*, ‚Türpfosten'. – So heißt auch der Pergamentstreifen, welcher zwei Bibelabschnitte enthält und in einer Kapsel an den ‚Türpfosten' angeheftet wird. Die *m'suse* wird von Ein- und Ausgehenden sowie vor dem Schlafengehen mit den Fingern berührt, die man

dann an die Lippen führt. Der Volksglaube erblickt in diesem Pergamentstreifen eine Art von Amulett zum Schutz vor bösen Geistern.

m'tajr sajn *(m'tahéjr)*, ‚reinigen'. Die vorgeschriebenen Waschungen an den Leichen vornehmen. S. *tdjre.*

m'tójref oder **m'túref,** s. **m'schúge.**

m'ubéress, f. *(m'ubéret)*, schwanger.

múfleg, m., **muflógim,** pl. *(mufldg)*, ‚ausgezeichneter' Gelehrter in jüdischen Wissenschaften. Gewöhnlich in Verbindung mit *lamdn* (s. d.).

musskl-rischn, m. *(musskdl-rischón)*, die erste (von der Vernunft diktierte) Auffassung. Als philosophischer Terminus: Axiom. In der gleichen Bedeutung wird der Ausdruck korrumpiert: *mischkl-rischn (mischkdlrischón):* ‚das erste Abwiegen', gebraucht.

mússef, m., **mussófim,** pl. *(mussdf)*, ‚Zugabe, Ergänzung'. So heißt der Gottesdienst, welcher an Samstagen, Feiertagen und Neumondsfesten auf das Morgengebet *schdchariss* (s. d.) folgt. Das Mussaf-Gebet wurde an Stelle der im Tempel dargebrachten Festopfer eingesetzt.

músser, m. *(mussdr)*, Moralpredigt. – *músser-sogn:* Strafpredigt halten, moralisieren. Vgl. *mojchiach.*

mútschen, sich (r. *mutschiza*, p. *meczyc sie*), sich quälen, plagen, abmühen.

m'wájesch sajn *(m'wajéjsch)*, beschämen, demütigen. S. *búsche*; *m'wdse sajn*; *bisójen.*

m'winess, s. **méjwin.**

m'zí'e, f., **m'zí'ess,** pl. *(m'zid)*, Fund. – *kóschere m'zi'e:* ehrlicher Fund. Übertragen: preiswürdige Ware (= wie gefunden).

m'zíze, f. *(m'zizd)*, das ‚Aufsaugen' des Blutes bei der Beschneidung. Vgl. *míle.*

m'zójre, m., **m'zójrim,** pl. *(m'zord)*, 1. Aussätziger. Fig. ein unflätiger, gemeiner Mensch. – 2. Benennung des Bibelabschnittes B.M. 14, 2, welcher von den ‚Aussätzigen' handelt.

N

nachtgejn, n. (d. *nachtgehen*). So heißt der Unterricht, der den Kindern während des Wintersemesters am Abend im *Cheder* (s. d.) erteilt wird. In kleinen Städtchen, wo es keine Straßenbeleuchtung gab, pflegten die Kinder des Abends, mit papiernen Laternen versehen, zur Schule zu gehen.

náfke, f., **náfkess,** pl. *(nafká)*, ‚Herumtreiberin', Buhlerin, Dirne. Syn. *chónte*, *sojne*.

najn-teg (neun Tage), s. **tischebow.**

nar, m., **n'órim,** pl. *(ná'ar)*, Knabe (unter 13 Jahren). – *im kol han'órim (im kol hana'arím)*: ‚zusammen mit allen Knaben', welche am Freudenfeste der Thora alle auf einmal zur Thora aufgerufen werden.

nárizoch *(na'arizdch)*, «wir wollen Dich verherrlichen...», Anfangswort der *k'dúsche* (s. d.) bei *mússef* (s. d.) nach deutschem Ritus. Vgl. *késser*.

násse-w'níschma *(na'assé-w'nischmd)*, «wir wollen tun und wollen hören», Worte der Kinder Israels beim Empfang der Thora am Berge Sinai, nach B.M. II. 24, 7.

n'chóssim, pl. *(n'chassím)*, Besitztümer, Hab und Gut. – *márbe n'chóssim, márbe dájge (marbé n'chassím, marbé da'agá)*: «Viel Besitz, viel Sorge», talmudische Sentenz.

n'dan, m., auch **n'dúnje,** f., **n'dánim,** pl. *(n'dan, n'dunjá)*, Mitgift, Heiratsgut.

n'dówe, f., **n'dówess,** pl. *(n'dawá)*, ‚milde Gabe', Almosen.

nébach! oder **nébich!** Ausruf des Mitleids, des Erbarmens, der Teilnahme. Von diesem Worte sind viele Etymologien vorgeschlagen worden, die nach Bernstein sämtlich wenig zutreffend sein sollen. Am wahrscheinlichsten ist nach Bernstein slawischer Ursprung: p. nieboze! = Gott verhüte! leider! – Andere Vorschläge: böhm. nybrz = ja fürwahr; hebr. nawúch = bedrückt, gedrückt, niedrig; d. «Nie bei Euch!»

nechtn (d.), ‚nächtig', gestern.

néchtigen (d.), ‚nächtigen', übernachten, die Nacht zubringen.

nechóme, f., **nechómess,** m. *(n'chamá)*, 1. Trost; auch als Kosewort für Kinder gebraucht. 2. Frauenname.

néfesch, n., **nefóschess,** pl. *(néfesch)*, ‚Seele', lebendiges Wesen, Menschenleben.

néjder, auch **néder, n'dórim,** pl. *(néjder, néder)*, Gelübde, Gelöbnis; Vorsatz. – *b'li-néder*: «ohne Gelübde», wird hinzugefügt, wenn man sich etwas zu tun vornimmt, wobei ausgedrückt werden soll, daß man für die Erfüllung des Vorsatzes kein ‚Obligo' übernimmt. Vgl. *b'li-neder*.

némon, m., **nemónim,** pl. *(ne'emán)*, ‚Vertrauensmann'; Angestellter in einem Geschäft, dem man z. B. das Einkassieren von Geldern, die Überwachung des Lagers usw. anvertraut.

nemóness, n. *(ne'emanút)*, ,Glaube', Treue. – *ojf nemóness:* auf Treu und Glauben! als Beteuerung.
ness, m., **níssim**, pl. *(nejss)*, Wunder. S. *ba'al.*
níchnass sajn *(nichnáss)*, ,eingehen', z. B. ein Geschäft; eindringen, sich einweihen.
níde, f., **nídess**, pl. *(niddá)*, menstruierende Frau.
nífter wern *(niftár)*, ,erlöst werden', euphemistisch für: sterben, verscheiden.
nígle, s. **nign**.
nign, m., **nigúnim**, pl. *(nigún)*, Lied, Melodie, Weise. – Volkstümlich und verkleinert: *nígle.*
nigsl, m. *(nigsál)*, ,Beraubter'. Fig. Benachteiligter, Gestürzter.
nímess *(nim'áss)*, überdrüssig, ekelhaft. Vgl. *miuss*, *miess.*
nissn, m. *(nissán)*, Benennung eines jüdischen Monats, dem April entsprechend.
nitl, m. *(nitál*, v. lat. *natalis)*, ,Geburt' Christi. Weihnachtsfest der Christen.
nizóchen, m. *(nizachón)*, Sieg, Triumph.
nje (p. *nie)*, nicht, nein.
nje daj, nje laj (p. *nie daj*, *nie laj)*, «gib nicht, schilt nicht!», d. h. tue keine Gefälligkeit und schimpfe nicht.
n'kéjwe, f., **n'kéjwess**, pl. *(n'kejwá)*, Weiblein, Weib, weibliches Individuum.
n'ki-chapájim, m. *(n'ki-chapájim)*, ,Reinhändiger', d. h. ein Mensch, dessen Hände rein von Bestechung sind, unbestechlicher Beamter usw.
n'kíjess, f. *(n'kijút)*, ,Reinigung', Stuhlgang, Leibesöffnung, Entleerung.
n'kúdim uw'rúdim *(n'kudím uw'rudím)*, ,gesprenkelt und gefleckt', so bunt und scheckig wie die Schafherde Jakobs nach B.M. I. 31, 10. Fig. von einer bunten, nicht zusammengehörigen, gemischten Gesellschaft usw.
n'kóme, f., **n'kómess** *(n'kamá)*, Rache, Rachsucht, Schadenfreude. – *n'kóme hobn:* Schadenfreude empfinden.
no *(na)*, 1. halbgar, wie, nach B.M. II. 12, 9, das Passahlamm nicht verzehrt werden durfte. – 2. Interjektionspartikel im Sinne von: doch, bitte, gefälligst. Das Wörtchen ,*no*' beträgt nach dem Buchstabenwert 51 = 50 + 1.
nódiw, m., **n'díwim**, pl. *(nadíw)*, ,Edelmann', großmütiger, freigebiger Herr. – *al tíwt'chu bindíwim (al tiwt'chú bindiwím):* «Verlaßt Euch nicht auf die großeu Herren!...» Ps. 146, 3.
nógid, m., **n'gídim**, pl. *(nagíd)*,

reicher, vornehmer Mann. Davon *n'gídisch:* vornehm, nobel, fein, reich.

Nójach *(Nóach)*, 1. Noah, Männername. 2. Benennung des Bibelabschnittes B.M. I. 6, 19, der mit den Worten beginnt: *éjle tójldess Nójach (éjle toldót nóach):* «das ist der Lebenslauf Noahs».

nójef, m., **nojáfim,** pl. *(no'éjf)*, Buhler, Ehebrecher.

nójkem sajn, sich *(nokéjm)*, sich rächen. S. *n'kóme.*

nójlad móhul *(noldá mohúl)*, ‚ein beschnitten Geborener', zur Bezeichnung des seltenen Falles, daß ein männliches Kind schon bei der Geburt die Merkmale der Circumcision an sich trägt. Fig. Glückskind.

nójssen, m., **nójss'nim,** pl. *(notéjn)*, ‚Geber', Spender, d. h. wohltätiger, freigebiger Mann.

n'schóme, f., **n'schómess,** pl. *(n'schamá)*, Seele.

nóschim, s. ísche.

nóssi, m., **n'ssí'im,** pl. *(nassí)*, Heerführer, Anführer; Oberhaupt, Herzog. In späteren Zeiten wurde dieser Titel dem Exilfürsten in Babylon beigelegt.

Nóssen *(natan)*, Nathan.

Nóte *(natá)*, Männername, Abkürzung von Nathan.

nówi, m., **n'wí'im,** pl. *(nawí)*, Prophet.

n'wúje, f. *(n'wuá)*, Prophetie, Prophetengabe, Prophezeiung.

O

obschprechn (d.), ‚besprechen', eine durch den bösen Blick *(ájinhóre*, s. d.) hervorgerufene Krankheit, besonders bei Kindern, durch Zauberspruch heilen.

óbzass, m., **obzássess,** pl. (p. *obcas*, v. d. Absatz), Stiefelabsatz. Syn. *knafl.*

óden, m. (st. constr. **ádojn**), **adójnim,** pl. *(adón)*, Herr, Edelmann. – *ádojn-ójlem (adón-olám)*, «Herr der Welt»: Anfang eines Lobgesanges im Gebet.

Ódom *(adám)*, Adam; Mensch (Erdensohn). – *ódom horíschn (adám harischón):* Urmensch der Bibel. B.M. I. 1. – *ódom j'ssójdoj meófor w'ssójfoj leófor (adám j'ssodó meafár w'ssofó leafár):* «des Menschen Ursprung ist Staub und sein Ende ist Staub». Vers aus einem Gebete für die hohen Feiertage.

óder, richtiger: **ádor** *(adár)*, Benennung eines jüdischen Monats, dem März entsprechend. In Schaltjahren wird noch ein *ódor schéjni (adár schejní)* hinzugefügt, in dem das eigentliche Purimfest gefeiert wird. Vgl. *purim.*

ófess, s. késsef.

ógil w'éssmach, «ich jubele und frohlocke...», Vers aus einem Liede für *ssímchass-tójre* (s. d.).

ógjer, m., **ógjeress,** pl. *(p. ogier)*, Hengst.

ógul *(agúl)*, rund.

ójberschter, m. (d.), ‚Oberster', Allerhöchster, Gott.

ójd'cho *(od'chá)*, «ich preise Dich», Anfangswort eines Psalmverses im Halejl-Gebet, welcher zweimal nacheinander rezitiert wird. S. *halejl.*

ojchílo *(ochilá)*, «ich hoffe...» (zu ergänzen: zu Gott) ist der Anfang eines Gebetes an den hohen Feiertagen.

ojf, n., **ójfess,** pl. *(of)*, Vogel, Hausvogel, Geflügel. **ójfess-t'méjim** *(ofót-t'mejím)*: ‚unreine Vögel', deren Genuß den Juden verboten ist. Fig. und scherzhaft werden mit diesem Ausdruck die Damen der ‚Halbwelt' bezeichnet.

ójfen, m., **ojfánim,** pl. *(ófen)*, Art, Weise.

ojl-málchuss-schomájim *(ol-malchút-schamájim)*, ‚Joch des himmlischen Königtums', d. h. die, wenn auch oft schwer zu ertragenden Pflichten, welche von der Religion dem Menschen auferlegt werden.

ójlem, auch **ójlom,** m., **ójlomess,** pl. *(olám)*, Welt; Versammlung, Publikum (in beiden Bedeutungen entspricht das Wort dem franz. monde). – **ójlem-hábe** *(olám-habá)*: die zukünftige Welt, das Jenseits. – **ójlem-háse** *(olám-hasé)*: die gegenwärtige, sinnliche (materielle) Welt. Davon dialekthaft und scherzhaft gebildet mit poln. Endung: *ójlem-hásenik* = ein sinnlicher, materialistischer Mensch. – *ójlem-hatójhu (olám-hatohú)*: die Welt der Irrungen, d. h. hienieden. – *ójlem k'minhógoj nojg (olám k'minhagó nohéjg)*: «die Welt geht ihren Gang», talmudischer Ausspruch. Vgl. *míneg.*

ójneg, m. *(óneg)*, ‚Vergnügen', Genuß. – *ójneg-schábess (óneg-schabát)*, Genuß, den man sich am Sabbat verschafft, z. B. durch bessere Mahlzeiten, Nachmittagsschläfchen usw. Syn. *tájnug.*

ójness, n. *(onéjss)*, ‚Zwang' (gezwungene Tat), Unfall.

ójrach, m., **órchim,** pl. *(oréjach)*, der als Gast zu Tisch geladene (arme) ‚Durchreisende'. Solche Einladungen, besonders zu den Mahlzeiten am Sabbat und Festtagen, werden als frommes Werk betrachtet. – *máchniss-ójrach (machníss-oréjach)*: Gastfreund, der solche arme Durchreisende gerne bei seinem Tische sieht.

ójscher, m., **aschírim,** pl.

(óscher), Reichtum, auf Menschen übertragen: reicher Mann. S. *óschir*.

ojss, n., **ójssess**, auch **ójssi'ess**, pl. *(ot)*, Zeichen, Schriftzeichen. – **ojss-b'ojss** *(ot-b'ot)*, buchstäblich, Zug um Zug.

ójsse-schólem *(ossé-schalóm)*, «der da Frieden stiftet...»; mit diesem Vers schließt das *schmójne-éssrej*-Gebet (s. d.), wobei der Betende drei Schritte rückwärts geht.

ójssgebn, d., verheiraten, ein Kind versorgen.

ójsslegn, d., 1. orthographisch schreiben, 2. deuten (z. B. einen Traum), erklären.

ójssworten, d., ausreuten, ausroden.

ójzer, m., **ójz'ress**, pl. *(ozár)*, Schatz. Fig. Menge, Unzahl.

oléjnu *(aléjnu)*, «uns liegt es ob...» (zu ergänzen: zu preisen den Herrn des Weltalls), Anfangswort des Schlußgebetes bei jedem Gottesdienst.

ólow-haschólem *(aláw-haschalóm)*, «auf ihm sei der Friede!», Eulogismus bei Erwähnung eines Verstorbenen, analog dem deutschen: «Friede seiner Asche!» Von Frauen lautet der Spruch: *oléjho haschólem (aléha haschalóm)*. Vgl. *schólem*.

ómejn *(améjn)*, Amen! Mit diesem Wörtchen antwortet die Gemeinde auf die Schlußgebete des Vorbeters. Sonst auch als Bekräftigung eines Eides, Wunsches usw. gebraucht. – *ómejn-sóger*: ein Mensch, der zu allem «Ja» sagt, ein Jabruder.

óni, m., **aníjim**, pl. *(aní)*, armer Wicht. – *óni w'éwjojn migójsloj (aní w'ewjón migosló)*: (er errettet) den Armen und Dürftigen von dem, der ihn beraubt (Ps. 35, 10).

ónmutn (d.), ‚zumuten', proponieren, antragen.

ónsezn (d.), die Zahlung einstellen, bankrottieren. – *ónsezer* = Bankrottierer. Vgl. *p'léjte*.

órew, m., **aréjwim**, pl. *(aréjw)*, Bürge: Girant (auf einem Wechsel). – *kol jissró'ejl aréjwim se bosé (kol jissra'éjl arejwím se basé)*: «alle Israeliten bürgen füreinander», d. h. sie sind für ihre Handlungen gegenseitig verantwortlich. Talmudische Sentenz.

órojw, m. *(arów)*, ‚Gemisch' von Tieren, welches, nach B.M. II. 8, 17, Ägypten als vierte Plage heimgesucht hat.

osnájim lakójssel *(osnájim lakótel)*, «Ohren hat die Wand». So warnt der Midrasch vor verräterischen Menschen und empfiehlt Verschwiegenheit.

ósser *(assúr)*, «Verboten sei es!»

Zurückweisung einer Zumutung. Nachdrücklicher sagt man oft: *ósser-chåser (assúr-chasír)*: verboten sei es, wie der Genuß von Schweinefleisch. Damit im Zusammenhang und mit deutscher Endung: *ássern* = verbieten, etwas für verboten erklären.

ósstrog, m., **osstrógess,** pl. (r. *osstrog*), Blockhaus, Gefängnis.

ot (p.), da, hier, also.

ow, m. *(aw)*, Benennung eines jüdischen Monats, dem August entsprechend. S. *tísche-bow.*

ówel, m., **awéjlim,** pl. *(awéjl)*, Trauernder, Leidtragender. – *m'náchem ówel sajn (m'nachéjm awéjl)*: einen Beileidsbesuch machen, wobei man dem Trauernden ‚Trost' zuspricht.

ówen, m., **awójness,** pl. *(awón)*, Sünde, Übertretung, Vergehen. – *ba'awojnosséjnu horábim (ba'awonotéjnu harabím)*, «unserer vielen Sünden wegen», wird gebraucht bei Erwähnung eines großen Unglücks, von dem ein einzelner Mensch oder eine ganze Gemeinde heimgesucht wird, um auszudrücken, daß es nur als gerechte Strafe für unsere vielen Sünden geschehe und daß wir die Leiden mit Ergebung tragen müssen.

owínu mélech *(awínu mélech)*, «unser Vater, König». Anfang eines Kinderliedes.

P

pálasch, m., **paláschess,** pl. (p. *palasz*), Pallasch, Reitersäbel.

pálke, f., **pálkess** (p. *palka*, r. *palka*), Knüttel, Prügelstock.

paméjlech (p. *pomalu*?), langsam, vorsichtig, sachte. Syn. *powólje.*

pan, m., **paness,** pl. (p.), Herr, polnischer Edelmann. – *pan je, pan sspi, pan gosszi ma, pan njema tschassu* (p. *pan je, pan spi, pan gosci ma, pan nie ma czasu*), d. h. der Herr speist, der Herr schläft, der Herr empfängt Gäste, der Herr hat keine Zeit. Beim Anhören nichtiger Ausflüchte sagt man so. S. *brat*; *pódpan.*

pápu, in der Kindersprache für: Brot, Essen.

parch, m., **párchess,** pl. (nach Bernstein von p. *parch.* Indes kommt das poln. Wort sicher aus dem Jiddischen und ist ohne Zweifel abzuleiten von hebr. *paróach* = aufblühen von Geschwüren), grindiger, d. h. mit Grind behafteter Mensch. Übertragen: gemeiner, nichtsnutziger Mensch, Lausbub. S. *parschíwe.*

páre, f., **páress,** pl. (türk. *para*), kleine, kupferne Scheidemünze in der Türkei und in Rumänien.

Páre *(par'ó)*, Pharao, ägyptischer Königstitel.

párewe *(p. parowy)*, ‚gedämpft', Speisen, die weder mit Butter noch mit Schmalz bereitet sind, sondern im Dampf gar gemacht werden. Solche ‚neutrale' Speisen dürfen, nach den jüdischen Speisegesetzen, sowohl mit Fleisch- wie mit Milchgerichten zusammen genossen werden.

pármet, m. (d.), Pergament.

párness, m., **parnéjssim,** pl. *(parnéjss)*, ‚Pfleger', Vorsteher einer Gemeinde. – *párness-chójdesch (parnéjss-chódesch)*: der für die Dauer eines Monats gewählte Vorsteher.

parnósse, f., **parnóssess,** pl. *(parnassá)*, Nahrung, Lebensunterhalt, Erwerb. Damit zusammenhängend: *m'fárness sajn (m'farnéjss)*, ernähren.

pársche, richtiger: **p'rósche** (st. constr. **párschass**), f., **párschess,** pl. *(parschá, paraschá)*, Bibelabschnitt, Kapitel. So heißt auch der Pergamentstreifen, auf dem die Bibelabschnitte für die *m'súse* (s. d.) und die *t'filn* (s. d.) geschrieben sind.

parschíwe *(p. parszywy)*, grindig. Fig. gemein, niedrig. S. *parch.*

pass, m., **passess,** pl. *(p. pas)*, Gürtel; Streifen. – *pássess rajssn*: die Haut schinden (reißen).

pássach, m. *(patách)*, Vokalzeichen des hebr. Alphabetes, = a.

pásskenen, s. **póssek.**

pásslen, s. **póssel.**

pássless, s. **póssel.**

passn oder **paschn** *(p. pasac)*, füttern, weiden, mästen (von Haustieren). Vgl. *popássn.*

pássternak, m. *(p. pasternak)*, ‚Pastinake' (Pflanze).

pásstech oder **pásstach,** m., **pásstacher,** pl. *(p. pastuch)*, Hirt; Wächter einer Herde.

pátern, s. **póter.**

páternisch, s. **póter.**

patsch, m., **petsch,** pl. *(d. patschen)*, Ohrfeige, Backpfeife. – *patschn*: ohrfeigen.

páwe, f., **páwess,** pl. *(p. paw; r. pawlin)*, Pfau.

péchke *(p. puchki)*, knusprig (von Speisen), fleischig, mollig (vom Körper).

péger, m., **p'górim,** pl. *(péger)*, Leichnam (verächtlich); Aas. Davon gebildet: *péjgern*: krepieren, verenden, verrecken. – *p'gíre*: Tierseuche.

pej, f. *(pe)*: der 17. Buchstabe des hebr. Alphabetes. Dieser Buchstabe kann sowohl als p wie auch als f ausgesprochen werden, je nachdem in der Mitte desselben sich ein Punkt befindet oder nicht.

péje, f., **péjess,** pl. *(pejá)*, ‚Ecke, Winkel'. Haarlocke (an der Schläfe), die nach B.M. III. 19, 27 nicht abgeschnitten werden durfte. Solche Haarlocken werden in Rußland und Polen noch heute von streng orthodoxen Juden getragen, bei denen daher als feierlicher Schwur die Formel gilt: *wi ich trog bord un péjess* = wie ich trage Bart und Pejess.

péjrusch, m., **pejrúschim,** pl. *(pejrúsch)*, Erklärung einer Bibel- oder Talmudstelle, Kommentar. – *péjrusch-Ráschi (pejrúsch-raschí)*, Kommentar von Raschi (s. d.).

pekl-mácher, m., **pekl-mácherss,** pl. (d.), Schmuggler, Pascher, Kontrabandist (der die Waren ‚packen' über die Grenze schafft).

péne, f., **péness,** auch **pénen,** pl. *(*lat. *penna)*, Feder, besonders Kielfeder.

perdéle mescht (rum.), ‚die Pantoffeln verlieren' (vor Eile, auf der Flucht).

pérek oder **péjrek,** m., **p'rókim,** pl. *(pérek)*, Abschnitt, Kapitel, besonders in talmudischen Werken. – *pírkej-ówess (pirkéj-awót)*: ‚Sprüche der Väter', bekannter Talmudtraktat ethischen Inhaltes.

perschójn oder **parschójn,** m., **perschójnen** oder **parschójnen,** pl. (d.), ‚Person', Persönlichkeit. Übertragen: schöner, gut gebauter Mensch. In der Fuhrmannsprache: Passagier.

péjssach, m., **p'ssóchim,** pl. *(péssach)*, Passah-Fest, Osterfest. Davon gebildet mit d. Endung: *péjssachdig*: was für Pessach bestimmt ist, z. B. Speisen, Gefäße, Küchengeschirr, Tischbesteck usw. – *p'ssóchim (p'ssachím)*: so heißt ein Talmudtraktat, der über Pessach handelt.

pétech, m., **pétechess,** pl. (Etym. unbekannt), Dummkopf, Tölpel, alberner Mensch, Tolpatsch.

p'gíme, f., **p'gímess,** pl. *(p'gimá)*, Scharte an einem Messer, besonders an dem *chálef* (s. d.), womit das Vieh nach ritueller Vorschrift geschlachtet wird. Fig. Fehler, Makel.

p'gíre, s. **péger.**

píjafke, f., **píjafkess,** pl. (p. *pijawka)*, Blutegel. Fig. Blutsauger im Sinne von Wucherer.

pikúach-néfesch, n. *(pikúach-néfesch)*, ‚Errettung einer Seele'. So heißt eine Tat, die zur Rettung eines Menschen aus Todesgefahr dient. Eine solche Tat in extremis darf und muß sogar an Samstagen und Feiertagen unternommen werden, wenn auch dadurch das strenge Gebot der Ruhe verletzt wird. S. *néfesch.*

pilégesch, f., **pilágschim,** pl.

(pilégesch), Kebsweib, Konkubine, Beischläferin.

Pínchoss *(pinchdss)*, Männername.

pínkess, m., **pinkóssim**, pl. (hebr. *pinkdss* von griech. *pinax* = Zeittafel, Chronik, Annalen), Gemeindebuch, welches in größeren Gemeinden behufs Eintragung wichtigerer Stadtbegebenheiten angelegt und geführt wurde. Solche *pinkóssim* liefern oft wichtige Materialien zur Geschichte der Juden im Mittelalter.

Pinto, Name einer reichen jüdischen Familie in Amsterdam, deren Abkömmlinge heute noch (d. h. 1908) in Holland leben.

pípernoter, m., **pípernoterss**, pl. (d.), korrumpiert und zusammengezogen aus Viper und Natter, mit welchen Worten das hebr. ‚*sch'firon*' (B.M. I. 49, 17) übersetzt wird. Diese Version wird gewöhnlich in den Mund eines unwissenden Lehrers gelegt; der Volksmund bezeichnet damit eine unverständliche Erzählung, einen komischen Vortrag usw.

pírjo-w'ríwjo *(pirjd T'riwjd)*, ‚Fruchtbarkeit und Vermehrung'. So benennt der Talmud das erste biblische Gebot der Fortpflanzung: «Seid fruchtbar und vermehret Euch»: *p'ru ur'wú (p'rú ur'wú)*. B.M. I. 2, 8.

pírog oder **píreg**, m., **píregess**, pl. (r. *pirog*), beliebte Fleischpastetchen. Verblümt: weibliche Scham.

pisch na Bardítschew! (p. *pisz na Berdyczów!*), wörtl.: Schreib auf Berditschew! So sagt man von einer verlorenen Sache, besonders von einer uneinbringlichen Forderung. Diese auch von Juden gebrauchte Redensart stammt wahrscheinlich aus einer Zeit, wo es in Berdyczow viele Bankhäuser gab, auf welche viele Wechsel im Umlauf waren, die aber nicht immer pünktlich bezahlt wurden.

písem, m., n. (d.), ‚Bisam', Moschus. (Heroisches Heilmittel in der äußersten Not, als letzter Versuch angewandt.)

písmen, m., **pismójnim**, pl. *(pismón)*, Art liturgischer Poesie. Der Volksmund gebraucht das Wort scherzhaft zur Bezeichnung einer langatmigen, unglaubhaften Erzählung.

pisk, m., **pisskess**, pl. (p. *pysk*), Maul, Schnauze.

Píssem un Rámssess *(pitóm, ra'amsséjss)*, Pitom und Raamses, Namen zweier Zwingburgen, die nach B.M. II. 1, 11 von den Israeliten in Ägypten aufgebaut werden mußten. Volkstümlich werden mit diesen zwei Namen große, monumentale Bauwerke bezeichnet.

pjáte, f., **pjátess**, pl. (r. *pata*, p. *pieta*), Ferse (am Fuß).

pjekélek, m., **pjekélkess**, pl. (p. *piekelko*). Ofen (in manchen Gegenden Polens und Galiziens).

pjess, m. (p. *pies*), Hund. Fig. schlechter Mensch. Vgl. *kélew*.

p'kúdej, ,Zählungen'. Benennung des Bibelabschnittes B.M. II. 38, 21, der von der Inventuraufnahme der heiligen Gerätschaften der Stiftshütte handelt. Vgl. *wajdákhejl*.

pláchte, f., **pláchtess**, pl. (p. *plachta*), Laken aus grober Leinwand.

p'léjte, f., **p'léjtess**, pl. (*p'lejtá*), ,Flucht'. Davon gebildet und auch ins Deutsche übergegangen: *pléjte machn* = bankrottieren (wohl in der Voraussetzung, daß der Bankrotteur die ,Flucht' ergreift).

pléjze, f., **pléjzess**, pl. (p. *plecy*), Schulter, Rücken. Fig. Stütze, Protektion; Rückenhalter.

pléwe, f. (p. *plewy*), Spreu. Fig. wertloser Gegenstand.

plojt oder **plot**, m., **plojten**, pl. (p. *plot*), Zaun, Hecke.

pod-bókjem (p.), ,die Arme in die Hüften gestemmt'. Zur Bezeichnung einer herausfordernden Haltung.

podéschwe, f., **podéschwess**, pl. (p. *podeszwa*), Stiefel- oder Schuhsohle.

pódkewe, f., **pódkewess**, pl. (p. *podkowa*), Hufeisen. Scherzhaft werden so auch die hebräischen Vokalzeichen genannt, weil sie meist am ,Fuße' der Buchstaben angebracht sind.

podpán (v. poln. *podpanek*), ,Unterherr'. Verächtlich von einem Menschen in untergeordneter Stellung, der den ,großen Herrn' (*pan*, s. d.) spielen will.

podrátschik, m., **podrátschikess**, pl. (r. *podrjadtschik*), (russischer) Armee- und Kriegslieferant.

pogóde, f., **pogódess**, pl. (p. *pogoda*), Wetter, Witterung.

pójlen (*po'el* mit d. Endung), bewirken, erlangen.

pojpss, m., **pójpssen**, pl. (d.), Papst. Nach der engl. Form: *pope*.

Pójtifar (*potifár*), Name eines Würdenträgers am Hofe des Pharao in Ägypten, nach B.M. I. 39.

pókrischke, f., **pokríschkess**, pl. (r. *pokrischka*, p. *pokrywka*), Dekkel, Stütze. Besonders der eiserne Deckel zum Schließen der Ofenröhre.

pokschíwe, f., **pokschíwess**, pl. (p. *pokrzywa*), Brennessel, Unkraut. Syn. *krópewe*.

póle, p., **póless**, pl. (p. *pola*, r. *pola*), Rockschöße.

Poléssje (p. *Polesie*), Name einer ,waldigen' Gegend in Litauen.

pólisch, n. (Etym. unbekannt; wahrscheinlich aus dem Griech.), Vorhof, Vorhalle; Vestibulum der Synagoge, wo gewöhnlich die ärmere Klasse ihren Platz findet.

pólize, f., **pólizess,** pl. (klr. *poliza*), Fachbrett in einem Schrank oder an der Wand.

polowíne, f. (r. *polowina*), Hälfte, zur Hälfte.

pómer (r. *pomer*), er starb, er ist dahin.

pomúnize, f., **pomúnizess,** pl. (p. *pomyjnica*), hölzernes Gefäß zur Aufnahme des Spülwassers und der Küchenabfälle. Syn. *pomijschaf*.

pónim, n., **pénemer,** pl. (*paním*), Gesicht, Antlitz; Aussehen einer Sache. – *dsess-pónem (asút-paním)*, frecher, arroganter Mensch. – *bójschess-pónem (bóschet-paním)*, schamhafter, schüchterner Mensch.

popássen, auch **popáschen** (p. *popasac*), auf der Reise, behufs Fütterung der Pferde, Rast halten. S. *passen*.

pórez, m., **p'rízim,** pl. (*paríz*), (polnischer) Edelmann, Gutsherr.

porójchess, m., n., **porójchessen,** pl. (*paróchet*), reichgestickter Vorhang vor der Lade, in welcher die Thora-Rollen in der Synagoge aufbewahrt werden.

porn, sich (p. *porac sie*), sich mit einer Sache abgeben, beschäftigen; hantieren.

pórusch, m., **p'rúschim,** pl. (*parúsch*), ‚Abgesonderter', ein Mensch, der sich zur Buße die Enthaltsamkeit von gewissen Dingen, z. B. Wein, Frauenumgang usw., auferlegt, also eine Art ‚Abstinenzler', Asket.

póschet (*paschút*), ‚einfach', schlicht, geradeaus. S. *p'schat*.

póssek, m., **p'ssúkim,** pl. (*passúk*), Bibelvers; Paragraph. Mit *póssek* werden im Volksmund die Bücher der Propheten, im Gegensatz zum Pentateuch und den Psalmen, bezeichnet. Aus derselben Wurzel: *p'ssak (p'ssak)*: Rechtsspruch, meist im ungünstigen Sinne. Daher scherzhaft: *p'ssak gebn*: einen Verweis, derbe Lektion erteilen. Ferner davon gebildetes Zeitwort mit d. Endung: *pásskenen* = eine Streitfrage, z. B. hinsichtlich der Speisegesetze, entscheiden. Vgl. *schdjle*.

póssel (*passúl*), profan, unheilig. – *trejf-póssel (t'rejfá-passúl)*: profanes, antireligiöses, nicht in der hebräischen Sprache geschriebenes Buch. – *pássless*: Entweihung, Entwertung (von Menschen und Dingen gebraucht, die durch irgendeinen Vorfall von ihrem früheren Ansehen und Wert eingebüßt haben). Davon gebildetes Zeitwort mit d. Endung: *pásslen* = entweihen, profanieren, unwürdig erklären, degradieren.

pótem (p.), hernach, nachdem, später.

póter wern *(patúr)*, ‚befreit werden', eine lästige Sache oder Person loswerden. Davon gebildet, mit d. Endung: *pátern* = erlöst werden, loswerden. Ferner davon gebildet: *páternisch* = das Loswerden.

potíken, sich (p. *potykac, potknac sie*), straucheln, ausgleiten.

potscht, f., **pótschten,** pl. (p. *poczta*), ‚Post'. Neuigkeit, Gerücht, Klatsch, Zeitungsente.

pówidle, f., (p. *powidlo*), Art Pflaumenmus, besonders bei Kindern beliebt.

pozíwjen, sich (p. *pozywic sie*), sich erholen, kräftigen; durch Nahrung zu Kräften kommen; (bei einem Geschäft ein Nebenprofitchen haben).

p'rat, m., **p'rótim,** pl. *(p'rat)*, Spezielles, Besonderes. Detail; daher auch: die Präzisierung einer Jahreszahl nach einer gewissen Zeitrechnung, gewöhnlich nach Erschaffung der Welt. – *bifrát, uwifrát (bif'rát)*: besonders, um so mehr, zumal. Vgl. *k'lal.*

prátschke, f., **prátschkess,** pl. (p. *praczka*), Wäscherin, Waschfrau.

préglen (d.), prägeln, brägeln, schmoren; in Fett oder Honig kochen; Früchte in Zucker einmachen. Vgl. *djngemachts.*

prósse, f. (p. *proso*), Hirse, Fenchel.

prozéntschik oder **prozéntnik,** m., **prozéntschikess,** pl. (d. mit p. Endung), Geldverleiher gegen hohe Prozente, Wucherer.

p'schat, m., **p'schótim,** pl. *(p'schat)*, ‚einfacher', schlichter Wortsinn einer Bibel- oder Talmudstelle. Vgl. *póschet.* – Dagegen versteht man unter der Diminutivform *p'schétel*: die kasuistische und spitzfindige Auslegung einer einfachen und klaren Sache.

pschud (p. *przód*), vorher, voran; vorne, zuerst.

p'ssak, s. **póssek.**

púpek, m., **púpkess,** pl. (r. *pup, pupok*, p. *pepek*), Nabel; Geflügelmagen.

púrim, m. *(purím)*, Freudenfest am 14. *Oder (adár)* (s. d.) zur Erinnerung an die Errettung des jüdischen Volkes durch die Königin *Esster* (s. d.). – *púrim-geld*: Almosen und Geschenke, die an Purim unter die Armen verteilt werden. – *púrim-kóten (purím-katán)*: ‚Klein-Purim' heißt der

14. *Oder I.* in einem Schaltjahre, an welchem das eigentliche Purim-Fest auf den 14. des folgenden Monats, *Oder II.*, verlegt wird. – *púrim-schpil:* so heißt die volkstümliche dramatische Aufführung (Spiel), welche die Geschichte von Esther und Haman darstellt und in den vornehmeren Privathäusernstattzufindenpflegt. Vgl. ,*oder*'.

púschke, f., **púschkess,** pl. (p. *puszka*), Büchse, Armenbüchse; Tabakdose.

R

ra *(ra)*, schlecht. – *ra-lakójl (ra-lakól)*, ,schlecht für alle', Menschenfeind, Misanthrop. Vgl. *tojw*.

rábim, n. *(rabím)*, Mehrzahl, Majorität.

rábin, m. (p.), Rabbiner.

rabóness, n. *(rabanút)*, Rabbinatswürde. Vgl. *raw*.

ráchmim, n. *(rachamím)*, Barmherzigkeit, Gnade. S. *rachmóness*.

ráchmon, m., **rachmónim,** pl. *(rachamán)*, Barmherziger. – *rachmónim b'nej-rachmónim (rachamaním b'nej-rachamaním)*, ,Barmherzige, Kinder der Barmherzigen' ist ein Eigenschaftsname, welchen der Talmud dem jüdischen Volke beilegt.

rachmóness, n. *(rachamanút)*, Erbarmen, Mitleid. S. *ráchmim*.

radsiwílke, auch **radziwúlke,** f., **radsiwílkess,** pl. (p. *radziwilka*), mantelartiges Galakleid, das seine Entstehung wahrscheinlich einem Fürsten Radziwill verdankt.

rágsen, m., **ragsónim,** pl. *(ragsán)*, Jähzorniger. Vgl. *rójges*.

ráje, f., **rájess,** pl. *(ra'ajd)*, ,augenscheinlicher' Beweis.

rak, m., **rákess,** pl. (p. *rak*, r. *rak*), 1. Krebs (Schaltier), 2. Krebsgeschwür.

rámaj, m., **ramóim,** pl. *(ramáj)*, heimtückischer, hinterlistiger Mensch, Betrüger.

Rámbam *(rambám)*, Anfangsbuchstaben von *R(abbi) M(osché) B(en) M(aimón)*, bekannt unter dem Namen Maimonides; berühmter Philosoph im 12. Jahrhundert.

Ráschi, Anfangsbuchstaben des Namens *R(abí) Sch(lomó) J(izchakí)*, des berühmten Kommentators von Bibel und Talmud im 11. Jahrhundert.

r'chíless, n. *(r'chilút)*, Verleumdung, üble Nachrede.

rébe, m., **rebíjim,** pl. *(rabí)*, Herr; Lehrer, Gelehrter. Auch Wunderrabbi der Chassidim (s. *chóssid*). – Mit ,*reb*' = Herr wird jede erwachsene männliche Person angeredet. – *rébe-geld:* Schulgeld, welches man dem *Rebe* für den Unterricht zahlt. Syn. *ss'charlímud.* S. *ss'char.* Vgl. *zádik.*

rébezen, f., **rébezenss,** pl., Frau des Rabbiners oder Lehrers. S. *row*; *rebe.*

régel, m., **raglájim** oder **r'gólim,** pl. *(régel)*, 1. Fuß, 2. Feiertag. – *ójle régel sajn (olé régel)*: so hieß in der biblischen Zeit das ‚Hinaufsteigen' zum heiligen Tempel, zur Abhaltung der *schólesch r'gólim (schalósch regalím)*: der ‚drei Wallfahrtsfeste' (Passah, Wochen- und Laubhüttenfest). – *régel-geld* = Almosen, die an diesen drei Feiertagen an Arme verteilt werden.

réjnigkajt, s. **sséjfer.**

rendár (nicht: arendar!), m., **rendáress,** pl. (p. *arendarz*), (jüdischer) Pächter und Schankwirt bei polnischen Gutsbesitzern. Vgl. *arénde.*

rendl, n., **réndlach,** pl. (d.), Dukaten, Goldgulden (so genannt wegen der gekerbten ‚Ränder'). Vgl. *kerbl.*

réschel, s. **rojsch.**

réschete, f., **réschetess,** pl. (r. *rescheto*, p. *rzeszoto*), Sieb.

rescht, m., **reschtn,** pl. (p. *reszta*), ‚Rest', Überbleibsel.

réwach, m., **r'wóchim,** pl. *(réwach)*, Zins, Einkommen, Gewinn, Profit.

r'fúje, f., **refújess,** pl. *(r'fuá)*, ‚Heilung', Genesung, Heilmittel. – *refúje-schléjme (r'fuá-schlejmá)*: vollständige Genesung!, Wunsch, den man bei Krankenbesuchen dem Patienten spendet. S. *rójfe.*

ríbe, f. (p. *ryba*), Fisch. Fig. Bargeld. Diese letztere Bedeutung stammt wahrscheinlich aus dem franz. ‚fiche' = Geldmarke beim Kartenspiel usw.

ribójne-schel-ójlem, m. *(ribonó-schel-olám)*, «Herr der Welt!», eine Anrufung des Allerhöchsten.

rígse, f., **rígsess,** pl. *(rigsá)*, Zank, Hader, Verdruß, Unwillen. Syn. *rójges.*

r'íje, f. *(r'ijá)*, Sehkraft, Sehvermögen, Gesichtssinn, Blick.

ríschess, n. *(risch'út)*, Bosheit, Schlechtigkeit; Antisemitismus. Vgl. *rósche.*

Ríwke *(riwká)*, Rebekka.

Róchel *(rachéjl)*, Frauenname: Rahel. – *b'róchel bítcho haktáno (b'rachéjl bit'chá hak'taná)*: «um Rahel, Deine Tochter, die jüngste». B.M. I. 29, 18. Mit dieser Wendung bezeichnet man volkstümlich eine minutiöse Feststellung und Aufzählung der Bedingungen beim Abschluß von Verträgen.

rogátke, f., **rogátkess,** pl. (p. *rogatka*), Schlagbaum, Schranke.

róje, f., **rójess,** pl. *(ra'á)*, das

Böse; böse Tat; Nachteil, Schaden.

rójen (p. *roic*), wimmeln, herumschwirren. Der Volksmund macht daraus ein Wortspiel mit ‚ruhen', besonders in bezug auf Grabesruhe bei Erwähnung eines verhaßten Toten.

rójfe, m., **rójf'im,** pl. (*rofé*), Arzt, Wundarzt, Feldscherer. S. *r'fúje.*

rójges, m. (*róges*), ‚Zorn', Zwist, Hader. – *b'rójges sajn* (*b'róges*), mit jemandem böse, verzankt sein. Syn. *rígse.*

rojsch, m., **róschim,** pl. (*rosch*), Kopf, Haupt, Oberhaupt, Anfang. – In Zusammensetzungen: *rojsch-bésdin* (*rosch-bejt-din*) = Oberhaupt des rabbinischen Gerichtshofes. – *rojsch-hakól* (*rosch-hakahál*), Oberhaupt, Vorsitzender des Gemeindevorstandes. – *rojsch-chójdesch* (*rosch-chódesch*), Monatsanfang. – *rosch-haschóne* (*rosch-haschaná*), Neujahrsanfang am 1. und 2. des Monats Tischri (entspricht wörtl. dem ital. ‚capo d'anno'). – *rojsch-j'schíwe* (*rosch-j'schiwá*), Oberhaupt, Rektor einer Hochschule für das Talmudstudium. – Der Volksmund gebraucht das Wort ‚*rojsch*' in verkleinerter Form ‚*réschel*' zur Bezeichnung eines ‚gescheiten Köpfchens'.

rójschem, m. (*roschám*), Eindruck, Aufsehen erregende Tat.

rojw (*row*), meistens, zumeist.

rojzéjach, m., **rójz'chim,** pl. (*rozéjach*), Mörder. Fig. gewalttätiger Mensch, heftiger Mensch. S. *r'zíche.*

róschej-téjwess, pl. (*roschéj-tejwót*), Anfangsbuchstaben, Initialen.

rósche, m., **r'schóim,** pl. (*raschá*), Bösewicht, besonders von Judenfeinden gebraucht. S. *ríschess.*

row, auch **raw,** m., **rabónim,** pl. (*raw*), Rabbiner.

rúach, m., **rúchess,** pl. (*rúach*), (Wind), ‚Geist'; böser Geist, Dämon, Teufel. Volkstümlich in der Bedeutung von: nichts. «*Er hot a rúach*' = er hat nichts, er ist ein armer Teufel. – *rúach-hakójdesch* (*rúach-hakódesch*): heiliger Geist, d. i. Inspiration, Begeisterung.

rúchnjess, n. (*ruchaniút*), geistiges, abstraktes, ätherisches Wesen.

rug oder rog, m., **rúgess,** pl. (p. *róg*), Ecke, Kante, Winkel.

r'zíche, f., **r'zíchess,** pl. (*r'zichá*), Mordtat. Im allgemeinen: Gewalttat. S. *rojzéjach.*

S

sadátek, m., **sadátkess,** pl. (p. *zadatek*), Angeld. Syn. *adrójf.*

sáras *(p. zaraz)*, sogleich, sofort, augenblicklich.

schábess, m., **schabóssim,** pl. *(schabát)*, ‚Sabbat‘, Samstag, Ruhetag, häufig *schábess-kójdesch (schabát-kódesch)*, ‚heiliger Sabbat‘, genannt. In Zusammensetzungen: *schábess-b'réjschiss (schabát-b'rejschít)*: der Sabbat nach dem Laubhüttenfest, an welchem der Jahreszyklus der Thora-Vorlesung mit dem Wochenabschnitt ‚*b'réjschiss*‘ beginnt. – *schábess-chánike (schabát-chanuká)*, Sabbat während des achttägigen Chanukka-Festes. – *schábess-cháson (schabát-chasón)* = Sabbat vor *tíschebow (tischá-b'aw)*, so genannt von der mit dem Worte ‚*chason*‘ beginnenden *Haftojre*. – *schábess-cholamójd (schabát-chol-hamo'éjd)* = Sabbat, der in die Halbfeiertage fällt. – *schábess-hagódel (schabát-hagadól)*, ‚der große Sabbat‘ vor dem Passah-Feste. – *schábess-m'wórchin (schabát-m'warchín)* = der Sabbat, an welchem vom Kantor der Neumondstag verkündigt *(gebenscht)* wird. – *schábess-náchmu (schabát-nachamú)* = der Sabbat nach *tíschebow (tischá-b'aw)*, so genannt von der mit ‚*nachamú*‘ beginnenden *haftojre*. – *schábess-rojsch-chójdesch (schabát-rosch-chódesch)*: der auf einen Sabbat fallende Neumondstag. – *schábess-schíre (schabát-schirá)* = der Sabbat, an welchem der Lobgesang *(schíre)* vom Übergang der Israeliten über das Rote Meer aus der Thora vorgelesen wird. – *schábess-schúwe (schabát-schuwá)* = der Sabbat, der in den zehn Bußtagen zwischen das Neujahrsfest und den Versöhnungstag fällt, so genannt von der mit den Worten ‚*schúwe*‘ beginnenden *haftojre*. – *schábess-goj*, s. *goj*. – *schábess* heißt auch ein Talmudtraktat, der vom Sabbat handelt.

schábess, m. *(schabá'ss)*, Anfangsbuchstaben der Wörter: *Sch(amess)*, *B(adchen)*, *Ss(arwer)* (s. d.), die drei Personen, deren Funktionen darin bestehen, daß sie auf Hochzeiten für die Unterhaltung der Gäste zu sorgen haben. – Für diese drei Funktionäre werden unter den Gästen freiwillige Geldsammlungen veranstaltet, welche in einem Musikinstrument (z. B. Zimbel, Baß usw.) gesammelt und dann verteilt werden.

Schábssi oder **Schépssl** *(schab'táj)*, Männername, Sabbatai. – *Schabssi-Z'wi*, der bekannte Pseudo-Messias des 17. Jahrh.: Sabbatai Zwi.

Scháchne *(schachná)*, Männername.

scháchriss, m., **schacharéjssim,** pl. *(schacharít)*, ‚Morgengebet' bei Sonnenaufgang. S. *mússef.*

schádaj, m. *(schaddáj)*, ‚Allmächtiger'. Bezeichnung des höchsten, einzigen Gottes. Dieses heilige Wort wird auf der Rückseite des Pergamentstreifens der *m'suse* (s. d.) geschrieben und durch eine in der Kapsel angebrachte, mit einer kleinen Glasscheibe versehene Öffnung sichtbar gemacht.

schádchen, m., **schadchónim,** pl. *(schadchán)*, Ehevermittler. S. *schádchenen, schadchóness, schídduch.*

schádchenen *(schádchen* mit d. Endung), eine Heiratspartie vermitteln, antragen. Vgl. *schádchen.*

schadchóness, n. *(schadchanút)*, Honorar für die Ehevermittlung. S. *schádchen.*

schájle, richtiger: **schéjle,** f., **schájless,** pl. *(scha'alá, sch'ejlá)*, ‚Frage', die man in religiösen Dingen, besonders hinsichtlich der Speisegesetze, an den Rabbiner stellt. S. *t'schúwe.*

schaleschúdess, korrumpiert aus **schólesch-ss'údess,** m. *(schalósch ss'udót)*, wörtl. ‚drei Mahlzeiten'. So heißt die letzte von den drei vorgeschriebenen Mahlzeiten am Sabbat, welche zum Schluß des Sabbats genossen wird. Vgl. *m'láwe-málke*; *ss'úde.*

schámess, m., **schamóssim,** pl. *(schamásch)*, Synagogen- oder Gemeindediener. – *schláten-schámess*, scherzhaft für: Helfershelfer, Faktotum (die Etym. des Wortes ‚schlaten' ist unbekannt). – Im übertragenen Sinne wird das Wachskerzchen, welches zum Anzünden der *chánike*-Lichter ‚dient', ebenfalls *schámess* genannt.

schánder-bánder, verdorben von ‚*Gendarm*' und ‚*Pandur*'. Die Panduren pflegten früher in Ungarn Polizeidienste zu versehen. – In Österreich gebraucht: zur Bezeichnung einer schlimmen Menschensorte, einer ‚Bande'.

schánewen (p. *szanowac)*, ‚schonen', Hochachtung bezeigen.

scharbn, m., **scharbnss,** pl. (d.), ‚Scherben'. Fig. kränklicher, gebrechlicher Mensch.

schass *(sch'ass)*, Anfangsbuchstaben von *Sch(ischo) Ss(dorim)* = *(schischa ss'darim)*, ‚die sechs Ordnungen', in welche der Talmud eingeteilt ist. – *klejn-schass:* Talmudausgabe in kleinem Format. Der Volkswitz bezeichnet mit diesem Worte die Blätter eines Kartenspiels, eine Spielkarten-Taille.

sch'chíne, f. *(sch'chiná)*, die über dem Weltall ‚ruhende' Majestät Gottes.

sch'chíte, f. *(sch'chitá)*, rituelles Schächten von Tieren. S. *schójchet.*
schéchten *(schachót* mit d. Endung), d. h. Vieh und Geflügel nach ritueller Vorschrift schlachten. S. *sch'chíte*; *schojchet.*
sched, m., **schéjdim,** pl. *(schejd)*, Gespenst, Dämon. Syn. *rúach.*
sche'éjnoj-jojdéja-lischl, m. *(sche'ejnó-jodéja-lisch'ól)*, «der nicht zu fragen versteht»: das ist der letzte der vier Söhne, von welchen in der Hagada (s. *hagode*) die Rede ist. Im Volksmunde bezeichnet man mit diesem Ausdruck einen beschränkten, naiven Menschen, einen Einfaltspinsel.
sche'hákojl níhje bidwóroj; das erste Wort oft zusammengezogen in ‚**schakl**' *(sche-hakól nihiá bid'waró)*, «durch dessen Wort alles entstanden ist». Schluß eines Segensspruches beim Genuß von gewissen Getränken.
schehechejónu, meist zusammengezogen in ‚**schechjónu**' *(schehechejánu)*, «der uns hat erleben lassen...», ist ein Dankspruch an Gott beim Genuß einer neuaufgekommenen Frucht, beim Anlegen eines neuen Kleides wie auch bei der jährlichen Wiederkehr der Feste. – *‚schechjónu machn'* = diesen Segensspruch aufsagen.
schéjgez, auch **schékez,** m., **sch'kózim,** pl. *(schékez)*, nichtjüdischer Junge, Knabe. Fig. frecher, unverschämter Bub, Bengel. Viele Etymologen wollen das Wort vom hebr. *schékez* = Ekelhaftes, Unwürdiges ableiten, worauf die Form *sch'kózim* allerdings hinzudeuten scheint. S. *schíksse.*
schem, m., **schéjmess,** pl. *(schejm)*, 1. Name. Im besondern versteht man darunter den heiligen Namen Gottes, der in profaner Rede nicht gebraucht werden darf. Daher wird das Wort *‚haschém'* *(haschéjm)* = ‚der Name' schlechthin für Gott substituiert. Zum Beispiel *bóruch haschém (barúch haschéjm)*: gelobt sei Gott. – *im jírze haschém (im jirzé haschéjm)*: wenn es Gottes Wille sein wird, so Gott will (wird hinzugefügt, wenn man sich vornimmt, in Zukunft etwas zu tun, z. B. ein Geschäft, eine Reise zu unternehmen). – *l'man haschém (l'má'an haschéjm)*: um Gottes Willen. – *schéjmess (schejmót)*: so heißen losgelöste Blätter aus heiligen hebr. Büchern, z. B. Bibeln, Gebetbüchern usw., welche sorgfältig aufbewahrt werden, um die darin vorkommenden Namen Gottes vor Profanation zu schützen. – *schem hakójdesch*

(schejm hakódesch): heiliger Name, d. h. der einem nichthebräischen, fremden Namen entsprechende hebr., der in religiösen Dingen angewendet wird. – 2. Ruf, Renommée. – *schem-dówer (schejm-dawár):* berühmte (auch berüchtigte) Sache oder Person. – *schem-ro (schejm-ra):* schlechter, übler Ruf. – *schem-tow (schejm-tow):* guter Ruf, Leumund. – S. *ba'al.*

Schejndl, Frauenname (v. d. ‚*schön*').

schekl, m., **sch'kólim,** pl. *(schékel)*, ‚Sekel', alte jüdische Münze. – *sch'kólim-geld:* die am Purimfeste beim Eintritt in die Synagoge gespendete milde Gabe im Werte von mindestens einem Sekel.

schéker, m., **sch'kórim,** pl. *(schéker)*, Lüge. – *schow-w'schéker (schaw-w'schéker):* falsche Anschuldigung, Verleumdung. – *schéker un schlimásl:* Lug und Unheil, Quintessenz des Unglücks. S. *bilbl.*

schémen, m. *(schémen)*, Öl, Baumöl.

schéwach, m., **sch'wóchim,** pl. *(sch'wach, schéwach)*, Lob; Anerkennung eines Verdienstes, einer guten Eigenschaft. – *sch'wach nóchsogn:* das Verdienst eines Verstorbenen in der Leichenrede lobend hervorheben (‚nachsagen').

sch'fojch *(sch'foch)*, «ergieße» (zu ergänzen: Deinen Zorn), Anfang eines Gebetstücks in der Hagada (s. *hagode*).

schídech, m., **schidúchim,** pl. *(schidúch)*, Heiratspartie. – *a schídech ton*, oder *sich m'schádech sajn* = eine Heirat schließen, sich verschwägern. Vgl. *schádchen.*

schigójen, m., **schigójness,** pl. *(schigaón)*, Verrücktheit, Irrsinn; sonderbarer Einfall, Phantasie. Vgl. *m'schúge.*

s'chíje, f., **s'chíjess,** pl. *(s'chijá)*, Ehre, Vorzug, Auszeichnung, die einem infolge eines ‚Verdienstes' zuteil werden. S. *s'chuss.*

schíker, m., **schikójrim,** öfter: **schikúrim** *(schikór)*, ‚Säufer', Trunkenbold. – *schíker wi lojt:* betrunken wie Lot (lot), nach B.M. I. 19. Davon gebildet mit d. Endung: *schíkern* = saufen, trinken, zechen.

schíksse, f., **schíkssess,** pl., Christenmagd, Bauernmädchen. Über die Etym. s. *schékez.*

Schimschn *(schimschón)*, Männername, Simson. – *Schimschn hagíbr (schimschón hagibór):* Simson der Starke. In Rußland lautet der Name auch *Schámschon* (r. *Samson*).

schin, f., **schínen,** pl. *(schin)*,

der 21. Buchstabe des hebr. Alphabetes. Dieser Buchstabe kann sowohl als sch wie als ss ausgesprochen werden, je nachdem ein Pünktchen sich auf der rechten oder auf der linken Seite befindet. Im letztern Falle wird er ‚ssin' genannt.

schíre, f., **schir,** m., **schírim,** pl. *(schir, schirá)*, ‚Gesang', Lied, Gedicht. – *schir-haschírim (schir-haschirím)*, ‚Lied der Lieder', das ist das Hohelied Salomos. – *schíre* heißt der Lobgesang B.M. II. 15, bei dessen Vortrag in der Synagoge die Gemeinde sich von den Sitzen erhebt. S. *schabess.*

schíter (d. *schütter*), dünn, dünn gesät, flüssig.

schíur oder **schir,** m., **schiúrim,** pl. *(schiúr)*, ‚Abschätzung', Maß, Portion; Pensum. Letzteres besonders beim Talmudstudium gebraucht.

schíwe, f. *(schiw'á)*, die ‚sieben' Trauertage, welche man nach verstorbenen nächsten Verwandten, zum Zeichen der Trauer, ohne Schuhe und auf einem niedrigen Schemel sitzend zubringt: *schíwe sizn.* Vgl. *sch'lójschim.*

schíwim-mol *(schiw'ím* + d. ‚Mahl'), Jubiläumsfest zum ‚siebzigsten' Geburtstag, welches durch ein ‚Mahl' gefeiert wird.

schíwrej-lúchess, s. **lúach.**

schkárpetke, f., **schkárpetkess,** pl. (p. *szkarpetka* v. ital. *scarpa)*, Strumpf, Socken.

sch'kózim mit mon, beliebtes Gericht aus kleinen Teigstücklein mit Mohn.

schkrab, m., **schkrábess,** pl. (p. *szkrab)*, ausgetretener Schuh. – Fig. alter, gebrechlicher Mensch. Davon mit d. Endung: *schkrabedig* = kränklich, gebrechlich.

sch'lach-l'cho *(sch'lach-l'cha)*, «sende von Dir aus», Benennung des Bibelabschnittes B.M. IV. 13, 1.

sch'lach-móness oder **schálach-móness,** s. **mischlóach-móness.**

sch'líach, m., **sch'líchim,** pl. *(schalíach)*, Bote, Gesandter. – *sch'líach-mízwe (sch'líach-mizwá)*, der zur Ausübung einer religiösen Pflicht bestellte Bote, welcher in dieser Eigenschaft, nach talmudischer Auffassung, vor jedem Unfall geschützt, gefeit ist. – *sch'líach-zíbur (sch'líach-zibúr)*, ‚Bote der Gemeinde' heißt der Vorbeter in der Synagoge, der gleichsam die Gemeinde repräsentiert und die Gebete in ihrem Namen vorträgt. S. *zíbur.*

sch'líchess, n. *(sch'lichút)*, ‚Sendung', Botschaft, Auftrag. Vgl. *sch'líach.*

sch'lim *(sch'lim)*, «es ist ausgegangen», nämlich das Geld. So übersetzt der *Targum* (s. d.) das hebr. Wort *éfess*. S. *késsef*.

schlimásl oder **schlemásl,** n. (Nach Bernstein ist das Wort deutsch: schlimm + hebr. masal (Glück, Geschick, s. d.). Nach neueren und wohl richtigeren Ableitungen ist das Wort rein hebr.: ‚*schelo-masal*' = ‚was nicht Glück ist'.) Unglück, Unfall. – Davon gebildet mit d. Endung: *schlimáselnik* oder *schlemáselnik*, m., und *schlimáselnize* oder *schlemáselnize*, f., Schlemihl, Pechvogel, Unglücksvogel. Die weibliche Form bedeutet auch: Schlampe, unordentliche Hausfrau. Vgl. *másel*.

Sch'lójme *(sch'lomó)*, Männername, Salomo. – *Sch'lojme hamélech (sch'lomó hamélech)*: König Salomo. – *áni Schlójme (aní sch'lomó)*: ich bin Salomo. Nach einer talmudischen Legende hat der böse Geist Asmodaj (Asmodi) den König Salomo in ein fremdes Land getragen, dessen Bewohner den König nicht kannten und ihn verhöhnten. Umsonst wiederholte er: Ich bin Salomo!, er fand keinen Glauben.

sch'lójschim, pl. *(sch'loschím)*, die ‚dreißig' Tage der tiefen Trauer nach einem verstorbenen nahen Verwandten. Vgl. *schíwe*.

sch'lójscho *(sch'loschá)*, drei. – *sch'lójscho d'wórim (sch'loschá d'warím)*: «drei Worte», so wird von einer kurzen Rede gesagt, die man gleichsam in drei Worte zusammenfaßt.

sch'mad, f. *(sch'mad)*, Taufe, Abtrünnigkeit. Davon gebildet mit d. Endung: *sich sch'máden* = sich taufen lassen. – *sch'mádschtik*: verwerfliche, gemeine Gesinnung, hinterlistiger, heimtükkischer Streich, deren nur ein *m'schúmed* (s. d.) fähig ist. – Der Zahlenwert der hebr. Buchstaben sch, m, d (so schreibt man das Wort hebr.) beträgt 344 (300 + 40 + 4).

sch'ma-Jissró'ejl *(sch'ma-jissra'-éjl)*, «Höre Israel!», so beginnt das Glaubensbekenntnis der Juden vom einzigen Gott, B.M. V. 6, 4, welches beim Morgen- und Abendgebet sowie vor dem Schlafengehen wiederholt wird. Ebenso wird es vom Sterbenden rezitiert oder dient als Ausruf, wenn man sich in Gefahr befindet. S. *kriass-sch'ma (krischme)*.

schmáte, f., **schmátess,** pl. (p. *szmata)*, Lumpen, Fetzen, Lappen. Fig. ein Mensch von schwachem Charakter, den man nach Belieben drehen und wenden kann.

schméjchlen (d.), lächeln, schmunzeln. Für ‚schmeicheln' in der neuhochdeutschen Bedeutung s. *chánfenen*; *chójnef*.

schmekn (d.), riechen; duften; schnupfen. – *schmek tábeke :* Prise Tabak.

sch'míre, f., **sch'míress,** pl. *(sch'mirá)*, ‚Wacht', Bewachung, Überwachung. Auf Personen übertragen: Hüter, Wächter. Vgl. *máze*; *schójmer*.

sch'mójne-éssrej, zusammengezogen in **schmenéssre,** f., **sch'mójne-éssress,** pl. *(sch'moné-essréj)*, das aus ‚achtzehn' Segenssprüchen bestehende Gebet, welches beim Gottesdienst von der Gemeinde leise und nachher vom Chasen (s. d.) laut rezitiert wird. Beim Schluß eines jeden dieser 18 Segenssprüche antwortet die Gemeinde «*omen!*» (s. d.) = Amen.

sch'mojr-li w'éschmojr-loch *(sch'mor-li w'eschmór lach)*, «bewache Meines, und ich bewache Deines» ist eine im Talmud häufig gebrauchte juridische Formel zur Bezeichnung einer gegenseitigen Dienstleistung.

schmojsch, m., **schmójschen,** pl. (d.), ‚Schmasche'. So heißen in Rußland und Polen die feinen sog. Astrachanfelle, aus welchen Pelze und Mützen verfertigt werden.

sch'múje, f., **sch'mújess,** pl. *(sch'mud)*, Gerücht, Neuigkeit, Botschaft, ‚Schmus'.

schnojz, m., **schnojzn,** pl. (d. *Schnauz)*, Docht einer Kerze oder Lampe.

schnur, f., **schnurn,** pl. (d.), ‚Schnur', Schwiegertochter.

scho, f. (st. constr. **sch'ass**), Moment, Zeit. – *sch'ass-hakójscher (sch'at-hakóscher)*, passender Moment, günstige Gelegenheit. – *in a güter, máseldiger scho!* = «zur guten, glücklichen Stunde!», das ist ein Glückwunsch bei freudigen Ereignissen: Verlobungen, Hochzeiten usw. Vgl. *chájej-scho*; *másel.*

schóchen, m., **sch'chéjnim,** pl. *(schachéjn)*, Nachbar; Mieter, Wohnungspartei.

schójchet, m., **schóchtim,** pl. *(schochéjt)*, Vieh- und Geflügelschächter nach ritueller Vorschrift. S. *sch'chíte*; *schechtn.*

Schójell *(schaúl, scho'éjl)*, Männername: Saul. Berühmt wurde ein Träger dieses Namens Saul Wahl aus Brzesc-Litewski oder aus Lublín, welcher, der Sage nach, eine einzige Nacht die polnische Krone auf seinem Haupte getragen haben soll.

schójfet, m., **schójftim,** pl. *(schoféjt)*, Richter.

schójfer, m., **schójf'ress,** pl. *(schofár)*, Posaune. Widderhorn, welches am Neujahrsfeste geblasen wird. Vgl. *t'kí'e.* – *schójfer-schel-moschíach (schofár-schel-maschíach) :* die Posaune, welche bei der Ankunft des ‚Messias' erschallen wird.

schójmer, m., **schójm'rim,** pl. *(schoméjr)*, ‚Hüter, Wächter'. Das jüdische Recht unterscheidet in bezug auf die Verantwortlichkeit zwischen einem *schójmer-chínem (schoméjr-chinám)*, d. h. einer Person, die einen Gegenstand in Verwahrung nimmt, ohne dafür entlohnt zu werden, und einem *schójmer-ssóchor (schoméjr-ssachár)*, der diese Funktion gegen Belohnung besorgt. – *schójmer-p'ssóim (schoméjr-p'taím)*, Hüter der Einfältigen (Ps. 116, 6), ist ein Epitheton, welches Gott beigelegt wird.

schojr, m., **schójrim,** pl. *(schor)*, Ochse. – *schojr-hanísskl (schor-hanisskál)* heißt der stößige Ochse, der, nach B.M. II. 28–32, ‚gesteinigt' werden muß.

schójresch, m., **schoróschim,** pl. *(schóresch)*, Wurzel (der Pflanzen). Wortwurzel (in der Grammatik). – *ójker min haschójresch sain (okéjr min haschóresch)*, ‚entwurzeln', in Grund und Boden vernichten, zerstören. Vgl. *dówor.*

schójte, m., **schójtim,** pl. *(schoté)*, Narr, dummer, einfältiger Mensch, Tölpel, Schaute!

schólem, m. *(schalóm)*, 1. Friede, Harmonie. – *schólem-aléjchem! (schalóm alejchém!)*, «Friede mit Euch!», gewöhnliche Begrüßung eines aus der Ferne angekommenen Gastes. – *schólem-sóchor (schalóm-sachár)* heißt der kleine Schmaus, welcher gleichsam zur Begrüßung des neugeborenen ‚Knäbleins' *(sachár* = männlich) von den Eltern desselben am Freitagabend vor der Beschneidung gegeben wird. – *schólem w'schálwe (schalóm w'schalwá)*: ‚Friede und Eintracht' wird bei Juden als die größte Familientugend gepriesen. – 2. Männername. – Vgl. *ólow-haschólem.*

schomájim, pl. *(schamájim)*, Himmel. S. *jójschew, síwug.*

schóne, f., **schónim,** pl. *(schaná)*, Jahr. Vgl. *rojsch.*

schpílke, f., **schpílkess,** pl. (p. *szpilka)*, Stecknadel.

schpizl, n., **schpízlech,** pl. (d.), Schabernack, böser Streich. – *a schpizl ópton*: einen bösen Streich spielen (wörtl. ‚abtun').

Sch'ráge *(sch'ragá)*, ‚Lichtspender' ist der hebr. Name für *Fájwusch* (s. d.), der wieder vom griech. Phöbus abgeleitet wird. Scherzhaft gebraucht man das Wort beim Kartenspiel als Abkürzung der vier Kartenfarben: Sch(ellen), R(ot), G(rün), E(ichel).

schrétele, n., **schrételech,** pl. (d.), ‚Schratl'. Art Wichtelmännchen, Kobold, der in den Wohnungen sein (ungefährliches) Wesen treibt.

sch'tádlen, m., **sch'tadlónim**, pl. *(sch'tadlán)*, Anwalt, Sachwalter (einer Gemeinde), Fürsprecher.

sch'tar-m'chíre, m., **sch'tar-m'chíress**, pl. *(sch'tar-m'chirá)*, ,Verkaufskontrakt', kraft dessen alles Gesäuerte *(chómez*, s. d.) vor Ostern an einen Nichtjuden verkauft wird. Da ein solcher Verkauf keine juridischen Folgen nach sich zieht, so bezeichnet man mit diesem Ausdruck auch eine wertlose Schuldverschreibung.

schtéjger, m., **schtéjgerss**, pl. (d.?), Art, Weise, Modus; Beispiel. (Etym. unsicher.)

schtejssl, n., **schtéjsslech**, pl. (d.), Mörser (abgeleitet von ,stoßen').

schtérntichl, n., **schtérntichlech**, pl. (d.), ,Stirnbinde'. Kopfputz in der Art eines Stirnbandes der verheirateten jüdischen Frauen in Rußland und Polen. Dieser Kopfputz, der jetzt immer mehr aus dem Gebrauch kommt (diese Bemerkung stammt aus dem Jahre 1908!), war gewöhnlich aus Sammet gefertigt und bisweilen mit kostbaren Perlen und Edelsteinen besetzt.

schtífen (v. d. *stiften*?), mutwillig, ausgelassen sein; Allotria treiben. – *schtifer:* mutwilliger Knabe, Wildfang. Etym. nach Bernstein unsicher; nach neueren Annahmen ist das Wort mit *Stift*, *Bengel* und ähnlichen Bezeichnungen für einen jungen Burschen in Zusammenhang zu bringen.

sch'tíke, f. *(sch'tiká)*, Schweigen, Stillschweigen. S. *ss'jog*.

schtojssn, sich (d.), sich an einer Sache ,stoßen'; etwas merken, vermuten, wittern.

schtrajml, auch **schtrájmhitl**, n., **schtrájmlech**, pl., die mit Pelz verbrämte Galamütze, welche an Sabbat- und Feiertagen sowie bei feierlichen Gelegenheiten getragen wird. Etym. unsicher. Vielleicht von Streim = Streifen. Vgl. *sspódek*.

schtúmpig (d.), ,stumpf', abgestumpft. Scherzhaft sagt man von einem, der die hebr. Schrift nicht geläufig lesen kann: *er is schtúmpig ojf der iwri* (vgl. d. ein ,Stümper'). Vgl. *iwri*.

schúbenik, m., **schubénikess**, pl. (p. *szubienicznik)*, ,Galgenstrick', Range.

schulchn-óruch, m. *(schulchán-arúch)*, ,gedeckte Tafel'. Titel des im 16. Jahrhundert verfaßten jüdischen Religionskodex in vier Teilen, enthaltend die Ritual- und Zivilgesetze sowie das Eherecht.

schum *(schum)*, kein. Aber nur in Verbindung mit ‚kein', ähnlich wie im franz. ‚rien'.

schúre, f. (st. constr. **schúrass**), **schúress,** pl. *(schurd)*, Zeile, Reihe. – *lífnim mischúrass hadín (lifním mischurdt hadín)*, ‚innerhalb der Grenze des Rechtes', d. h. größere Milde walten lassen, als das strikte Recht erfordert, etwa wie im Deutschen: Gnade für Recht ergehen lassen.

schuschn-púrim, m. *(schuschdn-purím)*. Nach Buch Esther 9, 18 wurde in der damaligen Hauptstadt des Perserreiches, Schuschn (= Susa) das Purimfest um einen Tag später von den vom Tode geretteten Juden gefeiert. Noch heute wird dieses Fest in uralten (befestigten) Städten zwei Tage hintereinander gefeiert und die m'*gíle* (s. d.) in der Synagoge verlesen. Dieses Fest am zweiten Tage heißt *schuschn-púrim.* Vgl. *púrim.*

s'chuss, m. *(s'chut)*, Verdienst; Belohnung. – *s'chuss-ówess (s'chutawót):* das ‚Verdienst' der (verstorbenen) ‚Väter'. Das Wort wird gebraucht, wenn Kindern ein unverdientes Glück, Ehre usw. widerfährt, welches augenscheinlich nur dem Verdienste ihrer Vorfahren zugeschrieben werden muß. Vgl. *s'chtje.*

schútfess, n. *(schutfút)*, Kompaniegeschäft. S. *schútef.*

schútef, m., **schútfim,** pl. *(schutáf)*, Teilhaber eines Geschäftes, Compagnon, Sozius.

schwach, m., Trunk, Zeche. Nach Bernstein kommt das Wort evtl. aus dem Deutschen. In Wirklichkeit kommt es ohne Zweifel von hebr. *schafóch* = eingießen, einschenken.

schwarz-jor, n. (d. *Schwarz-Jahr*). Ein oft gebrauchter Fluch lautet: *hob dir acht un achtzig schwarze jor!* Unter ‚schwarz' versteht man hier düster, traurig.

sch'wat, m. *(sch'wat)*, Benennung eines jüdischen Monats, dem Februar entsprechend. Vgl. *chamíscho-óssor.*

schwer, m., **schwerss,** pl. (d.), Schwäher, Schwiegervater.

schwébele, n., **schwébelech,** pl. (d.), Schwefelhölzchen, Zündhölzchen.

schwíger, f., **schwígerss,** pl. (d.), Schwiegermutter.

sch'wú'ess, m. *(schawuót)*, ‚Wochenfest', Pfingsten.

sch'wúje, f., **sch'wújess,** pl. *(sch'wud)*, Schwur, Eid.

séjde, m., **séjdess,** pl. (p. *dziad)*, Großvater.

séjger, m., **séjgerss,** pl. (d.). ‚seiger', Uhr, Wand- und Taschenuhr.

séjgerin, f., **séjgerinss,** pl. (d.), ‚Säugerin', Säugamme.
sez, m. (d.), *‚a sez gebn'*, einen Schlag ‚versetzen'.
síbele, n., **síbelech,** pl. (d.), 1. ein im ‚siebenten' Monat geborenes und daher unreifes Kind. 2. die ‚Sieben' im Kartenspiel.
sikórn, m., **sichrójness,** pl. *(sikarón)*, Gedächtnis, Erinnerung, Erinnerungszeichen, Andenken.
Sissl (d. = *Süssel*), Frauenname.
síweg, m., **siwúgim,** pl. *(siwúg)*, ‚Paar'. Das vom Himmel füreinander bestimmte Ehepaar, was gewöhnlich mit dem Ausdruck: *síwug min haschomájim (siwúg min haschamájim)* bezeichnet wird.
s'man, m., **s'mánim,** pl. *(s'man)*, ‚Zeit'; Zeitraum; Schulsemester.
s'man-pirójen *(s'man-p'raón)*, Zahlungstag, Termin. – *Kol-s'man (kol s'man)*, ‚die ganze Zeit', solange, als... – *kol s'man schehan'schóme b'kírbi (kol s'man schehan'schamá b'kirbí)*, ‚solange der Lebensodem in mir ist', bis zum Lebensende.
s'míress, f. pl. *(s'mirót)*, Tischgesänge, die während der Mahlzeiten am Sabbat vorgetragen werden. Vgl. *mísmer*.
s'nuss, s. **sójne.**
sóchen (d.), siechen, kränkeln, krank sein.
sócher, m., **s'chórim,** pl. *(sachár)*, männliches Individuum, Männlein. Vgl. *schólem*.
sóhuw, m., **s'húwim,** pl. *(sahúw)*, polnischer ‚Gulden' = 15 Kopeken.
sójche sajn *(soché)*, würdig befunden werden, erreichen, erleben. Vgl. *s'chíje*, *s'chuss*.
sojl, f. *(sol)*, fruchtreiches Jahr, in welchem die Lebensmittel ‚wohlfeil' sind.
sójlel-w'ssójwe *(soléjl w'ssowéj)*, ‚Fresser und Säufer', ein dem Essen und Trinken, der Völlerei ergebener, schlimmer Mensch, nach B.M. V. 21. 20.
sójne, f., **sójness,** pl. *(soná)*, Buhlerin, Dirne. Davon gebildet: *s'nuss (s'nut)*: Unzucht.
sow, m. *(sahów)*, Gold. Vgl. *késsef*.
s'rí'e, f., **s'rí'ess,** pl. *(s'riá)*, Saat, Saatkorn.
sróbil úziek (p. *zrobil uciekl*), ‚er nahm Reißaus', er entfloh.
ssach, m. *(ssach)*, Zahl, Betrag, Summe; Menge, Masse. – *ssach-hakójl (ssach-hakól)*: das Fazit einer Rechnung, Totalrechnung, summa summarum.
sságí-nojr, m. *(ssagí-nahór)*, ‚Hellsehender'. Euphemistische und verblümte Bezeichnung für einen Blinden. Vgl. *lóschen*.
ssakn, n., **ssakínim,** pl. *(ssakín)*, Messer. Eine rabbinische Sentenz

warnt vor leichtsinniger Hantierung mit einem Messer mit den Worten: *ssakn m'ssukn b'jad chóchem, umikól schekéjn b'jad schójte (ssakín m'ssukán b'jad chachám, umikól schekéjn b'jad schoté)*, «das Messer ist gefährlich in der Hand des Klugen, um wieviel mehr in der Hand des Toren».

ssakóne, f. (st. constr. **ssakónass**), **ssakóness,** pl. *(ssakaná)*, Gefahr. – *ssakóness-n'fóschess (ssakanát-n'faschót)*: Lebensgefahr. S. *néfesch*.

ssam, m., **ssámim,** pl. *(ssam)*, ‚Spezerei', Gift. Davon gebildet mit d. Endung und Präfix: *ssámen, ferssámen* = vergiften.

ssam *(ssam)*, Abkürzung der Worte: *Ss(itro) M(ss'aawo) (ssitrá m'ssa'awá)*: ‚unreine Seite', welche, nach kabbalistischer Auffassung, im Gegensatz zum Prinzip der Gottheit und des Lichtes, das Böse und die Finsternis verkörpert, also gleichbedeutend mit Satan, Teufel, Gottseibeiuns. Vgl. *k'lípe*.

ssambátijen *(ssambatijón)*, Sambation, sagenhafter Fluß, von dem der Talmud erzählt, daß er während der ganzen Woche tobt und Steine emporschleudert und nur am Sabbat Ruhe findet. – Fig. unruhiger Mensch.

ssándek, m. (hebr. *ssándek*, v. griech. *synteknos*), so wird die Person genannt, der das Ehrenamt ‚*ssandekójess*' *(ssandekaút)* übertragen wird, welches darin besteht, das achttägige Knäblein bei der Zeremonie der Beschneidung auf dem Schoß zu halten. Entspricht demnach dem Begriff von: ‚Gevatter' oder ‚Pate'.

ssapoznik, m., **ssapóznikess,** pl. (r. *ssaposchnik*), Schuster.

ssar, m., **ssórim,** pl. *(ssar)*, ‚Schirmherr', Schutzengel.

ssárfenen, s. **ss'réjfe.**

ssárwer, m., **ssárwerss,** pl. (hebr. *ssárwer*, von franz. *servir* = servieren), Aufwärter, besonders bei Hochzeiten, der die Aufsicht über Speisen und Getränke hat. S. *schábess*.

ssasría *(tasría)*, Benennung eines Bibelabschnittes B.M. III. 12, 2, der von der periodischen Unreinheit der Frau handelt. Wird in gewöhnlichen Jahren, d. h. nicht in Schaltjahren, zusammen mit dem darauffolgenden Wochenabschnitt ‚*m'zójre*' (s. d.) vorgelesen.

ss'char, m. *(ss'char, ssachár)*, Lohn, Vergeltung. – *ss'char-límud (ss'char-limúd)*, ‚Lehrgeld', welches der *m'lámejd* (s. d.) für den Unterricht der Kinder erhält. – *ss'char-ójlom-hábe*, s. *ójlom*. – *ss'char-tírche (ss'char-tirchá)*, Arbeitslohn, Entlohnung für gehabte ‚Mühe'.

ss'chíress, n. *(ss'chirút)*, Lohn, Gehalt. S. *ss'char*.

ss'chójre, f., **ss'chójress,** pl. *(ss'chorá)*, Ware, Produkt. Vgl. *bowl*; *ssójcher*.

ss'chum, m., **ss'chúmim,** pl. *(ss'chum)*, ‚Betrag'. Abgabe; Gemeindesteuer. Syn. *méchess*.

ss'dojm *(ss'dom)*, Sodom. Vgl. *májssim*.

sséjchel, m. *(sséjchel)*, Verstand, Vernunft. – Davon gebildet mit d. Endung: *sich sséjcheln* = sich aus der Affäre geschickt herausziehen, herausklügeln.

sséjder, m., **ss'dórim,** pl. *(sséjder)*, ‚Ordnung'. So heißt die Zeremonie an den beiden ersten Passah-Abenden, an der alle Hausgenossen teilnehmen und die *hagóde* (s. d.) rezitiert wird. Zwischen dem ersten und dem zweiten Teil der *hagóde* wird die Abendmahlzeit eingenommen. – *k'sséjder (k'sséjder)*: der Ordnung, der Reihe nach.

sséjfer, n., **ss'fórim,** pl. *(sséjfer)*, Schriftrolle, Buch, Werk. – *sséjfer-tójre (sséjfer-torá)*, oder kurzweg: *sséjfer* = Thora-Rolle. S. *tójre*. Das Volk nennt eine Thora-Rolle auch oft ‚*rejnigkejt*', womit es den Inbegriff alles Reinen und Heiligen verbindet.

ssej-tschass! *(r. ssejtschass!)*, sofort, augenblicklich!

ss'fíre, f., **ss'fíress,** pl. *(ss'firá)*, ‚Zählung' der 49 Tage zwischen Ostern und Pfingsten, welche als Trauertage gelten. Während dieser Zeit dürfen daher, mit Ausnahme des 33. Tages ‚*lag-b'ómer*' (s. d.), keine Hochzeiten und keine andern Lustbarkeiten stattfinden.

ss'gúle, f., **ss'gúless,** pl. *(ss'gulá)*, Heilmittel nach volkstümlicher Medizin (sympathetisches Mittel). Damit im Zusammenhang: *m'ssugl (m'ssugál)*: geeignet, befähigt, wie geschaffen.

ssídre, f., **ssídress,** pl. *(ssidrá)*, Wochenabschnitt aus den fünf Büchern Mosis, der am Sabbat beim Gottesdienst vorgelesen wird. Als Datum wird auf Briefen die betreffende ‚*ssidre*' angegeben, welche auf diese Woche fällt, oder, volkstümlich ausgedrückt: diese Woche ‚geht'.

ssíder, m., **ssidórim,** pl. *(ssidúr)*, ‚Ordnung' (der Gebete), Gebetbuch. Unter *korbn-mínche-ssíder (korbán-minchá-ssidúr)* ist das dickleibige Gebetbuch der Frauen zu verstehen, welches die Gebete mit jüdischer Übersetzung in ‚*iwri-tajtsch*' (s. *iwri*) enthält.

ssíjum, m., **ssijúmim,** pl. *(ssijúm)*, ‚Abschluß'. Beendigung eines Talmudtraktates, was gewöhnlich durch ein Festmahl gefeiert wird.

ssíluk, m., **ssilúkim,** pl. *(ssilúk)*, ‚Abschließung' eines Geschäftes; Abzahlung, Barzahlung. S. *m'ssálek sajn.*

ssímche, f. (st. constr. **ssímchass**), **ssímchess,** pl. *(ssimchá)*, 1. Freude; freudiges Ereignis, z. B. Hochzeit, Geburt usw. – *ssímchass-tójre (ssimchát-torá)*: ‚Freude an der Thora' heißt das Fest der Gesetzesfreude am letzten Tage des Laubhüttenfestes. – *ssímche-rábe (ssimchá-rabá)*, ‚große Freude'. – *ssímche w'ssóssn (ssimchá w'ssassón)*, ‚Freude und Jubel'. – 2. Männername.

ssíne, f. (st. constr. **ssínass**) *(ssin'á)*, Feindschaft, Haß. – *ssínass-chínem (ssin'át-chinám)*: ungerechtfertigte Anfeindung, unmotivierter Haß. – *ssínass-hómen (ssin'át-hamán)*, ‚Haß gegen Haman'. Bezieht sich auf den Freundschaftsdienst, den ein Höfling des Königs Ahasveros, laut talmudischer Auffassung, nicht sowohl aus Liebe zu Mord'chaj (s. d.) als vielmehr aus Haß gegen Haman den Juden erwiesen hat. Vgl. *áwe*; *ssójne.*

ssíwen, m. *(ssiwán)*, Benennung eines jüdischen Monats, dem Juni entsprechend.

ssímen, m., **ssimónim,** pl. *(ssimán)*, Zeichen, Merkmal; Beweis.

ssínaj *(ssináj)*, Sinai.

ss'jog, m., **ss'jógim,** pl. *(ss'jag)*, Umzäunung, Abgrenzung. – Darunter versteht man eine talmudische Maßregel, welche, gleichsam als ‚Zaun' um einen Garten aufgerichtet, dazu dient, die Übertretung eines wichtigen biblischen Verbotes zu verhüten.

ss'jog lachóchmo sch'ssíko *(ssiág l'chochmá sch'tiká)*, « der Weisheit Schutz ist Schweigen », talmudische Sentenz.

sskrínje, f., **sskrínjess,** pl. (p. *skrzynia*), Kasten (zur Aufbewahrung von Mehl und andern Küchenvorräten).

sskripn (p. *skrzypiec*), knistern, knarren, kreischen, fiedeln, klimpern.

ss'líche, f., **ss'líchess,** pl. *(ss'lichá)*, ‚Verzeihung, Vergebung, Versöhnung'. – **ss'líchess** *(ss'lichót)*: Bußgebete, die vor den hohen Feiertagen (im Herbst) sowie an den Fasttagen vor Tagesanbruch verrichtet werden.

ssmarkáte (p. *smarkaty*), rotzig, rotznasig.

ssmétene, f. (p. *smietana*), Sahne, Rahm. Fig. das Beste, Vornehmste, z. B. einer Gesellschaft (la crême).

ssmjétnik, m., **ssmjétnikess,** pl. (p. *smietnik*), Mistkasten, Misthaufen.

ssmóle, f., **ssmóless,** pl. (p. *smola*), Pech, Harz, Teer.

ssójcher, m., **ssóchrim,** pl. (*ssochéjr*), Kaufmann, Handelsmann. – Davon gebildet: *ssójchrisch*, kaufmännisch, nach kaufmännischem Brauch. Vgl. *ss'chójre*.

ssod, m., **ssójdess,** pl. (*ssod*), Geheimnis; Mysterium. Vgl. *ba'al*. – *b'ssod-ssójdess* (*b'ssod-ssodót*): unter dem Siegel strengster Verschwiegenheit.

ssojf oder **ssof,** m., **ssójfess,** pl. (*ssof*), Ende, Resultat. – *ssojf ódom lómuss* (*ssof adám lamút*): «das Ende des Menschen ist Sterben». Talmudische Sentenz.

ssojf-chójdesch, s. **chójdesch.**

ssójfer, m., **ssójfrim,** pl. (*ssoféjr*), ‚Schreiber', besonders derjenige, welcher sich mit der Herstellung von Thora-Rollen, *tfiln* (s. d.), *msusess* (s. d.) usw. beschäftigt. Zur nähern Bezeichnung wird ein solcher Schreiber oft *ssojfer ss'tam* genannt (*ssofejr ss'tam*), als Abkürzung von *Ss(ifréj-tord)*, *T(filin)*, *M(susot)*.

ssójmech sajn, sich (*ssoméjch*), ‚sich stützen', sich verlassen, sicher auf etwas rechnen.

ssójne, m., **ssójnim,** pl. (*ssonéj*), Feind. – *ssójne-jissró'ejl* (*ssonéj-jissra'éjl*), Judenfeind, Antisemit. Vgl. *rósche*; *ssíne*.

ssok, m., **ssókess,** pl. (p. *sok*), Saft, Fruchtsaft, Sirup.

Ssóre (*ssard*), Sara.

ssóriss, m., **ssoríssim,** pl. (*ssaríss*), Verschnittener, Eunuch.

ssóssne, f., **ssóssness,** pl. (p. *sosna*), Tanne, Tannenbaum.

ssotn, m. (*ssatán*), Satan, böser Geist. – *al tíftach pe l'ssotn* (*al tiftách pe l'ssatán*): öffne nicht dem Satan den Mund!, d. h. gib ihm keine Veranlassung zur Anklage, Verleumdung usw. Vgl. *ssam*.

sspódek, m., **sspódkess,** pl. (p. *spodek*), hohe, oben flache Pelzmütze für die Wochentage. Poln. heißt ‚spodek' eine Untertasse, der eine solche Pelzmütze ähnlich sieht. Vgl. *schtrajml*.

sspódnize, f., **sspódnizess,** pl. (p. *spodnica*), Unterrock der Frauen.

ss'réjfe, f., **ss'réjfess,** pl. (*ss'rejfá*), Brand Feuersbrunst. Davon gebildet mit d. Endung: *ssárfenen* = brennen, abbrennen.

ssródeposst, m. (p. *srodeposcie*), Mittfasten.

ssróke, f., **ssrókess,** pl. (p. *sroka*), Elster.

ss'róre, m., **ss'róress,** pl. (*ss'rará*), Herrscher, Gebieter, Machthaber, Fürst. In Rußland und Polen: Großgrundbesitzer, dem ehemals eine Gerichtsbarkeit zustand.

sstodóle, f., **sstodóless,** pl. (p. *stodola*), Scheune, Speicher.

sstolar, m., **sstoláress,** pl. (p. *stolarz*), Tischler; Zimmermann.

sstráschen (p. *straszyc*), schrekken, drohen. (Im Kartenspiel ,Oko' heißt ,sstraschen': mit einer schlechten, dem Partner unsichtbaren Karte diesem ein Paroli bieten und ihn mit einer besseren abziehen lassen.)

sstrúne, f., **sstrúness,** pl. (p. *struna*), Saite (an einem Musikinstrument).

sstúpaj (r. *sstupaj*), Marsch! Vorwärts! – Damit treiben die russischen Polizisten die Verhafteten oder Gefangenen an.

ss'ude, f., **ss'údess,** pl. (*ss'udd*), Mahlzeit, Gastmahl, Bankett bei festlichen Gelegenheiten, wie Hochzeit, Beschneidung, Konfirmation usw. – Unter anderem heißt so ein Festmahl, welches die Eltern veranstalten, wenn ihr Söhnchen im Cheder (s. d.) das Studium der Bibel beginnt.

ssúke, f., **ssúkess,** pl. (*ssukd*), Laubhütte. – *Ssúkess* (*ssukót*), Laubhüttenfest.

sswínjak, m., **sswínjakess,** pl. (p. *swiriak*), ,Schweinkerl', Geizhals.

sswíte, f., **sswítess,** pl. (klr. *sswita*), langer Bauernrock aus grobem Tuch.

ssuss, m., **ssússim,** pl. (*ssuss*), Pferd.

T

táchnun, f. u. n. (*tachanún*), ein Bußgebet, welches an Wochentagen morgens und abends mit leiser Stimme gesprochen wird. Zum Zeichen der Demut wird dieses Gebet in gebeugter Stellung rezitiert, indem man das Gesicht mit dem Arm verdeckt.

tachríchim, f. pl. (*tachrichím*), Totengewänder, aus weißem Leinen verfertigt. Vgl. *béged.*

tájness, m., **tanéjssim,** pl. (*ta'anít*), Fasttag, Bußtag. Vgl. *Esster.*

tájnug, m., **tajnúgim,** pl. (*ta'anúg*), Vergnügen, Genuß. Syn. *óneg.*

tájre, f., **tájress,** pl. (*tahard*), ,Reinigung', die an Leichen vorgenommene Waschung.

tájwe, f., **tájwess,** pl. (*ta'awá*), Leidenschaft, Begierde. Vgl. *ba'al.*

táki (p. *taki*), in der Tat, wirklich.

tákif, m., **takífim,** pl. (*takíf*), der ,Einflußreiche', welcher in der Gemeinde das große Wort führt. Rücksichtsloser, rechthaberischer Mensch, der seinen Willen um jeden Preis durchzusetzen sucht.

takóne, f., **takóness,** pl. *(takaná)*, ‚Satzung'; eine von maßgebenden Männern eingeführte Sitte, die den Bedürfnissen des praktischen Lebens entspricht.

tal, m. *(tal)*, ‚Tau'. So heißt das Gebet um Herabsendung von Tau, welches am ersten Ostertage verrichtet wird. *(tal-benschn.)*

táless, m., **taléjssim,** pl. *(talít)*, Gebetmantel, dessen sich die Juden beim Morgengebet und bei feierlichen Zeremonien bedienen. – *táliss-kotn (talít-katán)*: wollenes, viereckiges Kleidungsstück für Männer, an dessen vier Zipfeln die Schaufäden (*zíziss*, s. d.) angebracht sind. Syn. *árbe-kán-fess*.

táljen, m. *(talján)*, Henker, Henkersknecht. Vgl. *t'líje*.

tálmid, m., **talmídim,** pl. *(talmíd)*, Schüler, Jünger. – *tálmid-chochm (talmíd-chachám)*: ‚weiser Jünger', gelehrter Mann (in rabbinischer Wissenschaft).

tálmud, m. *(talmúd)*, ‚Talmud', das Kompendium der mündlich überlieferten Auslegung des mosaischen Gesetzes, auch *tójre-scheb'al-pe (torá schb'al pe)* und *g'more (g'mará)* genannt (s. d.). Der Talmud zerfällt in einen *tálmud-báwli (talmúd-bawlí)* und einen *tálmud-j'ruschálmi (talmúd-j'ruschálmi)*, von denen ersterer in den babylonischen, letzterer in den palästinensischen Hochschulen entstanden ist.

tálmud-tójre, f., **tálmud-tójress,** pl. *(talmúd-torá)*, öffentliche, von der Gemeinde unterhaltene Religionsschule für arme Knaben.

tam, m., **tájmim,** pl. *(tá'am)*, 1. Geschmack. Mit dem Ausdruck ‚jüdischer tam' wird der Geschmack einer Speise bezeichnet, welche dem jüdischen Gaumen ganz besonders angenehm ist, z. B. Kugl, Fische in grüner Gallerte usw. – 2. Grund, Ursache.

tam, m., **támim,** pl. *(tam)*, ‚schlichter', naiver, einfältiger Mensch. Der dritte von den vier Söhnen, von welchen in der Hagada (s. *hagode*) die Rede ist. Davon gebildet mit poln. Endung: *sich tamowate machn* = den Einfältigen spielen, sich naiv stellen.

támus, m. *(tamús)*, Benennung eines jüdischen Monats, dem Juli entsprechend. – *schiwóssor b'támus (schiw'á-assár-b'tamús)*: der 17. Tamus: Fasttag, zur Erinnerung an die Belagerung Jerusalems.

tárgum, m., **targúmim,** pl. *(targúm)*, ‚Übersetzung'. Besonders wird so die Übersetzung der Bibel in die aramäische Sprache genannt, die heutzutage nur der gelehrten Klasse verständlich ist.

táschlich, n. *(taschlích)*. So heißt ein alter Brauch, der darin besteht, daß man sich am zweiten Neujahrstage zum Stadtfluß begibt, um sich durch Entleeren der Taschen symbolisch seiner Sünden zu entledigen und sich reinzuwaschen, wobei ein Gebet gesprochen wird, das mit dem Vers (Micha 7, 19) «*taschlich...*», «versenke in die Meerestiefen alle ihre Sünden» beginnt.

táschmisch *(hamíte)*, m. *(taschmísch hamitá)*, ‚Benützung' (des Lagers). Euphemistische Bezeichnung für: Beischlaf.

táte, m., **tátess,** pl. (p. *tata)*, Vater.

t'chíass-haméjssim *(t'chiát-hamejtím)*, ‚Auferstehung der Toten', die, nach der Lehre des Judentums, bei Ankunft des Messias erfolgen wird.

tejtl, n., **téjtlech,** pl. (d.), ‚Deuter', Zeiger. So heißt ein zugespitztes Hölzchen, dessen sich die Elementarlehrer *(m'lamdim)* bedienen, um den Schulkindern beim Buchstabieren die Lettern ‚anzudeuten'. – Bei den Thora-Vorlesungen in der Synagoge ‚deutet', d. h. zeigt der Assistent ebenfalls dem Vorleser die Reihenfolge mit einem ‚Händchen' an, welches gewöhnlich aus Gold oder Silber in der Form einer ‚Hand' *(jad)* mit vorgestrecktem Zeigefinger verfertigt ist.

tejtl, m., **tejtlen,** pl. (d.), Dattel.

téjwess, m. *(tejwéjt)*, Benennung eines jüdischen Monates, dem Januar entsprechend. – *assóre b'téjwess (assará b'tejwéjt)*, der 10. dieses Monats ist ein Fasttag.

Térach *(térach)*, Terah, Vater des Patriarchen Abraham (B.M. I. 11). – Fig. Alter Terach = ein alter, eingefleischter Sünder.

térez, m., **terúzim,** pl. *(tejrúz)*, kasuistische Entgegnung auf eine Frage, Vorwand, spitzfindige Ausflucht. Vgl. *kásche*.

téssler, m., **téssleress,** pl. (p. *ciesla)*, Zimmermann. In Rußland ‚**tésser**' genannt.

tésser, s. **téssler.**

téwa, f. *(téwa)*, Natur, Gewohnheit. S. *dérech*.

t'filn, f. pl. *(t'filín)*, Gebetriemen (Phylakterien), die an Wochentagen bei Verrichtung des Morgengebetes an der Stirn und an dem entblößten Oberarm angebracht werden, als Symbol, daß man dem Schöpfer mit Herz und Kopf ergeben ist.

t'file, f., **t'filess,** pl. *(t'filá)*, Gebet; liturgisches Gedicht. S. *ba'al*.

t'físse, f., **t'físsess,** pl. *(t'fissá)*, 1. Auffassungsgabe, 2. Gefängnis.

tíllim, m. pl. *(t'hilím)*, Psalmen Davids. Ein Teil der Psalmen kommt in den täglichen Gebeten vor, während das Rezitieren derselben der Reihe nach *(tillim sogn)* als heilbringend in Krankheitsfällen gilt.

Timche *(timché)*. Mit diesem Namen werden in Galizien die Armenier bezeichnet. In manchen Gegenden nennt man sie auch ‚*Much*'. Da die Armenier als Abkömmlinge der Amalekiter gelten, so steht die Bezeichnung ‚*Tímche*' mit dem Bibelvers B.M. V. 25, 19 in Zusammenhang, in welchem es von Amalek heißt: «du sollst auslöschen *(= timché)* das Andenken an Amalek.» An einer andern Stelle (B.M. II. 17, 14) spricht Gott von Amalek: «denn auslöschen werde ich *(machó emché)* das Andenken an Amalek...» Von dieser Stelle ist wohl die Bezeichnung für Armenier ‚*Much*' (in südjid. Aussprache heißt *machó* = *múchoj*) abzuleiten.

ti muw, a ja sdruw (p. *ty mów, a ja zdrów*), «du sprich (was du willst), und ich bleibe gesund», d. h. ich mache mir wenig aus deinen Worten.

tínef, n. *(tinúf)*, Unrat, Dreck.

tínthorn, n., **tínthonrss,** pl. (d.), Tintenfaß (weil man in früheren Zeiten Tinte in einem Horn aufzubewahren pflegte).

típche, m. *(tipchá)*, hebr. Akzentzeichen. Vgl. *méjrche*.

típesch, m., **típschim,** pl. *(tipéjsch)*, Dummkopf, Einfaltspinsel. Syn. *schójte*.

tírche, f., **tírchess,** pl. *(tirchá)*, Mühe, Arbeit. Vgl. *ss'char*.

tísche-bow, m. *(tisch'á-b'aw)*, ‚der neunte Aw', Trauer- und Fasttag zur Erinnerung an die Zerstörung des heiligen Tempels zu Jerusalem. S. *ow*. An den neun Tagen vom Ersten dieses Monats ab gerechnet enthält man sich des Fleischgenusses, zum Zeichen der Trauer.

tíschri, m. *(tischrí)*, Benennung eines jüdischen Monats, dem Oktober entsprechend. Mit diesem Monat beginnt das jüdische religiöse Jahr.

títun, m. (p. *tytun*; türk. *tütün*), Rauchtabak.

t'kíass-kaf, m. *(t'kiát-kaf)*, ‚Handschlag' bei mündlichem Abschluß eines Geschäftes oder zur Bekräftigung einer Beteuerung.

t'kí'e, f., **t'kí'ess,** pl. *(t'kiá)*, das ‚Blasen' des Schofar (s. *schojfer*). – *t'kí'e-g'dójle (t'kiá-g'dolá)*: das langgezogene Finale auf dem

Widderhorn am Neujahrsfeste. S. *ba'al.*

t'kúfe, f., **t'kúfess** *(t'kufá),* jährliche ,Wiederkehr' der Sonnenwenden und der Tag- und Nachtgleichen. Dem Volksglauben nach soll zu diesen Zeiten ein aus der Luft fallender Tropfen die im Hause befindlichen Flüssigkeiten vergiften. Man schützt sich davor, indem man auf die betreffenden Gefäße Eisenstückchen auflegt.

t'líje, f., **t'líjess,** pl. *(t'lijá),* Galgen. Vgl. *táljen.*

tlúmek, auch **tlómek,** m., **tlómekess,** pl. (p. *tlómok),* Ranzen, Reisekoffer, Felleisen.

t'naj, m., **t'nóim,** pl. *(t'naj),* ,Bedingung'; Klausel in einem Dokument. – *t'nóim schrajbn:* Vorbedingungen (Präliminarien) eines Ehevertrages stipulieren. Übertragen heißt die Verlobung selbst ebenfalls ,*t'nóim*'.

to (p.), da, hier, also, nun.

toánoj b'chitn *(toanó b'chitín):* «er forderte (sprach von) Weizen...» (zu ergänzen: und jener antwortete über Gerste). Eine im Talmud gebrauchte Formel zur Bezeichnung eines ausweichenden Einwandes auf eine wohlbegründete Forderung.

tóchess, m., **téchesser,** pl. *(tachát),* 1. Hinterteil, Gesäß, Hinterer. – 2. Name einer Raststation der Israeliten in der Wüste *(Tachat),* B.M. IV. 33, 26.

tojch, m., **tójchess,** pl. *(toch),* ,Inneres'. Kern einer Sache. Grund, Hauptzweck.

tojchóche, f., **tojchóchess,** pl. *(tochachá),* ,Strafrede'. So heißen die Stellen B.M. III, 33, 14–46, und B.M. V. 15, 15–69, welche die Aufzählung der Gottesstrafen enthalten, die dem jüdischen Volke für etwa zu begehende Sünden angedroht werden. Diese ominösen Stellen werden an den betreffenden Samstagen dem zur Thora Aufgerufenen mit gedämpfter Stimme vorgelesen.

tójfess sajn *(tofési),* auffassen, begreifen, kapieren. Vgl. *t'fisse.*

tójger *(togéjr),* Türke, Großtürke, Sultan. Volksetymologisch gebildet von *tojgármo (togarmá):* in der Völkertafel B.M. I. 10, 3, mit welchem Namen gewöhnlich die Türkei und das türkische Volk bezeichnet werden.

tójre, f. (st. constr. **tójrass**), **tójress,** pl. *(torá),* ,Lehre', besonders die mosaische Lehre; fünf Bücher Mosis, Pentateuch; Thora-Rolle. S. *ssejfer.* – Im Volksmunde heißt im übertragenen Sinne ,*Tojre*' die homiletische Tischrede des chassidischen Wunderrabbi. – *tójre-kúlo (torá-kulá):*

‚die ganze Lehre' wollte, einer talmudischen Erzählung nach, ein Heide von dem Tannaiten Hillel in der kurzen Zeit erlernen, die er, der Heide, auf einem Fuße stehend aushalten könnte. – *tójrass-Mójsche (tordt-moschė) :* die Lehre Mosis (scherzhaft parodiert: *tójrass-lókschen (lokschen* = Nudeln): zur Bezeichnung einer lächerlichen und falschen Behauptung). – *tójre-scheb'al-pé (tord-scheb'al-pé) :* ‚mündliche Lehre', Überlieferung. S. *g'móre*; *tálmud.*

tojw *(tow)*, gut. – *tojw-lakójl (tow-lakól) :* ‚ein Guter für alle', zur Bezeichnung eines Menschen, der für jedermann gefällig und freundlich ist. Vgl. *ra.*

tójwlen *(tawól* mit d. Endung), durch Eintauchen in Quellwasser reinigen (z. B. neue Gefäße). Besonders von dem rituellen Reinigungsbade der Frauen gebraucht. Vgl. *míkwe*; *t'wíle.*

tójwe, f. (st. constr. *tójwass*), *tójwess*, pl. *(towá)*, ‚Güte', Wohltat, Gefälligkeit. – *tójwass-hak'lál (towát-hak'lál) :* das allgemeine Wohl.

tókern, f., **tókernss,** pl. (d.), ‚Duckerin', die beim Reinigungsbade behilfliche Dienerin, welche die Frauen untertauchen (‚dukken') läßt (baigneuse).

tómer *(tomdr)*, «du könntest sagen...», vielleicht, etwa. Oft im Talmud vorkommende Redewendung in Diskussionen, wodurch die vermutliche Einwendung des Gegners von vornherein entkräftet werden soll. Der Volkswitz macht daraus ein Wortspiel mit dem Frauennamen *Tómor* (s. d.), = Tamar.

tómid *(tamíd)*, immerwährend, ewig, beständig. – *nejr-tómid (nejr-tamíd)*, das ‚ewige Licht' vor der Bundeslade der Synagoge.

Tómor *(tamár)*, biblischer Frauenname, Thamar.

tórbe, f., **tórbess,** pl. (p. *torba*), Sack, Bettelsack.

torn (d.), dürfen, können (nur bei Verneinungen gebraucht, z. B. *men tor nit* = man darf nicht). In bejahenden Sätzen wird das Zeitwort *megn* = ‚mögen' gebraucht, z. B. ‚*men meg*' = man darf.

torrn (Etym. unbekannt; evtl. r. *turit*'?), zerren, mit Gewalt reißen, plagen. Soweit Bernstein. Denkbar wäre eine Ableitung von lat. *tornare*, *torquere* oder *torrere :* verdrehen, winden, martern.

tóter, m., **tótern,** pl. (p. *tatarzyn*), Tartar, Tatar. In Rußland und Polen wird mit diesem Worte ein Kurpfuscher bezeichnet, der im Lande herumzieht und Heilmittel feilbietet.

tójess, m. *(taút),* Fehler, Versehen, Irrtum, Druckfehler.

totschn *(p. toczyc),* drechseln, bohren.

Trájne, Frauenname.

Trajtl, Männername.

trássken *(p. trzaskac),* mit der Peitsche knallen; die Türe heftig zuschlagen; knistern; platzen.

t'réjfe *(t'rejfá),* was nach den jüdischen Speisegesetzen nicht erlaubt ist, im Gegensatz zu *koscher* (s. d.) (volkstümlich heißt so auch eine menstruierende Frau). Fig. unerlaubte, unsaubere Tat. Davon gebildet: *fertárfenen* = t'rejfe machen. Vgl. *póssel.*

trif-waks, n., schlechtweg: **trif** (d.), ,Trief-Wachs' = triefendes Wachs, = Siegellack.

trogn (d.), 1. tragen. 2. schwanger sein. – *trógendig:* im Zustande der Schwangerschaft. (Im Deutschen wird ,trächtig' nur von Tieren gebraucht.)

tschepn *(p. czepic),* jemanden reizen, angreifen, Händel suchen. S. *fertschépn* oder *fartschépn.*

tschérek, m., **tschérekess,** pl. *(p. czerak, r. tschirek),* Eiterbeule (furunculus).

tschort, m. *(r. tschort),* Teufel. – *tschort jewo prinjoss* (reines r.): der Teufel hat ihn gebracht! So sagt man von einem lästigen Gast.

tschólent, m., n. (Etym. schwierig; wahrscheinlich von dem altfranz. chauld = heiß), Sabbatspeisen, welche schon am Freitag vorbereitet und auf 24 Stunden in den Ofen gesetzt werden, der dann vermittels des *tschólentbretl* (Brettchen) hermetisch geschlossen wird. (Heine nennt die Speise *schalet.*)

t'schúwe, f., **t'schúwess,** pl. *(t'schuwá),* 1. ,Rückkehr', Buße, Reue. – *chójser-bit'schúwe sajn (choséjr bit'schuwá),* eine Sünde reumütig abbüßen, auf den Tugendpfad ,zurückkehren'. – 2. Beantwortung einer mündlichen oder schriftlichen Anfrage, Responsum. S. *schájle.*

tschwok, m., **tschwékess,** pl. *(p. cwiek),* Nagel, Eisenstift.

túm'e, f., **túm'ess,** pl. *(tum'á),* ,Unreinheit' (im moralischen wie auch im physischen Sinne). Unreiner Ort.

tuz, n. u. pl. (d.), Dutzend.

t'wíjess-ájin, n. *(t'wiát-ájin),* Kennerblick.

t'wíle, f., **t'wíless,** pl. *(t'wilá),* das Untertauchen im rituellen Bade, besonders bei Frauen nach der Menstruation. S. *míkwe; tójwlen.*

t'wúje, f., **t'wújess,** pl. *(t'wuá),* Getreide, Saatkörner. Vgl. *mójcher.*

U

uchadójme, s. k'dójme.

úmetum (d.), ‚um und um', überall.

úmchejn (d. mit h. *chejn* = Anmut), Mangel an Anmut.

úmkowed (d. mit *kówed* (h. *kawód*) = Ehre), s. *kówed.*

úmmetig (d.), ‚unmutig', mutlos, niedergeschlagen.

um schtejns gesogt! (d.). Ausruf des Bedauerns und des Mitleids, vielleicht wie im Deutschen: dem Steine sei's geklagt!

únterfirer, m., **únterfirerss,** pl. (d.), Brautführer. Gewöhnlich junge Ehepaare, welche die Brautleute zur Trauung führen.

uwifrát, s. p'rat.

W

Wachalaklákess *(wachalaklakót).* Ein in der Bibel vorkommendes Wort im Sinne von «schlüpfriger (glatter) Boden» (Ps. 35, 6; Jer. 23, 12); «glatte, heuchlerische Rede» (Dan. 11, 21; 34).

wajákl *(wajak'héjl),* «und er versammelte...», Benennung des Wochenabschnittes B.M. II. 35, 1. In Jahren, die keinen Schaltmonat haben, wird zusammen mit *wajákl* der nächstfolgende Wochenabschnitt ‚*p'kúdej*' *(p'kudéj)* verlesen.

wajhí *(wajhí),* «und es geschah», «es trug sich zu», oft gebrauchtes Wort in der Bibel, bei Beginn der Erzählung einer geschichtlichen Begebenheit.

Wajsósso *(wajsatá),* Name des zehnten Sohnes Hamans (s. *Hómen*), erwähnt Buch Esther 9, 9. Fig. wird mit diesem Namen ein Dummkopf, Tölpel bezeichnet.

wálgern (d.), ‚wälgern' (mundartlich) walken, rollen (besonders Teig). – *sich walgern:* sich herumtreiben, ein unstetes Leben führen. S. *ferwálgern.*

wálgerholz, n., **wálgerhelzer,** pl. (d.), Holz zum ‚Wälgern' (Rollen) des Teiges. In Rußland auch ‚*kátschelke*' (katschelka) genannt.

wárech, m. (d.), Weihrauch.

wáremes, n. (d.), Mittag, Mittagessen (weil nur diese Mahlzeit ‚warm' gekocht wird).

warénik, m., **warénikess,** pl. (r. *warenik*), mit Fleisch oder mit Weißkäse gefüllter kleiner Krapfen. Beliebte Speise in Rußland und Polen. Syn. *krépel.*

wátron, m., **watrónim,** pl. *(watrán),* Spender, freigebiger Mensch.

w'chach hójo ójmer, w'chach hójo mójne *(w'chach hajá oméjr, w'chach hajá moné),* «und so pflegte er (der Hohepriester) zu sagen; und so pflegte er zu zählen». Anfangsverse zweier Kapitel im Gottesdienst des Versöhnungstages, in welchen die Tätigkeit des Hohenpriesters an diesem Tage im heiligen Tempel geschildert wird. Vgl. *awójde.*

w'chíper bádoj *(w'chipéjr ba'adó)*, «und er sühne für sich selbst» heißt es B.M. III. 16, 6 vom Hohenpriester beim Gottesdienst am Versöhnungstage, d. h. daß er, bevor er um Vergebung der Sünden der Gemeinde bittet, sich vorerst von seinen eigenen Sünden reinigen möge.

w'chórojss *(w'charót)*, «und er schloß» (zu ergänzen: den Bund, nach Nehemia 9, 8). Anfang eines Gebetes aus dem Morgendienst, welches an Tagen, wo in der Gemeinde eine Beschneidung stattfindet, im Chor gesungen wird.

we dwuch *(p. we dwóch)*, zu zweien, miteinander.

wejdl, m., **wéjdlen**, pl. (d.), ‚Wedel', Schweif.

wéndke, f., **wéndkess**, pl. (p. *wedka)*, Fischangel; Köder.

wesst, f. *(wesst)*, ‚Regel', Menstruation der Frauen.

w'hu jímschol-boch *(w'hu jimschál bach)*, «und er herrsche über dich», Worte Gottes an Eva, B.M. I. 3, 16.

wíduj, f. *(widúj)*, Sündenbekenntnis, welches der sterbende Jude, gleichsam als Beichte, hersagt oder sich vorsagen läßt. So heißt auch das Sündenbekenntnis *alchejt* (s. d.) am Versöhnungstage.

wigóde, f., **wigódess**, pl. (p. *wygoda)*. Bequemlichkeit.

wikúach, m., **wikúchim** *(wikúach)*, Wortstreit, gelehrte Disputation, Polemik.

wíner, pl. (d.), österreichische (Wiener) Guldennoten.

wíre, f., **wíress**, pl., Lineal. Etym. nach Bernstein unbekannt. Denkbar wäre eine romanische Herkunft des Wortes: lat. *virga* = Stange, Rute. Franz. *virée* = (Streifen-)Einteilung eines Holzschlags.

wjétschere oder **wétschere**, f., **wétscheresss**, pl. (p. *wieczerza)*, Abendmahlzeit, Abendbrot.

w'jíten-l'cho *(w'jitéjn-l'cha)*, «und Er gebe (gewähre) dir...» (zu ergänzen: vom Tau des Himmels). Gebet am Ausgange des Sabbats nach B.M. I. 27, 28.

w'nóssnu *(w'natnú)*, «und sie sollen geben». Ein in der Bibel oft vorkommendes Wort, mit dem man zum Almosengeben auffordert. Da die Buchstaben von *w'nóssnu*, rückwärts gelesen, dasselbe Wort ergeben (bei hebräischen Lettern!), so faßt es das Volk scherzhaft auf im Sinne von: Geben verlangt Wiedergeben.

wójler-jung, m., *wójle-júngen*, pl. (d.), ein tüchtiger, geriebener, übermütiger Junge; Pfiffikus, Tausendsassa.

wojt, m., **wójtess,** pl. (p. *wójt*), Dorfältester, Dorfschulze.

wólwel (d.), wohlfeil.

won! (r. *won*), Hinaus! Fort! Mit diesem Ruf treibt man die Hunde weg.

wújen (p. *wyc*), winseln, wimmern, jammern.

Z

zad, m., **z'dódim,** pl. (*zad*), ,Seite'; Partei in Prozessen usw. – *chóssens-zad* (*chatán, zad*): Familie ,seitens' des Bräutigams. – *kálless-zad* (*kalá, zad*): Familie ,seitens' der Braut. – *zad-schek'négdoj* (*zad-schek'negdó*), Gegenpartei (in Streitigkeiten).

zádik, m., **zadíkim,** pl. (*zadík*), ,Gerechter', frommer Mann. So wird auch der wundertätige Rabbi der Chassidim genannt, s. *chóssid*. – Für Frauen wird der Ausdruck *zadkóniss* (*zadkanít*) oder, volkstümlich und unregelmäßig: *zadéjkess* (*zadéjket*), zur Bezeichnung einer frommen, wohltätigen Matrone gebraucht. – *sécher zádik liw'róche* (*sécher zadík liw'rachá*), «das Andenken des Gerechten gereiche zum Segen» (Spr. Sal. 10, 7), wird gebraucht bei Erwähnung eines verstorbenen frommen Mannes.

zádik, richtiger: **zádi,** der 18. Buchstabe des hebr. Alphabets.

zap, m., **zápess,** pl. (p. *cap*), Ziegenbock.

zawóje, f., **zawójess,** pl. (*zawa'á*), ,Befehl', Letzter Wille, Vermächtnis, Testament. Sowohl schriftlich als mündlich festgesetzt.

zar, m. (*zá'ar*), ,Schmerz', Pein, Qual. – *zar-bálej-chájim* (*zá'ar-ba'aléj-chajím*): ,Schmerz lebendiger Wesen', Tierquälerei. – *zar, rípuj, schéwess, bójschess* (*zá'ar, ripúj, schéwet, bóschet*): «Schmerzensgeld, Heilungskosten, Entschädigung für das unfreiwillige Zuhausebleiben und Entgelt für die zugefügte Schande.» So heißen die vier Arten von Strafgeld, welche vom Talmud, auf Grund des biblischen Strafrechtes, bei Körperverletzungen über den Täter verhängt werden.

z'dóke, f., **z'dókess,** pl. (*z'daká*), ,Gerechtigkeit'; Wohltätigkeit, Almosen. – *z'dóke tázil mimówess* (*z'daká tazíl mimáwet*), «Almosengeben rettet vom Tode» ist ein Vers (Spr. Sal. 10, 2), welchen die den Leichenzug begleitenden Gemeindediener wiederholt ausrufen, wobei sie mit blechernen

Armenbüchsen klappern, um das Trauergefolge zum Almosengeben anzuregen. Vgl. *ba'al.*

zech, m., **zéchess,** pl. *(*p. *cech),* ‚Zeichen', ‚Zeche', Zunft, Innung.

zédek *(zédek),* Gerechtigkeit, Billigkeit; gerecht, billig. – *b'zédek (b'zédek),* ‚in Gerechtigkeit', ein in der Bibel oft wiederkehrender Ausdruck.

zehúljen, sich, sich flott in den Strudel stürzen, in Saus und Braus zu leben anfangen. S. *húljen.*

zejl, m. *(zejl),* Schatten, auch in der Bedeutung von Schutz, Schirm. – *uw'zéjl k'nofécho tasstiréjnu (uw'zéjl k'nafécha tasstiréjnu):* «und im Schatten Deiner Fittiche verbirgst Du uns», gewährst Du uns Schutz. Der Vers befindet sich im Abendgebete (*májriw,* s. d.) und in dem Gebete vor dem Schlafengehen (*krischme* oder *k'ríass-sch'ma,* s. d.). Vgl. *ki ejl schojm'réjnu.*

zekáwe (p. *ciekawy),* wißbegierig; seltsam, wunderbar. S. *zekáwosst.*

zekáwosst, f. (p. *ciekawosc),* Neugierde; merkwürdige Sache, Wunderding.

zélem, m., **z'lómim,** pl. *(zélem),* 1. Ebenbild. – *zélem-elóhim (zélem-elohím):* ‚Das Ebenbild Gottes'. Da es als Sünde gilt, den Namen Gottes *(elohím)* in profaner Rede zu gebrauchen, so bedient man sich in solchen Fällen der veränderten Form: *elokím.* – 2. Kruzifix, Kreuz.

z'éno-ur'éno *(z'ejná ur'ejná),* «geht hinaus und sehet euch an...» (zu ergänzen: Töchter Zions). Dieser Vers (Hohelied 3, 11) dient als Titel einer paraphrasierten Übersetzung der Bibel auf *Iwri-tajtsch* (s. *iwri*). Die Erzählungen in diesem Buche sind mit biblischen Legenden und Sagen aus dem Talmud und Midrasch durchflochten und bilden eine Lieblingslektüre der Frauen.

zi *(czy),* ob, vielleicht.

zíbele, f., **zíbeless,** pl. *(*p. *cebula),* ‚Zwiebel'.

zíbur, m., n., **zibúrim,** pl. *(zibúr),* Versammlung, Betgemeinde. Vgl. *schlíach.*

zíjen *(zijón),* Zion. Poetischer Name für Jerusalem.

zímess, m. (auch mundartlich d. *Zimmes* = Zuspeise, Zugemüse), Art Kompott aus eingemachtem Obst oder gesüßtem Gemüse, welches meist am Freitagabend genossen wird. Die Schreibart ist verschieden, die Etym. zweifelhaft.

zírung, n. (d.), ‚Zierat'; Geschmeide, Schmuck.

zíziss oder **zízess,** f. pl. *(zizít),* Schaufäden, welche nach B.M.

IV. 15, 38, an den Zipfeln eines bestimmten Kleidungsstückes der Männer sowie am *tdliss* (s. d.) angemacht werden. Vgl. *árbe-kánfess*.

zlap, m., **zlápess,** pl., verstümmelte Abkürzung von *katschelap* (s. d.).

zojm, m., **zójmess,** pl. *(zom)*, Fasten, Kasteiung; Fasttag. – *zojm-Gedálje* *(zom-gedaljáhu)*, Fasttag nach dem Neujahrsfeste zur Erinnerung an die Ermordung des Statthalters von Judäa, Gedaliah, nach der ersten Zerstörung Jerusalems. – *zojm, kojl, momojn (zom, kol, mamon)*: «Fasten, Beten, Almosengeben» (zu ergänzen: heben das böse Verhängnis auf), Vers aus einem Gebete für die hohen Feiertage.

zojm, m., **zójmen,** pl. (d.), 1. Zaun, Umzäunung. Syn. *plojt*. 2. Zaum, Zügel.

Zódek *(zadók)*, Männername, Zadok.

zoïn, m. (*zafón*), Norden, Mitternacht; nördliche Himmelsgegend.

zóre, f., **zóress,** p.. *(zará)*, Leiden, Plage, Qual. Fig. ein böses, zänkisches Weib.

zúlog, n. (d.). ‚Zulage', heißt das Stück Fleisch, welches die Köchinnen in den Fleischbänken beim Einkauf gratis erhalten. In Deutschland sagt man dafür ‚Zuwaage'.

z'wújak, m., **z'wujákess,** pl. *(z'wud* mit d. Endung), ‚Gefärbter', Heuchler, Frömmler, falscher Mensch. Man nennt ihn deshalb ‚gefärbt', weil er immer in günstigerem Lichte erscheinen will.

Nachfolgende Wörter sind mit lauthaftem sch (poln. z), also wie in ‚génie', zu sprechen:

zálowen (p. *zalowac*), kargen, nicht gönnen, sparen, z. B. beim Essen.

zálowen, sich (r. *schalowat'*), sich beklagen.

záwer, m. (r. *rscha*, *rschawina*, p. *rdza*), Rost, Eisenrost.

ze (p. *ze*), daß, also, doch. Das Partikelchen wird an das vorangehende Zeitwort angehängt, z. B. **sog-ze gib-ze!**

zedne sajn (r. *schadni*), auf etwas erpicht, gierig sein; leidenschaftlich begehren.

zelájen (r. *schelat'*), wünschen, verlangen. Nur in Rußland gebräuchlich.

Ausdrücke der formalen Logik, die im Bernsteinschen Glossar fehlen

Der Einfachheit und Kürze halber geben wir die nachfolgenden Ausdrücke nur in der ursprünglichen und auch heute in Israel üblichen ‚sefardischen' Aussprache.

g'sejra schawa, Schluß aus Wortähnlichkeit oder sachlicher Ähnlichkeit.
hajozej mid'warejnu, was aus unsern Worten hervorgeht.
hejcha timza, wie ist das möglich?
haitachejn, wie kann das sein?
hen – hen, sowohl. wie auch.
hanacha, Voraussetzung.
hassaga, Verrückung, Verdrängung.
haschmata, Auslassung (von einem Satz).
hasch'ara, Vermutung.
kol schekejn, um wieviel mehr.
ledidi, soweit mein Standpunkt in Frage kommt.
l'fanim, dem Anschein nach.
l'chumra, nach der schweren Seite (entscheiden).
l'kula, nach der leichten Seite (entscheiden).
ma schinuj? Was ist der Unterschied?
mejchamat, wegen.
mima nafschach, so oder so, in jedem Falle.
musskam, angenommen, daß.
masch'ma, was man folgern kann..., der Sinn davon ist...
nimschal, verglichen mit...
nafka minej, es geht daraus hervor.
w'ha raja! Und dies ist der Beweis!

NACHTRAG: 1. Nach Dr. D. B. Ascher, /Berlin/Haifa: a) **jeke,** verächtlich für „deutscher Jude", nicht von „Jacke" (statt Kaftan), sondern von „Agur ben jake" (Sprüche 30): „Zu stumpf bin ich, ein Mensch zu sein, und Menschenverstand habe ich nicht". Gemeint: Talmudisch Ungebildeter oder Dummkopf. Ostjuden sagen statt „Jeke" oft nur „mischle lamed" (= Sprüche 30). – b) **Nebich:** von mhd. „der nebige" = Knecht, der neben dem Reiter zu Fuß einhertrabt. – 2.) Nach Pastor G. Kelch, Hamburg: **„Mame-Lebn"** nicht von „Leben", sondern von hebr. „lew" = Herz. 3. **Woksal** oder **wogsal** (= Station): Vergnügungsort in London und in Petersburg, wo es zugleich Endstation war.

AUSWAHL UND ORTHOGRAPHIE

In dem Buch wird wiederholt betont, daß Jiddisch im Laufe des 19. Jahrhunderts zur echten Dichtersprache geworden ist. Vielleicht wäre es also am Platze gewesen, Leseproben aus den drei Klassikern: Mendele Moicher Ssforim, Scholem Alejchem und Jizchak Perez, zu geben. Die Erfahrung lehrt aber, daß der deutschsprachige Leser im Anfang Mühe hat, den besondern Reiz, die Eigentümlichkeit des Jiddischen voll zu erfassen. Das Neuhochdeutsche steht ihm im Wege. Nichts ist daher auch schwieriger, als jiddische Texte so in das moderne Deutsch zu übertragen, daß etwas von ihrer Schönheit dabei erhalten bleibt. Bedeutend leichter gelingt die Übersetzung in ein altertümliches, am besten in ein Deutsch des Mittelalters. Für eine knappe Orientierung über die jiddische Sprache wären deshalb Ausschnitte aus dichterischen Romanen nicht sehr geeignet gewesen. Kurze, geschlossene Texte ohne viel poetischen Klang lassen sich leichter erfassen und auch übersetzen.

In meinem Buche über den ‚Jüdischen Witz' habe ich die Witze fast nur in reinem Hochdeutsch erzählt. Ich habe zugleich erwähnt, daß hierbei ein gut Teil vom Reiz des jüdischen Witzes verlorengehe. Ich habe dort ferner die These aufgestellt, der jüdische Witz sei immer sehr knapp in der Formulierung. Diese These habe ich in der Einleitung dieses jetzigen Buches dahin eingeschränkt, sie gelte nur für jenen jüdischen Witz, der an der Scheide der beiden Kulturwelten, der rein jüdischen des Ostens und der modernen des Westens, entstanden und aus den ost-westlichen Konflikten geboren ist, nicht aber für den Witz, die Anekdote, die sich die Juden im Osten in reinem Jiddisch erzählten.

Unter den vielen Hunderten von Lesern, die mir damals aus allen Gegenden der Welt zusätzliche Witze für meine neue Auflage schickten, befanden sich nun drei passionierte jiddische Folkloristen. Sie haben mir Sprichwörter, Witze und Anekdoten in ihrer eigenen, originaljiddischen Formulierung geschickt. Diese Einsendungen findet der Leser nun als Leseproben in dem Buche abgedruckt. Und zwar sowohl in hebräischen wie in lateinischen Buchstaben. Die unverständlichsten Ausdrücke sind bei jedem einzelnen Witz separat erklärt. Diese Worterklärungen dienen dem Leser einzig zu einer raschen, leichten

Orientierung. Der Leser findet daher für ein und dasselbe Wort weder erschöpfende noch immer dieselben Übersetzungen.

Ferner habe ich eine sehr pedantische deutsche Übersetzung jeweils beigefügt, deren einziger Zweck es ist, dem deutschsprachigen Leser das wörtliche Verstehen des jiddischen Originals etwas zu erleichtern.

Die Transkription der hebräischen Schrift ist in dem gleichen Bühnenjiddisch gegeben, das wir auch für das Glossar gewählt haben. Leichte Unterschiede gegenüber dem ‚Jiddischen Wörterbuch' sind nachträglich dadurch entstanden, daß der Pariser Drucker des Textes in hebräischer Schrift kleine Angleichungen an sein eigenes Südjiddisch vorgenommen hat. Diese Änderungen (z.B. für hebr. Gaon: statt gójen – gó'en) mußten dann auch in die lateinische Transkription übertragen werden.

Das schwierigste Problem stellte sich bei der Orthographie. Denn in der Tat herrscht in der jiddischen Orthographie eine gewisse Freiheit. Ursprünglich wurden alle Wörter, mit Ausnahme der semitischen, die aus der eigenen geistig-geistlichen Tradition der Juden stammen und korrekt übernommen wurden, einfach möglichst phonetisch genau geschrieben.

Dann kam – wir erwähnten es schon früher – die Aufklärung, liebäugelte mit dem modernen Hochdeutsch und begann, die jiddische Schreibweise der deutschstämmigen Wörter der modernen, der neuhochdeutschen anzugleichen. Doppellaute, Dehnungs-h's und andere Besonderheiten der heutigen deutschen Orthographie wurden ins Jiddische eingeschmuggelt. Das galt als vornehm und gebildet.

Nun hat zwar das Jiddische Institut von Wilna, das weniger als Forschungsstätte denn als Sprachakademie wirkte, in den zwanziger Jahren diese manierierte Schreibweise ausdrücklich abgelehnt und die alte, phonetisch genaue Form für alle indogermanischen Bestandteile des Jiddischen wieder eingeführt. Aber ganz drangen diese Vorschriften nie durch. Die offiziellen Publikationen entsprachen einigermaßen den Vorschriften von Wilna – privat schrieben die einzelnen Juden jedoch im allgemeinen nach wie vor wie es ihnen paßte und gut dünkte. Juden sind eben Individualisten. So leicht befolgen sie nicht einen Befehl, für den sie keinen zwingenden Grund sehen. Die Reaktion auf die Wilnaer Direktiven war oft genug etwa so: «Was soll das heißen?

Ich soll nicht schreiben können, wie ich will?!» Nur eine einzige Instanz gab es für den Juden – solange er gläubig war –, gegen die er nicht opponierte. Das war das Wort Gottes. Gegen die Orthographie der Bibel und ihrer Kommentare – und folglich gegen die Orthographie der hebräischen und aramäischen Wörter im jiddischen Text – gab es keinen Rekurs. Hier berief sich kein Jude auf private Freiheit. Diese Wörter schrieb er korrekt.

Es ist logisch, daß in der religionsfeindlichen Sowjetunion mit der Vernichtung des Glaubens auch der Respekt vor der biblischen Schreibweise der hebräischen Wörter dahinfiel. Nicht nur der Respekt fiel dahin, sondern auch die Kenntnis: man durfte ja nicht mehr Hebräisch lernen und die Bibel im Urtext lesen. Es ist also auch logisch, daß man daraufhin anfing, die semitischen Wörter ebenfalls nach der vereinfachenden Orthographie zu schreiben, die es bisher nur für die indogermanischen gegeben hatte.

Es ist aber auch logisch, daß das Jiddisch, abgeschnitten von den geist- und formbildenden Quellen, aus denen es sich bisher gespeist hatte, vielleicht noch eine kurze Zeit vegetieren, aber nicht mehr leben und blühen kann. Die jiddische Sprache lebt eben, genau wie das jüdische Volk selber, im Exil nur von ihrem traditionalen Schrifttum her. Mit der Kenntnis dieses Schrifttums steht und fällt im Exil nicht nur die Existenz der jiddischen Sprache, sondern die Existenz der Juden selber.

Einstweilen aber erscheinen in Rußland Zeitschriften und Werke von jiddischen Dichtern in dieser neuen, traditionsverfeindeten Orthographie. In unsern Leseproben haben wir hinter jedes korrekt, das heißt ‚bibelgemäß', geschriebene hebräische Wort in Klammern auch die sowjet-jiddisch geschriebene Variante gesetzt. Im Grunde ist dies nichts anderes als die Todesanzeige der jiddischen Sprache. Mögen Leser mit entsprechenden Kenntnissen den Eindruck der neuen Schriftform in diesem Sinne auf sich einwirken lassen.

Für jene Leser aber, die kein Hebräisch können und dennoch die Entzifferung der Anekdoten in der Originalschrift versuchen wollen, ist die phonetisch-jiddisierte Schreibweise die einzig lesbare. Kommt aber ein hebräisches Wort in der gleichen Anekdote mehrmals vor, so ist die phonetische Schreibform nur das erste Mal beigefügt.

Eine Grammatik der jiddischen Sprache werden wir in dem knappen Rahmen dieses Buches nicht geben. Der Interessierte mag sie in den Lehrbüchern suchen. Einen guten, kurzen Überblick findet er auch in der Einleitung zu der wundervollen Anekdotensammlung von Dr. Olschvanger: ‚Rosinkes und Mandlen'. Hier möge der Hinweis genügen, daß die Grammatik in den Grundzügen deutsch ist, jedoch vereinfacht. Es gibt im Jiddischen nur die drei Grundzeiten, und der Genitiv wird immer durch ein angehängtes -s gebildet. Das ‚orthodoxe' litwische Jiddisch kennt außerdem – dies ist eine Angleichung an die litauische Sprache – kein Neutrum, sagt also ‚die Weib', ‚die Buch'. Unsere Leseproben sind aber nicht in dieser extremen Form wiedergegeben.

ANMERKUNG ZUR HERKUNFT DER ANEKDOTEN

Fast zwei Drittel der Sprichwörter und Anekdoten in diesem Buche stammen von Horacy Safrin, ein schwaches Drittel von Baruch Freudenfall, einige wenige von Dr. Joseph Bernfeld. Zufällig stammen alle drei vom Südostrand der Donaumonarchie. Safrin, Schriftsteller, und früher auch Schauspieler an jiddischen Theatern in Lemberg, lebt heute noch in Polen und publiziert jetzt ausschließlich in polnischer Sprache. Baruch Freudenfall lebt in Israel und hat keine Absicht, seine Anekdoten selber herauszugeben. Einzig bei Dr. Bernfeld, der heute in Frankreich lebt, besteht begründete Hoffnung, daß er seine in langen Jahren gesammelten Anekdoten doch noch selber publizieren wird. Ich habe daher trotz seinem freundlichen Angebot von seiner Sammlung nur sehr sparsam Gebrauch gemacht. – Die Aussprache der Transkription in lateinische Buchstaben stammt, mit der bereits weiter oben erwähnten Einschränkung, von demselben Rabbi von der Südgrenze Litauens, der auch für die Aussprache im ‚Jiddischen Lexikon' unseres Buches die Verantwortung trägt.

1
«Mojsche, woss lachsstu asoj?»
«Ej, gor nischt! Ich hob mir derzejlt a wiz.»

2
Jidische Glajchwertlech
As a jid hot a hunt, is oder der hunt nischt kajn hunt, oder der jid nischt kajn jid.

3
A mentsch lernt sich redn sejer fri – schwajgn sejer schpet.

4
Ejn nar macht a ssach naronim.

5
An okss, chotsch er hot a lange zung, kon er nischt blosn kajn schojfer.

6
In a mikwe senen ale glajch.

2
glájchwertl, pl. glájchwertlech, Sprichwort, Witz, Bonmot.
as, wenn, als.

4
ssach (h.), Menge, Zahl, Summe.
narónim (Narr + h. Pluralendung), Narren.

1
«Moses, was lachst du so?»
«Ej, gar nichts! Ich hab' mir erzählt einen Witz.»

2
Jiddische Sprichwörter
Wenn ein Jude hat einen Hund, ist entweder (wörtl. oder) der Hund (nicht) kein Hund, oder der Jude (nicht) kein Jude.

3
Ein Mensch lernt (sich) reden sehr früh – schweigen sehr spät.

4
Ein Narr macht eine Menge Narren.

5
Ein Ochs, obwohl er hat eine lange Zunge, kann er nicht blasen (keinen) Schofar.

6
In einer Mikwa sind alle gleich.

5
chotsch (poln. chociaz), obgleich.
schójfer (h. schofár), Horn, Posaune. Gemeint ist immer das Widderhorn, das an gewissen hohen Feiertagen in der Synagoge geblasen wird.

6
míkwe (h. mikwá, wörtl. Ansammlung. Gemeint: Ansammlung von Quellwasser), rituelles Tauchbad.

7

Daless is nischt kajn bisojen, ober ojch nischt kajn kowed.

8

Ojb draj mentschn sogn: Schiker!, schpar sich nischt, lejg sich in bet arejn!

9

Ojf a feld mit berglech derzejlt men nit kajn Ssojdess.

10

Schpaj nischt in brunem – efscher wesstu darfn fun im trinken wasser.

11

Mit jidn is nor gut kugl zu essn.

7

dáless (h. dalút), Armut.
bisójen (h. bisajón), Schande.
kówed (h. kawód), Ehre.

8

ojb, ob, wenn
schíker (h. schikór), betrunken.

9

ssójdess, sing. ssod (h. ssodót, ssod), Geheimnisse.

7

Armut ist (nicht) keine Schande, aber auch (nicht) keine Ehre.

8

Wenn drei Menschen sagen: Betrunken!, sperr dich (sich) nicht (dagegen), leg dich (sich) ins Bett herein!

9

Auf einem Feld mit Berglein (genau: Bergelchen) erzählt man keine Geheimnisse.

10

Spei nicht in (den) Brunnen, vielleicht wirst du müssen von ihm trinken Wasser.

11

Mit Juden ist nur gut Kugel essen.

10

éfscher (h. efschár), vielleicht.
darfn, müssen

11

kugl (h. k'ugál = ‚gleichsam rund'), eine süße, fette, auflaufartige Sabbatspeise.

12

An epigram fun Safrin:

«Farwoss is dajn mojl farmacht?» hot men gefregt chower Nochim.

«A modne sach: as ich schwajg, halt mich di welt far a chochem!»

13

«Mojsche, farwoss schlofsstu epess in di briln?»

«Ich bin, nischt far dir gedacht, asoj kurzsichtik, as ich derken nischt di mentschn, woss ich se in cholem.»

14

Jidische Kloless

As ale zejn soln dir arojssfaln, nor ejn zon sol dir blajbn far zejnwejtog.

15

Got sol dir helfn, solsst sajn a milioner! Solsst hobn an ejgene plasche: samd in di nirn un wasser in di kni...

12

farmáchn (vermachen), verschließen.

chówer (h. chawéjr), Kamerad.

módne (slaw.), eigentümlich, merkwürdig.

as, wenn, als, daß.

chóchem (h. chachám), weise, klug.

12

Ein Epigramm von Safrin:

«Warum (Für was) ist dein Maul zugemacht (vermacht)?» hat man gefragt (den) Kameraden Nachim.

«Eine merkwürdige Sache: wenn ich schweige, hält mich die Welt für einen Weisen.»

13

«Moses, warum (für was) schläfst du (etwas) in den Brillen?»

«Ich bin, nicht für dich gedacht, so kurzsichtig, daß ich erkenne nicht die Menschen, was ich sehe im Traum.»

14

Jiddische Flüche

Daß alle Zähne sollen dir herausfallen, nur ein Zahn soll dir bleiben für Zahnweh!

15

Gott soll dir helfen, sollst sein ein Millionär! Sollst haben einen eigenen Strand (plage): Sand in den Nieren und Wasser in den Knien...

13

nischt far dir gedacht! Abwehrend beschwörende Formel.
chólem (h. chalóm), Traum.

14

klóless, sing. **klole** (h. k'lalót, k'lalá), Flüche.
as, daß, wenn, als.
wéjtog, das Wehtun.

16

Wen Herschl Ostropoljer is gewen a jingl fun sekss jor, hot er sich geschpilt mit andere jinglech in gass. Is amol farbajgegangen a fremder jid, di kluge ajgelech fun Herschelen senen im ojfgefaln, hot er gerufn un gefregt: «Wi hejsstu, jingele?»
Hot Herschl geentfert: «Ich hejss wi majn sejde.»
«Un wi hot gehejssn dajn sejde?»
«Asoj wi sajn sejde.»
«Nu – un wi ruft men dich zum essn?»
«Zum essn darf men mich nischt rufn, zum essn lojf ich alejn!»

17

Herschls wajb hot gehat in Osstropolje a klejn kreml. Is si geworn a bal-chojw. Amol hot Herschl untergeschribn a wekssl far ss'chojre, un, farschtejt sich, nischt ojssgekojft dem wekssl zum termin.
Kumt zu im der ssojcher:
«Herschl, farwoss hosstu nischt ojssgekojft dem wekssl?»
«Ich zol nischt.»
«Hosstu doch alejn untergeschribn dem wekssl!»

16

Hersch Ostropoler, populärer Witzbold. Er lebte im 18. Jahrhundert als Diener eines chassidischen Rabbis.
sejde (poln. dziad), Großvater.
darfn, müssen, brauchen.

16

Wenn (als) Herschel Ostropoler ist gewesen ein Jüngelchen von sechs Jahren, hat er (sich) gespielt mit andern Jüngelchen in der Gasse. Ist einmal vorbeigegangen ein fremder Jude, die klugen Äugelchen von Herschele sind ihm aufgefallen, hat er gerufen und gefragt: «Wie heißest du, Jüngelchen?»

Hat Herschel geantwortet: «Ich heiß' wie mein Großvater.»

«Und wie hat geheißen dein Großvater?»

«So wie sein Großvater.»

«Nun – und wie ruft man dich zum Essen?»

«Zum Essen braucht (darf) man mich nicht rufen, zum Essen lauf' ich allein.»

17

Herschels Weib hat gehabt in Ostropole ein kleines Kramlädchen (Krämel). Ist sie geworden ein Schuldner. Einmal hat Herschel unter(ge)schrieben einen Wechsel für Ware und, versteht sich, nicht ausgekauft den Wechsel zum Termin.

Kommt zu ihm der Kaufmann:

«Herschel, warum (für was) hast du nicht ausgekauft den Wechsel?»

«Ich zahl' nicht.»

«Hast du doch allein unter(ge)schrieben den Wechsel?»

17

bal-chójw (h. bá'al chów), wörtl. Herr der Schuld = Schuldner.

ss'chóire (h. ss'chorá), Ware.

ssójcher (h. ssochéjr), Kaufmann.

«Ich zol nischt. Woss-sche is? Majn wort is hejliker fun majn unterschrift. As ich sog, ich zol nischt, zol ich nischt.»

18

Herschl is ejn mol farnacht arajngekumen in an achssanje un gebetn epess essn, wajl er is gewen tojt-hungerik. Hot di balebosste ongekukt dem opgerissenem ojrech un im geentfert, as ss'is schojn noch der wetschere.

Fregt Herschl: «Un woss kocht sich dort in top?»

«Gret.»

Kojm is di balebosste arojssgegangen fun schtub, hot Herschl arajngekukt in top, arojssgenumen fun dort hejsse warenikess, sej gich ojfgegessn, arajngeworfn sajn hemd in top arajn, arojfgekrochn ojfn ojwn un sich gelejgt schlofn.

Noch a kurzer zajt is di balebosste arajn zu sich in schtub, dersen woss ess tut sich un gemacht a gewald:

«Wu senen di warenikess?»

«Woss fara warenikess?» fregt Herschl. «Balebosste-lebn, ir

wóss-sche (‚was' + poln. ‚ze', also), was also?, was denn?
as, wenn, als, daß.

18
farnácht, vor Nacht.
achssánje (h. achssanjá), Herberge.
balebósste (h. ba'alát-habájit), Hausherrin.
ójrech (h. oréjach), Gast.
wétschere (russ. wetschéra), Abendbrot.

«Ich zahl' nicht. Was-denn ist? Mein Wort ist heiliger als (von) meine(r) Unterschrift. Wenn ich sage, ich zahl' nicht, zahl' ich nicht.»

18

Herschel ist einmal vor Nacht hereingekommen in eine Herberge und gebeten etwas (zu) essen, weil er ist gewesen todhungrig. Hat die Wirtin angeguckt den abgerissenen Gast und ihm geantwortet, daß es ist schon nach dem Abendbrot.
Fragt Herschel: «Und was kocht sich dort im Topf?»
«Wäsche (wörtl. Gerät).»
Kaum ist die Wirtin herausgegangen von (der) Stube, hat Herschel hereingeguckt in (den) Topf, herausgenommen von dort heiße Krapfen, sie schnell aufgegessen, hereingeworfen sein Hemd in (den) Topf herein, heraufgekrochen auf den Ofen und sich gelegt schlafen.
Nach einer kurzen Zeit ist die Wirtin zu sich herein in die Stube, (hat) (er)sehen, was (es) tut sich, und Krach geschlagen (wörtl. «gemacht Gewalt»):
«Wo sind die Krapfen?»
«Was für (eine) Krapfen?» fragt Herschel. «Wirtin-Leben, Ihr

gret (wörtl. Gerät), Wäsche.
warénikess (russ. wareniki), eine Art große Ravioli, gefüllt mit Fleisch oder mit Weißkäse und Kartoffeln, und in Salzwasser gekocht.
gich (dtsch.), schnell.
ojwn, Ofen.
balebósste-lebn. Das angehängte ,Leben' bedeutet entweder den freundlichen Wunsch, der Betreffende möge ,leben', oder aber, daß er dem Sprecher so teuer ist wie sein eigenes Leben.

sent arop fun sinen? In top hot sich gekocht gret, hob ich sich dermont, as majn hemd is brudne, hob ich ess ojch arajngeworfn.»

19

Jissre hot gehat sibn nemen. Fregt di welt: «Far woss hot er gehat sibn nemen?»
Wi bakant hot Jissre gehat sibn techter, hot er nochn chassenemachn fun jeder tochter – welche er hot gegebn grojsse nadenss woss hot im bedil-hadal gemacht – gemust bankrotirn un iberbajtn dem nomen, un asoj arum is im geblibn sibn nemen.

20

Men hot gefregt Jissre, wi kumt doss, as er hot getrojt sajn tochter Zipojre zu a wild fremdn mentschn, wi ess is zu im gewen Mojsche rabejnu.
Hot er geentfert: «As men hot sibn derwakssene techter, is men schojn nischt kajn iberklajber.»

dermónt (ermahnt), erinnert.
brúdne (poln. brudny), schmutzig.

19
Jíssre (h. Jitró), der Schwiegervater von Moses.
chássene (h. chatuná), Hochzeit.
nádenss, sing. náden (h. n'dan), Mitgift.
bedíl-hadál (ha-dál, h., der Arme. Die Bedeutung von bedil ist unklar. Vielleicht ist es nur ein Wortspiel. Vielleicht hängt es mit poln. biedny = arm zusammen), sehr arm.
íberbajtn (überbeuten), wechseln, vertauschen.

seid (herab) von Sinnen? Im Topf hat sich gekocht Wäsche, hab' ich mich erinnert (ermahnt), daß mein Hemd ist schmutzig, hab' ich es auch hereingeworfen.»

19

Jitro hat gehabt sieben Namen. Fragt die Welt: «Warum (für was) hat er gehabt sieben Namen?»

Wie bekannt, hat Jitro gehabt sieben Töchter, hat er nach dem Hochzeit-Machen (Verheiraten) von jeder Tochter – welchen er hat gegeben große Mitgiften, was hat ihn bettelarm gemacht – gemußt bankrottieren und wechseln (überbeuten) den Namen, und so (herum) ist ihm geblieben sieben Namen.

20

Man hat gefragt Jitro, wie kommt das, daß er hat anvertraut seine Tochter Zipora (zu) einem wildfremden Menschen, wie es ist zu ihm gewesen Moses, unser Meister.

Hat er geantwortet: «Wenn man hat sieben erwachsene Töchter, ist man schon kein ‚Klauber'.»

20

as, daß, wenn.

getrójt (getraut), anvertraut.

rabéjnu (v. h. raw = 1. großer Herr, 2. Rabbi. Rabejnu = unser Raw), unser Herr, unser Meister.

íberklaiber (Überklauber), einer, der wählerisch ist.

21
«Mojsche, du bisst doch a kluger jid. Sog mir, far woss hot got baschafn fri'er a man, un dernoch di froj?»
«Wajl er hot farschtanen, as es iss nischt kedaj, onzuhojbn mit a froj.»

22
Gewejntlich is ongenumen, as der man is der schpajser fun der froj.
Far woss schpajst nischt di froj dem man?
Wajl ejn mol hot schojn Chawe gepruwt zu schpajsn ir man, hot noch derfun di ganze welt bis zum hejntikn tog zu singen un zu sogn.

23
Ich sog ajch, a jom-kiper is doss gewen – ech, ech, ech... Senen mir gegangen noch kol-nidre ojf der nacht: ich, un der row, un Mojsche Kischke, un Frojim Schwab, un Mechl Drong, un

21
baschafn (beschaffen), erschaffen.
as, daß, wenn, als.
kedáj (h. k'daj), es lohnt, es ist empfehlenswert.
ónhejbn (anheben), 1. anfangen, 2. Streit anfangen.

22
as, daß, wenn, als.
Cháwe (h. chawá), Eva.

21
«Moses, du bist doch ein kluger Jude. Sag mir, weshalb (wörtl. für was) hat Gott erschaffen früher einen Mann und darnach die Frau?»
«Weil er hat verstanden, daß es ist nicht empfehlenswert, (Streit) anzufangen mit einer Frau.»

22
Gewöhnlich nimmt man an (wörtl. ist angenommen), daß der Mann ist der Speiser der Frau.
Warum (wörtl. für was) speist nicht die Frau den Mann?
Weil einmal hat schon Eva probiert (wörtl. geprüft) zu speisen ihren Mann, hat davon die ganze Welt bis zum heutigen Tag zu singen und zu sagen.

23
Ich sag' euch, ein Jom Kipur ist das gewesen – ach, ach, ach... Sind wir gegangen nach Kol-Nidrej nachts (auf der Nacht): ich, und der Rabbi, und Moses Darm, und Efrajm Schwab, und Mi-

23
jom-kíper (h. jom-kipúr), Tag der Sühne. Strengster Buß- und Fasttag.
kol-nídre (h. kol-nidréj), ‚alle Gelübde', Anfangsworte eines Gebetes am Jom-kipur.
row (h. raw), Rabbi.
Kíschke (poln. kiszka), Darm; **Drong** (poln. drąg), Pfahl. Die Namen sind absichtlich komisch gewählt.

geredt al d'war-tojre un noch aselche klejnikajtn... derseen mir pluzem unter a lamtern schtejt sich Jochziale mit a schiksse. Mejle hot der row, sol lebn, ongekukt di schiksse, is er schir nischt geblibn ojfn ort... take asa jor zu mir, woss far a schikssl doss is gewen!

«Du grober jung!» git der row a geschrej of Jochziale, «du amorez! Wi hosstu epess far got nischt kajn mojre? Hajnt is doch jom-kiper! ...»

«Rebe», entfert im Jochziale mit a schmejchl, «ich darf si den chass w'cholile ojf hajnt? Ich hob si mir nor baschtelt, mirtsche, b'li neder, ojf ssimchess tojre! ...»

24

A ssojcher is gekumen in a klejn schtetl, farforn in an achssanje, un blajbendik iber schabess, hot er baschlossn, zu deponirn sajn gelt bajm row.

al d'war-tójre (h. al d'war-torá. al = auf, dawár = Sache, torá = Pentateuch, auch allg. religiöse Lehren), also: über religiöse Themen.
derséen (ersehen), erblicken.
lamtérn, Laterne.
plúzem (erste Hälfte von ‚plötzlich' + h. Pluralendung -im), plötzlich.
schíksse (v. h. schékez = Reptil, Abscheu). Schekez: nichtjüdischer, primitiver Bursche. Schiksse: weibl. Form von Schekez.
méjle (h. mejlá, von selbst), nun ...
táke (russ.), wirklich.
grob, grob, meist im Sinne von ‚ungebildet'.
amórez (h. am-ha-árez, wörtl. Landvolk). Im J. nur im Sinn von: ungebildeter Mann, Flegel.
mójre (h. morá), Furcht.

chel Pflock, und geredet über Tora und noch solche Kleinigkeiten... (er)sehen wir plötzlich, unter einer Laterne steht (sich) Jochziale mit einem Mädel.

Nun hat der Rabbi, (er) soll leben, angeguckt das Mädel, ist er fast (nicht) geblieben (gemeint: tot) auf dem Ort... Wahrlich, ein solches Jahr zu mir, was für ein Mäderl das ist gewesen!

« Du grober Junge! » gibt der Rabbi ein Geschrei auf Jochziale, « du ungebildeter Kerl! Wie hast du (etwas) vor Gott (nicht) keine Angst? Heute ist doch Jom Kippur! ...»

« Rabbi », antwortet ihm Jochziale mit einem Lächeln, « ich brauch' sie denn, Gott behüte, auf heut? Ich habe sie mir nur bestellt, so Gott will, ohne Obligo, auf Simchat-Tora! ...»

24

Ein Kaufmann ist gekommen in ein klein Städtel, vorgefahren in einer Herberge, und, bleibend über Sabbat, hat er beschlossen, zu deponieren sein Geld beim Rabbi.

schmejchl (dtsch.), Lächeln.
chass w'cholíle (h. chass w'chalilá), beschwörender Ausruf, etwa: Gott behüte!
mírtsche, korrumpiert aus: h. ‚im jirzé haschéjm', ‚wenn der Name (= Gott) wollen wird'.
b'li néder (h. u. j.), wörtl. ‚ohne Gelübde': ‚ohne Obligo', unverbindlich.
ssímchess tójre (h. ssimchát torá), wörtl. Freude der Tora. Ein Freudenfest, kurz nach Jom Kipur.

24
ssójcher (h. ssochéjr), Kaufmann.
farfórn (verfahren), vorgefahren, hingefahren.
row (h. raw), Rabbi.

Der row hot arajngerufn etleche forschtejer fun kol, sej mojdi'e gewen, as der jid lejgt baj im ajn zen tojsnt rubl, un derklert: «Ot bahalt ich doss gelt in an ajserner kasse.»
Suntik in der fri kumt der ssojcher opnemen sajn gelt, ober der row macht sich tamewate:
«Woss far a gelt? Ich wejss fun gornischt.»
«Woss hejsst, rebe, ir wejsst nischt?» sogt der ssojcher mit a ziterdiker schtim, «ess senen derbaj gewen ejdess, forschtejer fun kol!»
Der row ruft arejn di forschtejer, ober ojch sej machn sich nischt wissendik:
«Woss far a gelt? Der mentsch redt fun hiz...»
«Jidn», zewejnt sich der ssojcher, «men hot doss gelt bahaltn in an ajserner kasse!»
«Woss far a kasse? Nischto baj unds kajn kasse!» lachn im ojss di forschtejer un farlosn di schtub.
Ojch der row farschwindt ojf a wajle, dernoch zolt er ojss dem fremdn jid di ajngelejgte zen tojsnt rubl.
«Rebe», wundert sich der ssojcher, «zuwoss hot getojgt doss ganze schpil?»
Entfert im der row mit a schmejchl: «Ich hob dir nor gewolt wajsn, mit woss far a kol ich hob do zu ton.»

kol, genauer kóhol (h. kahál), Gemeinde.
mojdí'e sejn (h. modía, wissen machen, bekanntmachen), mitteilen, bekanntgeben.
ot (poln.), siehe da, hier, nun.
tamewáte (h. tamím = lauter, naiv; evtl. auch von griech. taumazein = staunen), ahnungslos, blöd, dösig.

Der Rabbi hat hereingerufen etliche Vorsteher von der Gemeinde, ihnen mitgeteilt, daß der Jude legt bei ihm ein zehntausend Rubel, und erklärt:
«Da, behalte ich das Geld in einer eisernen Kasse.»
Sonntag in der Früh kommt der Kaufmann abnehmen sein Geld, aber der Rabbiner stellt sich (macht sich) ahnungslos:
«Was für ein Geld? Ich weiß von gar nichts!»
«Was heißt, Rebbe, Ihr wißt nicht?» sagt der Kaufmann mit einer zitterigen Stimme, «es sind dabei gewesen Zeugen, Vorsteher von der Gemeinde!»
Der Rabbi ruft herein die Vorsteher, aber auch sie machen sich (= stellen sich) nichtwissend:
«Was für ein Geld? Der Mensch redet von Hitze (= im Fieber).»
«Juden», zerweint sich der Kaufmann, «man hat das Geld behalten in einer eisernen Kasse!»
«Was für eine Kasse? Nicht da bei uns (k)eine Kasse!» – lachen ihn aus die Vorsteher und verlassen die Stube.
Auch der Rabbi verschwindet auf eine Weile, darnach zahlt er aus dem fremden Juden die eingelegten zehntausend Rubel.
«Rebbe», wundert sich der Kaufmann, «zu was hat getaugt das ganze Spiel?»
Antwortet ihm der Rabbi mit einem Lächeln: «Ich habe dir nur gewollt zeigen (weisen), mit was für einer Gemeinde ich da zu tun habe.»

éjdess (h. ejdút = Zeugenschaft), der Zeuge, die Zeugen, sing. und pl. gleich.
schmejchl (wörtl. das Schmeicheln), das Lächeln.
Für das Verständnis des Witzes muß man wissen, daß Juden am Sabbat kein Geld bei sich tragen dürfen.

25
Zwej klejnschteteldike jidn firn a schmu'ess wegn grojsse schuln un bote-midroschim.
«Du hosst gehert wegn der grojsskejt fun der schul in Amssterdam?»
«A schtejger k'dojme lemoschel?»
«As ess kumt ssimchess-tojre, gejt men dort nischt mit di hakofess, nor men rajt ojf ferdlech. Un in der mit muss men di ferdlech passen.»

26
A jid is gekumen zum row, im opgedult ganze draj scho, geredt nischt zu der sach un dernoch gefregt an ejze.
Macht der row: «Ich mejn, as kojdem kol darfsstu sich schmadn.»
«Far woss epess, rebe!» balejdikt sich der jid.
«Wajl demolt wesstu drejen dem kop dem galech un nischt mir.»

25
schmú'ess (h. schmuót, wörtl. das Gehörte), Gespräch, ,Schmus'.
schul (wörtl. Schule), Synagoge.
bóte-midróschim, sing. **bejss-médresch** (h. batéj-midraschím, bejt-ha-midrásch), Lernhäuser für religiöses Wissen.
A schtéjger k'dójme lemóschel: drei etwa gleichbedeutende Wörter: Zum Beispiel. (Die Etymologie von ,schtejger' ist unsicher; k'dojme, h. k'domé = vergleichbar mit, scheinbar; lemöschel, h. l'maschál = zum Beispiel.)
ssímchess-tójre (h. ssimchát-torá), wörtl. Tora-Freude. Ein Fest, bei welchem die Torarollen rund um die Empore getragen werden.
hakófess (h. hakafót), Umdrehungen. Gemeint sind die Rundgänge mit den Torarollen.
pássen (poln. pasać), weiden, füttern.

25
Zwei kleinstädtische Juden führen ein Gespräch über (wegen) große(n) Synagogen (jid. Schulen) und Lernhäuser(n).
« Du hast gehört über (wegen) die Größe der Schul von Amsterdam? »
« Zum Beispiel? »
« Wenn es kommt Simchat-Tora, geht man dort nicht bei den (mit den) Umkreisungen, nur: man reitet auf Pferdlein. Und in der Mitte muß man die Pferde füttern. »

26
Ein Jude ist gekommen zum Rabbi, ihm vertrödelt ganze drei Stunden, geredet nicht zu der Sache und darnach gefragt einen Rat.
Macht der Rabbi: « Ich meine, daß vor allem mußt du (darfst du) dich taufen. »
« Warum (für was) (etwas), Rabbi! » beleidigt sich der Jude.
« Weil: dann wirst du verdrehen den Kopf dem Pfarrer und nicht mir. »

26
row (h. raw), Rabbi.
ópduln, sinnlos vertrödeln, sinnlos Zeit rauben.
scho (h. scha'á), Stunde.
éjze (h. ejzá), Rat.
kójdem kol (h. ködem kol), vor allem.
schmadn (h. schamód = vernichten), taufen.
gálech, (h. galách), wörtl. der Geschorene. Wiewohl es eine Anspielung auf die Tonsur der katholischen Geistlichen ist, meint das Wort heute im J. Priester beider christlichen Konfessionen.

27

Zwej jidische wajber hobn sich zekrigt wegn a geborgtn tepl. Gejt men zum row.
Fregt der row ejne fun sej, far woss si hot nischt opgegebn der schochente doss geborgte tepl – entfert si:
«Erschtens hob ich kajn schum tepl nischt geborgt. Zwejtnss is doss tepl gewen zebrochn. Dritnss hob ich ess schojn lang opgegebn...»

28

Der onew

In a klejn schtetl is amol gekumen a fremder jid. Is der jid gegangen in bejssmedresch un hot sich awekgesezt ganz hintn ojf a bank. A por teg noch anand flegt er kumen, flegt aropnemen a ssejfer un flegt sich aweksezn un lernen. A mol, as balebatim flegn reidn tojre, flegt er ojch arajnwarfn a wertl un ess hot sich arojssgewisn, as er is gor a grojsser lamdn, mamesch a go'en. Ober as men hot im gebetn sich sezn ojfn misrech, hot er be-

27

zekrígt (zerkriegt), zerstritten.
row (h. raw), Rabbi.
óbgebn (abgeben), zurückgeben.
schóchente, männl. **schóchen** (h. schachéjn), Nachbarin, Nachbar.
schum (h. u. j.), irgendein. Immer in Zusammensetzung mit Negation: kajn schum = gar kein. Cf. franz. rien.

28

ónew (h. anáw), bescheiden, demütig. Besonders in chassidischen Kreisen wird die Tugend der Demut sehr verehrt.

27

Zwei jüdische Weiber haben sich zerkriegt (zerstritten) wegen einem geborgten Töpflein.

Geht man zum Rabbi.

Fragt der Rabbi eine von ihnen, warum (für was) sie hat nicht abgegeben der Nachbarin das geborgte Töpflein – antwortet sie: «Erstens habe ich keinerlei Töpflein (nicht) geborgt, zweitens ist das Töpflein gewesen zerbrochen. Drittens habe ich es schon lange abgegeben.»

28

Der Demütige

In ein kleines Städtel ist einmal gekommen ein fremder Jude. Ist der Jude gegangen in das Bejt-hamidrasch (Lernhaus) und hat sich weggesetzt ganz hinten auf eine Bank. Ein paar Tage nacheinander pflegte er zu kommen, pflegte herabnehmen ein Buch und pflegte sich wegsetzen und lernen. Manchmal (genau: einmal) wenn Hausherren pflegten reden (über) Tora, pflegte er auch hereinwerfen ein Wörtlein, und es hat sich heraus-

bejssmédresch (h. bejt-ha-midrásch), Lernhaus (nur für religiöse Stoffe).
sséjfer (h. u. j.), Buch.
balebátim (h. ba'aléj-batím), Hausherren, die verheirateten Männer.
tójre (h. torá), 1. Lehre, Belehrung, 2. Pentateuch, 3. allg. religiöses Schrifttum.
lamdn (h. lamdán), wörtl. Lerner. Gelehrter Mann.
mámesch (h. mamásch), wahrlich.
gó'en (h. gaón), wörtl. Genie. Cf. Glossar. Hier: hochgelehrter Mann.
mísrech (h. misrách), Osten. An der Ostwand sind die Ehrensitze im Bethaus. Cf. Glossar.

schum ojfn nischt gewolt, nor er flegt schtendik sizn in a winkl. Ejn mol is gekumen der row in bejssmedresch un er sogt: «Ich hob gehert, as baj ajch dawnt a fremder jid, asa grojsser onew. Ich wolt im gewolt sen.»
Schtejt der jid ojf un sogt: «Rebe, ir sucht dem onew? Ich bin doss!»

29
Itsche Mejer Litman is gewen roschakol in a galizischer schtot. Treft sich amol, ess kumt zu forn sajner a plimenik, un nischt kenendik dem adress funm feter, fregt er a farbajgejendikn jid:
«Wu wojnt do reb Itsche-Mejer, der roschakol?»
Der jid blajbt schtejn, schpajt ojss un schrajt mit kass:
«Woss, Itsche-Mejer?! Asa bandit, asa gaslen, er hot zugeganwet ale amerikanische matoness!»
Der jungerman is gich awek un hot geschtelt di ejgene frage a

beschúm ojfn (h. b'schúm ófen), auf keine Weise, unter keinen Umständen.
dawnt, v. dáwenen, beten. Cf. Glossar.
row (h. raw), cf. Glossar. Hier: Rabbi.
rébbe (h. rabí), wörtl. ‚mein Raw', Anredeform für den Rabbi.

29
roschakól, genauer rosch-ha-kóhol (h. rosch-ha-kahál), Haupt der (jüdischen) Gemeinde.

gewiesen, daß er ist ein gar großer Lamdan (Lerner), wahrlich ein Genie. Aber als man hat (ihn) gebeten sich setzen auf den Misrach (= auf die Ostseite), hat er unter keinen Umständen (nicht) gewollt, nur er pflegte ständig sitzen in einem Winkel. Einmal ist gekommen der Rabbi in das Bejt-hamidrasch, und er sagt: «Ich habe gehört, daß bei euch betet ein fremder Jude, ein so großer ‚Demütiger'. Ich möchte (wörtl. «wollte ihn gewollt») sehen.»
Steht der Jude auf und sagt: «Rebe, Ihr sucht den Demütigen? Ich bin das.»

29

Itsche Mejer Littmann ist gewesen Gemeindepräsident in einer galizischen Stadt. Trifft sich einmal, es kommt zu fahren sein (seiner ein) Neffe, und nicht kennend die Adresse von dem Vetter, fragt er einen vorbeigehenden Juden:
«Wo wohnt da Reb Itsche Mejer, der Gemeindepräsident?»
«Was, Itsche Mejer?! Ein solcher Bandit, ein solcher Räuber! Er hat (zu)gestohlen alle amerikanischen Geschenke!»
Der junge Mann ist schnell weg und hat gestellt die gleiche Frage einem Krämer, was hat gedöst auf der Schwelle von sei-

plímenik (russ.), Neffe.
kass (h. ka'ass), Zorn.
gáslen (h. gaslán), Räuber.
zúganwenen (v. h. ganáw, Dieb), stehlen.
matóness, pl. von matóne (h. matanót, mataná), Geschenke.
gich (d.), schnell.
éjgen, 1. eigen, 2. derselbe.

kremer, woss hot gedrimelt ojf der schwel fun sajn gewelb. Der kremer hot opgewischt di farschlofene ojgn un sich zebejsert: « Itsche-Mejer, a krenk in sajne bejner! Asa blutsojger! Er rajsst fun uns arop doss lezte hemd far kol-schtajern! »
Endlech hot der plimenik getrofn zum rajchn feter. Asoj wi men hot opgegessn dem mitog, git er im a freg:
« Feter, ir sent do roschakol? »
« Awade. Woss is di schajle? »
« Woss zolt men ajch derfar? »
« Zoln?! » balejdikt sich der feter. « Doss is doch geselschaftleche arbet! »
« Woss-sche hot ir fun der geselschaftlecher arbet? »
« Woss hejsst, woss ich hob? ... Ich hob kowed baj mentschn! »

30

An oremer farfasser, un derzu orem in wissn, is a mol gekumen zu a grojssn gelerntn go'en, er sol im gebn a hasskome ojf sajn ssejfer. Wen der go'en hot arajngekukt in ssejfer, hot er gesen,

drímeln (slaw.), leicht schlummern, dösen.
gewélb (Gewölb), Laden.
kol (genauer kóhol), h. kahál, Gemeinde.
awáde (h. awadáj), sicherlich.
schájle (h. sch'ejlá oder scha'alá), Frage.
wóss-sche (‚was' + poln. ‚ze' = also), was also?
kówed (h. kawód), Ehre.

nem Gewölb (= Laden). Der Krämer hat abgewischt die verschlafenen Augen und sich erbost (zerbösert):
«Itsche-Mejer, eine Krankheit in seine Gebeine! Ein solcher Blutsauger! Er reißt von uns herab das letzte Hemd für Gemeindesteuern!»
Endlich hat der Neffe getroffen zum reichen Vetter. So, wie man hat abgegessen das Mittagessen (den Mittag), gibt er ihm eine Frage:
«Vetter, Ihr seid da Gemeindepräsident?»
«Sicherlich. Was ist die Frage? (Etwa: Warum fragst du?)»
«Was zahlt man Euch dafür?»
«Zahlen?!» beleidigt sich der Vetter. «Das ist doch gesellschaftliche Arbeit!»
«Was also habt Ihr von der gesellschaftlichen Arbeit?»
«Was heißt, was ich (davon) habe? Ich habe Ehre bei (den) Menschen!»

30

Ein armer Verfasser, und dazu arm in Wissen, ist einmal gekommen zu einem großen gelehrten ‚Gaon', er soll ihm geben eine Empfehlung auf sein Buch. Als (wenn) der Gaon hat

30
órem, arm.
gó'en (h. gaón), eigentlich Genie, erhabener Herr. Titel einer bestimmten Gruppe nachtalmudischer führender Gelehrter. In der Neuzeit nur noch ehrende Ansprache hochgelehrter nicht-chassidischer Rabbis.
hasskóme (h. hasskamá), Einverständnis, Gutheißung.
sséjfer (h. u. j.), Buch.

as es is lojter dumhajtn, ober er hot gesen, as es is an oreman, hot er gehejssn dem sekretar onschrajbn a lange hasskome mit a ssach lojbwerter, un dernoch hot er sich opgerukt sekss schuress fun dem nussach fun der hasskome un sich untergeschribn. Wen man hot im gefregt, far woss er hot sich opgerukt mit sajn unterschrift asoj wajt fun dem ejgentlichn teksst fun der hasskome, hot der go'en geentfert: « Ich hob erfilt di werter fun der tojre: midwar scheker tirchok, derwajter sich fun a lignt! »

31

A jid a wojl-lerner hot farlojrn sajn bril. Sizt er un lernt: « Is di schajle: Wu-sche is majn bril? Sol ich sogn, as di bril hot zugenumen ejner, woss darf jo a bril, to wu-sche is sajn bril? Sol ich wajter sogn, as di bril hot zugenumen ejner, woss darf nischt kajn bril, zu woss-sche tojg im di bril? Mus ich take zurik sogn,

as, daß, wenn.
a ssach (h. Ssach, Menge, Summe, Betrag), eine Menge, ein Haufen.
schúress, sing. **schúre** (h. schurót, schurá), Zeilen, Linien.
nússach (h. nussách), Text.
tójre (h. torá), wörtl. Lehre. Pentateuch.
miw'dár schéker tirchók: von einer Lüge (wörtl. Lügensache) sollst Du Dich entfernen!

31
wojl, wohl. Wojl-lerner = einer, der gut Talmud lernen kann.

hereingeguckt in (das) Buch, hat er gesehen, daß es ist lauter Dummheiten, aber er hat gesehen, daß es ist ein armer Mann, hat er (also) geheißen den Sekretär (an)schreiben eine lange Empfehlung mit einem Haufen Lobwörter, und danach hat er sich abgerückt sechs Zeilen von dem Text von der Empfehlung und (sich) unterschrieben.
Als (wenn) man hat ihn gefragt, warum (für was) er hat sich abgerückt mit seiner Unterschrift so weit von dem eigentlichen Text von der Empfehlung, hat der Gaon geantwortet: «Ich habe erfüllt die Worte von der Tora: (hebr.:) Von einer Lügensache sollst du dich entfernen, (jid.:) entferne dich (erweitere sich) von einer Lüge!»

31
Ein Jude, ein ,Wohl-Lerner', hat verloren seine Brille. Sitzt er und lernt (meditiert):
«Ist die Frage: Wo also ist meine Brille? Soll ich sagen, daß die Brille hat weggenommen (zugenommen) einer, was braucht (darf) (ja) eine Brille – nun, wo also ist seine Brille? Soll ich

lernt, hier etwa: studiert, meditiert, klärt.
schájle (h. scha'alá oder sch'ejlá), Frage, Problem.
wú-sche, wo also? (dtsch. ,wo' + poln. ,ze', also).
as, daß, als, wenn.
darf, braucht.
woss-sche, was also? (dtsch. ,was' + poln. ,ze', also).
to, poln. das, dann, also, nun.
táke, russ. wahrlich.
zurík, wieder.

as di bril hot genumen ejner, woss darf jo a bril... To wu-sche is sajn bril? ... To wu-sche is majn bril?!»

32

A jid schrajbt zu sajn wajb a briw. Schrajbt er bese-haojfn: «Ssore! As du wesst lejenen dajn briw... far woss-sche schrajb ich dajn briw? Wajl, wen ich wolt geschribn majn briw, wolsstu hojch gelejent majn briw un gemajnt, as es is dajn briw. Schrajb ich take dajn briw, du sollst hojch lejenen dajn briw, wesstu wissn, as ess is majn briw.»

33

Jankl Sojlenschizer hot ojfn bejss-hakworess gekojft a familien-grub, kedej di ganze mischpoche noch hundertunzwanzik jor sol sajn zusamen.

32

besé-ojfn (h. besé-ha-ófen), auf diese Weise.
as, wenn, als, daß.
léjenen (von altfranz. leire), lesen.
far wóss-sche (wörtl. ‚für was' + poln. ‚ze', also, denn, nun), warum also?
hojch, wörtl. hoch; laut.
táke (russ. take), in der Tat, wirklich.

weiter sagen, daß die Brille hat zugenommen einer, was braucht (darf) (nicht) keine Brille, zu was also taugt ihm die Brille? Muß ich wahrlich wiederum (zurück) sagen, daß die Brille hat genommen einer, was braucht (darf) ja eine Brille – nun, wo also ist seine Brille? ... Nun, wo also ist meine Brille?!»

32

Ein Jude schreibt zu seinem Weib einen Brief. Schreibt er auf diese Weise:

«Sara! Wenn Du wirst lesen Deinen Brief... Warum nun schreibe ich Deinen Brief? Weil, wenn ich wollte schreiben (wörtl. geschrieben) meinen Brief, würdest Du (wörtl. wolltest Du) laut lesen (wörtl. gelesen) meinen Brief und gemeint, daß es ist Dein Brief. Schreib' ich also Dein Brief, Du sollst laut lesen Dein Brief, wirst Du wissen, daß es ist mein Brief.»

33

Jankel Sohlenschützer hat auf dem Friedhof gekauft ein Familiengrab, damit die ganze Familie, nach hundertzwanzig Jahren, soll sein zusammen.

33

bejss-hakwóress (h. bejt-ha-kwarót), wörtl. Haus der Gräber = Friedhof.

kedéj (h. k'dej), damit, auf daß.

mischpóche (h. mischpachá), Familie.

120 Jahre: Ostjuden sprechen kaum je vom Tode ihnen teurer Personen, ohne in dieser abgekürzten Form den Wunsch beizufügen, es möchten 100 oder 120 Jahre Leben zuvor erreicht werden.

Ssore Bejle, a wajtere krojwe, hot sich derwusst fun dem familjengrub, is si ahingelofn zu Janklen un im gebetn, as er sol far ir ojch reservirn a plaz.
Sogt Jankl: «Sajt ruik, mumesche, un macht ajch nischt kajn sorgn: Ir wet sajn di erschte.»

34

A magid hot bajm haltn sajn drosche fərgessn wen ojfzuhern. Hot sich ojfgehojbn der gabe un schtil ajngerojmt dem baldarschen, as schojn zajt zu dawenen majrew. Derbaj hot er im a wajs geton sajn sejger.
Der magid hot sich ober nischt farlojrn un mit sajn magidischn nign wajter gesungen: «Der sejger is a guter, ober der wajser tojg ojf kaporess!»

krójwe (h. krowá), nahe Bekannte, Verwandte.
mùmesche, Mühmchen (Muhme + poln. Kose-Endung).
as, daß, wenn, als.

34
mágid (h. magíd), Prediger, Wanderprediger.
drósche (h. draschá), Rede, Predigt.
gábaj oder **gábe** (h. gabáj), ursprüngl. Einnehmer oder Verwalter der Armenkasse. Heute nur noch Synagogenvorstand.
bal-dárschen (h. bá'al-darschán), Prediger, Redner.
dáwnen oder **dáwenen,** beten, Etymologie cf. Glossar.

Sara Bella, eine entferntere (‚weitere') Verwandte, hat erfahren (wörtl. sich erwußt) von dem Familiengrab, ist sie hingelaufen zu Jankel und ihn gebeten, daß er soll für sie (ihr) auch reservieren einen Platz.
Sagt Jankel: «Seid ruhig, Mühmchen, und macht Euch keine Sorgen: Ihr werdet sein die erste.»

34
Ein Magid hat beim Halten seiner Rede vergessen, wann aufzuhören. Hat sich erhoben (aufgehoben) der Gabbaj und still eingeraunt dem Redner, daß schon Zeit zu beten das Abendgebet. Dabei hat er ihm gewiesen (‚einen Weis getan') seine Uhr.
Der Magid hat sich aber nicht verloren (= stören lassen) und mit seiner magidischen Melodie weitergesungen: «Die Uhr ist eine gute, aber der Zeiger taugt für die Katz!»

májrew (h. ma'aríw), Abendgebet.
a wajs ton (wörtl. ‚einen Weis tun'), weisen, zeigen.
séjger (poln. zegar), Uhr.
‚hot sich nischt farlojrn' (hat sich nicht verloren), hat sich nicht stören lassen.
magídisch, Adj. von magid.
nign (h. nigún), Melodie.
Wájser, 1. Uhrzeiger, 2. jemand, der zeigt. Der Witz beruht auf der Doppelbedeutung des Wortes.
kapóress (h. kaparót). Ein bestimmtes Sühneopfer. Cf. Glossar.
‚ojf kaporess tojgn' = etwa: für die Katz taugen.

35

A magid halt a drosche far klejnschteteldike wajber:
«Bin ich sich a magid, for ich sich fun schtot zu schtot, fun dorf zu dorf. Bin ich amol gekumen in a klejn schtetl, hob ich dort getrofn wajber: schejne wajber, rejne wajber, frume wajber, koschere wajber. Wajber, woss gejen in mikwe arajn, wajber woss schnajdn sich di negl, wajber woss bakn chaless, wajber woss bentschn licht – wajber, wajber, mamesch wajber...
Lomo se hadowor dojme?
Zu woss-sche is doss geglichn?
Schojn nischt zu kajn schtetl, nor zu gor a grojsser schtot. Un dort is gewen a hultajke, rachmone lizlon! A wajbl, woss gejt nischt in mikwe arejn, rachmone lizlon! A wajbl, woss schnajdt sich nischt di negel, rachmone lizlon! A wajbl, woss bakt nischt kajn chale, rachmone lizlon! A wajbl, woss bentscht nischt kajn licht, rachmone lizlon! – A hultajke, a hultajke, mamesch a hultajke!

35

mágid (h. magíd), Prediger, vor allem Wanderprediger. Der Gottesdienst der Ostjuden kennt keine Predigten. Der Rabbi hält höchstens von Zeit zu Zeit eine hochgelehrte Rede, die aber nur von sehr gebildeten Männern verstanden werden kann. Für die Frauen und das einfache Volk ist der Magid, der Wanderprediger, da, dessen Reden in Witz und Anekdote vielfach parodiert werden.
drósche (h. draschá), Rede, Predigt.
kóscher (h. kaschéjr), wörtl. recht, tauglich. Gewöhnlich im Sinne von rituell erlaubt. Meist wird das Wort im Zusammenhang mit den Speisegesetzen gebraucht. Der Volksmund kennt aber auch den Begriff der ‚koscheren', d. h. nicht menstruierenden Frau.
míkwe (h. mikwá), wörtl. ‚Ansammlung'. Gemeint ist die Ansammlung von Wasser im rituellen Tauchbad. – Das Abschneiden der Nägel gehört mit zu den Reinigungsvorschriften im rituellen Bad.

35

Ein Magid hält eine Rede vor (oder für) kleinstädtische Weibern:

«Bin ich mir (sich) ein Magid, fahr ich mir (sich) von Stadt zu Stadt, von Dorf zu Dorf. Bin ich einmal gekommen in ein klein Städtel, hab ich dort getroffen Weiber: schöne Weiber, reine Weiber, fromme Weiber, koschere Weiber. Weiber, was gehen in (die) Mikwe herein, Weiber, was schneiden sich die Nägel, Weiber, was backen Challes, Weiber, was segnen Lichter – Weiber, Weiber, wahrhaft Weiber...

Mit was hat die Sache Ähnlichkeit?

Zu was also ist das verglichen?

Schon nicht zu (k)einem Städtel, sondern (nur) zu einer großen Stadt. Und dort ist gewesen eine Hultajke (ausgelassene Person), daß Gott erbarm! Ein Weiberl, was geht nicht in die Mikwe herein, daß Gott erbarm! Ein Weiberl, was schneidet sich nicht die Nägel, daß Gott erbarm! Ein Weiberl, was backt

cháless, sing. **chále** (h. chalót, sing. chalá), Weißbrot für Sabbat.
bentschn (von lat. benedicere = segnen), ein Segensgebet sprechen. – Der Sabbat und alle jüdischen Feiertage beginnen am Vorabend. Die Frauen zünden Lichter an und sprechen ein bestimmtes Segensgebet dazu.
Lómo hadówor dójme? (h. l'ma ha-dawár domé?), womit hat die Sache Ähnlichkeit? – Der nachfolgende j. Satz in der Anekdote ist also einfach die Übersetzung hiervon.
woss-sche (Zusammensetzung aus dtsch. ‚was' und dazu poln. ‚ze', mit stimmhaftem sch gesprochen). Ungefähr: was also? was denn?
húltajke, weibl. Form von poln. húltai = Lump, liederlicher Kerl.
rachmóne lizlón! (ha. rachmaná lizlón), möge der Erbarmer uns erretten! Etwa: Daß Gott erbarm!
mámesch (h. mamásch), wahrlich.

Hot sich getrofn, is doss wajbl geschtorbn... Hot men si gewolt bagrobn, hot si di erd nischt gewolt ojfnemen, hot men si gewolt farbrenen, hot si doss fajer nischt gewolt farbrenen, hot men si gewolt warfn far di hint, hobn si di hint nischt gewolt ojffressn.

Ober ir – schejne, rejne, frume, koschere wajbelech, as ir wet gejn in mikwe, un schnajdn sich di negl, un bakn chaless, un bentschn licht, wet aich di erd ojfnemen un doss fajer wet ajch farbrenen un di hint weln ajch ojffressn.»

36

A magid fun Pojln is gekumen kajn Amerike un er hot gedarft haltn a drosche. Far der drosche is er gegangen un hot sich geborgt baj di rajche balebatim zu hundert un zu fufzik doler. Hobn im di balebatim gefregt: « Reb jid, zu woss darft ir borgn gelt? Noch der drosche wet ir doch bakumen bazolt, un es wet ajch kajn gelt nischt feln.»

Entfert sej der magid: « Ir solt wissn, as men hot a por hunderter in keschene, redt sich andersch.»

36

mágid (h. magíd), Redner, Prediger, vor allem Wanderprediger.
kajn, nach (örtlich).
darfn, sollen, müssen.
drósche (h. draschá), Rede, Predigt.
balebátim (h. ba'aléj-batím), Hausherren.

(nicht) keine Challe, daß Gott erbarm! Ein Weiberl, was segnet nicht (keine) Lichter, daß Gott erbarm! Eine Hultajke, eine Hultajke, wahrlich eine Hultajke!
Hat sich getroffen, ist das Weiberl gestorben... Hat man sie gewollt begraben, hat sie die Erde nicht gewollt aufnehmen, hat man sie gewollt verbrennen, hat sie das Feuer nicht gewollt verbrennen, hat man sie gewollt werfen vor die Hunde, haben die Hunde sie nicht gewollt auffressen.
Aber ihr – schöne, reine, fromme, koschere Weibelchen, wenn ihr werdet gehn in (der) Mikwe, und schneiden (sich) die Nägel, und backen Challes, und segnen Lichter, wird euch die Erde aufnehmen, und das Feuer wird euch verbrennen, und die Hunde werden euch auffressen.»

36

Ein Magid von Polen ist gekommen nach Amerika und hat gesollt (gedurft) halten eine Rede. Vor der Rede ist er gegangen und hat sich geborgt bei den reichen Hausherren zu hundert und zu fünfzig Dollar. Haben ihn die Hausherren gefragt: «Reb Jude, zu was braucht (dürft) Ihr borgen Geld? Nach der Rede werdet Ihr doch bekommen bezahlt, und es wird Euch kein Geld (nicht) fehlen.»
Antwortet ihnen der Magid: «Ihr sollt wissen, wenn man hat ein paar Hunderter in der Tasche, redet sich anders.»

Reb (h. raw), erhabener Herr, erst später in der Bedeutung von Rabbi. In dieser kurzen, abgeschwächten Form nicht viel anderes als: Herr. Titulierung respektierter Juden.
as, wenn, daß, als.
késchene (poln. kieszen), Tasche.

37

Chelemer assifess

A Chelemer jid derzejlt:

Hert ojss, rabojssaj, un ich wel ajch derzejln a majsse-nojre, woss hot sich getrofn baj uns in Chelem. Kajn Chelem is amol gekumen zuforn a schmid, un a schmid is doch schwarz, un schwarz is doch zigajner, un zigajner is doch ganew...

To woss-sche sol men ton?

Is geblibn men sol machn an assife. Un di assife hot baschlossn, as men sol dingen a schojmer.

Is gekumen der winter un 'ss is geworn schreklech kalt. Is der schojmer gekumen mit a tajne: «'ch hob mojre, ich sol nischt wern farfrojrn...»

To woss-sche sol men ton?

Is geblibn men sol machn an assife. Un di assife hot baschlossn, as men sol dem schojmer kojfn a pelz.

Wert doch demolt di emesse behole in Chelem: Asoj wi der schojmer wet trogn a pelz, un asoj wi der polizjant fun Chelem trogt doch ojch a pelz – wet man doch nischt wissn, wer 'ss is der polizjant un wer der schojmer...

To woss-sche sol men ton?

37

Chelm, j. **Chélem,** das polnische Städtchen Chelmo, entspricht dem deutschen Schilda, ist also die Narrenstadt.

assífes, sing. **assífe** (h. assejfót, assejfá), Versammlungen.

rabójssaj (h. rabotáj), wörtl. meine Rabbis! Gemeint ist nur eine respektvolle Ansprache, etwa: Meine verehrten Zuhörer! Meine Herren!

májsse-nójre (h. ma'assé, Tat, Geschichte, h. norá, schrecklich), schreckliche Geschichte.

37

Chelmer Versammlungen

Ein Chelmer Jude erzählt:

Hört zu (wörtl. aus), meine Herren, und ich will euch erzählen eine schreckliche Geschichte, was hat sich getroffen bei uns in Chelm. Nach Chelm ist einmal gekommen zu fahren ein Schmied, und ein Schmied ist doch schwarz, und schwarz ist doch Zigeuner, und Zigeuner ist doch Dieb...

Nun, was also soll man tun?

Ist geblieben, man soll machen eine Versammlung. Und die Versammlung hat beschlossen, daß man soll dingen einen Wächter.

Ist gekommen der Winter, und 's ist geworden schrecklich kalt. Ist der Wächter gekommen mit einer Klage: «Ich habe Angst, ich soll nicht werden erfroren (verfroren)...»

Nun, was also soll man tun?

Ist geblieben, man soll machen eine Versammlung. Und die Versammlung hat beschlossen, daß man soll dem Wächter kaufen einen Pelz.

Wird doch damals der wahre Wirrwarr in Chelm: So, wie der Wächter wird tragen einen Pelz, und so, wie der Polizist von

kajn, nach (nur örtlich, nicht zeitlich).
gánew (h. ganáw), Dieb.
wóss-sche (‚was' + poln. ‚ze', also), was also?
is geblíbn, im Sinne von: es blieb nur übrig.
schójmer (h. schoméjr), Hüter, Wächter.
tájne (h. ta'aná), Einwand, Klage.
émesse, weibl. Form von **émesser** oder **émessdiker** (Adj. von h. emét = Wahrheit), wahr.
behóle (h. b'halá), Schrecken, Entsetzen, Wirrwarr.

Is geblibn men sol machn an assife. Un di assife hot baschlossn, as der schojmer sol trogn dem pelz ibergekert ojf der linker sajt. Kumt doch wider der schojmer mit a tajne: «Asoj wi der pelz, ibergekert ojf der linker sajt, set ojss wi a schepss, hob ich mojre, as di hint soln mich nischt oiffressn!»
To woss-sche sol men ton?
Is geblibn men sol machn an assife. Un di assife hot baschlossn, as men sol dem schojmer kojfn a ferd.
Wert doch demolt noch a gressere behole in Chelem. Asoj wi doss ferd is a kolische sach, to wu-sche sol men es schteln?
To woss-sche sol men ton?
Is geblibn men sol machn an assife. Un di assife hot baschlossn, as men sol doss ferd arajnschteln in schul arajn.
Ruft sich on reb Kalmen, der gabe: «Asoj wi doss ferd wet schtejn in schul, to wu-sche sol men es schteln? In der majrew-sajt weln di majrew-balebatim nischt weln. In der misrech-sajt hot men doch zu ton mit ferd a ganz jor...»
To woss-sche sol men ton?

mójre (h. morá), Furcht.
kólisch (von j. kol, genauer kóhol, h. kahál = Gemeinde), die Gemeinde betreffend.
wú-sche (‚wo' + poln. ‚ze', also), wo also?
schul, wörtl. Schule, soviel wie Synagoge, Bethaus.
sich ónrufn (sich anrufen), etwa: sich zum Wort melden.
májrew (h. ma'aráw), Westen.
mísrech (h. misrách), Osten. Die Ostwand in der Schul ist den Ehrenbürgern reserviert, weil in der Ostrichtung Jerusalem liegt.
ferd: Als Schimpfwort ist im J. Pferd soviel wie dtsch. Esel. Der Witz geht davon aus, daß alle Ehrenbürger Esel sind.

Chelm trägt doch auch einen Pelz – wird man doch nicht wissen, wer's ist der Polizist und wer der Wächter...

Nun, was also soll man tun?

Ist geblieben, man soll machen eine Versammlung. Und die Versammlung hat beschlossen, daß der Wächter soll tragen den Pelz übergekehrt, auf der linken Seite.

Kommt doch wieder der Wächter mit einer Klage: « So wie der Pelz, übergekehrt auf der linken Seite, sieht aus wie ein Schöps, hab ich Angst, daß die Hunde sollen mich (nicht) auffressen! »

Nun, was also soll man tun?

Ist geblieben, man soll machen eine Versammlung. Und die Versammlung hat beschlossen, daß man soll dem Wächter kaufen ein Pferd.

Wird doch damals noch ein größerer Wirrwarr in Chelm: So, wie das Pferd ist eine Gemeindesache, nun: wo also soll man es stellen?

Nun, was also soll man tun?

Ist geblieben, man soll machen eine Versammlung. Und die Versammlung hat beschlossen, daß man soll das Pferd hereinstellen in die Schul (Synagoge) herein.

Da meldet sich zum Wort (wörtl. ruft sich an) Reb Kalman, der Gabbaj: « So, wie das Pferd wird stehn in (der) Schul – nun, wo also soll man es stellen? In der Westseite werden die ‚Westherren' nicht wollen. In der Ostseite hat man doch zu tun mit Pferden das ganze Jahr...»

Nun, was also soll man tun?

Ist geblieben, man soll machen eine Versammlung. Und die Versammlung hat beschlossen, daß man soll das Pferd stellen bei der Empore.

Is geblibn men sol machn an assife. Un di assife hot baschlossn, as men sol doss ferd schteln bajm omed.
Ruft sich on Fajwel, der hikewatsch: «Wi ba-a-ald do-o-ss ferd wet schtejn bajm omed, to-o-o wu-sche wet schtejn der chasn?»
To woss-sche sol men ton?
Is geblibn men sol machn an assife. Un di assife hot baschlossn, as men sol dem chasn arojfsezn ojfn ferd!

38
A schejner sumer-frimorgn. A jid schpazirt sich in park un fun hintn lojft im noch a klejn hintl.
Bald bawajst sich a polizjant un sogt schtreng: «Nemt dem hunt ojfn rimen, a nischt bazolt ir a geldschtrof!»
Der jid gejt wejter.
«Nemt dem hunt ojfn rimen!» zebejsert sich der polizjant. «A nischt bazolt ir a geldschtrof!»
Der jid gejt wejter.
Der polizjant nemt arojss a bichl, schrejbt epess ojf un sogt bafelerisch: «Ir zolt zen slotess schtrof!»
Der jid blajbt schtejn: «Far woss epess darf ich zoln? Doss is doch nischt majn hunt!...»
«To woss-sche lojft er ajch noch?» schrajt der polizjant.
«Ir lojft mir ojch noch un ir sent nischt majn hunt...»

ómed (h. amúd), Pult, Empore.
Fájwel oder **Fájwusch**, häufiger Name, = Phoebus.
híkewatsch (slaw.), Stotterer.
chasn (h. chasán), Vorbeter, Vorsänger in der Synagoge.

Da erhebt die Stimme (wörtl. ruft sich an) Fajwel, der Stotterer: «So-ba-a-ald (wörtl. wie bald) das Pferd wird stehn bei der Empore, nun: wo also wird stehn der Chasan?»
Nun, was also soll man tun?
Ist geblieben, man soll machen eine Versammlung. Und die Versammlung hat beschlossen, daß man soll den Chasan heraufsetzen auf das Pferd!

38
Ein schöner Sommerfrühmorgen. Ein Jude spaziert (sich) im Park, und von hinten läuft ihm nach ein kleines Hunderl.
Bald zeigt (beweist) sich ein Polizist und sagt streng: «Nehmt den Hund auf den Riemen, wenn nicht, bezahlt Ihr eine Geldstrafe!»
Der Jude geht weiter.
«Nehmt den Hund auf den Riemen!» erbost (zerbösert) sich der Polizist, «wenn nicht, bezahlt Ihr eine Geldstrafe!»
Der Jude geht weiter.
Der Polizist nimmt heraus ein Büchel, schreibt etwas auf und sagt befehlerisch: «Ihr zahlt zehn Zloty Strafe!»
Der Jude bleibt stehn: «Weshalb muß ich (für was etwas darf ich) zahlen? Das ist doch nicht mein Hund!»
«Na, was also läuft er Euch nach?» schreit der Polizist.
«Ihr lauft mir auch nach, und Ihr seid nicht mein Hund...»

38
sich bawájsn (sich beweisen), sich zeigen, auftauchen.
sich zebéjsern (sich zerbösern), böse werden.
darfn, müssen.
woss-sche (aus dtsch. ‚was' + poln. ‚ze'), was also? was denn?

39

Zu a schwajzer schildn-moler kumt a pojlischer jid, welcher hot sich geefnt in Zirich a gescheft – er sol im machn a schild.
Fregt im der schildn-moler, woss far a teksst er sol im ojfmoln.
Sogt der ssojcher: « Gornischt kajn tekstn, on kunzn, nor Jakob Wajss un poter.»
Un asoj hot der goj gemacht di schild.

40

Der klejner Jossele, as er zekrigt sich mit tate-mame, hot a tewe zu sezn sich untern tisch un wejnen a ganze scho.
Treft sich amol a ness, Jossele sezt sich untern tisch un noch finf minut rajsst er iber sajn gewejn.
« Jossele, hosst schojn ojfgehert zu wejnen? »
« Nejn, mame », entfert doss sundl, « ich ru mich nor op.»

39

ssójcher (h. ssochéjr), Kaufmann.
póter (h. patúr), wörtl. befreit. Der Witz beruht auf der Doppelbedeutung des Wortes: 1. der Kaufmann meint, es soll nichts weiter als der Name auf das Schild kommen, 2. der Schildmaler setzt das Wort ‚poter' mit auf das Schild, und im Zusammenhang mit dem Namen des Kaufmanns bedeutet das: ‚ohne Obligo'.

39

Zu einem Schweizer Schildenmaler kommt ein polnischer Jude, welcher hat sich eröffnet (geöffnet) in Zürich ein Geschäft – er soll ihm machen ein Schild.
Fragt ihn der Schildenmaler, was für Text er soll ihm aufmalen.
Sagt der Kaufmann: «Garnicht (keine) Texte, ohne Kunststücke: nur Jakob Weiß, und basta (‚und poter' kann aber auch heißen: ohne Obligo).
Und so hat der Goj gemacht das Schild.

40

Der kleine Jossele, wenn er zerkriegt (zerstreitet) sich mit Papa-Mama, hat eine Natur, zu setzen sich untern Tisch und weinen eine ganze Stunde.
Trifft sich einmal ein Wunder, Jossele setzt sich untern Tisch, und nach fünf Minuten unterbricht er (reißt er über) sein Gewein.
«Jossele, hast schon aufgehört zu weinen?»
«Nein, Mama», antwortet das Söhnlein, «ich ruh mich nur aus (ab).»

40

zekrígt (zerkriegt), zerstritten.
táte-máme, Vater und Mutter. Tate v. poln. tata.
téwe (h. téwa), Natur.
scho (h. scha'á), Stunde.
íberrajssn (überreißen), unterbrechen).
óprun (abruhen), ausruhen.

41

Fajwl Schwarz is sizendik in a kafe-hojs pluzem geschtorbn. Men darf doss mojdi'e sajn der almone. Wajl kejner fun sajne frajnt wil nischt sajn der trojer-scheliach, dingt men a bal-agole, er sol farschtendiken di froj – nor sejer delikat, si sol cholile nischt chaleschn.

Der bal-agole klingt in der tir. 'ss efnt im di balebosste.

«Zi wojnt do di almone Schwarz?» fregt der scheliach.

«Du hultaj!» sidlt im op froj Schwarz. «Ich bin nischt kajn almone. Majn man lebt!»

«Ir solt asoj lebn wi er lebt! Far a halber scho hot im doch der schlak getrofn.»

42

Schmerl kumt ojfn mark, fregt im a bakanter jid: «Sog nor, wifl bulkess hosstu hajnt gegessn ojfn nichtern mogn?»

«Finf bulkess», entfert Schmerl.

41

Fajwl, Koseform von Fajwusch = Phöbus, häufiger Name bei Ostjuden.

sízendik, sitzend.

plúzem (erste Worthälfte von ‚plötzlich', dazu h. Pluralendung -im), plötzlich.

mojdí'e sajn (h. modía), wissen machen, verständigen.

almóne (h. almaná), Witwe.

schelíach (h. schalíach), Bote, Abgesandter.

bal-agóle (h. bá'al-agalá), ‚Herr des Wagens', Kutscher.

cholíle (h. chalilá), abwehrend beschwörender Ausruf, etwa: Gott behüte!

41
Feiwel Schwarz ist, sitzend in einem Kaffeehaus, plötzlich gestorben. Man muß (dürfen = sollen, müssen) das verkünden seiner Witwe. Weil keiner von seinen Freunden will nicht sein der Trauerbote, dingt man einen Kutscher, er soll verständigen die Frau – nur: sehr delikat! sie soll, Gott behüte, nicht ohnmächtig werden.
Der Kutscher klingelt an die Türe. 's öffnet ihm die Hausherrin.
«(Ob) wohnt hier die Witwe Schwarz?» fragt der Bote.
«Du Lump!» putzt ihn herunter (ab) Frau Schwarz. «Ich bin nicht (keine) Witwe. Mein Mann lebt!»
«Ihr sollt so leben, wie er lebt! Vor einer halben Stunde hat ihn doch der Schlag getroffen.»

42
Schmerl kommt auf den Markt, fragt ihn (ihm) ein bekannter Jude: «Sag nur, wie viele Semmeln hast du heute gegessen auf den nüchternen Magen?»
«Fünf Semmeln», antwortet Schmerl.

cháleschn (v. h. chalásch, schwach), ohnmächtig werden.
balebósste, Hausherrin. Weibl. Form v. balebóss, genauer bá'al-habájiss, h. bá'al-habájit + weibl. Endung, angehängt an ‚Haus'!
húltaj (poln. Lump), frecher Kerl.
sídln (dtsch.), abkanzeln.
scho (h. scha'á), Stunde.

42
búlke, pl. **búlkess** (poln. bulka. Im Plural h. Endung), Semmel.

«Bisst a nar! Ejn bulke hosstu gegessn ojfn nichtern mogn, un dem rescht ojfn fuln.»
Schmerlen is doss sejer gefeln geworn, un kumendik ahejm, fregt er sajn plojnesste:
«Sog nor, Ssore, wifl bulkess hosstu hajnt gegessn ojfn nichtern mogen?»
«Draj bulkess...»
«A schod! Wen du wolsst gegessn finf bulkess, wolt ich dir derzejlt a fajnem wiz.»

43
Bejle, a jidene in di jorn, flegt farkojfn prezel ojfn Buczaczer mark. Fort a mol farbaj der graf Potozki, blajbt er schtejn mitn kutsch un fregt: «Ej, jidischke, woss hosstu dort in kojsch?»
«Prezel, genediker har!»
«Wifl prezel hosstu dort?»
«Zwejhundert, genediker har!»
«Un woss kosst a prezel?»
«A grajzer, genediker har!»
«Na dir zwej guldn un gib aher di prezel!»
«Ich kon nischt, genediker har!»
«Far woss, jidischke?» wundert sich der graf.
«Un mit woss wel ich do sizn?»

plójnesste (v. h. ploní̇t = irgendeine, eine gewisse), Ehefrau.

43
kojsch (poln. kosz), Korb.

«Bist ein Narr! Eine Semmel hast du gegessen auf den nüchternen Magen, und den Rest auf den vollen.»
Schmerl hat (ist) das sehr gefallen (geworden), und kommend heim, fragt er sein Weib:
«Sag nur, Sara, wie viele Semmeln hast du heute gegessen auf den nüchternen Magen?»
«Drei Semmeln...»
«(Ein) Schade! Wenn du wolltest gegessen (haben) fünf Semmeln, wollt ich dir erzählt (haben) einen feinen Witz.»

43

Bella, eine Jüdin in den Jahren, pflegte verkaufen Brezeln auf dem Buczaczer Markt. Fährt einmal vorbei Graf Potozki, bleibt er stehn mit der Kutsche und fragt: «Ej, Jüdin, was hast du dort im Korb?»
«Brezeln, gnädiger Herr!»
«Wie viele Brezeln hast du dort?»
«Zweihundert, gnädiger Herr!»
«Und was kostet eine Brezel?»
«Einen Kreuzer, gnädiger Herr!»
«Da (nimm) dir zwei Gulden, und gib her die Brezeln!»
«Ich kann nicht, gnädiger Herr!»
«Warum (für was), Jüdin?» wundert sich der Graf.
«Und mit was werde ich da sitzen?»

44

A mol is gekumen a pojer zu a jid, er sol im ojsslernen wi am schnelsstn schrajbn un lejenen, un er wet gut bazoln.
Sogt der jid: «Ich wel dich ojsslernen schrajbn un lejenen in finf minut, ober doss wet dich kosstn fufzik slotess.»
Der pojer hot baschtanen un is gewen mole ssimche.
«Un izt gej un kak dir ojss!»
Der pojer hot doss bald geton.
«Izt tunk ajn dem finger un mach a schtrich ojf der want!»
Der pojer hot gemacht.
«Nu – woss is doss, woss du hosst geschribn?»
«Drek!»
«Sesst, kennst schojn schrajbn un lejenen!»

45

Zwej jidn bagegenen sich in mark. Sogt ejner:
«Konsst mir opgebn masl-tow. 'ch hob farknasst di tochter.»
«Sol sajn in a guter scho! Wer is der ejdem dajner?»
«A dichter.»
«Woss hejsst epess – a dichter?»
«Nu – a mentsch, woss schrajbt lider, gramen...»

44
wi am schnelsstn (wie am schnellsten), so schnell wie möglich.
léjenen (altfranz. leire), lesen.
pójer, Bauer.
hot baschtánen, hat (darauf) bestanden.
móle (h. maléj), voll.
ssímche (h. ssimchá), Freude.

44

Einmal ist gekommen ein Bauer zu einem Juden, er soll ihn lehren (auslernen) wie am schnellsten (= so schnell wie möglich) schreiben und lesen, und er wird gut bezahlen.
Sagt der Jude: «Ich will dich lehren (dir auslernen) schreiben und lesen in fünf Minuten, aber das wird dich kosten fünfzig Zloty.»
Der Bauer hat beharrt (‚bestanden') und ist gewesen voll Freude.
«Und jetzt geh und k... dich (dir) aus!»
Der Bauer hat das bald getan.
«Jetzt tunk ein den Finger und mach einen Strich auf der Wand!»
Der Bauer hat gemacht.
«Nun – was ist das, was du hast geschrieben?»
«Dreck!»
«Siehst, kannst schon schreiben und lesen!»

45

Zwei Juden begegnen sich im Markt. Sagt einer:
«Kannst mir gratulieren (abgeben ‚Masel-tow'). Ich habe verlobt meine Tochter.»
«Soll sein in einer guten Stunde! Wer ist dein Schwiegersohn?»
«Ein Dichter.»
«Was heißt (etwas) – ein Dichter?»

45
masl-tow, übliche Glückwunschformel (cf. Glossar).
farknássn (v. h. knass = Geldstrafe), verloben. Der zurücktretende Teil war nämlich zur Zahlung einer Entschädigungssumme verpflichtet.
scho (h. scha'á), Stunde.
grámen, Epigramme, Reime.

«Woss hejsst doss: gramen?»
«Ot, lemoschl, er schrajbt:
Ess schtejt a ferd
Un macht ojf dr'erd...»
«Un fun dem lebt er?!»

46

«Woss far a mentsch is dajn tochterss chossen?» fregt ejner sajnem a gutn frajnd.
«Asa jor ojf mir!» entfert der foter, «a professor, sog ich dir, a chirurg...»
«Woss redsstu? Wi asoj kumt asa ewjen wi du zu asa grojssartikn schidech?»
«Ich wejss nor einss: gehat hob ich ojf sich a rechtn hojkr, hot er im fun mir aropgenumen... hajnt freg ich dich: is er nischt kajn barimter chirurg?»

47

A jidisch mejdl hot sech barimt, as efscher hundert mol hot men si schojn gebetn, as si sol chassene hobn.
«Wer hot ajch gebetn?»
«Der tate un di mame.»

lemóschl (h. l'maschál), zum Beispiel.

46
chóssen (h. chatán), Bräutigam.
éwjen (h. ewjón), armer Mann.
schídech (h. schidúch), Heiratspartie.

«Nu – ein Mensch, was schreibt Lieder, Reime...»
«Was heißt das: Reime?»
«Nun, zum Beispiel, er schreibt:
Es steht ein Pferd
Und macht auf die (der) Erd...»
«Und von dem lebt er?!»

46
«Was für ein Mensch ist deiner Tochter Bräutigam?» fragt einer seinen (einen) guten Freund.
«Ein solches Jahr auf mich!» antwortet der Vater, «– ein Professor, sag ich dir, ein Chirurg...»
«Was redest du? Wieso kommt ein solcher Bettler wie du zu einer solch großartigen Partie?»
«Ich weiß nur eins: Gehabt hab ich auf mir einen rechten (gemeint: regelrechten) Höcker, hat er ihn von mir herabgenommen... Heut frag ich dich: Ist er nicht (k)ein berühmter Chirurg?»

47
Ein jüdisches Mädel hat sich berühmt, daß vielleicht hundertmal hat man sie schon gebeten, sie soll Hochzeit haben.
«Wer hat Euch gebeten?»
«Der Vater und die Mutter.»

hojkr, Höcker (hier im Sinne von: Last).

47
as, als, daß.
éfscher (h. efschár), vielleicht.
chássene (h. chatuná), Hochzeit.

48

Dudje Potoker, der baleboss fun an ajnforhojs, hot a schejne junge froj.

Wajhi hajojm, dertapt er si in bet mit a ritmajsster fun di dragoner. Der ritmajsster chapt sajn mondur in bejde hent un naket un borwess schpringt er arojss durchn fensster.

In schtetl wert a sskandal.

Zu morgens, in schul, fregt men Dudje, wen er wet sich getn mitn wajb.

«Far woss sol ich sich getn?» fregt Potoker farwundert.

«Du hosst si doch dertapt in bet mit an ofizir!»

«Is woss?» entfert Dudje. «As si gefelt dem ofizir, gefelt si doch mir awade w'awade.»

49

A jid fun a klejn schtetl in Galizje is a mol gekumen kajn Wien. Wi er get durch dem Schönbrun, schtejt a papuge un sogt jedn: «Gutn morgn!» Ess hot im di sach sejer gefeln, un er hot baschlossn, asa chaje zu kojfn. Er get arajn zu der farwaltung un fregt, zi men ken im farkojfn asa fojgl, woss sol sogn ‚Gutn

48

balebóss, genauer: ba'al ha-bájiss (h. bá'al ha-bájit), Hausherr, Besitzer.

ájnforhojs (Einfuhrhaus), Herberge.

wajhí hajójm (h. wajhí ha-jóm), und es war (oder: es ward) der Tag.

bórwess, barfuß.

sich getn, sich scheiden (v. h. get = Scheidung, sich scheiden).

as, wenn, daß, als.

48
Dodja Potoker, der Besitzer von einer Herberge (Einfuhr-Haus), hat eine schöne junge Frau.
Und es ward der Tag, ertappt er sie im Bett mit einem Rittmeister von den Dragonern. Der Rittmeister packt seine Montur in beide Hände, und nackt und barfuß springt er heraus durchs Fenster...
Im Städtel wird ein Skandal.
Morgens (Zumorgens), in (der) Schul (Synagoge), fragt man Dodja, wann er wird sich scheiden mit seinem Weib.
«Weshalb (für was) soll ich mich (sich) scheiden?» fragt Potoker verwundert.
«Du hast sie doch ertappt im Bett mit einem Offizier!»
«Na und (wörtl. Ist was?)?» antwortet Dodja. «Wenn sie gefällt dem Offizier, gefällt sie doch mir erst recht und erst recht!»

49
Ein Jude von einem kleinen Städtel in Galizien ist einmal gekommen nach Wien. Wie er geht durch (den) Schönbrunn, steht ein Papagei und sagt jedem: «Guten Morgen!» – Es hat ihm die Sache sehr gefallen, und er hat beschlossen, ein solches Tier zu kaufen. Er geht herein zu der Verwaltung und fragt,

awáde w'awáde (h. awadáj w'awadáj), sicher und sicher!, erst recht!

49
kajn, nach (nur örtlich).
papúge (poln. papuga), Papagei.
cháje (h. chajá), Tier, Lebewesen.
zi (poln. czy), ob.

morgn'. Sogt im der goj, as dem fojgl ken er nischt farkojfn, nor di ejer fun dem fojgl ken er jo farkojfn, un as er wet ahejmkumen, sol er sej unterlejgn unter a hun, un noch fir wochn wet er hobn zwej aselche fejgl.
Der jid hot asoj geton, un noch a chojdesch is arojssgekumen a schpaz un a warone...
Wen der jid is noch amol gekumen kajn Wien, schtet diselbe papuge un sogt schtolz: «Gutn morgn!»
Sogt ir der jid: «Gej in der erd arajn! Du bisst nischt kajn anschtendike!»

50

In park ojf a bank sizt a farlibt porl un beschitn sich ejnss doss zwejte mit libesantrege. Kegeniber sizt a jid mit sajn wajbl un kukn mit kine ojfn jungn porl.
«Mojsche», sogt di wajb, «ich hob schojn lang fun dir nischt gehert a warem wort!»
Entfert ir der man: «As du solsst farbrent wern!»

51

Draj jidn senen arajn in a koscher resstoran trinken tej. Der kelner is zugekumen zum tischl, un der erschter sogt:

goj, Nichtjude. Cf. Glossar.
as, wenn, als, daß.
chójdesch (h. chódesch), Monat.
warónе (russ. worona), Krähe.
Gej in der erd arajn! Im J. üblicher Fluch.

ob man kann ihm verkaufen einen solchen Vogel, was soll sagen ‚Guten Morgen'. Sagt ihm der Goi, daß den Vogel kann er nicht verkaufen, nur die Eier von dem Vogel kann er ja verkaufen, und wenn er wird heimkommen, soll er sie unterlegen unter ein Huhn, und nach vier Wochen wird er haben zwei solche Vögel. Der Jude hat so getan, und nach einem Monat ist herausgekommen ein Spatz und eine Krähe...
Wenn der Jude ist noch einmal gekommen nach Wien, steht derselbe Papagei und sagt stolz: «Guten Morgen!»
Sagt ihm der Jude: «Geh in die Erd herein (etwa: Geh zum Teufel!)! Du bist (nicht) keine Anständige!»

50

Im Park auf einer Bank sitzt ein verliebtes Pärchen und beschütten sich eins das zweite mit Liebesanträgen. Gegenüber sitzt ein Jude mit seinem Weiberl und gucken mit Neid auf das junge Pärchen.
«Moses», sagt das Weib, «ich habe schon lange von dir nicht gehört ein warmes Wort!»
Antwortet ihr der Mann: «(Daß du) sollst verbrennt werden!»

51

Drei Juden sind herein in ein koscheres Restaurant trinken Tee. Der Kellner ist zugekommen zum Tischlein, und der erste sagt:

50
kíne (h. kin'á), Neid, Eifersucht.

51
kóscher (h. kaschéjr), erlaubt, im rituellen Sinne rein, in Ordnung.

«Ich wil a glos schwache tej.»
«Ich wil ojch a tej», sogt der zwejter, «ober mit a limene.»
«Ich wil ojch a glesl tej», sogt der driter, «ober ich bet ajch, as doss glos soll sajn abssolut rejn.»
In a wajle kumt der kelner un fregt:
«Wer fun ajch krigt doss rejne glos?»

52

In an eleganter resstorazje in Berlin kumt arajn a junger man un baschtelt mit gehojbener schtim a porzje schinke.
«Schrajt nischt!» sogt im der kelner, «men wejsst as ir sent a jid.»

53

In a wagon drite klass hot sich a jid ojssgezojgn ojf der bank un schloft, in der zajt, wen di andere passaschirn hobn nischt wu zu schtejn.
Gejt zu a jid un wekt im un sogt: «Reb jid, ir ligt schlecht!»
«Wi sol ich lign?» fregt der farschlofener jid.
Entfert der andere: «In der erd!»
(Der Witz ist nur in südjiddischer Aussprache verständlich, in welcher sowohl ‚Wo' wie auch ‚Wie', beide als ‚wi' gesprochen werden.)

52

Schinken: Der Genuß von Schweinefleisch ist nach mosaischem Gesetze verboten.
as, daß, als, wenn.

«Ich will ein Glas schwachen Tee.»
«Ich will auch Tee», sagt der zweite, «aber mit einer Limone (Zitrone).»
«Ich will auch ein Gläsel Tee», sagt der dritte, «aber ich bitte Euch, daß das Glas soll sein absolut rein.»
In einer Weile kommt der Kellner und fragt:
«Wer von euch kriegt das reine Glas?»

52
In ein elegantes Restaurant in Berlin kommt herein ein junger Mann und bestellt mit gehobener Stimme eine Portion Schinken.
«Schreit nicht!» sagt ihm der Kellner, «man weiß, daß Ihr ein Jude seid.»

53
In einem Waggon dritter Klasse hat sich ein Jude ausgestreckt (jidd. ‚ausgezogen') auf der Bank und schläft, während (in der Zeit, wenn) die andern Passagiere haben nicht, wo zu stehen. Geht zu (= zu ihm zu, auf ihn zu) ein Jude und weckt ihn und sagt: «Reb Jude, Ihr liegt schlecht!»
«Wie (= wo) soll ich liegen?» fragt der verschlafene Jude.
Antwortet der andere: «In der Erde!»

54

A porfolk is geforn mit der ban un bejde hobn gehat nor ejn bilet. Indem sen sej, as der malech hamowess fort ojch mit dem zug. Sogt der man zu sajn wajb: «Ich wel dich arajnlejgn in a sak, un as der kontroler wet fregn, woss ess gefint sich in sak, wel ich sogn: kupergeschir.»
Pluzling der kontroler kumt arajn un kukt durch di biletn.
Dernoch fregt er dem jid: «Un woss is in dem sak?»
Sogt der jid: «Kupergeschir.»
Git der kontroler a kop mitn fuss in sak.
Macht di jidene: «Dinnnnnn!»

55

Mejer un Schnejer wiln ojsswandern kajn Indje. Sej baschlissn, as ojf der durchrejse weln sej onkukn Wian. Nor ojfn Opernring wern bejde ibergeforn fun an ojto. Men trogt sej in schpitol. Mejer kukt farwundert ojf di wajsse went un di mentschn in wajsse klejder un sogt:
«Weisstu, Schnejer, mir dacht sich, mir senen schojn in Indje...»
Schnejer zwejfelt. Er gejt arojss ojfn koridor, kumt zurik un sogt:

54

as, daß, wenn, als.
málech hamówess (h. mal'ách ha-máwet), Todesengel. Gebräuchlicher Spitzname für den Billetkontrolleur in der Bahn.
kop (v. poln. kopac, mit dem Fuß stoßen), Fußstoß.

54
Ein Pärchen (Paarvolk) ist gefahren mit der Bahn, und beide haben gehabt nur ein Billet. Da (= indem) sehen sie, daß der ‚Todesengel' (= Kontrolleur) fährt auch mit dem Zug. Sagt der Mann zu seinem Weib: «Ich will dich hereinlegen in einen Sack, und wenn der Kontrolleur wird fragen, was es (ge)findet sich im Sack, werde ich sagen: Kupfergeschirr.»
Plötzlich – der Kontrolleur kommt herein und guckt durch die Billette. Darnach fragt er den Juden: «Und was ist in dem Sack?»
Sagt der Jude: «Kupfergeschirr.»
Gibt der Kontrolleur einen Stoß mit dem Fuß an (in) den Sack.
Macht die Jüdin: «Dinnnnnn!»

55
Meier und Schneier wollen auswandern nach Indien. Sie beschließen, daß auf der Durchreise wollen sie angucken Wien.
Nur: auf dem Opfernring werden beide überfahren von einem Auto. Man trägt sie ins Spital.
Meier guckt verwundert auf die weißen Wände und die Menschen in weißen Kleidern und sagt:
«Weißt du, Schneier, mir deucht (mir denkt sich), wir sind schon in Indien...»
Schneier zweifelt. Er geht heraus auf den Korridor, kommt zurück und sagt:

55
kajn, nach (nur örtlich).
as, wenn, daß, als.
mir dacht sich (mir denkt sich), mich dünkt.

«'ch lebn, Mejer, du bisst gerecht! Ich hob nor woss gesen a towl mit an ojfschrift: Abort jensajtss dess Gangess.»

56

Frojim Grajdinger fort mit der ban

Asoj wi ss'hot ongehojbn zu kurssirn di ban fun Grojdek kajn Lemberg, hot sich ojch Frojim a mol farglusst zu machn asa nessije.

Fregt er baj di ssochrim: «Wi asoj fort men mit der ban?»

Entfert men im: «Men gejt zu zum woksal, men gejt zu zu der kasse, men kojft dortn a bilet un men fort.»

Is Frojim zugegangn zu der kasse, gekojft a bilet far anderhalbn guldn, un arojss ojf dem peron.

Ss-kumt on der zug. Frojim set, as lebn zug schtejt a gòj in a mondur, jidn gejen zu im zu un rukn im epess in hant arajn. Er hot nischt gewusst, as sej senen schwarzownikess.

Fregt er a ssojcher: «Wer is der goj?»

Hert er an entfer: «Doss is der konduktor. Men darf im gebn a halbn guldn...»

Git Frojim dem konduktor a halbn guldn.

Der zug rirt funem ort. Asoj wi er is opgeforn zwej sstanzjess, falt erajn in wagon der konduktor un schrajt:

ch'lebn, korrumpiert aus: Ich soll so leben!
gerécht, im Recht.
towl, Tafel.

56
kajn, nach (nur örtlich).
nessije (h. nessiá), Reise.

«Ich soll so leben (abgekürzt: ch'leben), Meier, du hast recht (bist gerecht)! Ich habe gerade (nur etwas) gesehen eine Tafel mit einer Aufschrift: Abort jenseits des Ganges.»

56

Ephraim Grajdinger fährt mit der Bahn

So wie es hat angefangen (angehoben) zu kursieren die Bahn von Grodek nach Lemberg, hat auch Ephraim einmal Lust bekommen (sich ver-gelustet) zu machen eine solche Reise.

Fragt er bei den Kaufleuten: «Wie (wie-so) fährt man mit der Bahn?»

Antwortet man ihm: «Man geht zum Bahnhof, man geht heran (zu) zu der Kasse, man kauft dort ein Billet, und man fährt.»

Ist Ephraim (zu)gegangen zu der Kasse, gekauft ein Billet für anderthalb Gulden, und heraus auf den Perron.

's kommt an der Zug. Ephraim sieht, daß neben (dem) Zug steht ein Goi in einer Montur, Juden gehen zu ihm heran (zu) und rücken ihm etwas in (die) Hand herein. Er hat nicht gewußt, daß sie sind ‚Schwärzler' (Schwarzfahrer).

Fragt er einen Kaufmann: «Wer ist der Goi?»

Hört er eine Antwort: «Das ist der Kondukteur. Man muß (darf) ihm geben einen halben Gulden.»

Gibt Ephraim dem Kondukteur einen halben Gulden.

ssóchrim, pl. v. **ssójcher** (h. **ssochrím, ssochéjr**), Kaufleute.
woksal (Wagen-Saal), Bahnhof.
as, als, daß, wenn.
lebn, neben.
goj, Nichtjude. Cf. Glossar.
schwarzównik (‚schwarz' + slaw. **Endung**), Schwarzfahrer.
sstánzje, Station.

«Panowie, idzie kontroler! Schowajcie sie!»
Krichn di jidn unter di benk, kricht mit sej ojch Frojim...
Dernoch flegt Frojim derzejln: «Asoj hot ojssgesen majn erschte nessije mit der ban: 'ch hob gekojft a bilet far anderhalbn guldn, 'ch hob gegebn dem konduktor a halbn guldn – un geforn unter der bank!»

57
A grojsser gewir, ober noch a gresserer kamzn, is geferlech krank geworn. Hot man zu im gebracht a professor. Ruft sich op der chojle:
«Doktor-lebn, ojb ir macht mich gesunt, wel ich ajch gebn zen tojsnt rubel...»
Hot got geholfn un der gewir is gesunt geworn. Wen der professor hot dernoch baj im gebetn doss zugesogte honorar, hot der gewir sich gemacht tamewate:
«Woss? Wen? Wer?»
«Sstaitsch?» macht der professor, «ir gedenkt gornischt ajer zusog, wen ir sent gewen geferlech krank?»

Panowie... usw. Reines Polnisch: «Meine Herren, der Kontrolleur kommt! Versteckt Euch!»

57
gewír (h. g'wir), vornehmer oder reicher Herr.
kamzn (h. kamzán), Geizhals.
sich óprufen (sich abrufen), dazwischenrufen, rufen.

Der Zug rührt (sich) vom Ort. So, wie er ist durchgefahren (‚abgefahren') zwei Stationen, fällt herein in (den) Waggon der Kondukteur und schreit:
«Meine Herren, der Kontrolleur kommt! Versteckt euch!»
Kriechen die Juden unter die Bänke, kriecht mit ihnen auch Ephraim...
Darnach pflegte Ephraim erzählen: «So hat ausgesehen meine erste Reise mit der Bahn: Ich hab gekauft ein Billet für anderthalb Gulden, ich hab gegeben dem Kondukteur einen halben Gulden – und gefahren unter der Bank!»

57
Ein großer ‚Reichermann', aber ein noch größerer Geizhals ist gefährlich krank geworden. Hat man zu ihm gebracht einen Professor. Läßt sich vernehmen (ruft sich ab) der Kranke:
«Doktor-Leben, wenn (ob) Ihr macht mich gesund, will ich Euch geben zehntausend Rubel...»
Hat Gott geholfen, und der reiche Mann ist gesund geworden. Wenn der Professor hat darnach bei ihm gebeten (um) das zugesagte Honorar, hat der reiche Mann sich gemacht ahnungslos (blöd gestellt):
«Was? Wann? Wer?»

chójle (h. cholé), krank.
tamewáte (v. h. tamím = unversehrt, lauter, naiv. Wird auch mit griech. taumazein = staunen in Verbindung gebracht), ahnungslos, zerstreut, verdöst.
sstaitsch (korrumpiert aus «Woss iss der taitsch (fun der sach)?». Taitsch, wörtl. Deutsch, = Sinn, Bedeutung. Taitschen, wörtl. verdeutschen = dolmetschen, verständlich machen, in Jiddisch übersetzen), «Was soll das heißen?»

«Jo», entfert der gewir, «'ch bin take gewen geferlech krank... Nu, ojb 'ch hob demolt epess zugesogt, hob ich misstome geredt fun hiz.»

58

Zu a jid a grojssn ojscher, ober noch a gresserer kamzn un a schlechter mentsch, is amol gekumen an oreman betn a nedowe. Sogt im der ojscher, as er git nischt kajn nedowess, nor ojssnamwajse is er grejt im zu gebn a nedowe mit a tnaj, as er wet trefn, welchess ojg is baj im a fremdss fun glos. Der oreman kukt ojfn ojscherss ojgn un noch a kurze wajle sogt er:
«Doss rechte.»
«Emess!» sogt der schlechter gewir. «Du bisst der erschter mentsch, woss hot getrofn, un ich wel dir gebn a schejne nedowe. Nor sog mir, wi-asoj hosstu derkent doss ojg as ess is nischt doss echte?»
Entfert der oreman: «Doss gleserne ojg hot gekukt ojf mir mit rachmoness.»

táke (russ.), wahrlich.
misstóme (h. misstamá), sicherlich, gewiß.

58
ójscher (h. aschír), reich.
kamzn (h. kamzán), Geizhals.
oremán, armer Mann.

«Was soll das bedeuten?» macht der Professor, «Ihr gedenkt gar nicht Eure Zusage, als (wenn) Ihr seid gewesen gefährlich krank?»
«Ja», antwortet der reiche Mann, «'ch bin wahrlich gewesen gefährlich krank... Nu, wenn (ob) ich hab damals etwas zugesagt, habe ich sicherlich geredet im Fieber (von Hitze).»

58
Zu einem Juden, einem großen ‚Reichen', aber noch einem größeren Geizhals und schlechten Menschen ist einmal gekommen ein armer Mann bitten (um) ein Almosen. Sagt ihm der Reiche, daß er gibt nicht keine Almosen, nur ausnahmsweise ist er bereit, ihm zu geben ein Almosen mit einer Bedingung, wenn er wird treffen, welches Auge ist bei ihm ein fremdes von Glas. Der arme Mann guckt auf des Reichen Augen, und nach einer kurzen Weile sagt er:
«Das rechte.»
«Wahrheit!» sagt der schlechte Reiche. «Du bist der erste Mensch, was hat getroffen, und ich will dir geben ein schönes Almosen. Nur: sag mir, wieso hast du erkannt das Auge, daß es ist nicht das echte?»
Antwortet der arme Mann: «Das gläserne Auge hat geguckt auf mich mit Erbarmen.»

nedówe (h. n'dawá), Almosen. Pl. **nedówess** (h. n'dawót).
grejt, bereit.
t'naj (h. u. j.), Bedingung.
gewír (h. g'wir), ein Reicher, Mächtiger.
émess (h. emét), Wahrheit.
rachmóness (h. rachmanút), Erbarmen.

59

An oreman kumt zum grojssn gewir Arn un bet a nedowe.
«Woss hot ir sich ongesezt ojf mir?» zeschrajt sich der gewir. «Welcher ruach hot ajch ahergeschikt? Ir wejsst noch alz nischt, as ich gib kejnmol nischt kajn nedowess? Gejt schojn zu aldi schwarze jor!»
«Ir sent gerecht», sogt der oreman. «Zuwoss take ich bin ahergekumen? Wolt den nischt gewen glajcher, wen der, woss hot mich geschikt zu ajch, wolt alejn ahergekumen?»
«Woss sogt ir?» bejsert sich wajter der gewir. «Welcher chuzpenik hot ajch gehejssn kumen? Wer hot doss gesolt kumen zu mir aher?»
«Ir fregt, wer? Der daless.»

60

A jidischer agent pruwt ajnredn a kargn fabrikant, er sol kojfn a klejnem ojto un sogt:
«Der dosiker ojto farbrojcht kim'at gor kajn bensin nischt. A lefel bensin far hundert kilometer.»
Fregt der fabrikant: «A jojch-lefel zi a tej-lefel?»

59

nedówe, pl. **nedówess** (h. n'dawá, pl. n'dawót), Almosen.
sich ónsezn (sich ansetzen), sich an jemanden heften, auf jemanden verlegen.
rúach (h. u. j.), Wind, Geist. Im J. meist: böser Geist, böser Kerl.
áldi, alle die, all denen.
glájcher, richtiger, empfehlenswerter, angemessener.
chúzpenik (h. chuzpá, Frechheit, + slaw. Endung), Frechdachs.

59

Ein armer Mann kommt zum großen Reichen Aaron und bittet (um) ein Almosen.
«Was habt Ihr Euch ‚angesetzt' auf mich?» zerschreit sich der Reiche. «Welcher böse Geist hat Euch hergeschickt? Ihr wißt noch immer (als) nicht, daß ich gebe keinmal (nicht keine) Almosen? Geht schon zu all den schwarzen Jahren!»
«Ihr habt recht (Ihr seid gerecht)», sagt der arme Mann. «Zu was bin ich wirklich hergekommen? Wollte denn nicht gewesen angemessener (gleicher), wenn der, was hat mich geschickt zu Euch, wollt allein (= selber) herkommen?»
«Was sagt Ihr?» erbost sich weiter der Reiche. «Welcher Frechdachs hat Euch geheißen kommen? Und wer soll (wörtl. wer hat das gesollt) kommen zu mir her?»
«Ihr fragt, wer? Die Armut.»

60

Ein jüdischer Agent probiert (prüft) einreden einem geizigen (kargen) Fabrikanten, er soll kaufen ein kleines Auto und sagt: «Dieses (wörtl. ‚das dasige') Auto verbraucht fast gar kein Benzin (nicht). Einen Löffel Benzin für hundert Kilometer.»
Fragt der Fabrikant: «Einen Suppenlöffel oder einen Teelöffel?»

dáless (h. dalút), Armut.

60

pruwt, versucht.
dósik (aus ‚das' + Endung ‚-ig', etwa: dieses da).
kim'át (h. u. j.), fast, beinahe.
jojch (Jauche), Fleischbrühe. Jojch-lefel = Suppenlöffel.
zi (von poln. czy), ob.

61

A frumer kamzn

A kamzn is a mol gegangen in weg. 'ss is gewen hejss un der kamzn is geworn mid un hungerik. Nemt er betn dem ejberschtn un sogt:

«Gotenju, ich bin mid un hungerik. Bascher mir, as ich sol epess gefinen zum essn, un derfar wel ich di helft fun dem, woss ich wel gefinen, brengen zu dir far a korbn.»

'ss dojert nischt lang un er gefint ojfn weg a sekele.

«Doss is sicher a sekele gelt», sogt zu sich der kamzn un bejgt sich ajn un hejbt ess oif.

As er hot an efn geton doss sekl, set er, dort senen do tejtlen un mandlen. Hot er sich anidergesezt un hot derkwikt mit sej sajn harz. Dernoch hot er genumen di kerlech fun di tajtlen un die scholechz fun di mandlen, hot sej awekgelejgt ojf a schtejn, hot sej untergezundn un gesogt:

«Nem on, Gotenju, majn korbn. Ich hob mich getejlt mit dir mit dem ojssenwejniksstn un inewejniksstn fun majn gefinss.»

61

kamzn (h. kamzán), Geizhals.
ejberschter (‚Oberster'), Gott.
Gótenju, Gott + slaw. Koseendung.
korbn (h. korbán), Opfer.
nemt er betn (nimmt er beten), beginnt er zu beten.
et hot an efn geton (er hat ein ‚Öffnen' getan), er hat geöffnet.

61

Ein frommer Geizhals

Ein Geizhals ist einmal gegangen im Weg. 's ist gewesen heiß, und der Geizhals ist geworden müde und hungrig. Fängt er an zu bitten (,nimmt er bitten zu') dem Obersten und sagt:
« Gottchen, ich bin müde und hungrig. Bescher mir, daß ich soll etwas finden zum Essen, und dafür will ich die Hälfte von dem, was ich werde finden, bringen zu dir für (als) ein Opfer.»
's dauert nicht lange, und er findet auf dem Weg ein Säcklein.
« Das ist sicher ein Säcklein Geld », sagt zu sich der Geizhals und beugt sich nieder (,beugt sich ein') und hebt es auf.
Als er hat geöffnet (ein ,Öffnen' getan) das Säcklein, sieht er, dort sind da Datteln und Mandeln. Hat er sich niedergesetzt und hat erquickt mit ihnen (sie) sein Herz.
Danach hat er genommen die Kernlein von den Datteln und die Schalen von den Mandeln, hat sie weggelegt auf einen Stein, hat sie untergezündet und gesagt:
« Nimm an, Gottchen, mein Opfer. Ich habe mich geteilt mit dir mit dem Auswendigsten und dem Inwendigsten von meinem Fund.»

62

Farwoss megn di aschirim ojwer sejn ojf ale lawn fun der tojre, un an oreman, kojm tut er di klensste sach, wert a wajiz'aku? Wajl, wen Mojsche rabejnu hot zebrochn ojf schtiker di luchess, woss senen, wi bakant, gewen lojter dimentn, hobn sich di jidn geworfn zu samlen di kosstbarkajtn. Di gewirim, welche hobn schtendik masl, hot geschpilt doss glik, un sej hobn gechapt di gresste schtiker, ojf welche ess senen gewen geschribn di werter: tirzoch, tignow, tin'of, un derfar hobn sej heter opzuton jede sach, woss is osser...

Di oreme lajt ober hobn gechapt di klejninke schtiklech, ojf welche ess senen gewen ojfgeschribn blojs di klejne werter: loj, loj, un dariber torn sej gornischt ton.

63

A jid a ssojcher flegt die ganze woch firn gescheftn un frajtik far nacht flegt er kumen ahejm. Hot er gemacht di woch di gute

62

aschírim, sing. **óschir** (h. aschirím, aschír), die Reichen.
ójwer sejn (h. owéjr), überschreiten, übertreten.
lawn (law, im Talmud gebräuchliches Wort für nein, nicht, + d. Pl.-Endung), die ‚Nicht', die Verbote.
tójre (h. torá), Lehre, Pentateuch.
oremán, armer Mann.
wajiz'áku (h. wajiz'akú), «Und sie erhoben ein Geschrei».
rabéjnu (h. u. j.), unser Rabbi, unser Lehrer oder Meister.
lúchess, sing. **lúach** (h. luchót, lúach), Tafeln.
gewírim, sing. **gewír** (h. g'wirím, g'wir), reiche Leute.

62

Warum (für was) dürfen (mögen) die Reichen übertreten (auf) alle ‚Nicht' (= Verbote) von der Tora, und ein armer Mann, kaum tut er die kleinste Sache, wird ein ‚und sie begannen zu schreien'? Weil, als (wenn) Moses, unser Rabbi, hat zerbrochen auf Stücke die Tafeln, was sind, wie bekannt, gewesen lauter Diamanten, haben sich die Juden geworfen zu sammeln die Kostbarkeiten. Den Reichen, welche haben ständig Glück, hat ‚gespielt' das Glück, und sie haben gepackt die größten Stücke, auf welche es sind gewesen geschrieben die Wörter: Du sollst morden, stehlen, ehebrechen, und dafür (deshalb) haben sie Erlaubnis (ab-) zu tun jede Sache, was ist verboten...
Die armen Leute aber haben gepackt die kleinen Stücklein, auf welchen es sind gewesen aufgeschrieben bloß die kleinen Wörter: nicht, nicht, und deshalb (darüber) dürfen sie gar nichts tun.

63

Ein Jude, ein Kaufmann, pflegte die ganze Woche führen Geschäfte, und Freitag vor Nacht pflegte er kommen heim. Hatte

masl (h. masál), wörtl. Gestirn, Schicksal. Meist im Sinne von Glück.
chapn (poln. chapać), packen, erwischen.
tírzoch, tígnow, tín'of (h. tirzách, tignów, tin'óf), Du sollst (oder: wirst) morden, stehlen, ehebrechen.
héter (h. hetéjr), Erlaubnis.
ósser (h. assúr), verboten.
loj (h. lo), nein, nicht.

63
ssójcher (h. ssochéjr), Kaufmann.

gescheftn, flegt er hejssn dem wajb onzindn ganz klejnitschke lichtlech. Un an ander mol, as er hot gemacht gor schlechte gescheftn un ongewojrn a ssach gelt, flegt er sogn dem wajb, si sol onzindn ale lompn un onzindn ganz grojsse licht.
Hot im doss wajb gefregt: «Woss is di majsse? Sstajtsch?»
Hot er gesogt asoj: «Farschtejsst? As ich mach gute gescheftn, frej ich mich doch. Wil ich, as die andere jidn fun der schtot soln ojch hobn hano'e. Sej weln sen, as baj mir brenen klejntschike lichtlech, weln sej sich sogn: Misstome gejt im schlecht! – weln sej hobn hano'e. Ober as ich mach schlechte gescheftn, wil ich, jene soln ojchet hobn zar. Un wen hobn jidn zar? As sej sen, wi dem andern is gut. Sej weln sen, as baj mir in schtub is lichtik, weln sej hobn zar.»

64
«Sog nor, Izik, wifl mol in der woch tusst du iber doss hemd?»
«Woss hajsst wifl mol? Ejn mol in der woch, frajtik in mikwe...»
«Nu – un wi meinsstu der nogid fun undser schtetl?»
«Der nogid? Ganz meglech as er tut iber zwej mol in der woch.»

as, als, daß, wenn.
óngewojrn, v. dtsch. ónwern, verlieren. Verlust haben.
a ssach (h. ssach, Betrag, Summe), eine Menge.
májsse (h. ma'assé), wörtl. Tat, Geschehnis, sek. Geschichte. «Woss is di majsse» = was bedeutet die Geschichte?
sstajtsch, korrumpiert aus: woss is der tajtsch = was ist die Bedeutung. Tajtsch, wörtl. deutsch. Cf. Glossar.
hanó'e (h. hana'á), Vergnügen, Genuß.

er gemacht die Woche die guten Geschäfte, pflegte er heißen dem Weib anzünden ganz kleine Lichtelchen. Und ein andermal, als er hatte gemacht gar schlechte Geschäfte und verloren einen Haufen Geld, pflegte er sagen dem Weib, sie soll anzünden alle Lampen und anzünden ganz große Lichter.
Hat ihn das Weib gefragt: «Was ist die Geschichte (gemeint: der Sinn)? Was die Bedeutung?»
Hat er so gesagt: «Verstehst du? Wenn ich mache gute Geschäfte, freu ich mich doch. Will ich, daß die andern Juden von der Stadt sollen auch haben Vergnügen. Sie werden sehen, daß bei mir brennen kleine Lichtelchen, werden sie sich sagen: Sicherlich geht ihm schlecht! – Werden sie haben Vergnügen. Aber wenn ich mache schlechte Geschäfte, will ich, jene sollen auch haben Kummer. Und wann haben Juden Kummer? Wenn sie sehen, wie dem andern ist gut. Sie werden sehen, daß bei mir in (der) Stube ist lichtig (hell), werden sie haben Kummer.»

64
«Sag nur, Itzig, wievielmal in der Woche wechselst du (tust du über) das Hemd?»
«Was heißt, wievielmal? Einmal in der Woche, Freitag in der Mikwe...»

misstóme (h. misstamá), sicher, gewiß, wahrscheinlich.
zar (h. zá'ar), Leid.

64
íberton (übertun), wechseln.
míkwe, rituelles Tauchbad, cf. Glossar.
nógid (h. nagíd), reicher Mann.

«Nu, un Rothschild?»
«Rothschild? Misstome jedn tog.»
«Nu, un der kejser alejn?»
«Du fregsst a schajle ojfn kejser? Er tut on a hemd un tut ojss a hemd, er tut on a hemd un tut ojss a hemd...»

65
Men hot gefregt an achzikjerikn nogid, zulib woss er halt sich asoj gut ojf der elter. Hot er geentfert mit a schmejchel: «Ich hob geduldike jorschim.»

66
A jid fun Pojln is gekumen in kabinet fun Dr. Markus Herz, set er ojf der tir a schild mit a monogram M. H. Asoj wi der jid hot gewolt arojssbakumen a gressere nedowe, sogt er zu Herzn: «Her doktor, ir set, ajer monogram ken men lejenen: mechaje hamejssim.»
Entfert im Dr. Herz: «Nischt mechaje hamejssim, nor malech hamowess.»

misstóme (h. misstamá), sicherlich, gewiß.
schájle (h. sch'ejlá oder scha'alá), Frage.

65
nógid (h. nagíd), reicher oder vornehmer Mann.
schméjchel, Lächeln.
jórschim, sing. **jójresch** (h. jorschím, joréjsch), Erben.

«Nu – und wie meinst du der reiche Mann von unserm Städtchen?»
«Der reiche Mann? Ganz möglich, daß er wechselt (tut über) zweimal in der Woche.»
«Nu, und Rothschild?»
«Rothschild? Sicherlich jeden Tag.»
«Nu, und der Kaiser allein (= selber)?»
«Du fragst eine Frage auf den Kaiser? Er tut an ein Hemd und tut aus ein Hemd, er tut an ein Hemd und tut aus ein Hemd...»

65

Man hat gefragt einen achtzigjährigen Reichen, wodurch (zulieb was) er hält sich so gut in (auf) seinem Alter. Hat er geantwortet mit einem Lächeln: «Ich habe geduldige Erben.»

66

Ein Jude von Polen ist gekommen in (das) Kabinett von Dr. Markus Herz, sieht er auf der Türe ein Schild mit einem Monogramm M. H. So, wie der Jude hat gewollt herausbekommen ein größeres Almosen, sagt er zu Herz:
«Herr Doktor, Ihr seht, Euer Monogramm kann man lesen: mechaje ha-mejtim (Beleber der Toten).»
Antwortet ihm Dr. Herz: «Nicht mechaje ha-mejtim, sondern mal'ach ha-mawet (Engel des Todes).»

66

nedówe (h. n'dawá), Almosen.
léjenen (altfranz. leire), lesen.
mecháje haméjssim (h. mechajé ha-mejtím), Beleber der Toten, Auferwecker der Toten.
málech hamówess (mal'ách ha-máwet), Engel des Todes.

67
A rajcher jid is zurikgekumen fun a rejse iber Afrike un sich gerimt mit sejne drajsste jagdn ojf wilde chajess.
«B'ejss majn lezter jagd», derzejlt er, «hob ich mit a hantmesserel opgeschnitn dem wejdl baj a lejb.»
«Far woss hosst du im nischt opgeschnitn dem kop?» fregt men im.
«Wajl dem kop hot men im opgeschnitn a tog fri'er», hot geentfert der drajsster jeger.

68
Jojne Knopmacher is zurikgekumen fun dorem-Afrike un derzejlt nissim w'nifló'ess wegn di hizn in tropikalische lender.
«Molt ajch ojss, mitogzajt wajst der termometer achzik grad in schotn!»
Fregt ejner fun di zuherer: «Un wer hot dir gehejssn sizn in schotn?»

67
chájess, pl. v. **cháje** (h. chajót, chajá), Tiere, Lebewesen.
b'ejss (h. b'ejt), in der Zeit, zur Zeit.
wejdl (Wedel), Schwanz.

67
Ein reicher Jude ist zurückgekommen von einer Reise über Afrika und sich gerühmt mit seinen dreisten Jagden auf wilde Tiere.
«In der Zeit meiner letzten Jagd», erzählt er, «habe ich mit einem Handmesserl abgeschnitten den Schwanz (Wedel) bei einem Löwen.»
«Warum (für was) hast du ihm nicht abgeschnitten den Kopf?» fragt man ihn.
«Weil den Kopf hat man ihm abgeschnitten einen Tag früher», hat geantwortet der dreiste Jäger.

68
Jonas Knopfmacher ist zurückgekommen von Südafrika und erzählt Wunder über Wunder wegen der Hitze in tropischen Ländern.
«Malt euch aus, Mittagszeit weist der Thermometer achtzig Grad im Schatten!»
Fragt einer von den Zuhörern: «Und wer hat dir geheißen sitzen im Schatten?»

68
dórem (h. daróm), Süden.
níssim w'nifló'ess (h. nissím w'niflaót, sing. ness = Wunder, und niflaót = Wunderbares), wörtl. Wunder und Wunderbares.
wajsn, wörtl. weisen = zeigen.

69
Fun jidischn teater
In Lemberger dajtsch-jidischn teater. Geschpilt wert di operete ‚Bar-Kochba‘ fun Awrom Goldfadn.
Driter akt. Es bawajsn sich Bar-Kochba un sajn adjutant.
Bar-Kochba (zum adjutant): «Mojsche, soln arajnkumen di machness Jissroel!»
('ss kumen arajn draj zebrochene jidelech.)
Bar-Kochba: «Oj, woss sent ir asoj zalrajch erschinen? Zetejlt sich in zwejen!»
(Ejn sstatisst gejt rechtss, der zwejter linkss, der driter blajbt schtejn in der mitn.)

70
Geschpilt wert Schumerss operete ‚Di schpanische inkwisizje‘.
Kenig Filip sizt ojf a tron. 'ss kumt arajn der admiral.
Filip: «Gutn tog, her admiral!»
Admiral: «Gutn tog, her kenig!»
Filip: «Her admiral, woss hert sich mikojech undser flote?»
Admiral: «Her kenig, di flote is lejder zetrassket geworn...!»

69
Bar-Kochba, ein jüdischer Freiheitsheld, der 132–135 n. Chr. noch einen letzten, blutig niedergeschlagenen Aufstand gegen Rom wagte.
sich bawájsn (sich beweisen), sich zeigen, auftreten.
máchness (h. machanót), wörtl. Feldlager. Hier: Armeen.

69
Vom jüdischen Theater (Safrins eigene Erlebnisse)
Im Lemberger Deutsch-jüdischen Theater. Gespielt wird die Operette ‚Bar-Kochba' von Abraham Goldfaden.
Dritter Akt. Es erscheinen (wörtl. beweisen sich) Bar-Kochba und sein Adjutant.
Bar-Kochba (zum Adjutanten): «Moses, (es) sollen hereinkommen Israels Armeen!»
('s kommen herein drei zerbrochene Jüdlein.)
Bar-Kochba: «Oh, was seid ihr so zahlreich erschienen? Zerteilt euch in zweien!»
(Ein Statist geht rechts, der zweite links, der dritte bleibt stehn in der Mitte.)

70
Gespielt wird Schumers Operette ‚Die spanische Inquisition'.
König Philipp sitzt auf einem Thron. 's kommt herein der Admiral.
Philipp: «Guten Tag, Herr Admiral!»
Admiral: «Guten Tag, Herr König!»
Philipp: «Herr Admiral, was hört sich wegen unserer Flotte?»
Admiral: «Herr König, die Flotte ist leider zerteppert worden...»

70
mikójech (h. mikóach), wegen, betreffend.
zetrássken (von poln. trzask, Knall), ein sehr kommuner Ausdruck für ‚zerschmettern', also etwa: zerknallen, zerteppern.

71
Geschpilt wert di komedje fun Awrom Goldfadn ‚Di bejde Kunje-Lemelss‘.
Der bakanter komiker Ssem Schiling schpilt dem schadchen Kalmen. Gewor werndik, as Maks schtudirt ojf a dokter, hot Schiling a fartiken wiz: « Her mich ojss! Ojb du bisst jo a dokter, farschrajb mir a schtik brojt mit hering! »

72
Der konferanssje fun bawusstn klejn-kunsst-teater ‚Asasel‘ is gewen der geniter aktior Wladimir Godik. Ejn mol hot er gemacht a politischn wiz: « Bawarft mich nischt mit kajn fojle ejer, wajl ich bin nischt Wladimir Jabotinski! »
A zuschojer fun der galerje hot ojf dem wiz scharf reagirt. Godik hot sich nischt gelost teroresirn un geentfert ruik: « Ojb ir sent asa chochem, derklert mir, woss is der chilek zwischn hej un hober? »
Der jungerman schwajgt.
« Ir schwajgt? Ir wejsst ess nischt? Take a wunder! A jedess ferd wejsst ess doch! »

71
schádchen (h. schadchán), Heiratsvermittler.
Der Witz spielt auf die Armut der jüdischen Schauspieler in Polen an, die nicht einmal satt zu essen hatten.

72
bawússt (bewußt), bekannt.
Asásel (h. Asaséjl), Namen eines Dämons, Teufel.

71

Gespielt wird die Komödie von Abraham Goldfaden ‚Die beiden Kunje-Lemels'.
Der bekannte Komiker Sam Schilling spielt den Heiratsvermittler Kalman. Erfahrend (wörtl. gewahr werdend), daß Max studiert auf (einen) Doktor, hat Schilling einen fertigen Witz: «Hör mich aus! Wenn (wörtl. ob) du bist ja ein Doktor, verschreib mir ein Stück Brot mit Hering!»

72

Der Conférencier vom bekannten (wörtl. bewußten) Kleinkunsttheater ‚Asasel' (Teufel) ist gewesen der gewiegte Schauspieler Wladimir Godik. Einmal hat er gemacht einen politischen Witz: «Bewerft mich nicht mit (keinen) faulen Eiern, weil (= denn) ich bin nicht Wladimir Jabotinski!»
Ein Zuschauer von der Galerie hat auf den Witz scharf reagiert. Godik hat sich nicht lassen terrorisieren und geantwortet ruhig: «Wenn (ob) Ihr seid ein so Kluger, erklärt mir, was ist der Unterschied zwischen Heu und Hafer?»
Der junge Mann schweigt.
«Ihr schweigt? Ihr wißt es nicht? Wahrlich ein Wunder! Ein jedes Pferd weiß es doch!»

genít (derselbe Stamm wie in ‚niet- und nagelfest'), routiniert, tüchtig.
áktior, Schauspieler.
Wladimir Jabotinski, rechtsradikaler zionistischer Führer.
chóchem (h. chachám), klug, weise.
chíluk oder **chílek** (h. chilúk), Unterschied.
táke (russ.), wahrlich.

73
Der bawusster jidisch-daitschischer aktjor Fritz Kortner hot geschpilt di hojptrole in Shakespeares tragedje ‚Richard der driter‘. In leztn akt, noch di werter «A ferd, a ferd! Majn kenigrajch far a ferd!» hot sich ongerufn a zuschojer fun di galerie: «Kon nischt sajn an ejsel?»
Kortner hot ruik geentfert: «'ss kon sajn an ejsel. Bite, kumt arojf ojf der bine!»

74
Der schrajber Jainkew Dineson is ejn mol gekumen zu a professor un hot sich baklogt, as der sikorn is baj im schwach geworn. Hot im der professor farschribn farschidene piln un tropnss. Draj jor schpeter hot im a frajnd gefregt, zi di refú'ess fun professor hobn geholfn.
«Ich glejb as jo», hot geentfert der schrajber, «wajl dem rechenung, woss er hot mir demelt gegebn, gedenk ich noch hajnt.»

75
Der barimter dichter un dramaturg Alter Kazisne hot opgehaltn a literarischn ownt in Warschewer ‚Bund‘. Asoj wi er hot derfar

74
sikórn (h. sikarón), Gedächtnis.
zi (czy, poln.), ob.
refú'ess (h. r'fuót, sing. r'fuá), Heilung, Medikament.
as, daß, als, wenn.

73
Der bekannte (bewußte) jüdisch-deutsche Schauspieler Fritz Kortner hat gespielt die Hauptrolle in Shakespeares Tragödie ‚Richard der Dritte'. Im letzten Akt, nach den Worten «Ein Pferd, ein Pferd, mein Königreich für ein Pferd!» hat (sich an-) gerufen ein Zuschauer von der Galerie:
«Kann (es) nicht sein ein Esel?»
Kortner hat ruhig geantwortet: «'s kann sein ein Esel. Bitte, kommt herauf auf die Bühne!»

74
Der Schreiber (Schriftsteller) Jakob Dineson ist einmal gekommen zu einem Professor und hat sich beklagt, daß das Gedächtnis ist bei ihm schwach geworden.
Hat ihm der Professor verschrieben verschiedene Pillen und Tropfen. Drei Jahre später hat ihn ein Freund gefragt, ob die Medikamente von (dem) Professor haben geholfen.
«Ich glaub', daß ja», hat geantwortet der Schreiber, «weil die Rechnung, was er hat mir damals gegeben, gedenk' ich noch heute.»

75
Der berühmte Dichter und Dramaturg Alter Kazisna hat abgehalten einen literarischen Abend im Warschauer ‚Bund'. So, wie er hat dafür nicht genommen keinerlei Honorar, hat der

75
ownt, Abend.
‚Bund', jüdisch-sozialistische Arbeiterpartei Polens.

nischt genumen kajn schum honorar, hot der forsizer zum ssof fun ownt gedankt dem schrajber un hojch ojssgerufn:
«Sol lebn der chower Alter Kazisne!»
Hot Kazisne schtil gefregt: «Fun woss?»

76
Awrom Reisen is gewen a guter mentsch un er hot kejnem nischt gekont opsogn a tojwe. Kumt zu im a mol a bocher mit a bakosche:
«Ich such a posstn un ich krig nischt. A schichkremer hot mir ober gesogt, as er is ajerss a grojsser onhenger, un ojb ich wel brengen a briw fun ajch, wet er mich zunemen.»
Is Reisen nischt fojl un schrajbt on dem kremer a briw, as er schikt im a tajern bocher, a fe'iken mentsch. Hot im jener bald zugenumen.
In etleche teg arum kumt der schichkremer zu Reisenen un sogt im:
«Ir sent a grojsser schrajber, ober kajn mentschenkener sent ir nischt. Der bocher, woss ir hot mir geschikt, hot mir arojssgeganwet dem bajtl!»
Hot Reisen gefregt derschtojnt: «Ajch hot er ojch arojssgeganwet dem bajtl?»

schum (h. u. j.), wörtlich ‚irgendein'. Das Wort wird aber sowohl h. wie j. nur mit einem negierenden Beiwort, im Sinne von ‚nichts', verwendet, so ähnlich wie franz. ‚rien'.
ssof (j. u. h.), Ende.
chówer (h. chawéjr), Kamerad.

Vorsitzende zum Ende vom Abend gedankt dem Schriftsteller und laut (hoch) ausgerufen:
«Soll leben der Kamerad Alter Kazisna!»
Hat Kazisna still gefragt: «Von was?»

76
Abraham Reisen ist gewesen ein guter Mensch, und er hat keinem (nicht) gekonnt absagen eine Guttat. Kommt zu ihm einmal ein Bursch mit einer Bitte:
«Ich such' einen Posten, und ich krieg' nicht. Ein Schuhkrämer hat mir aber gesagt, daß er ist Euer (ein) großer Anhänger, und wenn (ob) ich werde bringen einen Brief von Euch, wird er mich zu (sich) nehmen.»
Ist Reisen nicht faul und schreibt hin (‚an') dem Krämer einen Brief, daß er schickt einen teuren (wertvollen) Burschen, einen fähigen Menschen. Hat ihn jener bald zu (sich) genommen. Nach etlichen Tagen (In etlichen Tagen herum) kommt der Schuhkrämer zu Reisen und sagt ihm:
«Ihr seid ein großer Schreiber, aber (k)ein Menschenkenner seid Ihr nicht. Der Bursch, was Ihr habt mir geschickt, hat mir herausgestohlen den Beutel!»
Hat Reisen gefragt erstaunt: «Euch hat er auch herausgestohlen den Beutel?»

76
tójwe (h. towá), Guttat
bócher (h. bachúr), Junggeselle, junger Mann.
bakósche (h. bakaschá), Bitte.
tájer, teuer, hier wertvoll.
arójssgeganwet, v. arójssganwenen (v. h. ganów = stehlen), herausstehlen.

77

An artisst fun der barimter ‚Wilner Trupe' hot sich amol farn regisseur Dovid Herman antschuldikt, as ligndik krank ojf gripe kon er nischt sajn ojf der ownt-repetizje.
Dem selben ojfdernacht bagegnt Herman in park dem klomerscht krankn, woss schpazirt geormt mit a schejn mejdl.
Der regisseur ruft im zu un rojmt im arajn in ojer: «Jungerman, ich se, as ir hot a schwere gripe. Nor mit asa gripe darf men lign in bet.»

78

Men hot gefregt dem bawusstn schrajber Ejsik Mejer Dick: «Far woss hobn di jidn in midber gemacht a goldn kalb?»
Hot er geentfert: «Wajl ess hot sej nischt gesstajet kejn gold zu machn an okss.»

77

ownt, Abend.
ojfdernácht (auf der Nacht), nachts.
klómerscht (von h. klomár, ‚das heißt', + dtsch. Endung -scht), der sozusagen...
rójmen, raunen.
darfn, müssen, sollen.

77

Ein Artist von der berühmten ,Wilnaer Truppe' hat sich einmal beim (vor dem) Regisseur David Herman entschuldigt, daß, liegend krank auf Grippe, kann er nicht sein auf der Abendrepetition.

Dieselbe Nacht (‚aufdernacht') begegnet Herman im Park dem sozusagen Kranken, was spaziert Arm in Arm (gearmt) mit einem schönen Mädel.

Der Regisseur ruft ihn heran (zu) und raunt ihm herein ins Ohr: «Junger Mann, ich seh', daß Ihr habt eine schwere Grippe. Nur: mit einer solchen Grippe sollte (dürfen = sollen, müssen) man liegen im Bett.»

78

Man hat gefragt den bekannten (bewußten) Schriftsteller (Schreiber) Ejsik Mejer Dick:

«Warum (für was) haben die Juden in (der) Wüste gemacht ein goldenes Kalb?»

Hat er geantwortet: «Weil es hat ihnen nicht gereicht (kein) Gold, zu machen einen Ochsen.»

78

bawússt (bewußt), bekannt.
mídber (h. midbár), Wüste.
hot gesstájet (v. poln. starczyć), hat genügt, hat ausgereicht.

79

Der kenig fun di Lemberger keschene-ganowim is amol gemischpet geworn fun a gericht, un der richter fregt im: «Sogt mir, wi asoj hot ir arojssgenumen doss sejgerl, woss is gewen fesst zugebunen zu a kejtel?»
«Her richter», derklert der baschuldikter, «far asa lekzje krig ich bazolt zwanzik slotess a scho.»

80

A schwindler is geschtanen farn gericht. Asoj wi der prokuror un die adwokatn hobn opgehaltn sejere droschess, bakumt der baschuldikter doss lezte wort. Er schtelt sich ojf un sogt:
«Got is majn ejdess, as ich bin umschuldik!»
Der richter rajsst im iber: «Zu schpet! Di lisste fun ejdess is geschlossn!»

81

In a galizischer schtot hot bankrotirt a grojsser ssojcher, woss hot ongeli'en a ssach gelt baj rajche un oreme lajt. Kumen zu im arojf di ale, woss hobn im ongetrojt sejere mamtakim. Men sezt sich arum tisch, men redt wegn jojscher, wegn geschedikte

79

késchene (poln. kieszen), Tasche.
ganówim, sing. **gánew** (h. ganawím, ganáw), Diebe.
gemíschpet, abgeurteilt (v. h. mischpát, Gesetz).
séjgerl, v. sejger (poln. zegar), Ührchen, Uhr.
scho (h. scha'á), Stunde.

80

dróschess, sing. **drósche** (h. draschót, draschá), Rede.
éjdess (h. ejdút, wörtl. Zeugenschaft), Zeuge, sing. u. pl. gleich.

79
Der König von den Lemberger Taschendieben ist einmal abgeurteilt worden von einem Gericht, und der Richter fragt ihn: «Sagt mir, wie (so) habt Ihr herausgenommen das Ührchen, was ist gewesen fest zugebunden zu einem Kettlein.»
«Herr Richter», erklärt der Beschuldigte, «für eine solche Lektion krieg' ich bezahlt zwanzig Zloty eine Stunde.»

80
Ein Schwindler ist gestanden vor dem Gericht. So wie der Prokuror und die Advokaten haben abgehalten ihre Reden, bekommt der Beschuldigte das letzte Wort. Er stellt sich auf und sagt: «Gott ist mein Zeuge, daß ich bin unschuldig!»
Der Richter unterbricht ihn (reißt ihn über): «Zu spät! Die Liste von Zeugen ist geschlossen!»

81
In einer galizischen Stadt hat bankrottiert ein großer Kaufmann, was hatte geliehen eine Menge Geld bei reichen und armen Leuten. Kommen zu ihm herauf die alle, was haben ihm anvertraut ihre Reichtümer. Man setzt sich herum (um den)

as, daß, als, wenn.
íberrajssn (überreißen), unterbrechen.

81
ssójcher (h. ssochéjr), Kaufmann.
ssach (j. u. h.), Summe, Menge, Haufen.
órem, arm.
mamtákim (h. mamtakím), wörtl. Süßigkeiten. Im J. auch = Geld.
jójscher (h. jóscher), Ehrlichkeit, Geradheit.

almoness un jessojmim. Ober der bal-chojw schwajgt, er ruft sich nischt on mit kajn wort.
Zulezt plazt di geduld baj ejnem fun di hojptredner un er fregt: «Mit woss-sche hejbn mir sich ojf?»
Entfert der bal-chojw ruik: «Mitn ‚sejtschet mojchl‘.»

82
Far a galizischn gericht wert farhert alss ejdess a jid a mekler ojf der ‚schwarzer berse‘.
Der richter schrajbt ojf sajn nomen, sajn elter un fregt dernoch: «Ajer professje?»
«Ich drej sich arum.»
«Ich freg nischt ojf katowess!» bejsert sich der richter. «Woss is ajer professje?»
«Ich drej sich arum.»
«Un ir lebt derfun?»
«Awade leb ich derfun.»

almóness, pl. v. **almóne** (h. almanót, almaná), Witwen.
jessójmim, pl. v. **jóssem** (h. j'tomim, jatóm), Waise.
bal-chójw (h. bá'al-chów), Schuldner.
sich ónrufn (‚sich anrufen‘), etwa: sich vernehmen lassen.
Mit woss-sche hojbn mir sich ojf? («Mit was also heben wir uns auf?»): Mit welchem Resultat erheben wir uns also?
séjtschet (die Form ist zusammengewürfelt aus dtsch. ‚seid‘, + poln. ‚ze‘ = also, + einem t, das die Pl.-Endung des Verbs bezeichnen will und hier am Schluß des Wortes eigentlich nichts mehr zu suchen hat), seid.

Tisch, man redet wegen (über) Gerechtigkeit, wegen (über) geschädigte Witwen und Waisen. Aber der Schuldner schweigt, er läßt kein Wort verlauten (ruft sich nicht an).
Zuletzt platzt die Geduld bei einem von den Hauptrednern, und er fragt:
«Mit was also heben wir uns auf? (= Mit welchem Ergebnis erheben wir uns?)»
Antwortet der Schuldner ruhig: «Mit einem ‚Entschuldigt bitte'.»

82
Vor einem galizischen Gericht wird verhört als Zeuge ein Jude, ein Makler auf der ‚Schwarzen Börse'.
Der Richter schreibt auf seinen Namen, sein Alter und fragt darnach: «Eure Profession?»
«Ich dreh' mich (sich) herum.»
«Ich frag' nicht nach (auf) Unfug!» erbost sich der Richter, «was ist Eure Profession?»
«Ich dreh' mich herum.»
«Und Ihr lebt davon?»
«Allerdings lebe ich davon.»

mojchl (h. mochéjl), ein Verzeihender, Verzichtender. Seitschet mojchl = Entschuldigt bitte.

82
éjdess (h. ejdút), wörtl. Zeugenschaft. Im J. = Zeuge.
ich drej sich = ich drehe mich.
kátowess, Dummheiten. Cf. Glossar.
awáde (h. awadáj), gewiß.

«Ich farschtej nischt», sogt der richter, «un wen ich wolt sich arumgedrejt, wolt ich gekont derfun lebn?»
«Nejn... nor wen ich wolt sich gedrejt arum dem her richter, wolt der her richter gelebt un ich wolt gelebt!»

83
In a galizischn schtetl hot gelebt a jid mitn nomen Dow Ber – a schojchet, woss flegt sich ojch farnemen mit ‚sejgermacheraj'. Flegt men wegn im sogn: «Dow-Ber is a majsster – ejner ojf der welt! As er faricht a sejgerl – schtejt ess; un as er kojlet a hindel, gejt ess.»

84
A Wolga-Dajtsch is geschtanen far a russischn gericht, baschuldikt in der genejwe fun a por ferd. Asoj wi kajn dolmetsch is in schtetl nischt gewen, hot sich gemoldn a jid un sich barimt, as er ken dajtsch ‚wi wasser'.
Der richter (ojf russisch): «Fregt dem baschuldiktn, farwoss er hot geganwet di ferd!»

83
Dow, h., Bär. In dem Namen des Mannes ist also dasselbe Wort deutsch und hebräisch nebeneinandergestellt, was tatsächlich üblich war.
schójchet (h. schochéjt), Schächter.
sich farnémen (sich vernehmen), unternehmen, sich beschäftigen.
séjger, dim. **séjgerl** (poln. zegar), Uhr.

«Ich verstehe nicht», sagt der Richter, «und wenn ich wollte mich (sich) herumdrehen (herumgedreht), wollt ich gekonnt davon leben?»
«Nein... Nur: wenn ich wollt mich drehen (gedreht) herum (um) den Herrn Richter, wollt der Herr Richter gelebt, und ich wollt gelebt (= würde leben).» (Das heißt: sie würden beide zusammen reichlich davon profitieren.)

83
In einem galizischen Städtel hat gelebt ein Jude mit dem Namen Dow Bär, ein Schächter, was pflegte sich auch beschäftigen (vernehmen) mit Uhrmacherei.
Pflegte man wegen ihm zu sagen: «Dow Bär ist ein Meister – einer auf der Welt! Wenn er richtet (verrichtet) ein Ührchen – steht es; und wenn er schlachtet ein Hühnchen – geht es.»

84
Ein Wolga-Deutscher ist gestanden vor einem russischen Gericht, beschuldigt des (in dem) Diebstahl von einem Paar Pferden. So, wie kein Dolmetscher ist in dem Städtchen (nicht) gewesen, hat sich gemeldet ein Jude und sich berühmt, daß er kann Deutsch ‚wie Wasser'.
Der Richter (auf russisch): «Fragt den Beschuldigten, warum (für was) er hat gestohlen die Pferde!»

faríchten (verrichten), richten.
kójlen (russ. kolot'), stechen, schlachten.

84
genéjwe (h. g'nejwá), Diebstahl.
gegánwet, v. gánwenen, stehlen (h. ganów).

Der jid: «Reb Dajtsch, der oden fregt ajch, far woss ir hot gelakchent di ssussim.»
Der Dajtsch: «Ich ferschtehe nicht.»
Der jid, ojfgeregt: «Woss hejsst, ir farschtejt nischt? Men fregt ajch, far woss ir hot gelakchent di ssussim!»
Der Dajtsch: «Ich ferschtehe nicht.»
Der jid (ojf russisch): «Her richter, er farschtejt ojch nischt kajn dajtsch.»

85
A klejnschteteldiker ssojcher hot dem angrossisst nischt bazolt an ‚ofenem chojw' fun tojsnt slotess. Ruft im on der angrossisst telefonisch un fregt:
«Wen wet ir mir bazoln dem chojw?»
Entfert jener: «Efscher.»
«Woss hot ir gesogt?» schrajt der angrossisst in telefon-rerl arajn.
«Ir hot nischt farschtanen, wel ich ajch silabisirn: Alef wi ojssglajch, pej wi plejte, schin wi schojte, rejsch wi rabonen-kadisch noch dem gelt.»

Reb Dajtsch, Herr Deutscher. Reb, abgeschwächte Form v. h. raw = großer und geehrter Herr; später = Rabbi. Der Ostjude redet den Rabbi als ‚Rebbe' an, die abgeschwächte Form ‚Reb' ist nur eine allgemein ehrende Anrede jüdischen Respektspersonen gegenüber.
óden (h. adón), Herr.
gelákchent (h. lakóach), genommen.
ssússim, sing. **ssuss** (h. ssussím, suss), Pferde.

85
ssójcher (h. ssochéjr), Kaufmann.

Der Jude: «Reb Deutsch, der Oden fragt Euch, warum (für was) Ihr habt gelakchent die Sussim (= genommen die Pferde).»
Der Deutsche: «Ich verstehe nicht.»
Der Jude, aufgeregt: «Was heißt, Ihr versteht nicht? Man fragt Euch, warum Ihr habt gelakchent die Sussim!»
Der Deutsche: «Ich verstehe nicht.»
Der Jude (auf russisch): «Herr Richter, er versteht auch (nicht) kein Deutsch.»

85
Ein kleinstädtischer Kaufmann hat dem Grossisten nicht bezahlt eine offene Schuld von tausend Zloty. Ruft ihn an der Grossist telephonisch und fragt:
«Wann werdet Ihr mir bezahlen die Schuld?»
Antwortet jener: «Efscher (vielleicht).»
«Was habt Ihr gesagt?» schreit der Grossist ins Telephonröhrchen herein.
«Ihr habt nicht verstanden, werde ich Euch (also) syllabisieren (es sollte aber heißen: buchstabieren): Alef wie ‚Ausgleich', pej wie ‚Pleite', schin wie ‚Schaute', rejsch wie Rabanan-Kaddisch (Totengebet) nach dem Geld.»

chojw (h. chow), Schuld.
éfscher (h. efschár). Für das Verständnis des Witzes muß man wissen, daß das Wort sich aus folgenden Buchstaben zusammensetzt: Alef, pej, schin, rejsch.
pléjte (v. h. plejtá, Zuflucht, Flucht), Pleite, Bankrott.
schójte (h. schoté, in dtsch.-j. Aussprache Schaute), Dummkopf.
rabónen-kádisch, der letzte Teil des Totengebetes fängt mit dem Wort h. ‚rabanán' an. Das Totengebet heißt: kadísch. (Es wird übrigens, dies nur nebenbei, nicht nur als Totengebet gesprochen.)

86

In Galizje hot gelebt a rirewdiker ssojcher, Ssachar Burschtin, woss hot gehat dem schem fun a grojssn schpassmacher. Er hot gehandlt mit welder, giter, miln un kolerlei ss'chojress.

A mol hot Burschtin farkojft a ssach wald un gelejst derfar a fertel milion guldn. Senen sich zusamengelofn meklerss fun der ganzer welt un oferirt im fabrikn, hajser, parzeln...

«Woss wilt ir fun majn lebn?» bet sich baj sej Burschtin. «Ich kojf gornischt!»

«Is woss-sche wet ir ton mitn gelt?»

«Ich wel bazoln weksslen...»

«Un mitn rescht?»

«Dem rescht wel ich prolongirn.»

87

Zwej jidn wern schutfim. Gejt men zu an adwokat schrajbn a fartrag. Noch dem wi men hot schojn ojfgeschribn an erech fun fufzik paragrafn un men darf unterschrajbn, git sich ejner fun di frisch gewakssene schutfim a klap in schtern un sogt:

86

rírewdik, rührig.

ssójcher (h. ssochéjr), Kaufmann.

schem (h. schejm), Namen, Renommée.

kólerlej (das Wort ist zusammengewürfelt aus h. kol = alles und dtsch. -erlei; ‚all' ist durch ‚kol' ersetzt), allerlei.

ss'chójre (h. ss'chorá), Ware.

woss-sche (‚was' + poln. ‚ze' = also), etwa: was also?

86
In Galizien hat gelebt ein rühriger Kaufmann, Ssachar Burschtin, was hat gehabt das Renommee von einem großen Spaßmacher. Er hat gehandelt mit Wäldern, Gütern, Mühlen und allerlei Waren.
Einmal hat Burschtin verkauft eine Menge Wald und gelöst dafür eine viertel Million Gulden. Sind (sich) zusammengelaufen Makler von der ganzen Welt und offeriert ihm Fabriken, Häuser, Parzellen...
«Was wollt ihr von meinem Leben?» bittet (sich bei) sie Burschtin. «Ich kaufe gar nichts!»
«Ist: was also werdet Ihr tun mit dem Geld?»
«Ich werde bezahlen Wechsel...»
«Und mit dem Rest?»
«Den Rest werde ich prolongieren.»

87
Zwei Juden werden Teilhaber. Geht man zu einem Advokaten schreiben einen Vertrag. Nachdem wie man hat schon aufgeschrieben ungefähr fünfzig (eine Schätzung von fünfzig) Paragraphen und man soll (darf) unterschreiben, gibt sich einer von den frisch gewachsenen Teilhabern einen Klaps in (die) Stirn und sagt:

87
schútfim, pl. von **schútef** (h. schutáf), Teilhaber.
érech (j. u. h.), wörtl. Rang, Verhältnis. an erech, ungefähr, schätzungsweise.
darfn, müssen.

«Doktor, ir hot fargessn dem wichtiksstn paragraf! Schrajbt: ‚Tomer wet di firme in a guter scho bankrotirn, darfn sich bejde schutfim tejln mitn rejnem rewach...‘»

88

Wi asoj der ssojcher hot gewunen dem prozess

Zwej ssochrim, Schmu'ejl Schejness und Jajnkl Schtejnberg, hobn sich gelodn. Etleche teg farn prozess kumt Schmuejl Schejness zu sajn adwokat un fregt im, zi 'ss wolt efscher gewen a glajche sach zu schikn dem richter epess a matone in schtub arajn. As der adwokat hot doss derhert, is er ojfgeschprungen un hot im gewornt mitn harbn wort.

Er hot im gesogt: «Ojb ir wet wagn zu ton asa sach, sent ir schojn a farlojrener. Der richter wet ajch haltn farn schuldikn, noch ejder er wet hern ajere tajness.»

In etleche teg arum is forgekumen der prozess un Schmuejl Schejness hot gewunen. As er is arojss fun gericht, sogt zu im sajn adwokat:

«Ir set, majn liber, wen ir wolt dem richter gewen geschikt a matone, wolt ir dem prozess sicher farlojrn.»

tómer (h. tomár), wörtl. ‚Du wirst sagen‘, = vielleicht.
scho (h. scha'á), Stunde.
réwach (j. u. h.), Gewinn (pl. rewóchim, h. r'wachím, Zinsen).

88
ssójcher (h. ssochéjr), Kaufmann.
ssóchrim (h. ssochrím), Kaufleute.
hobn sich gelodn (wörtl. «haben sich geladen», näml. vor Gericht), haben miteinander prozessiert.

«Doktor, Ihr habt vergessen den wichtigsten Paragraphen! Schreibt: ‚Vielleicht wird die Firma in einer guten Stunde bankrottieren, (dann) müssen (dürfen = müssen) sich beide Teilhaber in den reinen Gewinn teilen.'»

88

Wie (wörtl. Wieso) der Kaufmann hat gewonnen den Prozeß

Zwei Kaufleute, Schmu'el Schejnes und Jankel Steinberg, haben miteinander prozessiert. Etliche Tage vor dem Prozeß kommt Schmu'el Schejnes zu seinem Advokaten und fragt ihn, ob es wollte vielleicht sein (wörtl. gewesen) eine empfehlenswerte Sache, zu schicken dem Richter (etwas) ein Geschenk in (die) Stube herein. Als der Advokat hat das gehört, ist er aufgesprungen und hat ihn gewarnt mit herbem Wort.
Er hat ihm gesagt: «Wenn (ob) Ihr werdet wagen zu tun eine solche Sache, seid Ihr schon ein Verlorener. Der Richter wird Euch halten für den Schuldigen, noch ehe er wird hören Eure Argumente.»
In etlichen Tagen (herum) ist vorgekommen der Prozeß, und Schmu'el Schejnes hat gewonnen. Als er ist heraus vom Gericht, sagt zu ihm sein Advokat:

zi, ob, v. poln. czy.
éfscher (h. efschár), vielleicht.
a glajche sach, eine empfehlenswerte, angemessene Sache.
matóne (h. matanâ), Geschenk.
ojb, ob, wenn.
éjder (dtsch.), ehe.
tájness (h. ta'anót), Einwände, Klagen, Argumente.

Schmuejl Schejness hejbt ojf sajn kop zum adwokat, schmejchlt un sogt:
«Meg ich ajch epess derzejln? Nor 'ss mus blajbn a ssod.»
«A ssod? Lomir hern! Ir kent sajn sicher, as kejner wet nischt wissn», farsichert der adwokat.
«Nu», sogt Schmuejl Schejness, «ich hob dem richter fort epess geschikt.»
Der adwokat kukt im on: «'ss ken nischt sajn! 'ss is nischt emess!»
«Sch...sch...sch...», macht Schmuejl Schejness, «ich hob jo geschikt, nor ich hob zugelejgt a gescheftskartl fun Jajnkl Schtejnberg.»

89
B'ejss der erschter welt-milchome hot sich a jidisch jingl gedarft schteln far a militer-komissje. Fort der tate zum rebn fregn im an ejze. Sogt der rebe: «Du darfsst dir nischt machn kain agmass-nefesch. A jid hot tomed zwej brejress.»
«Wiasoj zwej brejress, rebe?» fregt der jid.

schmejchln, lächeln.
ssod (h. u. j.), Geheimnis.
lómir (lassen wir), laß uns.
émess (h. emét), Wahrheit.

89
b'ejss (h. b'ejt), ‚in der Zeit', ‚zur Zeit'.

«Ihr seht, mein Lieber, wenn Ihr hättet dem Richter geschickt (wörtl. wenn Ihr wolltet gewesen geschickt) ein Geschenk, hättet Ihr (wollt Ihr) den Prozeß sicher verloren.»
Schmu'el Schejnes hebt auf seinen Kopf zum Advokat, lächelt und sagt:
«Darf (mag) ich Euch etwas erzählen? Nur: 's muß bleiben ein Geheimnis.»
«Ein Geheimnis? Laß uns hören! Ihr könnt sein sicher, daß keiner wird (nicht) wissen», versichert der Advokat.
«Nu», sagt Schmu'el Schejnes, «ich habe dem Richter dennoch (fort) etwas geschickt.»
Der Advokat guckt ihn an: «'s kann nicht sein! 's ist nicht Wahrheit!»
«Sch...sch...sch...», macht Schmu'el Schejnes, «ich habe ja (= doch) geschickt, nur: ich habe zugelegt ein Geschäftskärtlein von Jankel Steinberg.»

89
Zur Zeit des Ersten Weltkrieges hat sich ein jüdisches Jüngelchen (= Bursche) gemußt (gedurft) stellen vor einer Militärkommission. Fährt der Vater zum Rebben, ihn fragen einen Rat. Sagt der Rebbe: «Du brauchst (darfst) dir keine Sorge machen. Ein Jude hat immer zwei Auswege.»

milchóme (h. milchamá), Krieg.
darfn, müssen.
táte (poln. tata), Vater.
rébe (h. rabí), Rabbi.
éjze (h. ejzá), Rat.
ágmass-néfesch (h. agmát-néfesch), ‚Seelenpein', Kummer.
tómed (h. tamíd), immer.

« Her mich ojss! Dajn sun schtelt sich far a komissje. Oder men wet im nemen, oder men wet im nischt nemen. Wet men im nischt nemen, is awade gut. Wet men im jo nemen, hot er zwej brejress. Oder er gejt ojfn front, oder er gejt in di ssanitet. Gejt er in di ssanitet, is awade gut. Gejt er ojfn front, hot er zwej brejress. Oder er wert farwundet, oder er wert nischt farwundet. Wert er nischt farwundet, is awade gut. Wert er jo farwundet, hot er zwej brejress. Oder er lebt alss inwalid, oder er schtarbt. Lebt er alss inwalid, is awade gut. Schtarbt er, hot er zwej brejress. Oder er wert gebracht zu kewer jissroejl, oder er wert bagrobn in a massengrub mit gojim in ejnem – erscht demolt ligt er mitn kop in der erd! »

90

B'ejss der erschter welt-milchome, wen jidn hobn sich gemust schteln far a militer-komissje, flegt a Wiener dokter far tojsnt krojnen bafrejen fun militer-dinsst, woss is gewen in jene zajtn sejer geferlech.

Di prozedur is gewen a poschete: men flegt sich arajnschtekn in

bréjre, pl. bréjress (h. brejrá, brejrót), Ausweg.
awáde (h. awadáj), sicherlich, gewiß.
kéwer-jissró'ejl (h. kéwer-jissra'éjl, kéwer = Grab, Gruft), Bestattung nach jüdischer Vorschrift, jüdischer Friedhof.
gójim (h. gojím), hier: Nichtjuden. Cf. Glossar.
« er ligt mitn kop in der erd », wörtl. « er liegt mit dem Kopf in der Erde ». Etwa: er ist vollkommen im Elend, im Unglück, ruiniert.

«Wieso zwei Auswege, Rebbe?» fragt der Jude.
«Hör mich aus! Dein Sohn stellt sich vor einer Kommission. Entweder (oder) man wird ihn nehmen, oder man wird ihn nicht nehmen. Wird man ihn nicht nehmen, ist (es) sicher gut. Wird man ihn ja (= doch) nehmen, hat er zwei Auswege. Entweder (oder) er geht auf die Front, oder er geht in die Sanität. Geht er in die Sanität, ist (es) sicher gut. Geht er auf die Front, hat er zwei Auswege. Entweder (oder) er wird verwundet, oder er wird nicht verwundet. Wird er nicht verwundet, ist (es) sicher gut. Wird er ja (= doch) verwundet, hat er zwei Auswege. Entweder (oder) er lebt als Invalide, oder er stirbt. Lebt er als Invalide, ist (es) sicher gut. Stirbt er, hat er zwei Auswege. Entweder (oder) er wird gebracht zum jüdischen Friedhof, oder er wird begraben in einem Massengrab mit Nichtjuden zusammen – erst dann liegt er wirklich ,mit dem Kopf in der Erde' (= ist sein Unglück vollkommen)!»

90

Zur Zeit des Ersten Weltkrieges, wenn Juden haben sich gemußt stellen vor einer Militärkommission, pflegte ein Wiener Doktor für tausend Kronen befreien von Militärdienst, was ist gewesen in jenen Zeiten sehr gefährlich.
Die Prozedur ist gewesen eine einfache: man pflegte sich her-

90
b'ejss (h. b'ejt), in der Zeit..., zur Zeit von...
milchóme (h. milchamá), Krieg.

a diskretn ort a tojsnter, der dokter hot doss gelt bahalten un gepassknt:
«Hemoroidn, nischt tojglich.»
Treft sich ober, as a jid an oreman hot nischt farmogt asa grojssn ss'chum gelt, hot er arejngeschtekt in diskretn ort a hunderter. Der dokter warft a kuk ojfn banknot un sogt hojch: «Tojglich!»
«Her dokter», bet sich der jid, «ich hob doch hemoroidn!»
«Jo», entfert der arzt, «ober zu wejnik!»

91
Far der ejgener militer-komissje schtejt a jid in di mitele jorn. Sejne ojgn senen nass, doss ponim meschunedik farkrimt.
«Ojf woss baklogt ir sich?» fregt der arzt.
«Her dokter», entfert der jid, «ich bin meschuge.»
«In woss baschtejt ajer schigo'en?»
«Dokter-leb, najn jor hob ich gewojnt in Amerike, un dawke in jor najnzenhundertunferzen bin ich zurikgekumen kajn Galizje!»

póschete, männl. **póschet** (h. paschút), einfach.
gepássknt, v. passkenen (h. pssak, Rechtsspruch), einen Rechtsentscheid fällen.
as, daß, als, wenn.
oremán, armer Mann.
ss'chum (j. u. h.), Summe, Betrag.
hojch, eigentl. hoch. Bedeutet im J. auch = laut.

einstecken in einen diskreten Ort einen Tausender, der Doktor hat das Geld behalten und entschieden:
«Hämorrhoiden, nicht tauglich.»
Trifft sich aber, daß ein Jude, ein armer Mann, hat nicht ‚vermocht' eine solch große Summe Geld, hat er hereingesteckt in (den) diskreten Ort einen Hunderter.
Der Doktor wirft einen Guck auf die Banknote und sagt laut (hoch): «Tauglich!»
«Herr Doktor», bittet (sich) der Jude, «ich habe doch Hämorrhoiden!»
«Ja», antwortet der Arzt, «aber zu wenig!»

91
Vor derselben Militärkommission steht ein Jude in den mittleren Jahren. Seine Augen sind naß, das Gesicht merkwürdig verkrümmt.
«Auf was beklagt Ihr Euch (sich)?» fragt der Arzt.
«Herr Doktor», antwortet der Jude, «ich bin verrückt.»
«In was besteht Eure Verrücktheit?»
«Doktor-Leben, neun Jahre habe ich gewohnt in Amerika, und ausgerechnet im Jahr 1914 bin ich zurückgekommen nach Galizien!»

91
ejgene, 1. eigene, 2. dieselbe.
pónim (h. paním), Gesicht.
meschúnedik (aus h. meschuné = eigentümlich + deutsche Endung), eigentümlich.
meschúge (h. m'schugá), verrückt.
schigó'en (h. schigaón), Verrücktheit.
dáwke (h. dawká), ausgerechnet, gerade.

92

In jor najnzenhundertdrajssik is gewen in Pojln a folkss-zejlung. A ssach zionisstn flegn demolt in der rubrik ‚muterschprach' schrajbn ‚hebre'isch'. Doss is sejer nischt gefeln geworn di antissemitische ba'amte, woss hobn agew gewusst, as nor wejnike jidn baherschn di hebre'ische schprach.

Kumt zu gejn der komissar zu a jid, fregt schtreng: «Woss is ajer muterschprach?»

«Hebre'isch.»

«Ir tut uns ojf zelochess!» zebejsert sich der komissar. «Ir ale tajnet nor ‚hebre'ische muterschprach', un kejner fun ajch ken nischt di schprach! Anu, sogt mir epess ojf hebre'isch! ...»

Hot im der jid geentfert mitn erschtn wort fun schir-ha-schirim: «Jischokejni! ...»

93

Fir jidn schtejen lebn der Odesser berse. Ruft sich on ejner: «'ch hob nechtn geredt mitn poliz-majsster.»

«Ojch mir a kunz!» sogt der zwejter. «Ich hob nechtn geredt mitn birgermaisster.»

92

ssach (h. u. j.), Summe, Betrag. a ssach = eine Menge, ein Haufen.
ágew (h. agáw), nebenbei.
ojf zelóchess (‚auf zu' + h. l'hach'íss = zu erzürnen. Das Wort ‚zu' kommt also in der Redewendung zweimal vor, sowohl dtsch. wie h.), zu Trotz.
tájnen (h. taón), klagen, argumentieren, behaupten.
schir-ha-schirím (h.), Lied der Lieder, Hohelied.

92
Im Jahr 1930 ist gewesen in Polen eine Volkszählung. Eine Menge Zionisten pflegten damals in der Rubrik ‚Muttersprache' schreiben ‚Hebräisch'. Das hat (ist) sehr nicht gefallen (geworden) den antisemitischen Beamten, was haben nebenbei gewußt, daß nur wenige Juden beherrschen die hebräische Sprache.
Kommt zu gehn ein Kommissar zu einem Juden, fragt streng: «Was ist Eure Muttersprache?»
«Hebräisch...»
«Ihr tut (es) uns (auf) zutrotz!» erbost (zerbösert) sich der Kommissar, «Ihr alle behauptet nur ‚hebräische Muttersprache', und keiner von Euch kann (nicht) die Sprache! Na, sagt mir etwas auf hebräisch!»
Hat der Jude geantwortet mit dem ersten Wort vom Hohenlied: «Küß mich...»

93
Vier Juden stehen neben der Odessaer Börse. Sagt einer (wörtl. ruft sich einer an): «'ch hab' gestern geredet mit dem Polizeimeister.»
«Auch mir eine Kunst!» sagt der zweite. «Ich habe gestern geredet mit dem Bürgermeister.»

jischokéjni (h. jischakéjni), «er soll mich küssen!» – Der Jude gebraucht aber das Wort hier im Sinne des Götz-Zitates.

93
lebn, neben.
sich ónrufn (sich anrufen), die Stimme erheben, Wort ergreifen, sagen.
nechtn, gestern.

«Blote!» fonfet der driter. «Ich hob mit a chojdesch zurik geredt mit an emessdiken meluche-rat.»
Ruft sich op der ferter: «Un ich hob hajnt geredt mitn gubernator alejn...»
«Un woss hot er dir gesogt?»
«Woss hot er mir gehat zu sogn? ‚Paschol won, jewrej!'» (Awek fun danen, jid!)

94
Di lererin fregt a schiler: «Woss doss is: a tragedje?»
Sogt der schiler: «Lemoschl jene woch is majn klejne schwesster arojssgefaln fun der wig un hot sich zeklapt di nos. Hob ich gehert, wi di mame hot geschrign un gewejnt, as ess is geschen a tragedje.»
Sogt die lererin: «Doss is nischt kajn tragedje, doss ken hechsstenss sajn a zufal. – Nu, wer fun ajch wejss?»
Sogt a zwejter: «Jene woch hot a ganew geganwet baj majn boben a por schich fun balkon. Hob ich gehert, wi si sogt zum tatn: ‚Ej, ess is a tragedje!'»
Sogt die lererin: «Doss is nischt kajn tragedje, doss is a farlusst.»
«Nechtn hot an ojto ibergeforn a froj.»
«Nejn», sogt die lererin, «doss ist an umglik... Nu, kejner fun ajch wejss nischt, woss doss is, a tragedje?»
Sogt Mojschele: «Ich wejss. A tragedje is, as Stalin is geschtorbn.»

blóte (poln. bloto), Dreck, Schmarren.
chójdesch (h. chódesch), Monat.
émessdik (v. émess, h. emét, Wahrheit), wahr.
melúche (h. m'luchá), Königtum, Regierung.

«Dreck», näselt der dritte, «ich habe vor einem Monat (mit einem Monat zurück) geredet mit einem wahrhaftigen Regierungsrat.»
Sagt (ruft sich ab) der vierte: «Und ich habe heute geredet mit dem Gubernator allein (= selber)...»
«Und was hat er dir gesagt?»
«Was hat er mir gehabt zu sagen? ‚Weg, von dannen! Jud!'»

94

Die Lehrerin fragt einen Schüler: «Was ist eine Tragödie?»
Sagt der Schüler: «Zum Beispiel jene (= vergangene) Woche ist meine kleine Schwester herausgefallen von der Wiege und hat sich zerklopft die Nase. Hab' ich gehört, wie die Mutter hat geschrien und geweint, daß es ist geschehen eine Tragödie.»
Sagt die Lehrerin: «Das ist (nicht) keine Tragödie, das kann höchstens sein ein Zufall. – Nu, wer von euch weiß?»
Sagt ein zweiter: «Jene Woche hat ein Dieb gestohlen bei meiner Großmutter ein Paar Schuhe vom Balkon. Hab' ich gehört, wie sie sagt zum Vater: ‚Ei, es ist eine Tragödie!'»
Sagt die Lehrerin: «Das ist (nicht) keine Tragödie, das ist ein Verlust.»
«Gestern hat ein Auto über(ge)fahren eine Frau.»
«Nein», sagt die Lehrerin, «das ist ein Unglück... Nun, keiner von euch weiß (nicht), was das ist, eine Tragödie?»
Sagt Moischele: «Ich weiß. Eine Tragödie ist, wenn Stalin ist gestorben.»

94

lemóschl (h. l'maschál), zum Beispiel.
zeklápn, zerklopfen.
gánew (h. ganáw), Dieb. **gegánwet,** v. gánwenen, stehlen.

«Ojssgezejchnt! Fun wanen wejsstu doss?»
«Ich hob mir barechnt asoj: A zufal is ess nischt, a farlusst ojch nischt. An umglik awade nischt. Ken ess nischt sajn epess andersch nor a tragedje.»

95

Der erschter chojdesch fun Hitler-okupazje in Pojln. In tramwaj sizt a jid lebn a folks-dajtsch.
Ruft sich on der folks-dajtsch: «Ir hot gehert di lezte najss? Men hot hajnt in mark derschossn a hunt un a jid!»
Der jid kukt on dem daitsch: «Ai, ai, ai, woss far a glik, woss mir bejde senen dort nischt gewen!»

96

In Lodz, as der tramwaj flegt adurchforn durchn frajhajt-plaz un der konduktor is gezwungen gewen ojsszurufn: Adolf-Hitler-*plaz!*, flegn im opentfern ale jidn: «Halewaj, ribojne schel ojlem!»

97

Ejsik Goldberg is gekumen kajn jissroejl, sich frajwilik gemoldn zum militer un geworn a fliger. Kojm hot er sich zugewojnt

fun wánen, von wo.
awáde (h. awadáj), sicherlich, gewiß.

95
chójdesch (h. chódesch), Monat.
sich ónrufn (sich anrufen), etwa: das Wort ergreifen.
lebn, neben.

«Ausgezeichnet! Von wo weißt du das?»
«Ich habe mir berechnet so: Ein Zufall ist es nicht, ein Verlust auch nicht. Ein Unglück erst recht nicht. Kann es nicht sein etwas anderes, nur eine Tragödie.»

95

Der erste Monat von der Hitler-Okkupation in Polen. In (der) Tramway sitzt ein Jude neben einem Volksdeutschen.
Läßt sich hören (ruft sich an) der Volksdeutsche: «Ihr habt gehört die letzte Neuigkeit? Man hat heute auf dem Markt erschossen einen Hund und einen Juden!»
Der Jude guckt an den Deutschen: «Aj, aj, aj, was für ein Glück, was (daß) wir beide sind dort nicht gewesen!»

96

In Lodz, wenn die Tramway pflegte durchfahren durch den Freiheitsplatz und der Konduktor ist gezwungen gewesen auszurufen: Adolf-Hitler-*Platz!*, pflegten ihm (ab)antworten alle Juden: «Möchte es doch so sein, Herr der Welt!»

97

Ejsik Goldberg ist gekommen nach Israel, sich freiwillig gemeldet zum Militär und geworden Flieger. Kaum hat er sich

96

halewáj (h. hal'wáj), etwa: möchte es doch so sein!
ribójne schel ójlem (h. ribonó schel olám), Herr der Welt! (Anruf).
(Der Witz beruht auf der Doppelbedeutung von plaz = 1. Platz, 2. zerplatze!

97

kajn, nach (örtlich).

zu sizn in an aeroplan, hejsst men im schpringen mit a falschirem. Ejsik sogt op wide – un schpringt.
Dernoch lojft er zu zum ofizir un meldet: «Farschrajbt, as ich bin zwej mol geschprungn.»
«Goldberg, ir sent doch nor ejn mol geschprungn!»
«Nejn, ich hob ess geton zwej mol: zum erschtn mol un zum leztn mol.»

98
A gewesene mark-jidene emigrirt kajn jissroejl un farkojft in Tel-Awiw epel. Si sizt lebn ir kojsch un farbet di kojnem mit a nign:
«Tapuchim lemakojr, lechamojr...»
A galizischer jid blajbt schtejn un fregt:
«Woss plontert ir mit der zung? Far woss sogt ir nischt ojf prosst jidisch, as ir hot epel zu farkojfn?»
«Feter», entfert di jidene mit a sifz, «woss sol men ton? Men is doch in goless...»

wíde (h. widúi), Sündenbekenntnis, das vor dem Tode gesprochen wird.
farschrájbt (verschreibt), schreibt auf.
as, daß, als, wenn.

98
kajn, nach (örtlich).
kójnem (h. koním), Kunden.
lebn, neben.
kojsch (poln. kosz), Korb.

zugewöhnt zu sitzen in einem Aeroplan, heißt man ihn springen mit einem Fallschirm. Eisik sagt auf (wörtl. ab) das ‚Sündenbekenntnis' – und springt.
Darnach läuft er zum Offizier und meldet: «Schreibt (verschreibt), daß ich bin zweimal gesprungen.»
«Goldberg, Ihr seid doch nur einmal gesprungen!»
«Nein, ich habe es getan zweimal: zum ersten- und zum letztenmal.»

98
Eine gewesene Marktjüdin emigriert nach Israel und verkauft in Tel Aviv Äpfel. Sie sitzt neben ihrem Körbchen und bittet heran (wörtl. verbittet) die Kunden mit einem Singsang: «Äpfel zu veräußern, zu vereseln...» (im Urtext entstelltes Hebräisch).
Ein galizischer Jude bleibt stehen und fragt:
«Was stolpert Ihr da mit der Zunge? Warum (für was) sagt Ihr nicht in (auf) einfachem Jiddisch, daß Ihr habt Äpfel zu verkaufen?»
«Vetter», antwortet die Jüdin mit einem Seufzer, «was soll man tun? Man ist doch in der Fremde!»

nign (h. nigún), Melodie.
tapuchím (h.), Äpfel.
lemakojr, lechamojr, beides verdrehte Formen v. h. lim'kór = zu verkaufen. ‚lechamojr' klingt obendrein noch an h. ‚chamór' = Esel an.
plóntern (poln. platac), stolpern, sich verirren.
prosst (poln. prosty), gewöhnlich, einfach.
as, daß, als, wenn.
góless (h. galút), Diaspora, Fremde.

99
Zwej rumenische jidn, ojlim chadoschim, trefn sich noch a gewisse zajt. Fregt ejner dem zwejtn: « Nu, Mojsche, woss machsstu? »
« Ich mach noch gornischt; ich arbet. »

100
In jissroejl-parlament ‚knesset' sizt a rajcher amerikaner jid un hert sich zu zu der debate.
A redner fun der ‚cherut' (rewisjonisstn) klogt on Ben Gurion, as er farkojft ganz jissroejl dem rotn farband.
A deputat fun der komunisstischer partej warft im wajter for, as er farkojft jissroejl di majrew-kapitalisstn.
A mapam-forschtejer derklert, as der premier hot farkojft doss land di religiese jidn.
Der amerikaner hert sich zu un sogt mit bawunderung:
«A fe'iker mentsch, ot der Ben Gurion! Ich wolt im hajntiken tog angaschiert in majn gescheft. A klejnikejt a bissl! A ssojcher, woss farkojft ajn ss'chojre drej kojnem! »

99
ójlim, sing. **ójle** (h. olím, olé), wörtl. ‚Aufsteiger'. Gemeint sind mit dem Wort fast immer neue Einwanderer in Israel.
chadóschim, sing. **chódesch** (h. chadaschím, chadásch), neu.
Der Witz ist nur verständlich, wenn man weiß, daß in Israel den Einwanderern aus Rumänien lange Finger nachgesagt werden.

99

Zwei rumänische Juden, neue Einwanderer (in Israel), treffen sich nach einer gewissen Zeit. Fragt einer den zweiten: «Nu, Moses, was machst du?»
«Ich ,mache' noch gar nichts; ich arbeite.»

100

Im Israel-Parlament ,Knesset' sitzt ein reicher amerikanischer Jude und hört (sich) zu zu der Debatte.
Ein Redner von der ,Cherut' (Revisionisten) klagt an Ben Gurion, daß er verkauft ganz Israel dem roten Verband.
Ein Deputierter von der kommunistischen Partei wirft ihm weiter vor, daß er verkauft Israel den Westkapitalisten.
Ein Mapam-Vorsteher erklärt, daß der Premier hat verkauft das Land (an) die religiösen Juden.
Der Amerikaner hört (sich) zu und sagt mit Bewunderung: «Ein fähiger Mensch, da, der Ben Gurion! Ich wollt ihn heutigen Tag (= auf der Stelle, vom Fleck weg) engagieren (wörtl. engagiert) in mein Geschäft. Ein bißchen eine Kleinigkeit! Ein Kaufmann, was verkauft eine Ware (an) drei Kunden!»

100

cherút (h. Freiheit), Name einer rechtsradikalen Partei in Israel.
as, daß, wenn.
májrew (h. ma'aráw), Westen.
mapám, eine Linkspartei in Israel (ein Buchstabenwort wie UNO).
ot, hinweisendes poln. Wort, etwa: da! der da!
ssójcher (h. ssochéjr), Kaufmann.
ss'chójre (h. ss'chorá), Ware.
kójnem (h. koním), Kunden.

KURZE ANLEITUNG ZUM ENTZIFFERN JIDDISCHER TEXTE IN HEBRÄISCHER SCHRIFT

DAS HEBRÄISCHE ALPHABET

Die Vokale sind in sephardischer Aussprache angegeben.

א alef: leerer Vokalträger. Im Innern eines Wortes bezeichnet es gewöhnlich ein neues Ansetzen der Stimme.

בּ { bejt, b.
ב { wejt, w. Im unpunktierten Text tritt der Unterschied nicht in Erscheinung.

ג gimel, g.

ד dalet, d.

ה hej, h. Am Wortende bleibt das hej, sofern es nicht einen Punkt in der Mitte trägt, lautlos und wird zum leeren Vokalträger.

ו waw, w. Ein waw mit einem Punkt in der Mitte וּ = u. Ein waw mit einem Punkt darüber וֹ = o. Im unpunktierten Text tritt der Unterschied nicht in Erscheinung.

ז sajin, s (stimmhaft wie in ‚Sage').

ח chet, ch (hart gesprochen wie in ‚Bach'. Ein weiches ch, wie in ‚ich', gibt es weder im Hebräischen noch im Jiddischen).

ט tet, t.

י jud, j oder i.

כּ { kaw, k.
כ { chaw, ch (hart gesprochen wie in ‚Bach'). Im unpunktierten Text tritt der Unterschied nicht in Erscheinung.

ל lamed, l.

מ mem, m.

נ nun, n.

ס ssamech, ss.

ע ajin: leerer Vokalträger. Wird von orientalischen Juden eigentümlich keelig ausgesprochen.

פּ { pej, p.
פ { fej, f. Im unpunktierten Text tritt der Unterschied nicht in Erscheinung.

צ zade, z.

ק kof, k.

ר rejsch, r.

שׁ { schin, sch.
שׂ { ssin, ss. Im unpunktierten Text tritt der Unterschied nicht in Erscheinung.

ת taw. Mit Ausnahme des taw werden sämtliche Konsonanten von allen jüdischen Gruppen genau gleich ausgesprochen. Unterschiede gibt es nur bei den Vokalen. Beim taw unterscheiden die aschkenasischen Juden die Aussprache der punktierten und der unpunktierten Form: תּ = t, ת = ss. Vermutlich handelt es sich hier aber, anders als bei den Vokalen, nicht um eine spätere Abwandlung und Anpassung an die europäischen Sprachen oder Dialekte der Umgebung, sondern um einen heute nicht mehr beachteten Unterschied in der Aussprache im alten Hebräisch. Man vermutet, daß das unpunktierte taw (ת) früher einmal aspiriert, also wie das englische th, gesprochen wurde.

Am Schluß eines Wortes werden die Buchstaben כ מ נ פ צ
ersetzt durch: ך ם ן ף ץ

Die hebräischen Vokale: Die meisten Vokale treten im unpunktierten hebräischen Text überhaupt nicht oder nur in unbestimmter Form in Erscheinung. Außer beim chet (ח) im Auslaut eines Wortes werden die Vokale, die einem Konsonantenzeichen beigefügt sind, *nach* dem Konsonanten gesprochen: מַ = ma, מָ = ma, מֶ = me, מֵ = mej, מֵי = mej, מִי = mi, מֻ = mu, מוּ = mu, מֹ = mo, מוֹ = mo.
Zwei Punkte senkrecht untereinander (מְ) bezeichnen ein fast lautloses, sehr kurzes ‚e‘, das wir im Glossar immer nur mit einem Apostroph bezeichnet haben: m’. Am Wortende bleibt dieses Vokalzeichen vollkommen stumm, also einfach: m.

DAS JIDDISCHE ALPHABET

(Wir geben hier nur ganz grob und summarisch die Unterscheidung zwischen dem nördlichen und dem südlichen Dialekt. Exakte Anweisung findet der interessierte Leser in der Grammatik von S. Birnbaum; s. Bibliographie.)

א alef. אַ = a; אָ = o (südj. u). Im unpunktierten Text tritt der Unterschied nicht in Erscheinung. Der Leser weiß aber, daß 1. das alef nur für einen dieser beiden Vokale dastehen kann und daß 2. diese beiden Vokale in den nichthebräischen Wörtern im Jiddischen immer durch ein alef angedeutet sind. Im Anlaut eines Wortes, vor einem vokalischen י oder ו, steht immer ein lautloses א; als lautloses Zeichen wird es auch interpoliert, wenn sonst 3 waw aufeinanderfolgen würden. Beispiele siehe am Schluß des Alphabetes.

ב bejt, b. Als wejt, w, existiert der Buchstabe im Jiddischen nur bei hebräischen Wörtern. Der Punkt im Buchstaben (בּ), der im Hebräischen das b vom w unterscheidet, erübrigt sich daher. Dafür wird bei hebräischen Wörtern im jiddischen Text das wejt gern mit einem ‚Rafé' (בֿ) bezeichnet.

ג gimel, g.

ד dalet, d.

ה hej, h. Außer in hebräischen Wörtern kommt das hej im heutigen Jiddisch nur als Konsonant vor. Das Jiddisch der Aufklärungszeit kannte, in Anlehnung an das Deutsche, auch das Dehnungs-h: (‚geht' usw.).

ו waw. Als w figuriert der Buchstabe im Jiddischen (außer in hebräischen Wörtern) nur in Verdoppelung:

וו = w. Das einfache waw bedeutet entweder mit Punkt darüber:

וֹ = oj oder ej im nördlichen, oj im südlichen Dialekt. Mit einem Punkt in der Mitte

וּ = u, südjiddisch i. Im unpunktierten Text tritt der Unterschied nicht in Erscheinung. – Ferner bildet man mit Hilfe von waw und jud den Doppellaut

וי = oj oder ej, im Südjiddischen oj oder ou.

ז sajin, stimmhaftes s.

ח chet, ch. Dieser Buchstabe kommt nur in hebräischen Wörtern vor. Das einzige ch im Jiddischen ist sonst das chaw (כ).

ט tet, t. Das einzige t in allen nichthebräischen Wörtern im Jiddischen.

י jud. Im Anlaut = j, in der Wortmitte = i. Außerdem kennt das Jiddische den Doppellaut

ײַ = aj, und

ײ = ej; südjiddisch äj, in vielen Gegenden fast aj. Im unpunktierten Text sind beide Doppellaute nicht unterscheidbar.

כ chaw. Einziger ch-Laut im Jiddischen. Als kaw (כּ), also k, tritt der Buchstabe im Jiddischen nur bei hebräischen Wörtern auf.

ל lamed, l.

מ mem, m.

נ nun, n.

ס ssamech, ss. In den nichthebräischen Wörtern im Jiddischen der einzige scharfe ss-Laut.

ע ajin. Ist im Jiddischen nicht mehr unbestimmter Vokalträger, sondern = e.

פ pej oder fej. Im hebräischen Text kann man den Unterschied zwischen p (פּ) und f (פ) durch den Punkt andeuten. Im jiddischen Text kennt man statt dessen das ‚Rafe', ein ‚weich'-machendes Zeichen:

פֿ { = fej, f. Das Zeichen über fej ist nicht obligatorisch.
פּ { = pej, p.

Beim p muß noch auf eine weitere Besonderheit in der jiddischen Schreibweise hingewiesen werden:
Im hebräischen Alphabet haben 5 Konsonanten am Wortende eine besondere Form. Außerhalb der Sowjetunion mit ihrer vereinfachten Schreibweise für Jiddisch werden diese Schlußformen überall auch für Jiddisch genau gleich angewendet, mit einer einzigen Ausnahme: endet ein Wort mit dem Buchstaben p, dann wird nicht die Schlußform des Buchstabens eingesetzt, sondern die Normalform, und zwar auch im unpunktierten Text gerne ausnahmsweise mit einem Punkt in der Mitte: פּ

צ zade, z.

ק kof, im Jiddischen – außer in hebräischen Wörtern – das einzige k.

ר rejsch, r.

שׁ schin. Dieser Buchstabe existiert im Jiddischen – außer bei hebräischen Wörtern – nur als sch-Laut, nicht als ss-Laut.

ת taw. Kommt nur in hebräischen Wörtern vor und wird in ihnen nach aschkenasischer Weise gesprochen, also תּ = t, ת = ss.

זש Dieser Doppelbuchstabe bezeichnet den im Slawischen häufigen stimmhaften Zischlaut wie *g* in ‚génie'.

Die 5 veränderten Buchstabenformen bei Wortende (ך, ם, ן, ף, ץ) sind gleich wie im Hebräischen, gelten jedoch heute in den Sowjetstaaten nicht als obligatorisch.

Bei Wörtern mit vokalischem י und ו im Anlaut wird, wie bereits erwähnt, ein stummes א vorangesetzt. Zwei Beispiele: in = אין, un (= und) = און.

Würden in einem Wort drei waw hintereinander zu stehen kommen, wie zum Beispiel in wu (= wo), dann wird der besseren Lesbarkeit wegen ein stummes alef eingeschoben. ‚Wu' schreibt man also so: וואו.

פאָר, אַז ער פאַרקויפט ישראל די מערב (מיירעוו)־קאַפּיטאַליסטן.
אַ „מפם״ 1) ־ פאָרשטייער דערקלערט, אַז דער פרעמיער האָט פאַר־
קויפט דאָס לאַנד די רעליגיעזע יידן.
דער אַמעריקאַנער הערט זיך צו און זאָגט מיט באַוואונדערונג:
„אַ פעאיקער מענטש, אָט דער בן־גוריון! איך וואָלט אים היינטיקן
טאָג אַנגאַזשירט אין מיין געשעפט. אַ קלייניקייט אַ ביסל! אַ סוחר
(סויכער), וואָס פאַרקויפט איין סחורה (סכוירע) דריי קונים (קוי־
נעם)...״

---

1) מפם — מפלגת־פועלים־מאוחדת.

Fehler im hebräischen Satz

Der hebräische Satz mußte im Ausland erstellt werden. Es konnten keine nachträglichen Korrekturen an ihm angebracht werden. Einige Druckfehler sind stehengeblieben. Am störendsten ist das Fehlen von tet und ajin am Ende des in korrekter hebräischer Orthographie geschriebenen Wortes **‚baalat-habajit‘** (jid. **Balebosste**) in Witz 18.
Inhaltliche Fehler: Witz 47: statt **‚gefregt‘** muß es heißen **‚gebetn‘**.
Witz 76: Hier fehlt der Schlußsatz: **Hot gefregt Reisen derschtojnt: «Ajch hot er ojch arojssgeganwet dem bajtl?»**
Witz 89: Hier fehlt der Satz: **Oder er wert farwundet, oder er wert nischt farwundet.**

אײזיק זאָגט אָפּ ײדיי (װידע) — און שפּרינגט...
דערנאָך לױפט ער צו צום אָפּיציר און מעלדעט:
„פאַרשרײַבט, אַז איך בין צװײ מאָל געשפּרונגען!״
„גאָלדבערג, איר זענט דאָך נאָר אײן מאָל געשפּרונגען...
„נײן, איך האָב עס געטאָן צװײ מאָל: צום ערשטן מאָל און צום לעצטן מאָל!״

98

אַ געװעזענע מאַרק־ײדענע עמיגרירט קײן ישראל (ײסראָעל) און פאַרקױפט אין תּל־אָביב (טעל־אָװיװ) עפּל. זי זיצט לעבן איר קױש און פאַרבעט די קונים (קוינעם) מיט אַ נגון (ניגן):
„תּפּוחים (טאַפּוכים) לעמאַקױר... לעכאַמױר...״
אַ גאַליציִשער ײד בלײַבט שטײן און פרעגט:
„װאָס פּלאָטערט איר מיט דער צונג? פאַר װאָס זאָגט איר נישט אױף פּראָסט ײדיש, אַז איר האָט עפּל צו פאַרקױפן?״
„פּעטער״, ענטפערט די ײדענע מיט אַ זיפץ. „װאָס זאָל מען טאָן? מען איז דאָך אין גלות (גאָלעס)...״

99

צװײ רומענישע ײדן, עולים חדשים (אוילים־כאַדאָשים), טרעפן זיך נאָך אַ געװיסער צײַט. פרעגט אײנער דעם צװײטן:
„דו, משה, (מױשע), װאָס מאַכסטו?״
„איך מאַך נאָך גאָרנישט, איך אַרבעט...״

100

אין ישראל (ײסראָעל)־פאַרלאַמענט „כּנסת״ (קנעסעט) זיצט אַ רײַכער אַמעריקאַנער ײד און הערט זיך צו צו דער דעבאַטע.
אַ רעדנער פון דער חרות (כײרוט) קלאָגט אָן בן־גוריון (בען־גוריאָן), אַז ער פאַרקױפט גאַנץ ישראל דעם ראַטן־פאַרבאַנד.
אַ דעפּוטאַט פון דער קאָמוניסטישער פאַרטײ װאַרפט אים װײטער

„ניין, זאָגט די לערערין, דאָס איז אַן אומגליק... נו, קיינער פון אייך ווייס נישט, וואָס דאָס איז אַ טראַגעדיע?"

זאָגט משהלע (מוישעלע): „איך ווייס! אַ טראַגעדיע איז, אַז סטאַלין איז געשטאָרבן."

„אויסגעצייכנט! פון וואַנען ווייסטו דאָס?"

„איך האָב מיר באַרעכט אַזוי: אַ צופאַל איז עס נישט, אַ פּאַרלוסט אויך נישט, אַן אומגליק אודאי (אַוואַדע) נישט. קען עס נישט זיין עפּעס אַנדערש נאָר אַ טראַגעדיע."

95

דער ערשטער חודש (כוידעש) פון היטלער־אָקופּאַציע אין פּוילן. אין טראַמוויי זיצט אַ ייד לעבן אַ פאָלקס־דייטש.

רופט זיך אָן דער פאָלקס־דייטש:

„איר האָט געהערט די לעצטע נייס? מען האָט היינט אין מאַרק דער־שאָסן אַ הונט און אַ ייד!"

דער ייד קוקט אָן דעם דייטש:

„איי, איי, איי, וואָס פאַר אַ גליק, וואָס מיר ביידע זענען דאָרט נישט געווען!"

96

אין לאָדזש, אַז דער טראַמוויי פלעגט אַדורכפאָרן דורכן פרייהייט־פּלאַץ און דער קאָנדוקטאָר איז געצוואונגען געווען אויסצורופן:

„אַדאָלף־היטלער־פּלאַץ!" —

פלעגן אים אָפּענטפערן אַלע יידן:

„הלואי, רבונו של עולם! (האַלעוויי, ריבוינע שעל אוילעם!)

97

אייזיק גאָלדבערג איז געקומען קיין ישראל (ייסראָעל), זיך פריי־וויליק געמאָלדן צום מיליטער און געוואָרן אַ פליגער. קוים האָט ער זיך צוגעוואוינט צו זיצן אין אַן אַעראָפּלאַן, הייסט מען אים שפּרינ־גען מיט אַ פאַל־שירעם.

האָט אים דער ייד געענטפערט מיטן ערשטן וואָרט פון „שיר־השי־
רים״ (שיר־האַשירים): „ישקנו!...״ (יישאָקיינו).

93

פיר יידן שטייען לעבן דער אָדעסער בערזע. רופט זיך אָן איינער:
„כ׳האָב נעכטן גערעדט מיטן פּאָליץ-מייסטער.״
„אויך מיר אַ קונץ״, זאָגט דער צווייטער. „איך האָב נעכטן גערעדט
מיטן בירגערמייסטער.״
„בלאָטע!״ פּאָנפּעט דער דריטער. איך האָב מיט אַ חודש (חוידעש)
צוריק גערעדט מיט אַן אמתדיקן מלוכה־(מעלוכע)-ראַט...״
רופט זיך אָפּ דער פערטער:
„און איך האָב היינט גערעדט מיטן גובערנאַטאָר אַליין...״
„און וואָס האָט ער דיר געזאָגט?״
„וואָס האָט ער מיר געהאַט צו זאָגן?, „פּאַשאָל וואָן, יעוורעי! (אַוועק
פון דאַנען, דו ייד!)״

94

די לערערין פרעגט אַ שילער, וואָס דאָס איז אַ טראַגעדיע.
זאָגט דער שילער: „למשל (לעמאָשל) יענע וואָך איז מיין קליינע
שוועסטער אַרויסגעפאַלן פון דער וויג און האָט זיך צעקלאַפּט די
נאָז. האָב איך געהערט, ווי די מאַמע האָט געשריגן און געוויינט, אַז
עס איז געשען אַ טראַגעדיע.״
זאָגט די לערערין: „דאָס איז נישט קיין טראַגעדיע, דאָס קען העכסטנס
זיין אַ צופאַל. — נו, ווער פון אייך ווייס?״
זאָגט אַ צווייטער: „יענע וואָך האָט אַ גנב (גאַנעוו) געגאַנוועט ביי
מיין באָבען אַ פּאָר שיך פון באַלקאָן. האָב איך געהערט, ווי זי זאָגט
צום טאַטן: „איי, עס איז אַ טראַגעדיע!״
זאָגט די לערערין: „דאָס איז אויך נישט קיין טראַגעדיע, דאָס איז
אַ פאַרלוסט.״
„נעכטן האָט אַן אויטאָ איבערגעפאָרן אַ פרוי.״

גרויסן סכום געלט, האָט ער זיך אַריינגעשטעקט אין דיסקרעטן אָרט אַ הונדערטער.

דער דאָקטאָר וואַרפט אַ קוק אויפן באַנקנאָט און זאָגט הויך:

„טויגליך!"

„הער דאָקטאָר," בעט זיך דער ייִד, „איך האָב דאָך העמאָראָאידן!"

„יאָ," ענטפערט דער אַרצט, „אָבער צו ווייניק!"

91

פאַר דער אייגענער מיליטער־קאָמיסיע שטייט אַ ייִד אין די מי־טעלע יאָרן. זיינע אויגן זענען נאַס, דאָס פּנים (פּאָנים) משונהדיק פאַרקרימט.

„אויף וואָס באַקלאָגט איר זיך?" פרעגט דער אַרצט.

„הער דאָקטאָר" ענטפערט דער ייִד, „איך בין משוגע (מעשוגע)."

„אין וואָס באַשטייט אייער שגעון (שיגאָען)?"

„דאָקטאָר לעב, ניין יאָר האָב איך געוואוינט אין אַמעריקע, און דווקא (דאַווקע) אין יאָר 1914 בין איך צוריקגעקומען קיין גאַליציע..."

92

אין יאָר 1930 איז געווען אין פוילן אַ פאָלקס־ציילונג. אַ סך (סאַך) ציוניסטן פלעגן דעמאָלט אין דער רובריק „מוטערשפּראַך" שרייבן „העברעאיש."

דאָס איז זייער נישט געפעלן געוואָרן די אַנטיסעמיטישע באַאַמטע, וואָס האָבן אגב (אַגעוו) געוואוסט, אַז נאָר ווייניקע יידן באַהערשן די העברעאישע שפּראַך.

קומט צו גיין דער קאָמיסאַר צו אַ ייִד, פרעגט שטרענג:

„וואָס איז אייער מוטערשפּראַך?"

„העברעאיש."

„איר טוט אויף צו להכעיס (צעלאָכעס)! צעבייזערט זיך דער קאָ־מיסאַר. „איר אַלע טענעט (טיינעט) נאָר „העברעאישע מוטערשפּראַך", און קיינער פון אייך קען נישט די שפּראַך! אַנו, זאָגט מיר עפּעס אויף העברעאיש!"...

אַ יידיש יינגל געדאַרפט שטעלן פֿאַר אַ מיליטער־קאָמיסיע. פֿאָרט דער טאַטע צום רבין (רעבן) פֿרעגן אים אַן עצה (אייצע). זאָגט דער רבי (רעבע): דו דאַרפסט דיר נישט מאַכן קיין עגמת־נפש (אַגמעס־נעפעש), אַ ייד האָט תמיד (טאָמעד) צוויי ברירות (ברײ־רעס).

ווי אַזוי צוויי ברירות, רבי? פֿרעגט דער ייד.

הער מיך אויס: דיין זון שטעלט זיך פֿאַר אַ קאָמיסיע. אָדער מען וועט אים נעמען, אָדער מען וועט אים נישט נעמען. וועט מען אים נישט נעמען, איז אודאי (אַוואַדע) גוט. וועט מען אים יאָ נע־מען, האָט ער צוויי ברירות. אָדער ער גייט אויפֿן פֿראָנט, אָדער ער גייט אין די סאַניטעט. גייט ער אין די סאַניטעט איז אודאי גוט. גייט ער אויפֿן פֿראָנט, האָט ער צוויי ברירות. ווערט ער נישט פֿאַרוואונדעט, איז אודאי גוט. ווערט ער יאָ פֿאַרוואונדעט, האָט ער צוויי ברירות. אָדער ער לעבט אַלס אינוואַליד, אָדער ער שטאַרבט. לעבט ער אַלס אינוואַליד, איז אודאי גוט. שטאַרבט ער, האָט ער צוויי ברירות. אָדער ער ווערט געבראַכט צו קבר ישראל (קייווער ייסראָעל), אָדער ער ווערט באַגראָבן אין אַ מאַסנגרוב מיט גויים (גאָיים) אין איינעם — ערשט דעמאָלט ליגט ער מיטן קאָפּ אין דער ערד!

90

בעת דער ערשטער וועלט־מלחמה (מילכאָמע), ווען יידן האָבן זיך געמוזט שטעלן פֿאַר אַ מיליטער־קאָמיסיע, פֿלעגט אַ ווינער דאָק־טער פֿאַר טויזנט קרוינען באַפֿרייען פֿון מיליטער־דינסט, וואָס איז געווען אין יענע צייטן זייער געפֿערלעך.

די פּראָצעדור איז געווען אַ פּשוטע (פּאָשעטע): מען פֿלעגט זיך אַריינשטעקן אין אַ דיסקרעטן אָרט אַ טויזנטער, דער דאָקטער האָט דאָס געלט באַהאַלטן און געפּסקנט (געפּאַסקנט):

„העמאָראָאידן, נישט טויגליך."

טרעפֿט זיך אָבער, אַז אַ ייד אַן אָרעמאַן האָט נישט פֿאַרמאָגט אַזאַ

88

ווי אַזוי דער סוחר (סויכער) האָט געוואונען דעם פּראָצעס

צוויי סוחרים (סאָכרים), שמואל שיינעס און יאַנקל שטיינבערג, האָבן זיך געלאָדן.

עטלעכע טעג פאַרן פּראָצעס קומט שמואל שיינעס צו זיין אַדוואָקאַט און פרעגט אים, צי ס'וואָלט אפשר (עפשער) געווען אַ גלייכע זאַך צו שיקן דעם ריכטער עפּעס אַ מתנה (מאַטאַנע) אין שטוב אַריין. אַז דער אַדוואָקאַט האָט דאָס דערהערט, איז ער אויפגעשפרונגען און האָט אים געוואָרנט מיטן האַרבן וואָרט. ער האָט אים געזאָגט: „אויב איר וועט וואַגן צו טאָן אַזאַ זאַך, זענט איר שוין אַ פאַרלוירענער. דער ריכטער וועט אייך האַלטן פאַרן שולדיקן, נאָך איידער ער וועט הערן אייערע טענות (טיינעס)."

אין עטלעכע טעג אַרום איז פאָרגעקומען דער פּראָצעס און שמואל שיינעס האָט געוואונען. אַז ער איז אַרויס פון געריכט, זאָגט צו אים זיין אַדוואָקאַט: „איר זעט, מיין ליבער, ווען איר וואָלט דעם ריכטער געווען געשיקט אַ מתנה, וואָלט איר דעם פּראָצעס זיכער פאַרלוירן." שמואל שיינעס הייבט אויף זיין קאָפּ צום אַדוואָקאַט, שמייכלט און זאָגט:

„מעג איך אייך עפּעס דערציילן? נאָר ס'מוז בלייבן אַ סוד (סאָד)."

„אַ סוד? לאָמיר הערן. איר קענט זיין זיכער, אַז קיינער וועט נישט וויסן", פאַרזיכערט אים דער אַדוואָקאַט.

„נו", זאָגט שמואל שיינעס, „איך האָב דעם ריכטער פאָרט עפּעס געשיקט."

דער אַדוואָקאַט קוקט אים אָן: „ס'קען נישט זיין! ס'איז נישט אמת (עמעס)!"

„ש... ש...," מאַכט שמואל שיינעס, איך האָב יאָ געשיקט, נאָר איך האָט צוגעלייגט אַ געשעפטס־קאַרטל פון יאַנקל שטיינבערג."

89

בעת (בעאייס) דער ערשטער וועלט־מלחמה (מילכאָמע) האָט זיך

„איר האָט נישט פאַרשטאַנען, וועל איך אייך סילאַביזירן:
„אלף" (אַלעף) ווי אויסגלייך, „פא" ווי פליטה (פלייטע), שין ווי שוטה (שויטע), רייש ווי רבנן קדיש (ראַבאָנאָן־קאַדיש) נאָך דעם געלט."

86

אין גאַליציע האָט געלעבט אַ ריירעוודיקער סוחר (סויכער), סאַ־כאַר בורשטין, וואָס האָט געהאַט דעם שם (שעם) פון אַ גרויסן שפּאַסמאַכער. ער האָט געהאַנדלט מיט וועלדער, גיטער, מילן און כלערליי (קאַלערליי) סחורות (סכוירעס).
אַ מאָל האָט בורשטין פאַרקויפט אַ סך (סאַך) וואַלד און געלייזט דערפאַר אַ פערטל מיליאָן גולדן. זענען זיך צוזאַמענגעלאָפן מעק־לערס פון דער גאַנצער וועלט און אָפּערירט אים פאַבריקן, הייזער, פאַרצעלן...
„וואָס ווילט איר פון מיין לעבן?" — בעט זיך ביי זיי בורשטין.
„איך קויף גאָרנישט!"
„איז וואָס זשע וועט איר טאָן מיטן געלט?"
„איך וועל באַצאָלן וועקסלען..."
„און מיטן רעשט?"
„דעם רעשט וועל איך פּראָלאָנגירן."

87

צוויי יידן ווערן שותפים (שוטפים). גייט מען צו אַן אַדוואָקאַט שרייבן אַ פאַרטראַג. נאָך דעם ווי מען האָט שוין אויפגעשריבן אַן ערך (ערעך) פון פופציק פּאַראַגראַפן און מען דאַרף אונטער־שרייבן, גיט זיך איינער פון די פריש געבאַקענע שותפים אַ קלאַפּ אין שטערן און זאָגט:
דאָקטאָר, איר האָט פאַרגעסן דעם וויכטיקסטן פּאַראַגראַף! שרייבט טאָמער וועט די פירמע אין אַ גוטער שעה (שאָ) באַנקראָטירן, דאַרפן זיך ביידע שותפים טיילן מיטן ריינעם רוח (רעוואַך)...

בער — אַ שוחט (שויכעט), וואָס פלעגט זיך אויף באַרנעמען מיט זייגער־מאַכעריי.

פלעגט מען וועגן אים זאָגן:

„דב־בער איז אַ מייסטער — איינער אויף דער וועלט! אַז ער פאַרריכט אַ זייגערל, שטייט עס, און אַז ער קוילעט אַ הינדל, גייט עס...“

84

אַ וואָלגאַ־דייטש איז געשטאַנען פאַר אַ רוסישן געריכט, באַשול־דיקט אין דער גניבה (גנייווע) פון אַ פערד. אַזוי ווי קיין דאָל־מעטש איז אין שטעטל נישט געווען, האָט זיך געמאָלדן אַ ייד און זיך באַרימט, אַז ער קען דייטש ווי וואַסער.

דער ריכטער אויף רוסיש: „פרעגט דעם באַשולדיקטן, פאַר וואָס ער האָט געגאַנוועט די פערד.“

דער ייד: „רב (רעב) דייטש, דער אדון (אָדן) פרעגט אייך, פאַר וואָס איר האָט געלקחנט (געלאַקכנט) די סוסים?“

דער דייטש: „איך פערשטעהע ניכט.“

דער ייד, אויפגערעגט: „וואָס הייסט, איר פאַרשטייט נישט?! מען פרעגט אייך, פאַר וואָס איר האָט געלאַקכנט די סוסים!“

דער דייטש: „איך פערשטעהע ניכט.“

דער ייד אויף רוסיש: „הער ריכטער, ער פאַרשטייט אויך נישט קיין דייטש!“

85

אַ קליינשטעטלדיקער סוחר (סויכער) האָט דעם אַנגראָסיסט נישט באַצאָלט אַן אָפּענעם חוב (כויוו) פון טויזנט זלאָטעס. רופט אים אָן דער אַנגראָסיסט טעלעפאָניש און פרעגט:

„ווען וועט איר מיר באַצאָלן דעם חוב?“

ענטפערט יענער: „אפשר (עפשער).“

„וואָס האָט איר געזאָגט?“ שרייט דער אַנגראָסיסט אין טעלעפאָן־רערל אַריין.

כער), וואָס האָט אָנגעליען אַ סך (סאַך) געלט ביי רייכע און אָרע־מע לייט.

קומען צו אים אַרויף די אַלע, וואָס האָבן אים אָנגעטרויט זייערע ממתקים (מאַמטאַקים). מען זעצט זיך אַרום טיש, מען רעדט וועגן יושר (יוישער), וועגן געשעדיקטע אלמנות (אַלמאָנעס) און יתומים (יעסוימים) — אָבער דער בעל־חוב (באַל־כויוו) שווייגט, ער רופט זיך נישט אָן מיט קיין וואָרט. צולעצט פּלאַצט די געדולד ביי איינעם פון די הויפּטרעדנער און ער פרעגט:

מיט וואָס זשע הייבן מיר זיך אויף ?

ענטפערט דער בעל־חוב רואיק :

מיטן זייטזשעט־מוחל (מויכל).

82

פּאָר אַ גאַליצישן געריכט ווערט פאַרהערט אַלס עדות (איידעס) אַ ייד, אַ מעקלער אויף דער „שוואַרצער בערזע".

דער ריכטער שרייבט אויף זיין נאָמען, זיין עלטער און פרעגט דערנאָך :

„אייער פּראָפעסיע ?"

„איך דריי זיך אַרום..."

„איך פרעג נישט אויף כתבות (קאַטאָוועס) !" בייזערט זיך דער ריכטער. — „וואָס איז אייער פּראָפעסיע ?"

„איך דריי זיך אַרום..."

„און איר לעבט דערפון ?"

„אודאי (אָוואַדע) לעב איך דערפון..."

„איך פאַרשטיי נישט", זאָגט דער ריכטער. „און ווען איך וואָלט זיך אַרומגעדרייט, וואָלט איך געקאָנט דערפון לעבן ?"

„ניין... נאָר ווען איך וואָלט זיך געדרייט אַרום דעם הער ריכטער, וואָלט דער הער ריכטער געלעבט און איך וואָלט געלעבט !..."

83

אין אַ גאַליצישן שטעטל האָט געלעבט אַ ייד מיטן נאָמען דב (דאָוו)

דער רעזשיסער רופט אים צו און רוימט אים אַריין אין אויער :
„יונגערמאַן, איך זע, אַז איר האָט אַ שווערע גריפע, נאָר מיט אַזאַ גריפּע דאַרף מען ליגן אין בעט !"

78

מען האָט געפרעגט דעם באַוואוסטן שרייבער אייזיק מאיר (מייער) דיק : פאַר וואָס האָבן די יידן אין מדבר (מידבער) געמאַכט אַ גאָלדן קאַלב ?
האָט ער געענטפערט :
ווייל עס האָט זיי נישט געסטאַיעט קיין גאָלד צו מאַכן אַן אָקס.

79

דער קעניג פון די לעמבערגער קעשענע־גנבים (גאַנאָווים) איז אַ מאָל געמשפּט געוואָרן פון אַ געריכט און דער ריכטער פרעגט אים :
„זאָגט מיר, ווי אַזוי האָט איר אַרויסגענומען דאָס זייגערל, וואָס איז געווען פעסט צוגעבונדן צו אַ קייטל ?"
„הער ריכטער, דערקלערט דער באַשולדיקטער, „פאַר אַזאַ לעקציע קריג איך באַצאָלט צוואַנציק זלאָטעס אַ שעה (שאָ)."

80

אַ שווינדלער איז געשטאַנען פאַרן געריכט. אַזוי ווי דער פּראָקוראָר און די אַדוואָקאַטן האָבן אָפּגעהאַלטן זייערע דרשות (דראָשעס), באַ־קומט דער באַשולדיקטער דאָס לעצטע וואָרט. ער שטעלט זיך אויף און זאָגט :
„גאָט איז מיין עדות (איידעס), אַז איך בין אומשולדיק !"
דער ריכטער רייסט אים איבער :
„צו שפּעט ! די ליסטע פון עדות איז געשלאָסן !"

81

אין אַ גאַליצישער שטאָט האָט באַנקראָטירט אַ גרויסער סוחר (סוי־

געהאַלטן אַ ליטעראַרישן אָוונט אין וואַרשעווער „בונד”. אַזוי ווי ער האָט דערפאַר נישט גענומען קיין שום האָנאָראַר, האָט דער פאָרזיצער צום סוף (סאָף) פון אָוונט געדאַנקט דעם שרייבער און הויך אויסגערופן:

„זאָל לעבן דער חבר (כאַווער) אַלטער קאַציזנע !”

האָט קאַציזנע שטיל געפרעגט:

„פון וואָס ?”

76

אברהם (אַווראָם) רייזען איז געווען אַ גוטער מענטש און ער האָט קיינעם נישט געקאָנט אָפּזאָגן אַ טובה (טויווע). קומט צו אים אַ מאָל אַ בחור (באָכער) מיט אַ בקשה (באַקאָשע):

„איך זוך אַ פּאָסטן און איך קריג נישט. אַ שיכקרעמער האָט מיר אָבער געזאָגט, אַז ער איז אייערס אַ גרויסער אָנהענגער און אויב איך וועל ברענגען אַ בריוו פון אייך, וועט ער מיך צונעמען.”

איז רייזן נישט פויל און שרייבט אָן דעם קרעמער אַ בריוו, אַז ער שיקט אים אַ טייערן בחור, אַ פּעאיקן מענטש. האָט אים יענער באַלד צוגענומען.

אין עטלעכע טעג אַרום קומט דער שיכקרעמער צו רייזענען און זאָגט אים:

„איר זענט אַ גרויסער שרייבער, אָבער קיין מענטשנקענער זענט איר נישט. דער בחור, וואָס איר האָט מיר געשיקט, האָט מיר אַרויסגעגנבעט (געגאַנוועט) דעם בייטל !”

77

אַן אַרטיסט פון דער באַרימטער „ווילנער טרופּע” האָט זיך אַ מאָל פאַרן רעזשיסער דוד (דאַוויד) הערמאַן אַנטשולדיקט, אַז ליגנדיק קראַנק אויף גריפּע קאָן ער נישט זיין אויף דער אָוונט-רעפּעטיציע. דעם זעלבן אויפדערנאַכט באַגעגנט הערמאַן אין פּאַרק דעם כלומרשט (קלוימערשט) קראַנקן, וואָס שפּאַצירט געאָרעמט מיט אַ שיין מיידל.

גאָדיק האָט זיך נישט געלאָזט טעראָריזירן און געענטפערט רואיק:
„אויב איר זענט אַזאַ כחם (כאָכעם), דערקלערט מיר, וואָס איז דער חלוק (כילעק) צווישן היי און האָבער?“
דער יונגערמאַן שווייַגט.
„איר שווייגט? איר ווייסט עס נישט? טאַקע אַ וואונדער! אַ יעדעס פערד ווייסט עס דאָך!“

73

דער באַוואוסטער יידיש־דייטשישער אַקטיאָר פריץ קאָרטנער האָט געשפילט די הויפטראָלע אין שעקספּירס טראַגעדיע „ריכאַרד דער דריטער“. אין לעצטן אַקט, נאָך די ווערטער: „אַ פערד, אַ פערד! מיין קעניגרייך פאַר אַ פערד!“ האָט זיך אָנגערופן אַ צושויער פֿון דער גאַלעריע:
„קאָן נישט זיין אַן אייזל?“
קאָרנטער האָט רואיק געענטפערט:
„ס'קאָן זיין אַן אייזל. ביטע, קומט אַרויף אויף דער בינע!“

74

דער שרייבער יעקב (יאַנקעוו) דינעזאָן איז איין מאָל געקומען צו אַ פּראָפעסאָר און האָט זיך באַקלאָגט, אַז דער זכרון (זיקאָרן) איז ביי אים שוואַך געוואָרן.
האָט אים דער פּראָפעסאָר פאַרשריבן פאַרשידענע פילן און טראָפּנס.
דריי יאָר שפּעטער האָט אים אַ פריינד געפרעגט, צי די רפֿואות (רע־פועס) פון פּראָפעסאָר האָבן געהאָלפן.
„איך גלייב, אַז יאָ“, האָט געענטפערט דער שרייבער, „ווייל דעם רעכענונג, וואָס ער האָט מיר דעמאָלט געגעבן, געדענק איך נאָך היינט.“

75

דער באַרימטער דיכטער און דראַמאַטורג אַלטער קאַציזנע האָט אָפּ־

(איין סטאַטיסט גייט רעכטס, דער צווייטער לינקס, דער דריטער בלייבט אין דער מיטן).

70

געשפּילט ווערט שומערס אָפּערעטע „די שפּאַנישע אינקוויזיציע". קעניג פיליפּ זיצט אויף אַ טראָן. ס'קומט אַריין דער אַדמיראַל.

פיליפּ: גוטן טאָג, הער אַדמיראַל!

אַדמיראַל: גוטן טאָג, הער קעניג!

פיליפּ: הער אַדמיראַל, וואָס הערט זיך מכח (מעקויעך) אונדזער פלאָטע?

אַדמיראַל: הער קעניג, די פלאָטע איז ליידער צעטראַסקעט געוואָרן!

71

געשפּילט ווערט די קאָמעדיע פון אברהם (אַווראָם) גאָלדפאַדן „די ביידע קוניע־לעמלס."

דער באַקאַנטער קאָמיקער סעם שילינג שפּילט דעם שדכן (שאַדכן) קאַלמען.

געוואָר ווערנדיק, אַז מאַקס שטודירט אויף אַ דאָקטער, האָט שילינג אַ פּאַרטיקן וויץ: „הער מיך אויס! אויב דו ביסט יאָ אַ דאָקטער, פאַרשרייב מיר אַ שטיק ברויט מיט הערינג!"

72

דער קאָנפעראַנסיע פון באַוואוסטן קליינקונסט־טעאַטער „עזאַזל" (אַזאַזעל) איז געווען דער געניטער אַקטיאָר וולאַדימיר גאָדיק. איין מאָל האָט ער געמאַכט אַ פּאָליטישן וויץ: „באַוואַרפט מיך נישט מיט קיין פוילע אייער, ווייל איך בין נישט וולאַדימיר זשאַבאָטינסקי!"

אַ צושויער פון דער גאַלעריע האָט אויף דעם וויץ שאַרף רעאַגירט.

67

אַ רייכער ייד איז צוריקגעקומען פון אַ רייזע איבער אַפריקע און זיך גערימט מיט זיינע דרייסטע יאַגדן אויף ווילדע חיות (כאַייעס).
„בעת (בעאייס) מיין לעצטן יאַגד", דערציילט ער, „האָב איך מיט אַ האַנט־מעסערל אָפּגעשניטן דעם ווידל ביי אַ לייב."
„פאַר וואָס האָסטו אים נישט אָפּגעשניטן דעם קאָפּ?" פרעגט מען אים.
„ווייל דעם קאָפּ האָט מען אים אָפּגעשניטן אַ טאָג פריער", האָט געענטפערט דער דרייסטער יעגער.

68

יונה (יוינע) קנאָפּמאַכער איז צוריקגעקומען פון דרום (דאָרעם)-אַפריקע און דערציילט נסים (ניסים) ונפלאות (וועניפלאָעס) וועגן די היצן אין טראָפּיקאַלישע לענדער.
„מאָלט אייך אויס, מיטאָגצייט ווייזט דער טערמאָמעטער אַכציק גראַד אין שאָטן!"
פרעגט איינער פון די צוהערער:
„און ווער האָט דיר געהייסן זיצן אין שאָטן?!"

69

פון יידישן טעאַטער
אין לעמבערגער „דייטש־יידישן טעאַטער". געשפּילט ווערט די אָפּע־רעטע בר־כוכבא (באַר־קאָכווא) פון אברהם (אַווראָם) גאָלדפאַדן. דריטער אַקט. עס באַווייזן זיך בר־כוכבא און זיין אַדיוטאַנט.
בר־כוכבא (צום אַדיוטאַנט): משה (מוישע)! זאָלן ערייַנקומען די מח־נות־ישראל (מאַכנעס־ייסראָעל)!
(ס׳קומען אַריין דריי צעבראָכענע יידעלעך)
בר־כובא: אוי, וואָס זענט איר אַזוי צעלרייך ערשינען? צעטיילט זיך אין צווייען!

64

„זאָג נאַר, איציק, וויפל מאָל אין דער וואָך טוסטו איבער דאָס העמד ?"

„וואָס הייסט וויפל מאָל ? איין מאָל אין דער וואָך, פרייטיק אין מקוה (מיקווע)..."

„נו, און ווי מיינסטו — דער נגיד (נאָגיד) פון אונדזער שטעטל ?"

„דער נגיד ? גאַנץ מעגלעך, אַז ער טוט איבער צוויי מאָל אין דער וואָך."

„נו, און ראָטשילד ?"

„ראָטשילד מסתמא (מיסטאָמע) יעדן טאָג."

„נו — און דער קייזער אַליין ?"

„דו פרעגסט אַ שאלה (שיילע) אויפן קייזער ? ער טוט אָן אַ העמד און טוט אויס אַ העמד, ער טוט אָן אַ העמד און טוט אויס אַ העמד..."

65

מען האָט געפרעגט אַן אַכציקיעריקן נגיד (נאָגיד), צוליב וואָס ער האַלט זיך אַזוי גוט אויף דער עלטער.

האָט ער געענטפערט מיט אַ שמייכל :

„איך האָב געדולדיקע יורשים (יאָרשים)."

66

אַ ייִד פון פוילן איז געקומען אין קאַבינעט פון ד"ר מאַרקוס הערץ. זעט ער אויף דער טיר אַ שילד מיט אַ מאָנאָגראַם מ. ה.

אַזוי ווי דער ייִד האָט געוואָלט אַרויסבאַקומען אַ גרעסערע נדבה (נעדאָווע), זאָגט ער צו הערצן :

„הער דאָקטאָר, איר זעט, אייער מאָנאָגראַם קען מען לייענען : מחיה־המתים (מעכאַיע־האַמייסים)."

ענטפערט אים ד"ר הערץ :

נישט מחיה־המתים, נאָר מלאך־המות (מאַלעך־האַמאָוועס)"

מענטן, האָבן זיך די יידן געוואָרפן צו זאַמלען די קאָסטבאַרקייטן. די גבירים (געווירים), וועלכע האָבן שטענדיק מזל (מאַזל), האָט געשפּילט דאָס גליק, און זיי האָבן געכאַפּט די גרעסטע שטיקער, אויף וועלכע עס זענען געשריבן די ווערטער: תרצח, תגנב, תנאף (טירצאַך, טיגנויוו, טינאַף). און דערפאַר האָבן זיי אַ התר (העטער) אָפּצוטאָן יעדע זאַך, וואָס איז אסור (אָסער)...

די אָרעמעלייט אָבער האָבן געכאַפּט די קלייניקע שטיקלעך, אויף וועלכע עס זענען געוועזן אויפגעשריבן בלויז די קליינע ווערטער: „לא, לא" און דערפאַר טאָרן זיי גאָרנישט טאָן...

63

אַ ייד אַ סוחר (סויכער) פלעגט די גאַנצע וואָך פירן געשעפטן און פרייטיק פאַר נאַכט פלעגט ער קומען אַהיים. האָט ער געמאַכט די וואָך די גוטע געשעפטן, פלעגט ער הייסן דעם ווייב אָנצינדן גאַנץ קליינטשיקע ליכטלעך. און אַן אַנדער מאָל, אַז ער האָט געמאַכט גאָר שלעכטע געשעפטן און אָנגעוואוירן אַ סך (סאַך) געלט, פלעגט ער זאָגן דעם ווייב, זי זאָל אָנצינדן אַלע לאָמפּן און אָנצינדן גאַנץ גרויסע ליכט.

האָט אים דאָס ווייב געפרעגט: „וואָס איז די מעשה (מײסע)? סטייטש?"

האָט ער געזאָגט אַזוי: „פאַרשטייסט? אַז איך מאַך גוטע געשעפטן, פריי איך מיך דאָך. וויל איך, אַז די אַנדערע יידן פון דער שטאָט זאָלן אויך האָבן הנאה (האַנאָע). זיי וועלן זען, אַז ביי מיר ברענען קליינטשיקע ליכטעלעך, וועלן זיי זיך זאָגן: „מסתמא (מיסטאָמע) גייט אים שלעכט!" — וועלן זיי האָבן הנאה. אָבער אַז איך מאַך שלעכטע געשעפטן, וויל איך, יענע זאָלן אויכעט האָבן צער (צאַר). און ווען האָבן יידן צער? אַז זיי זעען, ווי דעם אַנדערן איז גוט. זיי וועלן זען, אַז ביי מיר אין שטוב איז ליכטיק, וועלן זיי האָבן צער."

„דער דאַזיקער אויטאָ פֿאַרברויכט כמעט (קימאַט) גאָר קיין בענזין נישט. אַ לעפל בענזין פֿאַר הונדערט קילאָמעטער.“
פֿרעגט דער פֿאַבריקאַנט:
„אַ יויך־לעפל, צי אַ טייל־לעפעלע?“

61

אַ פֿרומער קמצן (קאַמצן).
אַ קמצן איז אַ מאָל געגאַנגען אין וועג. ס'איז געווען הייס און דער קמצן איז געוואָרן מיד און הונגעריק. נעמט ער בעטן דעם אייבערשטן און זאָגט: „גאָטעניו, איך בין מיד און הונגעריק. באַשער מיר, אַז איך זאָל עפּעס געפֿינען צום עסן, און דערפֿאַר וועל איך די העלפֿט פֿון דעם, וואָס איך וועל געפֿינען,ברענגען צו דיר פֿאַר אַ קרבן (קאָרבן).“
ס'געדויערט נישט לאַנג און ער געפֿינט אויפֿן וועג אַ זעקעלע.
„דאָס איז זיכער אַ זעקעלע געלט“, זאָגט צו זיך דער קמצן און בייגט זיך איין און הייבט עס אויף.
אַז ער האָט אָן עפֿן געטאָן דאָס זעקל, זעט ער, דאָרט זענען דאָ טייטלען און מאַנדלען. האָט ער זיך אַנידערגעזעצט און האָט דערקוויקט מיט זיי זיין האַרץ. דערנאָך האָט ער גענומען די קערלעך פֿון די טייטלען און די שאָלעכץ פֿון די מאַנדלען, האָט זיי אַוועקגעלייגט אויף אַ שטיין, האָט זיי אונטערגעצונדן און געזאָגט:
„נעם אָן, גאָטעניו, מיין קרבן. איך האָב מיך געטיילט מיט דיר מיט דעם אויסנווייניקסטן און אינעווייניקסטן פֿון מיין געפֿינס.“

62

פֿאַר וואָס מעגן די עשירים (אַשירים) עובר (אויווער) זיין אויף אַלע לאוין (לאַווין) פֿון דער תורה (טוירע), און אַן אָרעמאַן, קוים טוט ער די קלענסטע זאַך, ווערט אַ „ויצעקו“ (וואַיצאַקו)?
ווייל ווען משה רבנו (מוישע ראַביינו) האָט צעבראָכן אויף שטיקער די לוחות (לוכעס), וואָס זענען ווי באַקאַנט געווען לויטער די-

(קאַמצן) און אַ שלעכטער מענטש, איז אַ מאָל געקומען אַן אָרעמאַן בעטן אַ נדבה (נעדאָווע). זאָגט אים דער עושר, אַז ער גיט נישט קיין נדבות (נעדאָוועס), נאָר אויסנאַמווייזע איז ער גרייט, אים צו געבן אַ נדבה, מיט אַ תנאי (טנאַי), אַז ער וועט טרעפן, וועלכעס אויג, איז ביי אים אַ פרעמדס, פון גלאָז. דער אָרעמאַן קוקט אויפן עושרס אויגן און נאָך אַ קורצער ווײַלע, זאָגט ער: „דאָס רעכטע.”

„אמת (עמעס!” זאָגט דער שלעכטער גביר (געוויר), „דו ביסט דער ערשטער מענטש, וואָס האָט געטראָפן און איך וועל דיר געבן אַ שיינע נדבה. נאָר זאָג מיר, ווי אַזוי האָסטו דערקענט דאָס אויג, אַז עס איז נישט דאָס עכטע ?!”

ענטפערט אים דער אָרעמאַן:

„דאָס גלעזערנע אויג האָט געקוקט אויף מיר מיט רחמנות (ראַכאָ־נעס).”

59

אַן אָרעמאַן קומט צום גרויסן גביר אהרן און בעט אַ נדבה (נעדאָ־ווע). „וואָס האָט איר אייך אָנגעזעצט אויף מיר ?, צעשרייט זיך דער גביר (געוויר). וועלכער רוח (רואַד) האָט אייך אַהערגעשיקט ? איר ווייסט נאָך אַלץ נישט, אַז איך גיב קיין מאָל נישט קיין נדבות (נעדאָוועס) ? גייט שוין צו אַלדי שוואַרצע יאָר !”

„איר זענט גערעכט” זאָגט דער אָרעמאַן. „צו וואָס טאַקע בין איך אַהערגעקומען ? וואָלט דען נישט געווען גלייכער, ווען דער, וואָס האָט מיך געשיקט צו אייך, וואָלט אַליין אַהערגעקומען ?”

„וואָס זאָגט איר ?”, בייזערט זיך ווייטער דער גביר. „וועלכער חוצפהניק (כוצפּעניק) האָט אייך געהייסן קומען ? ווער האָט דאָס געזאָלט קומען אַהער צו מיר ?”

„איר פרעגט, ווער ? נו, דער דלות (דאַלעס) !”

60

אַ יידישער אַגענט פרואווט איינרעדן אַ קאַרגן פאַבריקאַנט, ער זאָל קויפן אַ קליינעם אויטאָ און זאָגט:

פרעגט ער אַ סוחר: „ווער איז דער גוי ?״
הערט ער אַן ענטפער: „דאָס איז דער קאָנדוקטאָר. מען דאַרף אים געבן אַ האַלבן גולדן...״
גיט פראיים דעם קאָנדוקטאָר אַ האַלבן גולדן.
דער צוג רירט פונעם אָרט. אַזוי ווי ער איז אָפּגעפאָרן צוויי סטאַנציעס, פאַלט אַריין אין וואַגאָן דער קאָנדוקטאָר און שרייט: „פּאַנאָוויע, אידזשיע קאָנטראָלער! סכאָוואַיציע סיען!״
קריכן די יידן אונטער די בענק. קריכט מיט זיי אויך פראיים...
דערנאָך פלעגט פראיים דערציילן: „אַזוי האָט אויסגעזען מיין ערשטע נסיעה מיט דער באַן: כ׳האָב געקויפט אַ בילעט פאַר אַנדערהאַלבן גולדן, כ׳האָב געגעבן דעם קאָנדוקטאָר אַ האַלבן גולדן — און געפאָרן אונטער דער באַנק!״

57

אַ גרויסער גביר (געוויר), אָבער נאָך אַ גרעסערער קמצן (קאַמצן), איז געפערלעך קראַנק געוואָרן. האָט מען צו אים געבראַכט אַ פּראָפעסאָר. רופט זיך אָפּ דער חולה (כוילע):
„דאָקטאָר לעבן, אויב איר מאַכט מיך געזונט, וועל איך אייך געבן צען טויזנט רובל...״
האָט גאָט געהאָלפן און דער גביר איז געזונט געוואָרן. ווען דער פּראָפעסאָר האָט דערנאָך ביי אים געבעטן דאָס צוגעזאָגטע האָנאָראַר, האָט דער גביר זיך געמאַכט תמעוואַטע (טאַמעוואַטע):
„וואָס? ווען? ווער?״
„סטייטש״ מאַכט דער פּראָפעסאָר „איר געדענקט גאָרנישט אייער צוזאָג, ווען איר זענט געווען געפערלעך קראַנק?״
„יאָ״ ענטפערט דער גביר, „כ׳בין טאַקע געווען געפערלעך קראַנק... נו, אויב כ׳האָב דעמאָלט עפּעס צוגעזאָגט, האָב איך מסתמא (מיסטאַמע) גערעדט פון היץ!״

58

צו אַ ייד אַ גרויסן עושר (אוישער), אָבער נאָך אַ גרעסערער קמצן

גיט דער קאָנטראָלער אַ קאָפּ מיטן פוס אין זאַק. מאַכט די יידענע:
„דיננננן"...

55

מייער און שנייער ווילן אויסוואַנדערן קיין אינדיע. זיי באַשליסן, אַז אויף דער דורכרייזע ווען זיי אָנקוקן ווין. נאָר אויפן אָפּערנרינג ווערן ביידע איבערגעפאָרן פון אַן אויטאָ. מען טראָגט זיי אין שפּי־טאָל.
מייער קוקט פאַרוואונדערט אויף די ווייסע ווענט און די מענטשן אין ווייסע קליידער און זאָגט: „ווייסטו, שנייער, מיר דאַכט זיך, מיר זענען שוין אין אינדיע..."
שנייער צווייפלט. ער גייט אַרויס אויפן קאָרידאָר, קומט צוריק און זאָגט:
„כ'לעבן, מייער, דו ביסט גערעכט! איך האָב נאָר וואָס געזען אַ טאָוול מיט אַן אויפשריפט: אַבאָרט יענזייטס דעס גאַנגעס.

56

פראַיים גריידינגער פאָרט מיט דער באַן.
אַזוי ווי ס'האָט אָנגעהויבן צו קורסירן די באַן פון גרודעק קיין לעמ־בערג, האָט זיך אויך פראַיים אַ מאָל פאַרגלוסט צו מאַכן אַזאַ נסיעה (נעסיע).
פרעגט ער ביי די סוחרים (סאָכרים): „ווי אַזוי פאָרט מען מיט דער באַן?"
ענטפערט מען אים: „מען גייט צו צום וואָקזאַל, מען גייט צו צו דער קאַסע, מען קויפט דאָרטן אַ בילעט און מען פאָרט."
איז פראַיים צוגעגאַנגען צו דער קאַסע, געקויפט אַ בילעט פאַר אַנ־דערהאַלבן גולדן און אַרויס אויף דעם פעראָן.
ס'קומט אָן דער צוג. פראַיים זעט, אַז לעבן צוג שטייט אַ גוי (גאָי) אין אַ מאָנדור, יידן גייען צו אים צו און רוקן אים עפּעס אין האַנט אַריין. ער האָט נישט געוואוסט, אַז זיי זענען שוואַרצאָוויקעס.

„איך וויל אויך אַ גלעזל טיי — זאָגט דער דריטער, „אָבער איך בעט אייך, אַז דאָס גלאָז זאָל זיין אַבסאָלוט ריין...״
אין אַ ווײַלע קומט דער קעלנער און פרעגט :
„ווער פון אייך קריגט דאָס ריינע גלאָז ?״

52

אין אַן עלעגאַנטער רעסטאָראַציע אין בערלין קומט אַריין אַ יונגער מאַן, און באַשטעלט מיט אַ געהויבענער שטים אַ פּאָרציע שינקע.
„שרייט נישט״, זאָגט אים דער קעלנער, „מען ווייסט, אַז איר זענט אַ ייד...״

53

אין אַ וואַגאָן דריטע קלאַס האָט זיך אַ ייד אויסגעצויגן אויף דער באַנק און שלאָפט, אין דער צייט ווען די אַנדערע פּאַסאַזשירן האָבן נישט וואו צו שטיין.
גייט צו אַ ייד און וועקט אים און זאָגט : „רב (רעב) ייד, איר ליגט שלעכט !״
„ווי זאָל איך ליגן ?״ פרעגט דער פאַרשלאָפענער ייד.
ענטפערט דער אַנדערער : „אין דער ערד !״

54

אַ פּאָרפאָלק איז געפאָרן מיט דער באַן און ביידע האָבן געהאַט נאָר איין בילעט. אין דעם זעען זיי, אַז דער מלאך־המות (מאַלעך האַמאָוועס) פאָרט אויך מיט דעם צוג.
זאָגט דער מאַן צו זיין ווייב : „איך וועל דיך אַריינלייגן אין אַ זאַק און אַז דער קאָנטראָלער וועט פרעגן וואָס עס געפינט זיך אין זאַק, וועל איך זאָגן, קופּער־געשיר.״
פּלוצלינג דער קאָנטראָלער קומט אַריין און קוקט דורך די בילעטן.
דערנאָך פרעגט ער דעם ייד : „און וואָס איז אין דעם זאַק ?״
זאָגט דער ייד : „קופּער־געשיר.״

שלאָסן, אַזאַ חיה (כײַע) צו קױפן. ער גײט אַרײַן צו דער פאַרװאַלטונג און פרעגט, צי מען קען אים פאַרקױפן אַזאַ פױגל, װאָס זאָל זאָגן „גוטן מאָרגן". זאָגט אים דער גוי, אַז דעם פױגל קען ער נישט פאַרקױפן, נאָר די אײער פון דעם פױגל קען ער יאָ פאַרקױפן, און אַז ער װעט אַהײמקומען, זאָל ער זײ אונטערלײגן אונטער אַ הון, און נאָך פיר װאָכן װעט ער האָבן צװײ אַזעלכע פײגל. דער ײד האָט אַזױ געטאָן, און נאָך אַ חודש (כױדעש) איז אַרױסגעקומען אַ שפּאַק און אַ האָראָנע.

װען דער ײד איז נאָך אַ מאָל געקומען קײן װין, שטײט די זעלבע פּאַפּוגע און זאָגט שטאָלץ: „גוטן מאָרגן."

זאָגט איר דער ײד: „גײ אין דער ערד אַרײַן! דו ביסט נישט קײן אַנשטענדיקע!"

50

אין פּאַרק אױף אַ באַנק זיצט אַ פאַרליבט פּאָרל און באַשיטן זיך אײנס דאָס צװײטע מיט ליבעס־אַנטרעגע.

קעגן איבער זיצט אַ ײד מיט זײַן װײַבל און קוקן מיט קנאה (קינע) אױפן יונגן פּאָרל.

„משה (מױשע)!" זאָגט די װײַב, „איך האָב שױן לאַנג פון דיר נישט געהערט אַ װאַרעם װאָרט!"

ענטפערט איר דער מאַן:

„אַז דו זאָלסט פאַרברענט װערן!"

51

דרײַ ײדן זענען אַרײַן אין אַ כשר (קאָשער) רעסטאָראַן טרינקען טײ.

דער קעלנער איז צוגעקומען צום טישל און דער ערשטער זאָגט:

„איך װיל אַ גלאָז שװאַכע טײ."

„איך װיל אױך אַ טײ" — זאָגט דער צװײטער, „אָבער מיט אַ לימענע."

„וואָס רעדסטו ? ווי אַזוי קומט אַזאַ אביון (עוויען) ווי דו צו אַזאַ גרויסאַרטיקן שידוך (שידעך) ?!"

„איך ווייס נאָר איינס : געהאַט האָב איך אויף זיך אַ רעכטן הויקער, האָט ער אים פון מיר אַראָפּגענומען... היינט פרעג איך דיך, איז ער נישט קיין באַרימטער כירורג ?..."

47

אַ יידיש מיידל האָט זיך באַרימט, אַז אפשר (עפשער) הונדערט מאָל האָט מען זי שוין געבעטן, אַז זי זאָל חתונה (כאַסענע) האָבן.

„ווער האָט אייך געפרעגט ?"

„דער טאַטע מיט דער מאַמען..."

48

דודיע פּאַטאַקער, דער בעל־הבית (באַלעבאָס) פון אַן איינפאָרהויז, האָט אַ שיינע, יונגע פרוי.

ויהי היום (ווייהי האַיוים), דערטאַפּט ער זי אין בעט מיט אַ ריט־מייסטער פון די דראַגאָנער. דער ריטמייסטער כאַפּט זיין מאָנדור אין ביידע הענט און נאַקעט און באָרוועס שפרינגט ער אַרויס דורכן פענצטער.

אין שטעטל ווערט אַ סקאַנדאַל.

צו מאָרגנס, אין שול, פרעגט מען דודיע, ווען ער וועט זיך גטן (געטן) מיטן ווייב.

„פאַר וואָס זאָל איך זיך גטן ?" פרעגט פּאַטאַקער פאַרוואונדערט.

„דו האָסט זי דאָך דערטאַפּט אין בעט מיט אַן אָפיציר !!"

„איז וואָס ?" ענטפערט דודיע. „אַז זי געפעלט דעם אָפיציר, געפעלט זי דאָך מיר אודאי (אַוואַדע) וואודאי !"

49

אַ ייד פון אַ קליין שטעטל אין גאַליציע איז אַ מאָל געקומען קיין ווין. ווי ער גייט דורך דעם שיינברון, שטייט אַ פּאַפּוגע און זאָגט יעדן : „גוטן מאָרגן !" עס האָט אים די זאַך זייער געפעלן און ער האָט באַ־

דער ייד : „איך וועל דיך אויסלערנען שרייבן און לייענען אין פינף מינוט, אָבער דאָס וועט דיך קאָסטן פופציק זלאָטעס.״
דער פויער האָט באַשטאַנען און איז געווען מלא שמחה (מאָלע סימכע).
„און איצט גיי און קאַק דיר אויס !״
דער פויער האָט דאָס באַלד געטאָן.
„איצט טונק איין דעם פינגער און מאַך אַ שטריך אויף דער וואַנט !״
דער פּויער האָט געמאַכט.
„נו, וואָס איז דאָס, וואָס דו האָסט געשריבן ?״
„דרעק !״
„זעסט, קענסט שוין שרייבן און לייענען !״

45

צוויי יידן באַגעגענען זיך אין מאַרק. זאָגט איינער :
„קאָנסט מיר אָפּגעבן מזל־טוב (מאַזל־טאָוו)! כ׳האָב פאַרקנסט (פאַר־קנאַסט) די טאָכטער.״
„זאָל זיין אין אַ גוטער שעה (שאָ)! ווער איז דער איידעם דיינער ?״
„אַ דיכטער.״
„וואָס הייסט עפּעס — אַ דיכטער ?״
„נו, אַ מענטש, וואָס שרייבט לידער, גראַמען...״
„וואָס הייסט דאָס — גראַמען ?״
„אָט, למשל (לעמאָשל), ער שרייבט :
עס שטייט אַ פערד,
און מאַכט אויף דר׳ערד...״
„און פון דעם לעבט ער ?!״

46

„וואָס פאַר אַ מענטש איז דיין טאָכטערס חתן (כאָסן) ?״ פרעגט איינער זיינעם אַ גוטן פריינד.
„אַזאַ יאָר אויף מיר״, ענטפערט דער פאָטער, „אַ פּראָפעסאָר, זאָג איך דיר, אַ כירורג...״

„זאָג נאָר, וויפל בולקעס האָסטו היינט געגעסן אויפן ניכטערן מאָגן?"
„פינף בולקעס", ענטפערט שמערל.
„ביסט אַ נאַר! איין בולקע האָסטו געגעסן אויפן ניכטערן מאָגן, און דעם רעשט אויפן פולן..."
שמערלען איז דאָס זייער געפעלן געוואָרן און קומענדיק אַהיים פרעגט ער זיין פלוניתטע (פלוינעסטע):
„זאָג נאָר, שרה (סאָרע), וויפל בולקעס האָסטו היינט געגעסן אויפן ניכטערן מאָגן?"
„דריי בולקעס..."
„אַ שאָד! ווען דו וואָלסט געגעסן פינף בולקעס, וואָלט איך דיר דערציילט אַ פיינעם וויץ!..."

43

ביילע, אַ יידענע אין די יאָרן, פלעגט פאַרקויפן פרעצל אויפן בערטשאַטשער מאַרק.
פאָרט אַ מאָל פאַרביי דער גראַף פּאָטאָצקי, בלייבט ער שטיין מיטן קוטש און פרעגט:
„עי, יידישקע, וואָס האָסטו דאָרט אין קויש?"
„פרעצל, גענעדיקער האַר!"
„וויפל פרעצל האָסטו דאָרט?"
„צוויי הונדערט, גענעדיקער האַר!"
„און וואָס קאָסט אַ פרעצל?"
„אַ גרייצער, גענעדיקער האַר!"
„נאַ דיר צוויי גולדן און גיב אַהער די פרעצל..."
„איך קאָן נישט, גענעדיקער האַר!"
„פאַר וואָס, יידישקע?" וואונדערט זיך דער גראַף.
„און מיט וואָס וועל איך דאָ זיצן?"

44

אַ מאָל איז געקומען אַ פויער צו אַ ייד, ער זאָל אים אויסלערנען ווי אַם שנעלסטן שרייבן און לייענען, און ער וועט גוט באַצאָלן. זאָגט

זיך געעפנט אין ציריך אַ געשעפט — ער זאָל אים מאַכן אַ שילד. פרעגט אים דער שילדן־מאָלער, וואָס פאַר אַ טעקסט ער זאָל אים אויפמאָלן. זאָגט דער סוחר (סויכער): גאָרנישט קיין טעקסטן, אָן קונצן, נאָר יעקב (יאַקאָוו) ווייס — און פטור (פּאַטער). און אַזוי האָט דער גוי געמאַכט די שילד.

40

דער קליינער יאָסעלע, אַז ער צעקריגט זיך מיט טאַטע־מאַמע, האָט אַ טבע (טעווע) צו זעצן זיך אונטערן טיש און וויינען אַ גאַנצע שעה (שאָ).

טרעפט זיך אַ מאָל אַ נס (נעס), יאָסעלע זעצט זיך אונטערן טיש און נאָך פינף מינוט רייסט ער איבער זיין געוויין.

„יאָסעלע, האָסט שוין אויפגעהערט צו וויינען?"

„ניין, מאַמע", ענטפערט דאָס זונדל, „איך רו מיך נאָר אָפּ."

41

פייוול שוואַרץ איז זיצנדיק אין אַ קאַפעהויז פּלוצעם געשטאָרבן.

מען דאַרף דאָס מודיע (מוידיע) זיין דער אלמנה (אַלמאָנע). ווייל קיינער פון זיינע פריינט וויל נישט זיין דער טרויער־שליח (שעליאַך), דינגט מען אַ בעל־עגלה (באַל־אַגאָלע), ער זאָל פאַרשטענדיקן די פרוי — נאָר זייער דעליקאַט, זי זאָל חלילה (כאָלילע) נישט חלשן (כאַלעשן).

דער בעל־עגלה קלינגט אין דער טיר. ס'עפנט אים די בעלת־הבית (באַלעבאָסטע).

„צי ווינט דאָ די אלמנה שוואַרץ?" פרעגט דער שליח.

„דו הולטאַי!" זידלט אים אָפּ פרוי שוואַרץ. „איך בין נישט קיין אלמנה! מיין מאַן לעבט!"

„איר זאָלט אַזוי לעבן, ווי ער לעבט! פאַר אַ האַלבער שעה (שאָ) האָט אים דאָך דער שלאַק געטראָפן..."

42

שמערל קומט אויפן מאַרק, פרעגט אים אַ באַקאַנטער ייד:

אין דער מערב (מיירעוו)־זייט ווען די מערב־בעלי־בתים (מיירעוו־באַלעבאַטים) נישט וועלן, אין דער מזרח (מיזרעך)־זייט האָט מען דאָך צו טאָן מיט פערד אַ גאַנץ יאָר... טאָ וואָס זשע זאָל מען טאָן ?
איז געבליבן, מען זאָל מאַכן אַן אסיפה. און די אסיפה האָט באַשלאָסן, אַז מען זאָל דאָס פערד שטעלן ביים עמוד (אָמעד).
רופט זיך אָן פייוול דער היקעוואַטש : „ווי באַאַלד דאָאָס פערד וועט שטיין ביים עמוד, טאָאָ וואו זשע וועט שטיין דער חזן (כאַזן)?..."
טאָ וואָס זשע זאָל מען טאָן ?
איז געבליבן מען זאָל מאַכן אַן אסיפה. און די אסיפה האָט באַשלאָסן, אַז מען זאָל דעם חזן אַרויפזעצן אויפן פערד !

38

אַ שיינער זומער־פרימאָרגן. אַ ייד שפּאַצירט זיך אין פּאַרק און פון הינטן לויפט אים נאָך אַ קליין הינטל.
באַלד באַווייזט זיך אַ פּאָליציאַנט און זאָגט שטרענג :
„נעמט דעם הונט אויפן רימען, אַ נישט באַצאָלט איר אַ געלדשטראָף !"
דער ייד גייט ווייטער.
„נעמט דעם הונט אויפן רימען!" צעבייזערט זיך דער פּאָליציאַנט ;
„אַ נישט באַצאָלט איר אַ געלדשטראָף !"
דער ייד גייט ווייטער.
דער פּאָליציאַנט נעמט אַרויס אַ ביכל, שרייבט עפּעס אויף און זאָגט באַפעלעריש :
„איר צאָלט צען זלאָטעס שטראָף !"
דער ייד בלייבט שטיין :
„פאַר וואָס עפּעס דאַרף איך צאָלן ? דאָס איז דאָך נישט מיין הונט..."
„טאָ וואָס זשע לויפט ער אייך נאָך ? !" שרייט דער פּאָליציאַנט.
„איר לויפט מיר אויך נאָך און איר זענט נישט מיין הונט..."

39

צו אַ שווייצער שילדן־מאָלער קומט אַ פּוילישער ייד, וועלכער האָט

כעלעם. קיין כעלעם איז אַ מאָל געקומען צו פאָרן אַ שמיד. און אַ
שמיד איז דאָך שוואַרץ, און שוואַרץ איז דאָך ציגיינער, און ציגיי־
נער איז דאָך גנב (גאַנעוו)... טאָ וואָס זשע זאָל מען טאָן ?

איז געבליבן, מען זאָל מאַכן אַן אסיפה. און די אסיפה האָט באַ־
שלאָסן, אַז מען זאָל דינגען אַ שומר (שוימער). איז געקומען דער
ווינטער און ס׳איז געוואָרן שרעקלעך קאַלט. איז דער שומר געקו־
מען מיט אַ טענה (טיינע) : כ׳האָב מורא (מוירע), איך זאָל נישט
ווערן פאַרפרוירן... טאָ וואָס זשע זאָל מען טאָן ?

איז געבליבן, מען זאָל מאַכן אַן אסיפה. און די אסיפה האָט
באַשלאָסן, אַז מען זאָל דעם שומר קויפן אַ פעלץ. ווערט דאָך דע־
מאָלט די אמתע (עמעסע) בהלה (בעהאָלע) אין כעלעם : „אַזוי ווי
דער שומר וועט טראָגן אַ פעלץ, און אַזוי ווי דער פאָליציאַנט פון
כעלעם טראָגט דאָך אויך אַ פעלץ — וועט מען דאָך נישט וויסן, ווער
ס׳איז דער פאָליציאַנט און ווער דער שומר... טאָ וואָס זשע זאָל
מען טאָן ? איז געבליבן, מען זאָל מאַכן אַן אסיפה. און די אסיפה
האָט באַשלאָסן, אַז דער שומר זאָל טראָגן דעם פעלץ איבערגעקערט
אויף דער לינקער זייט.

קומט דאָך ווידער דער שומר מיט אַ טענה : „אַזוי ווי דער פעלץ,
איבערגעקערט אויף דער לינקער זייט, זעט אויס ווי אַ שעפס, האָב
איך מורא, אַז די הינט זאָלן מיך נישט אויפפרעסן!" טאָ וואָס זשע
זאָל מען טאָן ?

איז געבליבן, מען זאָל מאַכן אַן אסיפה. און די אסיפה האָט באַ־
שלאָסן, אַז מען זאָל דעם שומר קויפן אַ פערד.

ווערט דאָך דעמאָלט נאָך אַ גרעסערע בהלה אין כעלעם : אַזוי ווי
דאָס פערד איז אַ קהלישע (קאָלישע) זאַך, טאָ וואו זשע זאָל מען
עס שטעלן ? טאָ וואָס זשע זאָל מען טאָן ?

איז געבליבן, מען זאָל מאַכן אַן אסיפה. און די אסיפה האָט באַ־
שלאָסן, אַז מען זאָל דאָס פערד אַריינשטעלן אין שול אַריין.

רופט זיך אָן רב (רעב) קאַלמען, דער גבאי (גאַבע) : „אַזוי ווי דאָס
פערד וועט שטיין אין שול, טאָ וואו זשע זאָל מען עס שטעלן ?

וואָס שניידט זיך נישט די נעגל, רחמנה לצלון! אַ ווייבל, וואָס באַקט נישט קיין חלה, רחמנה לצלון! אַ ווייבל, וואָס בענטשט נישט קיין ליכט, רחמנה לצלון — אַ הולטאַיקע, אַ הולטאַיקע, ממש אַ הול־טאַיקע!

האָט זיך געטראָפן, איז דאָס ווייבל געשטאָרבן... האָט מען זי גע־וואָלט באַגראָבן, האָט זי די ערד נישט געוואָלט אויפנעמען, האָט מען זי געוואָלט פאַרברענען, האָט זי דאָס פייער נישט געוואָלט פאַרברענען, האָט מען זי געוואָלט וואַרפן פאַר די הינט, האָבן זי די הינט נישט געוואָלט אויפפרעסן...

אָבער איר — שיינע, ריינע, פרומע, כשרע ווייבעלעך, אַז איר וועט גיין אין מקוה, און שניידן זיך די נעגל, און באַקן חלות, און בענטשן ליכט, וועט אייך די ערד אויפנעמען און דאָס פייער וועט אייך פאַרברענען און די הינט וועלן אייך אויפפרעסן!

36

אַ מגיד (מאַגיד) פון פוילן איז געקומען קיין אַמעריקע און ער האָט געדאַרפט האַלטן אַ דרשה (דראָשע). פאַר דער דרשה איז ער געגאַנ־גען און האָט זיך געבאָרגט ביי די רייכע בעלי־בתים (באַלעבאַטים) צו הונדערט און צו פופציק דאָלער. האָבן אים די בעלי־בתים געפרעגט: „רב (רעב) ייד צו וואָס דאַרפט איר באָרגן געלט? נאָך דער דרשה וועט איר דאָך באַקומען באַצאָלט און עס וועט אייך קיין געלט נישט פעלן.‟

ענטפערט זיי דער מגיד: „איר זאָלט וויסן, אַז מען האָט אַ פאַר הונ־דערטער אין קעשענע, רעדט זיך אַנדערש...‟

37

כעלעמער אסיפות (אַסיפעס)

אַ כעלעמער ייד דערציילט:

„...הערט אויס, רבותי (ראַבויסיי), און איך וועל אייך דערציילן אַ מעשה־נורא (מייסע נוירע), וואָס האָט זיך געטראָפן ביי אונדז אין

זאָגט יאַנקל : „זייט רואיק, מומעשע, און מאַכט אייך נישט קיין זאָרגן. איר וועט זיין די ערשטע.״

34

אַ מגיד (מאַגיד) האָט ביים האַלטן זיין דרשה (דראָשע) פאַרגעסן ווען אויפצוהערן. האָט זיך אויפגעהויבן דער גבאי (גאַבע) און שטיל איינגערוימט דעם בעל־דרשן (באַל־דאַרשן), אַז שוין צייט צו דאַוו־נען מעריב (מיירעוו). דערביי האָט ער אים אַ וויז געטאָן זיין זייגער.

דער מגיד האָט זיך אָבער נישט פאַרלוירן און מיט זיין מגידישן ניגון (ניגן) ווייטער געזונגען :

„דער זייגער איז אַ גוטער, אָבער דער „ווייזער״ טויג אויף כפרות (קאַפאָרעס) !...״

35

אַ מגיד (מאַגיד) האַלט אַ דרשה (דראָשע) פאַר קליינשטעטלדיקע ווייבער :

בין איך זיך אַ מגיד, פאָר איך זיך פון שטאָט צו שטאָט, פון דאָרף צו דאָרף.

בין איך אַ מאָל געקומען אין אַ קליין שטעטל, האָב איך דאָרט גע־טראָפן ווייבער : שיינע ווייבער, ריינע ווייבער, פרומע ווייבער, כשרע (קאָשערע) ווייבער, ווייבער וואָס גייען אין מקוה (מיקווע) אַריין, ווייבער, וואָס שניידן זיך די נעגל, ווייבער וואָס באַקן חלות (כאַלעס), ווייבער וואָס בענטשן ליכט — ווייבער, ווייבער ממש (מאַמעש) ווייבער...

למה זה הדבר דומה ? (לאמא זע האַדאָוואַר דאָמע ?) — צו וואָס זשע איז דאָס געגליכן ?

שוין נישט צו קיין שטעטל, נאָר צו גאָר אַ גרויסער שטאָט. און דאָרט איז געווען אַ הולטאַיקע, רחמנה לצלון (ראַכמאָנע ליצלאָן) ! אַ ווייבל וואָס גייט נישט אין מקוה אַריין, רחמנה לצלון! אַ ווייבל,

„איך האָב דערפילט די ווערטער פון דער תורה (טוירע) : מדבר שקר תרחק (מידוואַר שעקער טירכאַק) — דערווייטער זיך פון אַ ליגנט !"

31

אַ ייד אַ ווילנער האָט פאַרלוירן זיין בריל. זיצט ער און לערנט: „איז די שאלה (שיילע), וואו זשע איז מיין בריל ? זאָל איך זאָגן, אַז די בריל האָט צוגענומען איינער, וואָס דאַרף יאָ אַ בריל, טאָ וואו זשע איז זיין בריל ? זאָל איך ווייטער זאָגן, אַז די בריל האָט צוגענומען איינער, וואָס דאַרף נישט קיין בריל, צו וואָס זשע טויג אים די בריל ? מוז איך טאַקע צוריק זאָגן, אַז די בריל האָט גענומען איינער, וואָס דאַרף יאָ אַ בריל...

טאָ וואו זשע איז זיין בריל ?... טאָ וואו זשע איז מיין בריל ?"

32

אַ ייד שרייבט צו זיין ווייב אַ בריוו, שרייבט ער בזה האופן (בעזע האָויפן) :

שרה (סאָרע) ! אַז דו וועסט לייענען דיין בריוו, פאַר וואָס זשע שרייבט איך דיין בריוו ? ווייל, ווען איך וואָלט געשריבן מיין בריוו, וואָלסטו הויך געלייענט מיין בריוו און געמיינט, אַז עס איז דיין בריוו. שרייב איך טאַקע דיין בריוו, דו זאָלסט הויך לייענען דיין בריוו, וועסטו וויסן, אַז עס איז מיין בריוו.

33

יאַנקל זווילנשיצער האָט אויפן בית הקברות (בייס האַקוואָרעס) געקויפט אַ פאַמיליען־גרוב, כדי (קעדיי) די גאַנצע משפחה (מישפאָכע) נאָך הונדערט און צוואַנציק יאָר זאָל זיין צוזאַמען. שרה (סאָרע) ביילע, אַ ווייטערע קרובה (קרויווע) האָט זיך דערוואוסט פון דעם פאַמיליען־גרוב, איז זי אַהין געלאָפן צו יאַנקלען און אים געבעטן, אַז ער זאָל פאַר איר אויך רעזערווירן אַ פלאַץ.

גע אַ קרעמער, וואָס האָט געדרימלט אויף דער שוועל פון זיין גע־
וועלב. דער קרעמער האָט אָפּגעווישט די פאַרשלאָפענע אויגן און
זיך צעבייזערט:

„איציע־מייער ?! אַ קרענק אין זיינע ביינער ! אַזאַ בלוטזויגער !
ער רייסט פון אונדז אַראָפּ דאָס לעצטע העמד פאַר קהל (קאָל)־
שטייערן !"

ענדלעך האָט דער פלימעניק געטראָפן צום רייכן פעטער. אַזוי ווי
מען האָט אָפּגעגעסן דעם מיטאָג, גיט ער אים אַ פרעג :

„פעטער, איר זענט דאָ ראש־הקהל ?"

„אודאי (אַוואַדע). וואָס איז די שאלה (שיילע) ?"

„וואָס צאָלט מען אייך דערפאַר ?"

„צאָלן ?!" באַליידיקט זיך דער פעטער. — דאָס איז דאָך אַ געזעל־
שאַפטלעכע אַרבעט !"

וואָס זשע האָט איר פון דער געזעלשאַפטלעכער אַרבעט ?"

„וואָס הייסט, וואָס איך האָב ?... איך האָב כבוד (קאָוועד) ביי
מענטשן !"

30

אַן אָרעמער פאַרפאַסער, און דערצו אָרעם אין וויסן, איז אַ מאָל
געקומען צו אַ גרויסן געלערנטן גאון (גאָען), ער זאָל אים געבן
אַ הסכמה (האַסקאָמע) אויף זיין ספר (סייפער). ווען דער גאון
האָט אַריינגעקוקט אין ספר, האָט ער געזען, אַז עס איז לויטער
דומהייטן. אָבער ער האָט געזען, אַז עס איז אַן אָרעמאַן, האָט ער
געהייסן דעם סעקרעטאַר אָנשרייבן אַ לאַנגע הסכמה מיט אַ סך
(סאַך) לויבווערטער, און דערנאָך האָט ער זיך אָפּגערוקט זעקס
שורות (שורעס) פון דעם נוסח (נוסאַך) פון דער הסכמה און זיך
אונטערגעשריבן.

ווען מען האָט אים געפרעגט, פאַר וואָס ער האָט זיך אָפּגערוקט
מיט זיין אונטערשריפט אַזוי ווייט פון דעם אייגנטלעכן טעקסט
פון דער הסכמה, האָט דער גאון געענטפערט :

23

דער ענו (אנעוו)

אין אַ קליין שטעטל איז אַ מאָל געקומען אַ פרעמדער ייד. איז דער ייד געגאַנגען אין בית־המדרש (בייסמעדרעש) און האָט זיך אַוועק־געזעצט גאַנץ הינטן אויף אַ באַנק. אַ פּאָר טעג נאָך אַנאַנד פלעגט ער קומען, פלעגט אַראָפּנעמען אַ ספר (סייפער) און פלעגט זיך אַוועקזעצן און לערנען. אַ מאָל, אַז בעלי־בתים (באַלעבאַטים) פלעגן ריידן תורה (טוירע), פלעגט ער אויך אַריינוואַרפן אַ ווערטל און עס האָט זיך אַרויסגעוויזן, אַז ער איז גאָר אַ גרויסער למדן (לאַמדן), ממש (מאַמעש) אַ גאון (גאָען). אָבער אַז מען האָט אים געבעטן זיך זעצן אויפן מזרח (מיזרעך), האָט ער בשום אופן (בעשום אויפן) נישט געוואָלט, נאָר ער פלעגט שטענדיק זיצן אין אַ ווינקל.

איין מאָל איז געקומען דער רב (ראָוו) אין בית־המדרש און ער זאָגט : „איך האָב געהערט, אַז ביי אייך דאַוונט אַ פּרעמדער ייד, אַזאַ גרויסער ענו (אָנעוו). איך וואָלט אים געוואָלט זען.”

שטייט דער ייד אויף און זאָגט :

„רבי (רעבע), איר זוכט דעם ענו ? איך בין דאָס.”

29

יצחק־מאיר (איציק־מייער) ליטמאַן איז געווען ראש־הקהל (ראָש־האַקאָל) אין אַ גאַליצישער שטאָט.

טרעפט זיך אַ מאָל, עס קומט צו פאָרן זיינער אַ פּלימעניק, און נישט קענענדיק דעם אַדרעס פונעם פעטער, פרעגט ער אַ פאַרבייגייענדיקן ייד :

„וווּ וווינט דאָ רב (רעב) איציק־מייער, דער ראש־הקהל ?” דער ייד בלייבט שטיין, שפּייט אויס און שרייט מיט כעס (קאַס) :

„וואָס ?! איציק־מייער ?!... אַזאַ באַנדיט, אַזאַ גזלן (גאַזלען) ! ער האָט צוגעגנבעט (צוגעגאַנוועט) אַלע אַמעריקאַנישע מתנות (מאַטאָ־נעס) !”

דער יונגערמאַן איז זיך אַוועק און האָט געשטעלט די אייגענע פראַ-

„איך האָט דיר נאָר געוואָלט ווייזן, מיט וואָס פאַר אַ קהל איך האָב דאָ צו טאָן..."

25

צוויי קליינשטעטלדיקע יידן פירן אַ שמועס (שמועס) וועגן גרויסע שולן און בתי־מדרשים (באָטע־מידראָשים).

„דו האָסט געהערט וועגן דער גרויסקייט פון דער שול אין אַמסטער־דאַם ?"

„אַ שטייגער כדומה (קדוימע) למשל (לעמאָשל) ?"

„אַז עס קומט שמחת־תורה (סימכעס-טוירע), גייט מען דאָרט נישט מיט די הקפות (האַקאָפעס), נאָר מען רייט אויף פערדלעך און אין דער מיט מוז מען די פערדלעך פאַסען..."

26

אַ ייד איז געקומען צום רב (ראָוו), אים אָפגעדולט גאַנצע דריי שעה (שאָ), גערעדט נישט צו דער זאַך און דערנאָך געפרעגט אַן עצה (אייצע). מאַכט דער רב :

„איך מיין, אַז קודם כל (קוידעם קאָל) דאַרפסטו זיך שמדן (שמאַדן).."

„פאַר וואָס עפעס, רבי ?!" באַליידיקט זיך דער ייד.

„וויל דעמאָלט וועסטו דרייען דעם קאָפ דעם גלח (גאַלעך) און נישט מיר !"

27

צוויי יידישע ווייבער האָבן זיך צעקריגט וועגן אַ געבאָרגטן טעפּל. גייט מען צום רב (ראָוו).

פרעגט דער רב איינע פון זיי, פאַר וואָס זי האָט נישט אָפּגעגעבן דער שכנטע (שאָכנטע) דאָס געבאָרגטע טעפּל — ענטפערט זי :

„ערשטנס האָב איך קיין שום טעפּל נישט געבאָרגט, צווייטנס איז דאָס טעפּל געוועזן צעבראָכן, דריטנס האָב איך עס שוין לאַנג אָפּ־געגעבן..."

נאָר באַשטעלט, אם ירצה השם (אים יירצע האַשעם) בלי נדר (נע־דער) אויף שמחת־תורה (סימכעס־טוירע) !״

24

אַ סוחר (סויכער) איז געקומען אין אַ קליין שטעטל, פאַרפאָרן אין אַן אכסניה (אַכסאַניע), און בלייבנדיק איבער שבת (שאַבעס) האָט ער באַשלאָסן צו דעפּאָנירן זיין געלט ביים רב (ראָוו).

דער רב האָט אַריינגערופן עטלעכע פאָרשטייער פון קהל (קאָל), זיי מודיע (מוידיע) געווען, אַז דער ייד לייגט ביי אים איין צען טויזנט רובל, און דערקלערט :

„אָט באַהאַלט איך דאָס געלט אין אַן אייזערנער קאַסע...״

זונטיק אין דער פרי קומט דער סוחר אָפּנעמען זיין געלט, אָבער דער רב מאַכט זיך תּאמעוואַטע :

„וואָס פאַר אַ געלט ? איך ווייס פון גאָרנישט״.

„וואָס הייסט, רבי (רעבע), איר ווייסט נישט ?״ זאָגט דער סוחר מיט אַ ציטערדיקער שטים. „עס זענען דערביי געווען עדות (איי־דעס), פאָרשטייער פון קהל...״

דער רב רופט אַריין די פאָרשטייער, אָבער אויך זיי מאַכן זיך נישט ווּיסעדיק :

„וואָס פאַר אַ געלט ? דער מענטש רעדט פון היץ...״

„יידן !״ צעוויינט זיך דער סוחר, „מען האָט דאָס געלט באַהאַלטן אין אַן אייזערנער קאַסע !״

„וואָס פאַר אַ קאַסע ? נישטאָ ביי אונדז קיין קאַסע״, לאַכן אים אויס די פאָרשטייער און פאַרלאָזן די שטוב. אויך דער רב פאַרשווינדט אויף אַ ווײַלע, דערנאָך צאָלט ער אויס דעם פרעמדן ייד די איינגע־לייגטע צען טויזנט רובל.

„רבי״, וואונדערט זיך דער סוחר, „צו וואָס האָט געטויגט דאָס גאַנ־צע שפּיל ?!״

ענטפערט אים דער רב מיט אַ שמייכל :

21

משה (מוישע) ! דו ביסט דאָך אַ קלוגער ייד, זאָג מיר, פאַר וואָס האָט גאָט באַשאַפן פריער אַ מאַן און דערנאָך די פרוי ?
ווייל ער האָט פאַרשטאַנען, אַז עס איז נישט כדאי (קעדאַי) אָנצו־הייבן מיט אַ פרוי...

22

געוויינטליך איז אָנגענומען, אַז דער מאַן איז דער שפייזער פון דער פרוי.
פאַר וואָס שפייזט נישט די פרוי דעם מאַן ?
ווייל איין מאָל האָט שוין חוה (כאַווע) געפרואווט צו שפייזן איר מאַן, האָט נאָך דערפון די גאַנצע וועלט ביז צום היינטיקן טאָג צו זינגען און צו זאָגן...

23

„איך זאָג אייך : אַ יום־כפור (יאָם־קיפּער) איז דאָס געווען... עך, עך, עך... זענען מיר געגאַנגען נאָך „כל־נדרי" (קאָל־נידרע) אויף דער נאַכט : איך, און דער רב (ראָוו) און משה (מוישע) קישקע און פראָאים שוואַב און מיכאל (מעכל) דראָנג און גערעדט על דבר־תורה (אַל דוואַר טוירע) און נאָך אַזעלכע קלייניקייטן... דערזעען מיר פלוצעם, אונטער אַ לאַמטערן שטייט זיך יאַכציאַלע מיט אַ שיק־סע.
מילא (מיילע) האָט דער רב, זאָל לעבן, אָנגעקוקט די שיקסע, איז ער שיר נישט געבליבן אויפן אָרט... טאַקע אַזאַ יאָר צו מיר, וואָס פאַר אַ שיקסל דאָס איז געווען !
„דו גראָבער יונג !" גיט דער רב אַ געשריי אויף יאַכציאַלע. — „דו עם־הארץ (אַם־האָרעץ)! ווי האָסטו עפּעס פאַר גאָט נישט קיין מורא (מוירע) ? היינט איז דאָך יום־כפור !..."
„רבי (רעבע) !" ענטפערט אים יאַכציאַלע מיט אַ שמייכל, „איך דאָרף זי דען חס־וחלילה (כאַס־וועכאָלילע) אויף היינט ? איך האָב זי מיר

פרעגט הערשל: „און וואָס קאָכט זיך דאָרט אין טאָפּ?"

„גרעט..."

קוים איז די בעלת־הבית אַרויסגעגאַנגען פון שטוב, האָט הערשל אַריינגעקוקט אין טאָפּ, אַרויסגענומען פון דאָרט הייסע וואַרעניקעס, זיי גיך אויפגעגעסן, אַריינגעוואָרפן זיין העמד אין טאָפּ אַריין, אַרויפגעקראָכן אויפן אויוון און זיך געלייגט שלאָפן.

נאָך אַ קורצער צייט איז די בעלת־הבית אַריין צו זיך אין שטוב, דערזען, וואָס עס טוט זיך און געמאַכט אַ געוואַלד: „וואו זענען די וואַרעניקעס?"

„וואָס פאַראַ וואַרעניקעס?" פרעגט הערשל. „בעלת־הבית־לעבן, איר זענט אַראָפּ פון זינען? אין טאָפּ האָט זיך געקאָכט גרעט, האָב איך זיך דערמאַנט, אַז מיין העמד איז ברודנע, האָב איך עס אויך אַריינגעוואָרפן."

19

יתרו (ייסרע) האָט געהאַט זיבן נעמען. פרעגט די וועלט, פאַר וואָס האָט ער געהאַט זיבן נעמען?

ווי באַקאַנט, האָט יתרו געהאַט זיבן טעכטער. האָט ער נאָכן חתונה־(כאַסענע) מאַכן פון יעדער טאָכטער — וועלכע ער האָט געגעבן גרויסע נדנס (נאַדנס), וואָס האָט אים בדיל־הדל (בעדיל האַדאַל) געמאַכט — געמוזט באַנקראָטירן און איבערבייטן דעם נאָמען. און אַזוי אַרום איז אים געבליבן זיבן נעמען.

20

מען האָט געפרעגט יתרו (ייסרע), ווי קומט דאָס, אז ער האָט זיין טאָכטער צפורה (ציפּוירע) צו אַ ווילד פרעמדן מענטשן, ווי עס איז צו אים געווען משה (מוישע) רבנו (ראַביינו)?

האָט ער געענטפערט, אַז מען האָט זיבן דערוואַקסענע טעכטער, איז מען שוין נישט קיין איבערקלייבער.

16

ווען הערשל אָסטראָפּאָליער איז געווען אַ יינגל פון זעקס יאָר, האָט ער זיך געשפּילט מיט אַנדערע יינגלעך — אין גאַס. איז אַ מאָל פאַרבייגעגאַנגען אַ פרעמדער ייד. די קלוגע אייגעלעך פון הערשעלען זענען אים אויפגעפאַלן, האָט ער אים גערופן און געפרעגט:

„ווי הייסטו, יינגעלע?"

האָט הערשל געענטפערט: „איך הייס ווי מיין זיידע."

„ווי האָט געהייסן דיין זיידע?"

„אַזוי ווי זיין זיידע."

„נו — און ווי רופט מען דיך צום עסן?"

„צום עסן דאַרף מען מיך נישט רופן, צום עסן לויף איך אַליין."

17

הערשלס ווייב האָט געהאַט אין אָסטראָפּאָליע אַ קליין קרעמל. איז זי געוואָרן אַ בעל־חוב (אַ באַל־כויוו). אַ מאָל האָט הערשל אונטערגעשריבן אַ וועקסל פּאַר סחורה (סכוירע), און — פאַרשטייט זיך, נישט אויסגעקויפט דעם וועקסל צום טערמין.

קומט צו אים דער סוחר (סויכער): „הערשל, פאַר וואָס האָסטו נישט אויסגעקויפט דעם וועקסל?"

„איך צאָל נישט."

„האָסטו דאָך אַליין אונטערגעשריבן דעם וועקסל!"

„איך צאָל נישט. וואָס זשע איז? מיין וואָרט איז הייליקער פון מיין אונטערשריפט. אַז איך זאָג, איך צאָל נישט, צאָל איך נישט!"

18

הערשל איז איין מאָל פאַר נאַכט אַריינגעקומען אין אַן אכסניה (אַכסאַניע) און געבעטן עפּעס עסן, ווייל ער איז געווען טויט־הונגעריק. האָט די בעלת־הבית (באַלעבאָסטע) אָנגעקוקט דעם אָפּגעריסענעם אורח (אוירעך) און אים געענטפערט, אַז ס'איז שוין נאָך דער וועטשערע.

9

אויף אַ פעלד מיט בערגלעך דערציילט מען ניט קיין סודות (סוידעס).

10

שפיי נישט אין ברונעם — אפשר (עפשער) וועסטו דאַרפן פון אים טרינקען וואַסער.

11

מיט יידן איז נאָר גוט קוגל צו עסן.

12

אַן עפיגראַרנט פון סאַפרין:
„פאַר וואָס איז דיין מויל פאַרמאַכט?" האָט מען געפרעגט חבר (כאַווער) נחום (נאָכים).
„אַ מאָדנע זאַך: אַז איך שווייג, האַלט מיך די וועלט פאַר אַ חכם (כאָכעם)."

13

„משה (מיושע), פאַר וואָס שלאָפסטו עפעס אין די ברילן?"
„איך בין, נישט פאַר דיר געדאַכט, אַזוי קורצזיכטיק, אַז איך דער־קען נישט די מענטשן וואָס איך זע אין חלום (כאָלעם)."

יידישע קללות (קלאָלעס):

14

„אַז אַלע ציין זאָלן דיר אַרויספאַלן, נאָר איין צאָן זאָל דיר בלייבן פאַר ציינווייטאָג!"

15

גאָט זאָל דיר העלפן, זאָלסט זיין אַ מיליאָנער! זאָלסט האָבן אַן אייגענע פלאַזשע: זאַמד אין די נירן און וואַסער אין די קני!

1

„משה (מוישע), וואָס לאַכסטו אַזוי ?"
„איי, גאָר נישט ! איך האָב מיר דערציילט אַ וויץ."

2

אַז אַ ייד האָט אַ הונט, איז אָדער דער הונט נישט קיין הונט אָדער דער ייד נישט קיין ייד.

3

אַ מענטש לערנט זיך רעדן זייער פרי, שווייגן — זייער שפעט.

4

איין נאַר מאַכט אַ סך (סאַך) נאַראָנים.

5

אַן אָקס, כאָטש ער האָט אַ לאַנגע צונג, קאָן ער נישט בלאָזן קיין שופר (שויפער).

6

אין אַ מקוה (מיקווע) זענען אַלע גלייך.

7

דלות (דאַלעס) איז נישט קיין בזיון (ביזאָיען), אָבער אויך נישט קיין כבוד (קאָוועד).

8

אויב דריי מענטשן זאָגן „שכור" (שיקער), שפּאַר זיך נישט, לייג זיך אין בעט אַריין !

ROTWELSCH, DIE GEHEIMSPRACHE DER DEUTSCHEN BETTLER, GAUNER UND VAGANTEN

Wir haben in den früheren Kapiteln wiederholt auf das zähe westliche Vorurteil bei Jud und Christ hingewiesen, wonach Jiddisch nichts anderes sei als ein Jargon, ein verdorbenes, mit fremden Brocken anorganisch durchwürfeltes Deutsch, ein verkommenes Kauderwelsch. Das Vorurteil ließ sich anhand einer Sprachanalyse mit beigefügten Beispielen unschwer widerlegen. Jiddisch ist, daran halten wir fest, eine echte und sogar besonders originelle, ja faszinierende Sprache, ein vollwertiges Instrument für volkstümliches Gespräch sowohl wie für Dichtung, für Philosophie, für Wissenschaft.

Nun gibt es aber tatsächlich auf deutschem Boden eine zweite Sprache, die, genau wie das Jiddisch, grammatikalisch und im Wortschatz weitgehend deutsch ist und ebenfalls durchsetzt mit hebräischen und andern fremden Elementen. Es ist dies das Rotwelsch, die Geheimsprache der deutschen Gauner und Vagabunden.

Und für dieses Rotwelsch treffen ausnahmslos alle Vorwürfe zu, die gegen das Jiddisch zu Unrecht je erhoben worden sind. Hier, im Rotwelsch, wird in der Tat mit den Elementen der deutschen – und übrigens auch der hebräischen – Sprache auf eine unvorstellbare Weise Schindluder getrieben, und zwar bewußt und planmäßig, nach Prinzipien, die wert sind, genauer unter die Lupe genommen zu werden. Denn ist schon die Entstehung und Entwicklung der jiddischen Sprache mitten in der Neuzeit aus dem Schoße der deutschen ein einzigartiges linguistisches und soziologisches Abenteuer, so stellt das Werden des Rotwelschen das des Jiddischen an Verwegenheit, Kühnheit und Eigentümlichkeit tief in den Schatten.

Und noch aus einem zweiten Grunde dürfte der jiddische Anteil am Rotwelsch jeden Deutschsprachigen interessieren: ein guter

Teil der jiddischen Ausdrücke, die entweder im saloppen Umgangsdeutsch gebraucht werden oder sogar schon seit vielen Jahrzehnten zum Bestand des korrekten Hochdeutsch zählen, ist nicht direkt aus dem regulären Jiddisch, sondern auf dem Umweg über das Rotwelsch in die deutsche Sprache eingedrungen.

Zunächst wird man befremdet fragen: Wie kommen nichtjüdische deutsche Gauner und Landstreicher überhaupt dazu, einen Jargon zu sprechen, der so reich mit Jiddisch durchstreut ist, daß er früher sogar mitunter kurzerhand mit Jiddisch in eins gesetzt wurde – wenn auch nur von solchen, die weder Jiddisch noch Rotwelsch beherrschen? In Wirklichkeit ist nämlich von einer Identität keine Rede. Ja – trotz der hebräischen Herkunft vieler Rotwelschausdrücke ist es sogar so, daß auch ein guter Kenner der hebräischen und jiddischen Sprache diese selben Ausdrücke im Rotwelsch nicht ohne weiteres versteht. Sie haben hier nämlich, in dem neuen Milieu, eine ganz neue Bedeutung angenommen. Allerdings wird der Kenner der hebräischen Sprache, sobald man ihm die neue Bedeutung der hebräischen Ausdrücke im Rotwelsch erklärt, ziemlich leicht begreifen, warum und auf welchem Wege und Umwege die Sinnwandlung vorging.

Tatsache aber bleibt: Rotwelsch enthält Hebräisches. Soll man am Ende daraus schließen, das deutsche Gaunertum habe zeitweise vorwiegend auf jüdischen Schultern geruht? Natürlich hat man das auch schon behauptet. Nun aber fehlt es nicht an verläßlichen historischen Unterlagen über die Geschichte der deutschen Gauner. Und aus diesen Dokumenten geht eindeutig hervor, daß von einer unverhältnismäßig hohen Beteiligung der Juden an solchen anrüchigen Gewerben nie die Rede sein konnte.

Allerdings erscheint in einem solchen Falle die ‚Verjudung' der Gaunersprache doppelt rätselhaft. Und um sie zu verstehen, bleibt es uns nicht erspart, einen kurzen Blick auf die Geschichte des deutschen Gaunertums zu werfen. Der kleine Exkurs braucht uns nicht leid zu tun: diese Geschichte ist nämlich, auch von allen linguistischen Fragen abgesehen, spannend genug.

Das Bettlertum war schon im elften Jahrhundert in Deutschland zu einer bitteren und gefährlichen Plage angewachsen. Im Altertum hatte es nur wenig Bettler gegeben. Armut und Elend gab es fast nur in den größeren Städten. Arm sein konnte nur der freie Mann. Für den Sklaven sorgte sein Herr. Die Auflösung der antiken Welt verwandelte aber viele bisher ‚versorgte' Sklaven in unversorgte Proletarier. Erst jetzt gab es in der antiken Welt Pauperismus in großem Ausmaße: Besitzlose, die als Bettler das Land durchstreiften. Und das christliche Ethos des Mitleids und der verdienstvollen Hilfsbereitschaft hinderte die Bettelei nicht, sondern nahm sie als ein für allemal gegeben an. Klöster und Private unterstützten den bettelnden Landstreicher. Die Wanderlustigen wurden dann zwar in der Bewegungsfreiheit stark behindert, als Karl der Große die bisher freien Bauern in Leibeigene verwandelte und an die Scholle band. Der Bauer blieb der Unterdrückte. Zwei Jahrhunderte später, zur Zeit der Städtegründungen, flohen dann unzufriedene und freiheitsliebende Bauern und versuchten in Städten unterzukommen. Allmählich wurde auch der dünn besiedelte slawische Osten als mögliches Siedlungsgebiet entdeckt. Deutsche Bauern flohen ostwärts. Nicht immer gelang ihnen die Eingliederung in den Städten oder in neuen Ostkolonien. Dann wurde die Landstraße ihr Heim.

Es war die Zeit des Faust- und Fehderechtes. Die entflohenen

Knechte gesellten sich zum Raubadel, wurden Räuber, Vaganten und Bettler. Schon im elften Jahrhundert gab es überall in Deutschland riesige Räuberbanden, denen die Reichspolizei nicht gewachsen war. Auch die neugeschaffene Polizei der Städte war ihnen gegenüber machtlos. Sie aber machten aus dem Verbrechen ein reguläres Gewerbe, das sie genau so betrieben wie die andern Stände ihr Handwerk. Sie organisierten sich, ähnlich wie noch vor wenigen Jahren in China. Sie schufen sich eine eigene Geheimsprache, die von Außenstehenden nicht verstanden werden konnte, die aber überall, im ganzen deutschen Sprachgebiet, dieselbe war. Gegen Ende des vierzehnten Jahrhunderts war das deutsche Gaunertum bereits ein vollständiger Organismus sogar mit eigener Gerichtsbarkeit. Später führten einzelne Räuberhäuptlinge ein eigenes Siegel, verliehen Orden und Adelstitel. Sie schufen sogar – man darf den Ausdruck wagen – die ersten ‚Sprachakademien' Mitteleuropas: von Zeit zu Zeit kamen nämlich Abgeordnete der einzelnen Räuberbanden zu einem Kongreß zusammen, bei welchem unter anderm der Wortschatz der Geheimsprache verglichen, revidiert und erweitert wurde. Die Abgesandten brachten die letzten sprachlichen Neuigkeiten zu ihren Gruppen mit nach Hause...

Die Städte und die staatlichen Ordnungsorgane erstarkten. Mit der Zeit wurden die Gauner und Bettler gewissermaßen ins Maquis abgedrängt. Sie waren jetzt nicht mehr ein Staat im Staate, sondern sie infiltrierten die bürgerliche Welt von unten und innen her, sie unterminierten sie. Allerdings gab es auch in der Neuzeit dann wieder Perioden der Gesetzlosigkeit, in welchen das Räubertum zu einer, wenn man so sagen darf, ‚offiziellen' Macht wurde: im Dreißigjährigen Krieg entarteten die

Armeen, die doch ursprünglich aufgeboten worden waren, um den friedlichen Bürger zu schützen, selber zu Horden von Banditen. Damals war auch die Soldatensprache weitgehend identisch mit dem Jargon der Räuber. Und aus der Sprache der Soldaten drangen allmählich auch Ausdrücke in die Sprache der vagierenden Studenten, der ‚fahrenden Schüler' ein. Von ihnen wiederum, die ja zugleich auch die Bildungselite des Volkes waren, drang dann der eine oder andere Ausdruck auch in die Sprache des Alltags, ja sogar in die Sprache der Bildung und Dichtung...

Schon im elften Jahrhundert sind Ansätze zu einer jiddisch durchsetzten Gaunersprache nachgewiesen. Ein Kanonikus und Kanzler des Herzogtums Breslau, Dithmar von Meckebach (1347–1378), hat in seinem ‚Notatenbuch' eine Reihe Gaunerausdrücke aufgeschrieben: sie sind abermals zum größten Teil jiddisch. Ein Zürcher Ratsherr, Gerold Edlibach, hat im Jahre 1488 unter dem Titel ‚Hie stat fokabel des rotwelsch' ebenfalls neunundfünfzig solche Ausdrücke notiert.

Am interessantesten aber ist das ‚Baseler Rathsmandat wider die Gilen und Lamen', das etwa 1450 herauskam und bis heute zugleich auch als das älteste Muster einer freistädtischen Polizeibekanntmachung gilt. Es geht aus ihm hervor, daß die Gaunergilde – einen andern Ausdruck kann man auf eine so wohl durchorganisierte Gruppe kaum anwenden – auf dem Kolenberg bei Basel sich eingenistet hatte und dort auch ihre eigene Gerichtsbarkeit ausübte.

Der Ausdruck ‚Lamen' bedarf keiner weiteren Erklärung. Weniger klar ist die Bedeutung des Wortes ‚Gilen'. Es hängt vielleicht mit gilb, falb, fahl zusammen und verweist in diesem Falle auf die Sitte der Bettler, sich die Haut mit Lehm zu beschmieren, um ein fahles, krankes Aussehen zu erzielen. Möglich ist aber auch die Ableitung vom hebräischen ‚goal' = Ekel, Abscheu.

Genau weiß man eben die Herkunft von Rotwelschausdrücken nicht immer. Bei einer Sprache, die nicht natürlich gewachsen, sondern mit Witz und Bosheit künstlich geschaffen wurde, sind etymologische Zusammenhänge teils leichter, teils schwerer herauszufinden als bei einer normalen Sprache. Unsicherer sind sie in jedem Falle.

Ziemlich sicher ist dennoch die Bedeutung des Wortes ‚Rot' im Ausdruck ‚Rotwelsch', der schon in ganz frühen Dokumenten der feste Namen für den Gaunerjargon ist. ‚Rot' bezieht sich wohl auf die Sitte der Bettler, sich mit blutähnlicher Farbe zu beschmieren, um schwärende Aussatzwunden vorzutäuschen. Das ‚Rathsmandat' erwähnt aber auch andere Methoden: «Sie nemment ein blutig Tuch und bindent das umb die Stirnen.»

‚Rot' heißt jedenfalls schon früh auch soviel wie ‚Bettler' oder ‚betrügerisch'.

Und dieses ‚Basler Rathsmandat' enthält also ein kleines, aber sehr sorgfältig zusammengestelltes Glossar von Rotwelschausdrücken.

Das ‚Rathsmandat' wurde später vollständig vergessen und erst im Jahre 1749 neu entdeckt und gedruckt. Seinerzeit, kurz nach seinem Erscheinen, muß es aber doch ziemlich bekannt gewesen sein.

Im Jahre 1510 erschien nämlich unter dem Titel ‚liber vagatorum' ein Buch über die Vaganten. Der Ausdruck ‚Vagant' wird heute gern nur auf die vagierenden, stellungslosen Kleriker des Mittelalters und auf die abenteuernden fahrenden Schüler angewendet, auf die die Vagantenliteratur zurückgeht.

Ohne Zweifel hatten auch wandernde Kleriker und Studenten auf der Landstraße Kontakt mit Bettlern und Gaunern, und manche von ihnen sanken wohl auch selber zu Gaunern herab. Das ‚liber vagatorum' denkt aber kaum an diese akademisch gebildete Schicht unter den Landstreichern. Und auch wir benützen hier den Ausdruck ‚Vagant' in einem weit allgemeineren, unbestimmteren Sinne.

Dieses ‚liber vagatorum' enthält ein Gaunervokabular, welches sich fast ausschließlich auf das des ‚Rathsmandats' stützt. Manche Wörter wurden ungenau gelesen oder mißverstanden, so daß das neue Glossar dem Original gegenüber eine wesentliche Verschlechterung war.

Aber dieses Buch wurde bekannt. Und im Jahre 1528 gab kein Geringerer als Martin Luther selber es noch einmal heraus, diesmal unter dem deutschen Titel ‚Von der falschen Bettler Büberei'. Bei allem Interesse für sprachliche Form tat Luther dies nicht aus linguistischen Gründen. Er schreibt in der Vorrede: «Ich habe für gut angesehen, das solch büchlin nicht alleine am tage bliebe, sondern auch fast vberall gemein werde, damit man doch sehe und greiffe, wie der teuffel so gewaltig ynn der welt regiere, obs helffen wolte, das man klug würde, vnd sich für ihm ein mal fursehen wolte...» Mit andern Worten: Der brave Bürger sollte den Geheimcode der Gauner kennenlernen, um sich besser seiner Haut wehren zu können.

Dann aber kommt in dieser gleichen Vorrede ein Satz, der trotz absoluter Richtigkeit einen ganzen Rattenschwanz falscher Theorien zur Folge hatte, und zwar sowohl über die jiddische Sprache, wie auch über das Rotwelsch, wie auch über die Rolle, die die Juden innerhalb des deutschen Gaunertums gespielt haben sollen: «Es ist freilich solch rottwelsche Sprache von den

Juden kommen, denn viel ebreischer Wort drynnen sind, wie denn wol mercken werden, die sich auf Ebreisch verstehen.»
Das ist an sich richtig. Aber es hat immer wieder zu der irrigen Meinung geführt, daß die Juden mit den Gaunern der deutschen Landstraßen ganz oder weitgehend identisch gewesen wären und daß Rotwelsch dasselbe sei wie Jiddisch.
Alle diese Fragen lassen sich einzig aus der exakten Analyse des rotwelschen Jargons und aus der Geschichte des deutschen Gaunertums beantworten.
Und eine Geschichte der deutschen Gauner liegt tatsächlich vor. Geschrieben hat sie ein Mann von ungewöhnlicher Begabung und Originalität: der bereits in dem Buche mehrfach zitierte Lübecker Polizeipräsident Avé-Lallement. Es lohnt, von ihm und seinem vierbändigen Werk über das deutsche Gaunertum genauer zu berichten.
Als Jurist hatte sich Avé-Lallement zunächst kaum mit der hebräischen Sprache befaßt. Als streng konservativer Protestant hatte er zunächst auch wenig Kontakt mit Jiddisch sprechenden und schreibenden Menschen. Aber als er begann, sich mit der Sprache der Gauner zu beschäftigen, sah er bald, daß er ohne gründliche Kenntnis dieser beiden Sprachen der Juden zu keinem exakten Ergebnis vorstoßen konnte. Und also begann er, bei Rabbinern Hebräisch und bei den Juden der Lübecker Vorstadt Mosling Jiddisch zu lernen. Als er dann erkannte, daß vieles aus dem Rotwelschen nur verständlich war, wenn man auch die rabbinische Gesetzgebung und die rituellen Gewohnheiten der Juden kannte, studierte er auch das nachbiblische Schrifttum der Juden. Und als er merkte, daß bestimmte sprachliche Eigentümlichkeiten und vor allem auch bestimmte gaunerische Geheimzeichen offenbar nur aus kabbalistischen Zusammen-

hängen heraus zu deuten waren, scheute er nicht einmal vor der abenteuerlichen Gehirnakrobatik zurück, die das Studium der Kabbala, der jüdisch-mittelalterlichen Mystik in Spanien, erfordert.

Seine Kenntnis der Kabbala und ihrer Methoden ermöglichte ihm aber nicht nur, festzustellen, daß sowohl manche ‚Gaunerzinken', das sind die Geheimzeichen der Gauner, auf kabbalistischen Methoden beruhen und daß die gaunerische Art, bestimmte Wörter zu Geheimzwecken zu verdrehen, zu kürzen und zu transformieren, eine verkommene Abart der gleichen Methoden ist, mit denen die jüdischen Mystiker des Mittelalters heilige Texte interpretiert hatten und zu metaphysischen Resultaten vorgestoßen waren – seine Kenntnis der Kabbala führte ihn auch zur Durchforschung eines andern Gebietes, auf welchem Gauner und Hochstapler seit eh und je eine immense Rolle gespielt haben: der Zauberei.

Er stellte fest, daß auch das gesamte deutsche Zauberwesen auf den Prinzipien der jüdischen Mystik, der Kabbala, beruht, daß aber alle Methoden, die in der Kabbala selber ihren guten Sinn hatten, hier in dem außerjüdischen Hokuspokus jeden Sinn eingebüßt und nackter Unfug geworden sind. Die Zeichen in den Zauberkreisen und Nativitätstafeln erkannte er mühelos als verdorbene Relikte der drei kabbalistischen Alphabete, von welchen die Kabbalisten behaupten, in ihnen sei die Tora, der Pentateuch, ursprünglich geschrieben worden, die sie aber in Wirklichkeit selber erfunden haben: die Scriptura coelestis, malachim (malach, pl. malachim = hebr. Engel) oder regalis und transitus fluvii. Es sind sehr eigentümliche Schriftzeichen: ihre Enden laufen in kleine Gestirne aus! Sie finden sich merkwürdigerweise wieder in deutschen Bauornamenten und Wappen,

in deutschen Zaubercharakteren und im zaubermystischen Geheimalphabet des Agrippa von Nettesheim (1486–1535).
Er fand ferner heraus, daß auch die geheime Andeutungssprache der französischen Geheimpolizei seit Richelieu bis zur Französischen Revolution auf Techniken beruhte, die ebenfalls der Kabbala entstammten.
Und schließlich weist er nach, daß der Glaube, man könne durch Aussprechen bestimmter Wörter und Formeln auf die Wirklichkeit einwirken, der Wortzauber also, ebenfalls kabbalistischen Ursprunges ist. Der Glaube an Hexen und Teufelsverbündete, die solchen Wortzauber auszuüben verstanden, ein Glaube, dem in der frühen Neuzeit mit ihren hysterischen Hexenprozessen Tausende von Unschuldigen zum Opfer fielen, geht demnach letztlich gleichfalls auf die Kabbala zurück...
Möglich und sogar wahrscheinlich ist es natürlich, daß Avé-Lallement gerade hier, im Zusammenhang mit der Kabbala, manche Zusammenhänge unrichtig deutet oder daß er außerkabbalistische und außerjüdische Quellen nicht kennt, aus denen heraus sich gerade im deutschen Zauberwesen manches ebenso gut, vielleicht sogar besser, erklären ließe. Man darf nicht vergessen, daß er gerade bei diesen schwierigsten Untersuchungen sich weitgehend als Autodidakt vorwärtstasten mußte. Wer sich heute – gleichgültig, ob als Judaist vom Fach oder als wissenschaftlicher Laie – mit der Kabbala beschäftigen will, wird selbstverständlich seine Studien nicht auf den Kriminalisten Avé-Lallement stützen, sondern auf den heute lebenden, aus Berlin stammenden jüdischen Gelehrten Gershon Scholem, der die Kabbala-Forschung auf einen ganz neuen Boden gestellt hat und dessen Bücher auch in deutscher Sprache erscheinen. Dennoch darf man die Behauptung wagen, daß Avé-Lallement,

der seine Studien als passionierter Kriminalist begonnen hatte, sie als judaistischer Gelehrter von Format beendet hat.
Ähnlich profunde Kenntnis ihres eigenen Schrifttums aus allen Jahrhunderten und sogar Jahrtausenden dürfte man im Westen Europas bei den Juden selber nicht oft finden. Im Osten aber, wo solches Wissen keine Seltenheit war, fehlten wiederum die Methoden der modernen Wissenschaft für die entsprechende Auswertung der Kenntnisse.
Das geht so weit, daß es nicht ein Jude, sondern eben dieser selbe Protestant Avé-Lallement war, der die erste jiddische Grammatik geschrieben hat. Die Juden selber haben erst im zwanzigsten Jahrhundert die Sprache, in welcher zwölf Millionen von ihnen sprachen, schrieben, lebten, grammatikalisch zu bearbeiten begonnen.
Und was das Rotwelsch angeht, so hat es zwar an sich sowohl vor wie nach Avé-Lallement gute und gewissenhafte Bearbeitungen dieses eigentümlichen Geheimvokabulars gegeben. Die meisten stammen von Kriminalisten. In neuerer Zeit sind es auch in zunehmendem Maße Sprachwissenschaftler, die sich des Themas annehmen. Ein wirkliches Kuriosum stellt – dies nur nebenbei – ein Glossar mit beigefügten ganzen Gaunerdialogen des ‚Constanzer Hans' vom Jahre 1791 dar: Er ist ein bekehrter Gauner, und sein Buch entspringt dem Eifer des Bekehrten. Normalerweise hatte man nämlich Mühe, von den gefangenen Gaunern den Sinn ihrer geheimsprachlichen Ausdrucksweise zu erfahren.
Aber weder vor noch nach Avé-Lallement hat es einen Bearbeiter gegeben, der gleichzeitig alle kriminalistischen und philologischen Grundlagen so vollendet beherrschte und der den genauen Unterschied zwischen Jiddisch und Rotwelsch und dem

besondern Charakter der beiden Sprachformen so klar und tief erfaßte.

Es besteht noch ein weiterer Grund, über Avé-Lallement so ausführlich zu berichten, ausführlicher vielleicht, als der Rahmen des Buches es rechtfertigt: Sein großartiges vierbändiges Werk zu dem Thema, das er von 1858 bis 1862 herausgab, wurde zu seinen Lebzeiten nie beachtet, wurde auch später nie neu aufgelegt. Eine stark gekürzte und reizvoll illustrierte zweibändige Ausgabe aus dem Jahre 1914 ist kaum sehr ernst zu nehmen. Seine Leistung wurde von christlichen Kreisen nicht beachtet, weil ihnen die ausführliche Beschäftigung mit jüdischen Themen suspekt erschien. Das ging so weit, daß man ihm, dem streng Konservativen, sogar politisch nicht mehr ganz über den Weg traute.

Die Juden Deutschlands aber, die allen Grund gehabt hätten, sich mit dem Werk Avé-Lallements zu beschäftigen, und zwar auch dann, wenn sie am deutschen Gaunertum überhaupt nicht interessiert waren – diese Juden befanden sich damals inmitten eines forcierten Emanzipations- und Assimilationsprozesses an die deutsche Umwelt. Avé-Lallement aber sah in den Juden Deutschlands bei aller Toleranz, oder genauer: bei aller Bewunderung der jüdischen Geisteswelt, und vielleicht gerade aus dieser Bewunderung heraus, nicht eigentliche Deutsche. Er sah und verstand sie aus ihrer besonderen, ihn faszinierenden Tradition heraus. Als Konservativem ging es ihm ja ohnehin nie und nirgends um Gleichmacherei, sondern um Betonung und Bejahung der Unterschiede. Und da er folglich die Juden in ihrer Besonderheit erfaßte, welche durch die jüdische Geistes- und Passionsgeschichte erzeugt worden war, wollten auch die deutschen Juden nichts von ihm wissen.

Denen des Ostens jedoch war ein Werk dieser Art damals ohnehin nicht zugänglich und verständlich.
Doch nun zurück zu der Frage: Wie kommen die hebräischen Elemente in die Gaunersprache hinein?
Rotwelsch entstand, dies erwähnten wir bereits, schon seit dem frühen Mittelalter. Und zwar bildete es sich auf den Landstraßen heraus. Erst sehr viel später wurde es die Sprache der großstädtischen Gosse.
Es gibt einen natürlichen Wandertrieb, der sich auch unter erschwerten Umständen immer durchsetzen wird. Wir erwähnten bereits weiter oben die fahrenden Schüler und stellungslosen Kleriker, von denen manche die unsichere Landstraße zu ihrem Heim wählten. Die vielen Wallfahrten im Mittelalter mögen ebenfalls zum Teil auf den Wandertrieb zurückzuführen sein. Im allgemeinen aber darf man behaupten:
Im frühen Mittelalter reiste man wenig und nicht ohne Grund und Not. Der Bauer war durch Beruf und Gesetz an die Scholle gebunden; der Städter war froh, die unsichere Landstraße meiden zu können. Einige Gruppen jedoch waren fast dauernd unterwegs: die bereits erwähnten Bettler, die oft zugleich Gauner waren. Die Räuberbanden waren natürlich gleichfalls oft unterwegs, auch wenn sie ihre festen Standquartiere besaßen, die man genau kannte. Ferner reisten die Gaukler und Schausteller. Und dann: die Kaufleute. Ein kleiner Teil von ihnen stammte aus der Lombardei. Es waren vor allem Geldwechsler. Diese sprachen das ‚Kauderwelsch'. ‚Kaudern' heißt handeln, tauschen; und ‚welsch' bedeutet ursprünglich romanisch, sekundär dann einfach schwer verständlich oder unverständlich.
Vor allem aber waren es die Juden, die damals Handel trieben, und zwar schon deshalb, weil ihnen alle andern Gewerbe in

Deutschland verboten waren. Der Kontakt zwischen ihnen und den fragwürdigen Vagabunden ergab sich dadurch ganz von selber. Sie brauchten an sich keineswegs an irgendeinem anrüchigen Gewerbe beteiligt zu sein. Im Gespräch auf der Straße und in der nächtlichen Herberge konnte der Gauner eine ganze Menge hebräischer Ausdrücke aus dem Judenteutsch der Hausierer lernen und in seinen Geheimjargon einbauen.

Tatsächlich aber ergaben sich auch berufliche Berührungspunkte: Nichtjüdische Kaufleute gab es keine. Wollten also Räuber oder Gauner ihr Diebesgut verkaufen, so mußten sie sich an Juden wenden. In den gallicanischen Consilien und Capitularien sind auch wirklich Juden als Veräußerer – nicht als Räuber! – von Kirchengut zitiert.

Dann aber kam noch ein weiteres hinzu: Die Juden wurden im Laufe des Mittelalters immer schärfer und erbarmungsloser unterdrückt, verfolgt, schließlich hingemordet. Die meisten nahmen das Martyrium fromm und widerspruchslos auf sich. Soweit es ihnen gelang, flohen sie in andere Länder. Ein kleiner Teil der Juden aber reagierte auf den mörderischen Druck von seiten der Gesellschaft mit Rebellion gegen ihre Gesetze, die für den Juden zunehmend nicht mehr Schutz, sondern nur noch Druck und Gefahr bedeuteten. Die Juden hatten keinen Grund, eine Gesellschaftsordnung zu bejahen, welche aus ihnen Schlachtvieh machte. Und so kam es, daß nach scharfen Verfolgungswellen kleinere Gruppen von Juden ihrerseits der Gesellschaft den Kampf ansagten und sich zu ganz oder doch teilweise jüdischen Räuberbanden zusammenschlossen.

Stellen wir nun also erneut die Frage: Haben die deutschen Gauner ihre jiddischen Geheimausdrücke selber und mehr zufällig von jüdischen Händlern gelernt, oder ist diese Sprache von jüdischen Gaunern geschaffen worden?, so lautet die Antwort: Beides war der Fall. Und zwar kann man bis heute ziemlich leicht unterscheiden, welche Begriffe vielleicht von ‚unschuldigen' Juden auf der Landstraße und in den Herbergen geerbt worden sind, und bei welchen andern aber ein Jude sprachformend aktiv mitgewirkt hat. Bei den erstern ist der ursprüngliche Wortsinn getreu oder doch nur mit einer geringen Anfärbung durch das üble neue Milieu übernommen; bei den letzteren jedoch ist der Wortsinn oft auf eine bittere, witzige und niederträchtige Weise entstellt und verwandelt. Sie sind durchprägt von einer Weltanschauung, deren ätzende Säure alles zerfrißt, was den Menschen je lieb und heilig war. Sie lassen nichts intakt. Aus ihnen spricht eine Rebellion, eine Bitterkeit, ein Nihilismus, gegen den die modernen Formen des Existentialismus und Negativismus blaß wirken.

Während alle andern Juden auf jede neue Mordwelle mit Demut und mit der Einfügung neuer Sslichot – das sind Bußgebete – in ihr Ritual reagierten, reagierten eben diese wenigen, die ausgebrochen waren und revoltierten, damit, daß sie die Religion, welche solches Leiden bejahte, höhnisch negierten, ihre heiligsten Begriffe mit einem schmutzigen Nebensinn belegten und zum festen Bestand der Sprache von Dieben und Mördern degradierten.

Aber natürlich gibt es in der deutschen Gaunersprache auch viele andere fremde oder doch für die Umwelt unverständliche Elemente neben und außer den jiddischen.

Zunächst basiert das Rotwelsch, genau wie die Gaunersprachen anderer Länder, selbstverständlich auf dem Boden der Volkssprache. Es bevorzugt aber auch im Deutschen selber Ausdrücke, die nicht jeder kennt oder versteht: das Rotwelsch ist, hierin im Prinzip dem Jiddischen ähnlich, voll von altertümlichen deutschen Wendungen und von seltenen Dialektwörtern, die aber hier den Dialektcharakter verlieren und von sämtlichen Gaunern des ganzen Landes benützt werden. Natürlich differiert auch die Gaunersprache in den verschiedenen Gegenden ein wenig. Aber das Verbindende ist stärker als das Trennende.

Das Rotwelsch hat ferner immer schon Elemente aus andern europäischen Sprachen aufgenommen: schon im frühen Mittelalter italienische und später, in der Neuzeit, als die Napoleonischen Heere das Land durchstreiften, auch französische.

Neben der hebräischen hat aber noch eine andere nichteuropäische Sprache Material für das Rotwelsch geliefert:

Seit dem ersten Drittel des fünfzehnten Jahrhunderts hat das Rotwelsch vieles aus der Zigeunersprache empfangen. Vorher gab es in Deutschland keine Zigeuner. Jetzt aber tauchen sie an den verschiedensten Stellen des Landes auf und bilden fast sofort eine Landplage. Denn sehr bald sind sie nicht mehr eine geschlossene Gruppe exotischer Nomaden, sondern eine oftmals gefährliche Mischgruppe. Landflüchtige, Strafverfolgte, Arbeitsscheue stoßen zu ihnen, vereinigen sich mit ihnen. Ihre Sprache ist, im Gegensatz zum Jiddisch, überhaupt nicht Deutsch, enthält auch keinerlei deutsche Elemente.

Aus all diesen Quellen verproviantiert sich die Geheimsprache der Gauner. Ja, es ist sogar möglich, daß das Wort ‚Gauner' selber mit den Zigeunern zusammenhängt: manchenorts wurden sie nämlich auch Zig*au*ner genannt. Allerdings gibt es daneben die doch wahrscheinlichere Herleitung des Wortes vom hebräischen ‚jano' = betrügen. In der aschkenasischen Aussprache Deutschlands wäre der Betrüger der Jaune, woraus leicht ein

Jauner werden kann. Und so heißt das Wort auch noch in Schillers Räubern!

Sieht man sich nun aber ein Wörterbuch des Rotwelschen genau an, so stellt man eindeutig fest: zwar werden auch die nichtjüdischen Sprachelemente von diesen verworfensten Schichten des Volkes auf verwegene und rohe Weise mißbraucht und transformiert – Witz und Geist jedoch sprüht nur oder doch fast ausschließlich aus den Begriffen, die dem Jiddischen entnommen sind.

Die Ursache liegt auf der Hand. Das Verbrechertum rekrutierte sich meist aus den tiefsten sozialen Schichten des Volkes, es bestand aus Analphabeten – die allerdings damals keine Ausnahmen waren – oder aus Menschen ohne jede sittliche und religiöse Erziehung. Von wirklicher Bildung konnte schon überhaupt nicht die Rede sein.

Eine Befragung von nichtjüdischen Gaunern über religiöse Dinge führte bei Gerichtsverhandlungen immer zu demselben Ergebnis: sie wußten nichts. Sie wußten nur, daß sie Nichtjuden und also Christen waren.

Bei den Juden unter ihnen war das anders. Sie konnten in der Regel lesen und schreiben, und sie hatten als Kinder eine recht solide religiöse Ausbildung genossen. Waren sie jetzt auch tätige ungläubige Rebellen, gewissermaßen die Existentialisten der Landstraße, so brachten sie von früher her doch einen Bildungsfundus mit, den man damals außerhalb des Judentums nur in gutbürgerlichen Kreisen und bei der Geistlichkeit antraf. Zur Rebellion durch die Tat gesellte sich bei ihnen die Rebellion in der Sprache. Um den Wortsinn und die Herkunft mancher ihrer Ausdrücke aufzudecken, braucht man daher manchmal weniger etymologische Kenntnisse als Psychologie und Logik:

erst mit ihrer Hilfe entdeckt man, welchen niederträchtigen Witz diese besondere Mißhandlung und Verwandlung des Sprachgutes birgt, wieviel Spott und Laune, Übermut und Hohn, Frivolität und Haß in ihr steckt.

ROTWELSCH UND JÜDISCHER WITZ

Wir erwähnten das Element der Revolte in den jiddischen Rotwelschausdrücken oder genauer in dem Witz, den sie häufig bergen. Dies scheint nun einer These aus meinem Buche über den ‚Jüdischen Witz' zu widersprechen, nach welcher die Entstehung dieses Witzes in einen viel späteren Zeitpunkt, in die Periode der bürgerlichen Emanzipation der Juden, datiert ist. Dennoch besteht die These zu Recht, soweit es sich nicht um die Sprachwitze der verbrecherischen Hefe handelt, sondern um den Witz der jüdischen bürgerlichen Gesellschaft, um den Witz jener Juden also, die zur Zeit der Entstehung der Gaunersprache noch im tiefen und absoluten Glauben beharrten. Bei ihnen gab es keine, und sei es noch so gemilderte, innere Rebellion gegen das Weltgeschehen, die sich in boshaften Witzen hätte äußern können.

Aber auch später, als eine solche seelische Rebellion den jüdischen Witz in Überfülle erzeugte, wagte er sich nur selten oder fast nie an heilige Gegenstände heran. Er blieb gemäßigt, bei aller Bitterkeit. Der gaunerische Sprachwitz aber hat eine Verätzung und Zersetzung vorweggenommen, wie es sie bei den normalen jüdischen Gemeinschaften auch später nie gab, nicht einmal unter der Bedrohung durch die Gaskammern und Krematorien der Hitler-Zeit.

Noch eine zweite These aus der ‚Soziologie des jüdischen Wit-

zes' scheint durch den gaunerischen Sprachwitz widerlegt: die Behauptung nämlich, wonach der Witz die Waffe des Wehrlosen und somit der Ersatz für die unmöglich gemachte Tat sei. Die Gauner und Räuber jedoch waren aktiv!
Aber man bedenke doch, unter welchen Umständen die Räuber zur ‚Tat' schritten: ständig verfolgt und gejagt, nirgends in Sicherheit. Und faßte man sie, so standen ihnen die Folterprozeduren einer Gerichtsbarkeit bevor, deren Praxis von keinerlei Humanität gemildert war, der es nicht einmal etwas ausmachte, auch siebenjährige Kinder zum Beispiel wegen Hexerei anzuklagen, zu martern und bei lebendigem Leibe zu verbrennen. Die jüdischen Gauner waren zwar Täter, aber so schwer behinderte und so unerträglich gefährdete Täter, daß bei ihnen die ‚befreiende' Tat doch wohl den befreienden Charakter einbüßte und die Begleitakkorde des Witzes zur Stützung schon brauchen konnte.

Wir erwähnten den graduellen Unterschied zwischen dem neuzeitlichen ‚normalen' Witz der sozial ‚normal' eingeordneten Juden, im Gegensatz zum jiddischen und jüdischen Witz im Rotwelschen. Am besten schält sich der Unterschied dort heraus, wo zugleich auch die Ähnlichkeit zwischen den beiden wenigstens in rein formaler Hinsicht am größten ist.
Und nun gibt es eine ganz bestimmte Kategorie jüdischer Witze, die man geradezu als harmlose Vettern des Rotwelschen bezeichnen kann. Auch sie schöpfen ihre Pointe daraus, daß sie den Wörtern einen neuen, impertinenten Sinn unterschieben. Alte jüdische Witzbücher enthalten solche Scherzvokabulare. Das hört sich etwa so an:

Menuwel (wörtliche Übersetzung: Ekel) = Tischdame
Krire (Kälte) = Zentralheizung
Naden (Mitgift) = die Hälfte
Taam (Reiz, Charme) = Flanellunterrock
Chammer (Esel) = Konsul, in andern Vokabularen auch Associé.

Von diesem ‚Chammer' aus führt uns der Weg direkt mitten ins Rotwelsch hinein. Denn auch dort figuriert der Chammer in verwandelter Bedeutung. Nicht als Konsul natürlich. Was geht die armen Vaganten ein Konsul an? Was kümmert es sie, daß arrivierte Kaufleute sich gern ehrenhalber die Arbeitslast des Konsuls aufladen lassen und daher als Esel erscheinen?
Für den Gauner ist der Chammer, respektlos, aber milieugerecht = der Untersuchungsrichter.
Das Beispiel ist einerseits gut, weil es die Identität der witzschaffenden Methode an einem fast identischen Beispiel aufweist. Es ist anderseits schlecht, weil die Bezeichnung eines Untersuchungsrichters als Esel doch schließlich ein sehr harmloser und gesellschaftsfähiger Witz ist, den sich, bei entsprechendem Anstoß und Anlaß, durchaus auch der moderne bürgerlich-jüdische Witzschöpfer hätte erlauben können.
Nehmen wir nun aber zwei andere Beispiele. Wir sagten schon, der Sprachwitz der Gauner vergreift sich hemmungslos auch an solchen religiösen Inhalten, bei denen auch der aufgeklärte und moderne Jude sogar noch in seinen impertinentesten Scherzen haltmacht.
Da wäre zum Beispiel das Wort ‚Mesuse'. Ursprünglich bedeutet Mesusa = Türpfosten. Im Jiddischen wird das Wort aber schon längst nur noch in einer bestimmten Bedeutung gebraucht:

Jeder fromme Jude heftet an den Türpfosten seines Hauses und eines jeden seiner Wohnräume eine kleine Kapsel, welche ein Pergamentröllchen mit einer bestimmten Stelle aus dem Deuteronomium birgt. Beim Betreten und Verlassen des Hauses pflegen fromme Juden diese Kapsel respektvoll mit dem Finger zu berühren und den Finger dann an die eigenen Lippen zu führen.

Das Wort Mesuse kommt nun auch im Gaunerjargon vor. Und zwar in der Bedeutung von Straßendirne. Der Zusammenhang ist nur allzu klar: Sie steht am Türpfosten, und jeder Vorbeigehende darf sie berühren. Die Sinnverschiebung ist auch ein gut Stück witziger als zum Beispiel die von Menuwel (Ekel) = Tischdame. Unbestreitbar ist aber der blasphemische Charakter des Witzes.

Ein zweites Beispiel: ‚Duchán' heißt Priestersegen. Dieser Priestersegen wird noch heute an bestimmten Feiertagen in der Synagoge der Gemeinde erteilt. Zwar gibt es bei den Juden seit der Zerstörung des Tempels mit dem zugehörigen Kult keine richtigen Priester mehr. Aber das Amt war damals erblich, und der Titel ist bis heute erblich geblieben. Noch heute ist das ganze jüdische Volk aufgeteilt in Kohanim = Priester, Leviten = Hilfsbeamte beim Tempeldienst und Israel = gewöhnliches Volk ohne kultische Aufgaben beim Tempeldienst. Praktisch hat diese Aufteilung heute nur noch wenig Bedeutung. Für die Kohanim jedenfalls bedeutet sie längst kein Privileg mehr, sondern nur noch eine Beeinträchtigung in der freien Berufswahl: Da ein Kohen mit Leichen nicht in Berührung kommen darf, weil solcher Kontakt verunreinigt, kann und soll er folglich auch heute noch nicht Medizin studieren. Aus ähnlichen Gründen ist ihm die Heirat mit einer Geschiedenen untersagt.

Im Gebetsritual stehen ihm aber auch heute noch einige besondere Funktionen zu. So unter anderm eben die Erteilung des Priestersegens. ‚Dúchenen' nennt man im Jiddischen diesen Vorgang mit einem Mischwort, in welchem eine deutsche Endung an den semitischen Stamm ‚duchan' gehängt ist. Während die Priester den Segen erteilen, ist es für die Gemeinde üblich, konzentriert in das Gebetbuch niederzublicken oder die Augen zu schließen. Man soll weder auf den Segnenden noch sonstwie um sich blicken.

Und nun: Duchenen ist ebenfalls, genau wie Mesuse, ein Rotwelschausdruck geworden. Es bedeutet: jemandem unter den Augen etwas wegstehlen. Auch hier ist der Zusammenhang klar genug: Wenn jemand die Augen schließt, kann man ihn natürlich am besten bestehlen.

Und der Zufall will, daß es zu dieser bestimmten Situation im Gebetsritus auch einen ‚normalen', das heißt nicht dem Gaunermilieu entstammenden Witz gibt, welcher sehr schön den verschiedenen Schärfegrad der beiden Witzformen illustriert: Der ungarischen Gemeinde Neutra wurde aus irgendwelchen Gründen diebische Gesinnung nachgesagt. Der Schammes, der Synagogendiener der Gemeinde Neutra soll daher an einer Synagogenwand einen Anschlag angebracht haben mit dem Text: «Für Diebstähle während des Duchenens lehnt die Kultusgemeinde jede Verantwortung ab.»

In beiden Fällen also, im Sprachwitz des Rotwelschen wie im modernen jüdischen Witz, geht es um die Tatsache, daß während des Duchenens gestohlen wird. Der Unterschied zwischen dem Rotwelschwitz und dem von den Bürgern in Neutra beleuchtet aber schlagartig die Verschiedenheit der Herkunft, des Milieus: Der Witz von Neutra verspottet nur die diebischen

Juden des Städtchens; der aus der Geheimsprache der Gauner dagegen setzt Segnen und Stehlen in eins, verhöhnt also die religiöse Sphäre selber.

Der aufgezeigte Unterschied ist zwar ungeheuer groß, aber letztlich doch nur graduell und quantitativ.

Es gibt aber zwischen den beiden Witzformen noch einen zweiten, und zwar einen prinzipiellen Unterschied: Der moderne jüdische Witz aus dem normalen bürgerlichen Milieu rechnet damit, verstanden zu werden, und wünscht auch, verstanden zu werden. Beim Sprachwitz der Gauner ist das anders. Er ist ein Bestandteil der Geheimsprache, die ihren Wert sofort einbüßt, wenn zu viele sie verstehen. Für den Außenstehenden, den Nichtgauner, das potentielle Opfer, muß die Sprache restlos unverständlich bleiben. Für den Mitgauner dagegen muß es zwar klar sein, was er unter einer Mesuse oder unter Duchenen zu begreifen hat. Den witzigen Hintergrund jedoch braucht er hierbei keineswegs jedesmal neu zu genießen. Genauer: er braucht ihn überhaupt nicht zu genießen, er braucht nicht einmal eine Ahnung von ihm zu haben. Es genügt vollkommen, wenn er dem Wort Mesuse die damit gemeinte Sache assoziativ zuordnet. Der Witz, der in dem Mißbrauch des Begriffes steckt, bleibt gewissermaßen ein reines Privatvergnügen des Erfinders und einiger weiterer witziger Köpfe mit den gleichen Bildungs- und Milieuvoraussetzungen.

Dadurch aber, daß diese oft witzigen, oft auch nur neutralsinnvollen Ausdrücke von den nichtjüdischen Gaunern zwar angewendet, nicht aber verstanden wurden, ist eine neue Art von Witz entstanden, die ebenfalls nur der gute Kenner der jiddischen und hebräischen Sprache verstehen kann.

Wir meinen hier jene Witze, die sich daraus ergaben, daß hebrä-

ische Wörter mit ähnlich klingenden deutschen identifiziert wurden. Das Vokabular bringt Dutzende von Beispielen.
Mit der Zeit jedoch verstand wohl meistens auch der Jude unter den Gaunern diese Witze nicht mehr. Denn Linguist vom Fache war er nicht. Was nicht auf der Hand lag, mochte ihm entgehen.
Und hier, wo der sprachliche Unfug die absurdesten Formen annimmt, sind wir zugleich an dem Punkte angelangt, von welchem aus die schriftdeutsche Sprache durch den Gaunerjargon am stärksten beeinflußt worden ist.
Nehmen wir einmal die schöne alte Redensart ‚Wo der Bartel seinen Most herholt'. Es klingt poetisch, volkstümlich, bieder und uralt. Die Brüder Grimm benützen die Wendung immer wieder, und man kann ihnen Sinn für sprachliche Schönheit wirklich nicht absprechen.
Was aber bedeutet der Satz in Wirklichkeit? Er stammt aus der Gaunersprache. ‚Bartel' ist ursprünglich nicht eine freundliche Abkürzung von Bartholomäus, sondern = barsel, auf deutsch Eisen. Und gemeint ist damit das Brecheisen des Einbrechers. Und ‚Most'? Seit wann haben es Einbrecher ausgerechnet auf Most abgesehen? Nun, dieser ‚Most' hat nichts mit Saft von Früchten und Beeren zu tun, sondern ist hier = mooss oder mo'ess. Das ist die jiddische und im aschkenasischen Hebräisch übliche Aussprache von maot = Geld.
‚Wo der Bartel den Most herholt' – das ist also der Ort, wo man durch Einbruch Geld holen kann.
Ein anderes Beispiel. Im Hochsommer sprechen wir von einer ‚Saure-Gurken-Zeit'. Der Ausdruck meint etwa: Wenn alles in der Zeit, in welcher saure Gurken eingelegt werden, in der Sommerhitze also, träge dahindöst, ist weder geschäftlich noch

sonst in irgendeiner Hinsicht etwas los. Es sind flaue Zeiten. Nun: genau das meint der Ausspruch auch im Rotwelsch, er meint sogar schlechte und bittere Zeiten. Aber mit ‚sauren Gurken' hat er gar nichts zu tun. Ursprünglich hieß es: die ‚zóres- und jókresszeit', die Zeit der Leiden und der Teuerung (hebr. zarót und jakrút).

Und noch ein drittes Beispiel. Wir kennen die Redensart ‚Jemandem zureden wie einem kranken Gaul'. Sehr klug klingt das zwar nicht. Denn man wird vielleicht einem kranken Menschen freundlich zureden. Einen kranken Gaul wird man wohl eher entweder tierärztlich behandeln oder ihn abtun. Immerhin – zur Not ergibt der Ausspruch einen Sinn.

Gemeint ist aber in der Tat ursprünglich nicht ein Gaul, sondern ein kranker Mensch. Es hieß nämlich früher: Jemandem zureden wie einem ‚Cháule'. Das ist die in Deutschland übliche Aussprache für hebr. ‚Cholé' = der Kranke. Später wurde der ‚Chaule' als Gaul mißverstanden. Und um den alten Sinn wieder einigermaßen herzustellen, wurde dafür das Wort ‚krank' auf deutsch noch eingefügt. Genau genommen heißt der Satz also: Jemandem zureden wie einem kranken Kranken...

Nicht immer ist es klar, ob ein Ausdruck beim Eindringen in die deutsche Sprache den Umweg über das Rotwelsch genommen hat oder direkt aus dem korrekten Jiddisch übernommen wurde. Miess (von miuss = Ekel) oder meschuge (von m'schuga = verrückt) kann von da und dorther kommen. Beide Wörter – und noch viele andere – sind ins Rotwelsch nämlich mit unveränderter Bedeutung eingegangen und haben auch beim Eintritt in die deutsche Sprache ihren Sinn nicht gewandelt.

In vereinzelten Fällen wieder ist schon im Jiddischen der Sinnwandel teilweise oder auch ganz vollzogen.

Wieder ein Beispiel. Am Rüsttag des Osterfestes räumen die Juden in einer zeremoniell genau festgelegten Form die allerletzten Reste des gesäuerten Brotes aus der Wohnung. Denn während der kommenden acht Tage darf nicht nur ausschließlich Ungesäuertes genossen werden; es darf auch im ganzen Hause nichts Gesäuertes aufbewahrt werden. Diese Prozedur nennt man jiddisch: den ‚Chómez bátlen' (= Gesäuertes loswerden; von chaméz = Saures und batél = loswerden).
Den Ausdruck ‚einen Chomez batlen' benützt man nun aber schon im korrekten Jiddisch auch in dem Sinne = einen unangenehmen oder schlechten Menschen endlich aus der Wohnung loswerden. In dieser gleichen Bedeutung figuriert der Ausdruck auch im Rotwelsch. Im Rotwelsch hat er jedoch noch eine zweite, dem gaunerischen Milieu weit besser angepaßte Bedeutung: Diebesbeute rechtzeitig aus dem Haus schaffen, bevor die Polizei dahinterkommt...

ROTWELSCH UND KABBALA

Wir sagten schon: die Juden unter den Gaunern waren nicht, wie die Nichtjuden, ein armselig-amorphes Gesindel. Sie gehörten sicher nicht zu den gebildetsten der jüdischen Gemeinden, die sich damals wohl weitgehend mit den frömmsten und folglich auch martyriumsbereiten deckten. Aber religiöses Wissen hatten sie in der Kindheit zu einem gewissen Grade doch erworben. Und einzelne von ihnen müssen sogar eine Ahnung von der mittelalterlichen Mystik, der Kabbala, gehabt haben. Später, im siebzehnten Jahrhundert, gab es in Polen die volkstümlich-mystische Bewegung des Chassidismus, die vom Menschen nichts erwartete als gläubige, demütige, freudige Hingabe an Gott und das von ihm bescherte Schicksal. In Spanien aber hatte es im Mittelalter eine jüdische Mystik ganz anderer Art gegeben. Auch sie gelangte damals zwar erst zur Blüte, als die Lebensumstände der Juden schwer und kaum mehr tragbar wurden. Mystische Bewegungen pflegen im allgemeinen eher in trostlosen Zeiten als in solchen des frohen Aufstiegs aufzubrechen. In Spanien aber war die Mystik nach der langen Symbiose mit den hochbegabten und vor allem auch mathematisch großartig geschulten Mauren dennoch nicht naiv und einfach, wie später bei den Chassidim in Podolien, sondern an Methoden gebunden, die höchste Denk- und Kombinationskraft erforderten. Und da diese kabbalistischen Methoden ebenfalls in die Gaunersprache eingegangen sind, wenn auch nur in kümmerlich entstellter Form, so lohnt es, einen kurzen Blick auf sie zu werfen. Die Kabbala suchte zu mystischen Ergebnissen zu gelangen, indem sie einzelne Worte oder Sätze der Bibel auf sehr komplizierte Weise ausdeutete. Hierbei bedient sich der Kabbalist vor allem dreier Methoden: der Gematria, des Notarikon und der Temura. Die drei Begriffe kommen erst im nachbiblischen Hebräisch vor. Der erste ist dem Griechischen entnommen, der zweite dem Lateinischen, und nur der dritte ist rein semitisch. Die Gematria beruht darauf, daß die hebräischen Buchstaben zugleich als Zahlen dienen. Gematria gibt es in zwei verschiedenen Formen: die figurative Methode, welche darin besteht, daß man erst einmal den Zahlenwert eines Wortes ausrechnet und nun ein Wort mit andern Buchstaben, aber mit gleichem Zahlenwert sucht. So hat zum Beispiel das Wort maschiach (= Messias) den gleichen Zahlenwert wie das Wort nachasch (= Schlange). Nun ist die Schlange – dies weiß man aus der Schöpfungsgeschichte – ein Sinnbild der Sünde. Aus der numerischen

Gleichwertigkeit von Messias und Schlange folgert der Kabbalist, der Messias werde, wenn er dann kommt, der Schlange, das heißt der Sünde, den Kopf zertreten. Da aber mit der Sünde damals der Tod in die Welt trat, wird damit auch der Tod wieder aufgehoben sein.
Die zweite Form der Gematria, die arithmetische, errechnet ebenfalls zunächst den Zahlenwert eines Begriffes, bleibt dann aber bei der Zahl stehen, transponiert sie also nicht wiederum in Buchstaben und Wörter und zieht ihre Schlüsse aus der Zahl selber. Auf diese Weise wird aus einer bestimmten Bibelstelle zum Beispiel erschlossen, daß es nicht zufällig, sondern aus einer bestimmten Notwendigkeit heraus 613 Talmudgesetze geben muß.
Die zweite Methode, die des Notarikon, formt Wörter, indem sie zum Beispiel die Anfangs- oder Endbuchstaben eines Satzes aneinanderreiht. Ergibt sich hierbei ein sinnvolles Wort, so werden daraus entsprechende Schlüsse gezogen. Oder es werden auch umgekehrt alle Buchstaben eines Wortes als Anfangs- oder Endbuchstaben eines ganzen Satzes betrachtet. Das ergibt unter Umständen ebenfalls ganz interessante Resultate. Da hätten wir zum Beispiel das Wort ‚Adam'. Im Hebräischen wird es mit drei Buchstaben geschrieben: Adm. Das zerlegt man in Adam + David + Maschiach (Messias). Und was bedeutet das? Nun, es bedeutet, daß die Seele Adams über diejenige Davids in den Messias transmigrieren wird. Das setzt natürlich den Begriff der Seelenwanderung voraus. In der Tat geht die Kabbala in vielen ihrer Inhalte – nicht aber in der Form, der Art, wie sie zu diesen Inhalten vorstößt! – auf die spätantike Mystik der Gnostiker zurück, die ihrerseits vom Orient her den Begriff der Seelenwanderung aufgenommen hat.

Bleibt noch die dritte Methode, die Temura, wörtlich übersetzt: Vertauschung. Es handelt sich um anagrammische Versetzung und Vertauschung der Buchstaben innerhalb des Wortes nach den allerverschiedensten Formen und Systemen. Die primitivste Temura besteht darin, daß man die Reihenfolge der Buchstaben im Alphabet genau umkehrt. Ins Deutsche übertragen hieße das, daß man den Buchstaben a durch z ersetzt, den Buchstaben b durch y und so weiter. Es gibt nicht weniger als 233 kabbalistische Arten, die Buchstaben einzeln oder auch gruppenweise nach bestimmten Systemen durcheinanderzuwirbeln.

Die Kabbalisten haben nun aber nicht nur mystisch-theoretische Schlüsse gezogen, sie haben auch angenommen, daß sich auf diese Weise geheime Formeln finden ließen, mit denen man auf die Realität, ja sogar auf das gesamte Weltgeschehen einwirken könnte. Mit andern Worten: Zauberformeln. Sie glaubten auch an Geisterbeschwörung. Und hier liegen die Ursprünge der späteren christlichen Hexenprozesse, in welchen den Menschen immer wieder Teufelsbündnisse vorgeworfen wurden.

Umgekehrt haben sich die französischen Polizeiorgane in der frühen Neuzeit der temuratischen Methode zu sehr praktischen Zwecken, nämlich zur Erstellung der komplizierten Polizeicodes bedient, bei denen es dann nicht mehr darum ging, zu mystischen Geheimnissen vorzustoßen, sondern bloß, Geheimschriften mit Hilfe normaler Buchstaben und einiger Hilfszeichen zu schaffen.

Dieser summarische Blick auf die kabbalistischen Methoden, Geheimnisse zu erschließen und zu bilden, läßt es verständlich erscheinen, daß der spanisch-jüdische mittelalterliche Philosoph und Bibelexeget Ibn Esra seinerzeit sich scharf gegen jede

Anwendung kabbalistischer Methoden zur Bibelinterpretation wandte: denn mit solchen Methoden kann man aus schlechthin jedem Text, und folglich auch aus der Bibel, schlechthin alles herausdeuten, was man will. Und es wird auch verständlich, weshalb man es im Osten im allgemeinen nicht gern sah, wenn junge Leute sich dem kabbalistischen Studium ergaben. Vielenorts schrieb man ihnen vor, sich zuvor bis zu ihrem fünfundzwanzigsten Jahr eine solide, trocken-talmudische Bildung zu erwerben. Dann mochten sie sich an mystisch-kabbalistischen Späßen delektieren. Andernorts schraubte man die Grenze noch höher und befahl zwar nicht gerade, empfahl aber doch, keine kabbalistischen Texte vor dem fünfundvierzigsten Jahre in die Hand zu nehmen.
Und von all dem Gesagten her wird auch verständlich, wie es dazu kommen konnte, daß der deutsche Begriff ‚Kabale' sich ausgerechnet von einer der verstiegensten Formen der Mystik her ableitet.
Wären nun die deutschen Gauner vorwiegend Juden gewesen, so hätten sie vermutlich, genau wie die französische Staatspolizei, die verschiedenen Methoden der Kabbala zur Schaffung von immer neuen Geheimcodes verwendet. Allerdings hätten sie hierfür doch eine solidere Bildung haben müssen, als sie wohl allgemein besaßen. Jedenfalls fiel die Anwendung solcher Codes im Umgang mit den ungebildeten nichtjüdischen Genossen der Gaunergilde vollständig dahin. Aber Spuren der kabbalistischen Methoden sind dennoch auch in die Gaunersprache eingedrungen, wenn auch natürlich vollkommen entblößt von jedem geistig-mystischen Hintergrund und ohne jede verläßliche Regel.
Es gibt zum Beispiel den alten jüdischen Volksglauben, wonach

die Welt zusammenbrechen würde, wenn nicht jederzeit sechsunddreißig Gerechte, die aber niemand zu identifizieren vermag, in ihr leben würden. Die Zahl 36 wird im Hebräischen – und auch im Jiddischen – durch die Buchstaben Lamed und Waw dargestellt. In einer Klitterung aus hebräischen Elementen mit einer slawischen Endung nennt der Ostjude einen solchen Gerechten einen ‚Lamedwawnik'.

Nun, was dem einen recht, ist dem andern billig. An den sechsunddreißig Gerechten sind Gauner natürlich nicht sehr interessiert. Aber ähnliche Wortbildungen bringen sie auch zustande: Pejzaddik zum Beispiel. Das sind zwei Buchstaben: nämlich p = hebräisch pej, und z = zadde, aus dem deutschen Worte ‚Polizist'. Und wieso zaddik und nicht zadde? Nun, ‚Zaddik' heißt: der Gerechte. So wird aus der geheimnisvollen Abkürzung sogar noch für Eingeweihte ein netter kleiner Scherz.

Man kann aber auch Wörter, statt abkürzen, umgekehrt ein wenig zerdehnen, indem man die hebräischen Buchstaben einzeln enumeriert. Da wäre das hebräische Wort ‚schofel' (schafél = niedrig). Das Wort hat sich, so stellt der Gauner fest, leider ein wenig gar zu sehr auch schon in nichtgaunerischen Kreisen eingebürgert. Nun, buchstabieren wir halt auf hebräisch! Man schreibt das Wort schfl, die Vokale sind, wir erwähnten es schon, in der hebräischen Schrift weitgehend weggelassen. Und also heißt es ab nun: Schin-pej-lomed. Da komme nun ein Nichtgauner dahinter, was das heißt!

Man kann aber auch – dies ist allerdings bei den rasch denkenden und schreibenden Juden auch außerhalb der Kabbala durchaus gebräuchlich – für ein Wort einfach den Anfangsbuchstaben setzen. Die Gauner nennen sich zum Beispiel selber im Rotwelsch die ‚Chóchemer' oder ‚Kóchemer', von hebräisch chachám = weise. Sie nennen daher auch ihren Gaunerjargon den ‚Kóchemer-lóschen' (Laschón = Sprache), die Sprache der Weisen. Das Wort ‚Chóchem' kürzen sie aber gerne ab. Der erste Buchstabe, hebräisch = chet, in aschkenasischer Aussprache chess, genügt ihnen vollauf. Sie sprechen daher von einem ‚chessen' oder ‚kessen Jungen'. Der Ausdruck ist längst in die Berliner Gassensprache eingegangen, aber wie viele wissen, daß sie es hier mit einer hebräischen Abbreviatur und obendrein mit einer provozierenden Frechheit zu tun haben? Denn das Prädikat eines ‚chacham' wird im Hebräischen wie im Jiddischen nur höchsten Respektspersonen zuerteilt.

Am albernsten und geistlosesten jedoch sind die temuratischen Einbrüche in die Gaunersprache, die Versetzungen von einzelnen Buchstaben oder Buchstabengruppen in den Wörtern. Aus Kappe wird Appeke, aus Brücke Ikbre und so weiter.

Genauer als in der Kabbala kannten sich die jüdischen Gauner in allen Gepflogenheiten aus, die mit dem religiösen Leben der Juden zusammenhängen. Es gibt zum Beispiel im jüdischen Festkalender zwei achttägige Festperioden: Pessach, das entspricht den christlichen Ostern, und Sukkot, das Laubhüttenfest im Herbst. Die Anfangs- und Endtage dieser beiden Feste werden strenger eingehalten als die mittleren Tage. Dennoch sind auch diese nicht einfach ‚Werktag'. Man darf an ihnen wohl arbeiten, man soll aber vermeiden, mehr als das unbedingt Notwendige zu tun.

Für die Juden zählt nun auch das Schreiben zu den Betätigungen, die zum Beispiel an einem Sabbat nicht gestattet sind. Schreiben soll man daher womöglich auch an diesen Zwischentagen von Pessach und Sukkot nicht. Muß man es dennoch tun, so schreibt man gern die oberste Linie, um das Wissen um den

Verstoß gegen die Sitte anzudeuten, schräg abwärts. Manche Juden benützen diese erste schräge Linie auch dazu, um in ihr ausdrücklich zu erklären, daß der Brief an diesem nicht ganz geziemenden Termin geschrieben worden ist.
Und dieser sehr frommen Sitte haben sich die Gauner bemächtigt: bei ihnen bedeutet aber die Schrägstellung der Anfangszeile natürlich nicht das Bedauern über die Entheiligung eines Festtages, sondern den Wink: Gib acht! In dem Brief sind geheime Andeutungen verborgen!

DIE UNTERSCHIEDE ZWISCHEN ROTWELSCH UND JIDDISCH

Diese kurze Analyse des deutschen Gaunerjargons genügt, um sowohl die Verwandtschaft wie die profunden Unterschiede zwischen Jiddisch und Rotwelsch klarzustellen. Beide Sprachen sind auf einem deutschen Fundament aufgebaut und enthalten, neben allen möglichen andern fremdsprachlichen Elementen, sehr viel hebräische Wörter und Wendungen. Aber während diese hebräischen Begriffe im Jiddischen ihren Ursinn meist voll behalten haben, sind sie im Rotwelsch auf eine bewußte, frivole und niederträchtige Weise entstellt, ihrer eigentlichen Bedeutung beraubt, übel degradiert.
Jiddisch ist, wiewohl ursprünglich aus unorganischen Bestandteilen zusammengewürfelt, dennoch zu einer organischen, durchformten, von Gesetzen genormten Sprache geworden. Sie verdankt ihr Sein der Liebe zu einer alten Heimat und zugleich der Liebe zur eigenen religiösen Tradition, die sich in ihr zu einer einzigartigen Synthese einen. Jiddisch ist Volkssprache, Bildungssprache und Sprache der Dichtung.

Rotwelsch dagegen ist nicht gewachsen und nicht geworden, sondern bewußt gemacht. Es blieb immer eine wüst gärende Sprachmasse, in welcher sich die Elemente nie richtig zu binden und zu setzen vermochten. Die Wahl und Verunstaltung der Wörter und ihrer Bedeutung ist schrankenlos eigenmächtig, frivol und voll von Hohn und Bosheit, voll von Haß und Rebellion.

Im Jiddischen spiegelt sich die tragische Geschichte der Juden Deutschlands im Mittelalter. Das Rotwelsch ist eine Art Physiologie der verworfenen Volkselemente: sie haben die ungeheuerlichsten Sprachbastarde gezeugt, die man sich auszudenken vermag.

Und auch der Unterschied zwischen dem Sprachwitz des Rotwelschen und dem spätern Volkswitz der sozial normal eingeordneten Juden sei nochmals betont: Der Gaunerwitz rebelliert nicht nur gegen den outrierten Zwang durch eine allzu strenge religiöse Ordnung in einer allzu unerträglichen Welt, sondern er schlägt und sticht gegen schlechthin alles und jedes, er negiert jeden Wert, und am intensivsten negiert und attakkiert er die allerhöchsten Werte. Er ist, im Gegensatz zum echten jüdischen Witz, vollkommen schamlos entartet, blasphemisch.

Und auch hierin unterscheidet er sich vom spätern, neuzeitlichen ‚normalen' Witz der Juden, daß er außer von seinem Schöpfer und vielleicht einigen wenigen von seinen jüdischen Kameraden von niemandem verstanden wird und auch gar nicht verstanden werden will, während der wirkliche Witz selbstverständlich ohne das Verstehen des Hörers überhaupt nicht bestehen kann.

Wir möchten unsern Lesern nun das Rotwelsch an praktischen

Beispielen, an einer kleinen Auswahl aus dem Wörterbuch der Gauner, vor Augen führen. Es kann natürlich keine Rede davon sein, ein lückenloses Vokabular – wenn es auf einem so fragwürdigen Gebiet etwas Derartiges überhaupt je gegeben hat! – vorzuführen. Fachliteratur findet der Interessierte zur Genüge. Wir geben in der Bibliographie einige der wichtigsten neuen und alten Wörterbücher dieser Art.
Hier kann es nur darum gehen, eine Anzahl von besonders witzigen oder aus andern Gründen interessanten Beispielen anzuführen. Und auch der Großteil der Ausdrücke, die aus dem Jiddisch und Rotwelsch, manche direkt, manche auf dem Umweg über die Soldaten- und Studentensprache, ins Hochdeutsche eingedrungen sind, steht in unserm Glossar. Was hier dennoch fehlen mag, versuche der Leser im Wörterverzeichnis für korrektes Jiddisch nachzusuchen.

MÖGLICHE FEHLER IM GLOSSAR

Noch ein Wort zu möglichen Fehlern im Glossar. In einer normal gewachsenen, von festen und bekannten Gesetzen genormten Sprache, wie auch das Jiddisch letztlich eine ist, ist es verhältnismäßig leicht, fehlerhafte Wortetymologien zu vermeiden. Anders ist dies natürlich bei einer sprachlichen Monstrosität, welche sich Verfemte bewußt geschaffen haben, um ihr Geheimnis gegen die bürgerliche Welt zu wahren und in welcher der böse Witz der Negation und Rebellion im Verein mit stumpfer Unwissenheit zu den absurdesten Wortbildungen geführt hat. Auch dem sorgfältigsten Bearbeiter und Kenner können da Irrtümer unterlaufen.
Zwei solche Beispiele seien zitiert. Das eine ist besonders inter-

essant, weil es wohl weniger auf mangelnden sprachlichen Kenntnissen des Autors als auf seinen soziologischen Vorurteilen gegen die Juden beruht. Von Antisemitismus braucht dabei noch lange nicht die Rede zu sein. In seinem kleinen, an sich sorgfältig bearbeiteten Wörterbuch für Jiddisch und jiddische Rotwelschausdrücke gibt Dr. Erich Bischoff an: Rebbach = Gewinn, Nutzen. Das ist an sich richtig. Nun fährt er aber weiter: Rebbach sei abzuleiten vom hebräischen ‚rewa' = ein Viertel. Mit andern Worten: für die Juden wären fünfundzwanzig Prozent Zinsen eine solche Selbstverständlichkeit, daß sie diesen Prozentsatz kurzerhand mit ‚Verdienst' gleichgesetzt hätten! Hätte Dr. Bischoff nicht schon fast mit der Muttermilch die Überzeugung eingesogen, daß Juden nun eben einmal unerbittliche Wucherer seien, dann hätte er in seinem hebräischen Wörterbuch ein wenig weitergeblättert und gefunden: Rewach = Verdienst, Gewinn. Rewa = der Viertel und Rewach = Verdienst hängen weder sprachlich noch inhaltlich auch nur entfernt zusammen.

Ein zweites Beispiel, das sich sogar bei dem sehr gründlichen Avé-Lallement findet und seither in allen Glossaren kritiklos übernommen wird: Für ‚christliche Kirche' kennt der deutsche Gauner das Wort tifle oder tafle, auch mit w geschrieben, also Tiwle oder Tawle. Im Rotwelsch liegt die Aussprache nicht so genau fest. Hierfür schlägt der Autor zwei mögliche Ableitungen vor: entweder von t'fila = Gebet oder von tiflut = Dummheit. Letzteres wäre also ein antikonfessioneller oder atheistischer Angriff auf die Kirche durch einen Juden.

Nun ist das Rotwelsch zwar voll von Verspottung der jüdischen Religionszusammenhänge, es enthält aber bei aller generellen Aggressivität kaum einen Angriff auf die christliche Kirche.

Dies allein wäre natürlich noch kein Gegenbeweis gegen eine solche Worterklärung. Es kann ja überall Ausnahmen geben. Es kommt aber dazu – und der sonst genial-intuitive Avé-Lallement hat es übersehen –, daß es doch das hebräische Wort tawol = taufen (es ist übrigens genau dasselbe Wort wie ‚taufen'!) gibt, das sich hier doch ganz von selber anbietet!
Mit einiger Sicherheit kann man nur sagen: Wo immer man in der gewöhnlichen Alltagssprache eine Anekdote oder einen Witz als Hintergrund für die Entstehung eines bestimmten Wortes vermutet, ist es meist ein Irrtum, eine nette nachträgliche Erfindung. ‚Pumpernickel' hat man zum Beispiel von dem Ausspruch eines französischen Offiziers herleiten wollen, welcher beim Anblick des dunkelbraunen, rauhen deutschen Brotes voll Verachtung gesagt haben soll: « C'est bon pour Nicole! » (Nicole hieß sein Pferd.) Das ist nichts weiter als eine spaßige erfundene Anekdote.
Beim Rotwelsch ist es anders. Da steht hinter sehr vielen Begriffen und vor allem hinter fast allen jiddischen Begriffen tatsächlich ein bewußter Witz. Aber es kann vorkommen, daß eben auch ein sorgfältiger Bearbeiter der Materie einmal einen falschen Witz dahinter vermutet.
Solche Irrtümer mögen auch in der nachfolgenden kleinen Musterkollektion von jiddischen Rotwelschausdrücken enthalten sein. Wir bitten für sie um Entschuldigung und bitten um anregende Korrektur.

AUSWAHL JIDDISCHER AUSDRÜCKE AUS DEM ROTWELSCH-GLOSSAR UND URSPRÜNGLICH JIDDISCHER AUSDRÜCKE IM HOCHDEUTSCHEN

abbauen (bo = kommen), weggehen. Auch Studentensprache.

Abfälle bekommen (von ofel = Beule oder afela = Dunkelheit), Schläge auf den Kopf bekommen.

abkaspern (kasow = lügen), abschwindeln.

abmecken (macho = ausradieren), töten, beseitigen.

abnibbeln (nawol = welken; newela = Kadaver), sterben.

abschabbern (schabor = zerbrechen), abbrechen.

Achberosch oder **Achperosch** (entweder von ach-parosch = Bruder des Flohs: ach = Bruder, parosch = Floh; oder ach-peresch: ach = Bruder, peresch = Unrat; oder ach-b'rosch = unbedingt zuvorderst; oder achberi reschii [Jer. Baba Mez. 8b] = niederträchtige Mäuse; oder achbar-rosch = Mauskopf: Im 17. Jahrh. gebräuchliche Bezeichnung für Gauner), ein vordringlicher Kerl.

Achelpeter (achol = essen), Schmarotzergauner, der sich von den Kameraden durchfüttern läßt.

Achelputz (achol = essen), Speise.

Aff (aw = Vater), Inspektor der Strafanstalt.

Affenkleister (afo = backen; ofe = Bäcker), Teig.

alle werden (alo = aufsteigen), verhaftet werden. Genauer: hochgehen.

Altneuschul, genauer: **Altnaischul** (al t'nai = wörtl. auf Bedingung. Gemeint ist, daß die Synagoge nur für eine befristete Zeit dort stehen oder benützt werden kann. Es ist dies der Name einer bekannten Prager Synagoge. Die scheinbare Übersetzung ins Hochdeutsche beruht auf einem Mißverständnis).

Amazone (hat nichts mit ‚Amazonen' zu tun, sondern kommt von amzai = Vermittler), Zutreiberin beim Falschspiel.

Amerikaner-Bais (ma'arech = zubereiten + bajit, jid. bajiss = Haus: a [jid. = ein] maarech-bajiss), ein Caféhaus.

Amhorez (am-ha'arez = ursprünglich gewöhnliches Landvolk. Sekundär ein religiös Ungebildeter), 1. der Bestohlene, 2. mißglückter Diebstahl.

Amrazim (Pl. von am-haarez, jedoch nur jid. Hebr. ist diese Pluralform nicht möglich), 1. die Bestohlenen, 2. (total falsche und bewußt scherzhaft mit am-haarez konfundierende Pl.-Bildung von amra = Wolle) Strümpfe.

anbaun (bo = kommen), kommen, ankommen. Auch Studentensprache.

Appel oder **Apfel** (paol = arbeiten), Arbeitshaus.

äppeln, anäppeln, veräppeln (von ewil = Dummkopf; oder awel = niederträchtig), verspotten.

Äppelsine; eine anjestossene Äppelsine (sona = Dirne), sittlich nicht einwandfreie Person.

asch, aschgrau (aschosch = faulen, grau werden).

aufmutzen (muz = Spreu), jede Bagatelle übelnehmen.

Bach, sollte eigentlich heißen: Bag. Abkürzung von ‚Böhmischer Groschen'.

Baiss oder **Beiz** (bajit, jid. bajiss = Haus), Kneipe. Davon abgeleitet: *Beizer(in)*, Wirt(in).

Balboss (ba'al-habajit = Hausherr. In jid. Aussprache Balboss = Hausherr, Hauswirt, Familienvater, besserer Herr), Diebswirt, Gaunerlehrmeister.

Balchochem (ba'al = Herr, chochma = Weisheit. Ba'al-chochma = ein weiser Mann), ein Justizbeamter, der Rotwelsch versteht.

Balcholem (ba'al = Herr, chalom = Traum. Ba'al-chalom = Träumer), ein Justizbeamter, der das Rotwelsch der Gauner nicht kennt.

Baldower, Verbum: *ausbaldowern* (ba'al = Herr, dawar = Wort, Sache. Ba'al-dawar = einer, der etwas besitzt oder beherrscht), Auskundschafter in einem Gaunerunternehmen; Anführer einer Gaunerei.

Balmer, Palmer, Palmagen (ba'al = Herr; machane = Feldlager, oder milchama = Krieg. Ba'al-machane oder ba'al-milchama: Krieger), Soldat.

Bal-Spiess (ba'al = Herr; Spiess = verunstaltet aus Hospiz), Diebswirt.

Bammel (ba'al = Herr, Besitzer; ejma = Angst. ba'al-ejma = ein Angsthase. Früher hieß es daher richtiger: *Du heisst ein Bammel!* Und nicht wie heute: *Du hast einen Bammel*), Angst.

Bär (bar = Getreide), Brot.

Bär (p'ri = Erwerb, Frucht), feuerfeste Kassette.

Bär-Mokum (p'er = Pracht; makom, jid. mokum = Ort. Also Prachtsort), Frankfurt.

Barje (Birja = vollkommenes Wesen, feiner Mensch), Zieraffe.

Bartel. ‚Wo Bartel seinen Most herholt' (barsel = Eisen; maot, jid. moess = Geld, Kleingeld. Die Redensart heißt also ursprünglich: Wo man mit dem Einbrecheisen Geld holt).

bauen (bo), kommen.

Baure peri (bore, in der Aussprache von Deutschland baure =

bringt hervor; p'ri = Frucht. Die beiden Wörter sind ein Zitat aus einem der Speisesegen der Juden, ein Dank an den Herrn, welcher ‚Früchte hervorbringt'), 1. Ort, wo gestohlene Ware liegt, 2. diese gestohlene Ware selber.

bedibbert (b'li dibur = ohne Rede), verdutzt.

Beheme (behema = Rindvieh), Bauer.

belemmert (b'li emor = ohne Sprache, sprachlos), verdattert, sprachlos.

Benedix. ‚Meister Benedix' (nicht von benedicere, sondern von b'negischut, jid. b'negischess = mit Zwangsmitteln, in Bedrängung), Scharfrichter.

benschen (von benedicere). Im Jiddisch nur im Sinn von = segnen, beten gebräuchlich. Im Rotwelsch dagegen so wie in dem Satz «Und mit der Axt hab ich sein Bad gesegnet»; erschlagen.

Benscher (von benschen), kaltblütiger Mörder.

Berghacker (entstellt aus b'koach = mit Gewalt), gewalttätiger Mörder, Würger.

besamen (ssam = Gift), vergiften.

Besen, ‚Einen auf den Besen laden' (bisajon = Verachtung), sich über jemand lustig machen.

betucht (batuach = sicher, vertrauenswürdig), vertrauenswürdig.

Biene; ‚Ein Köppchen wie 'ne Biene' (bina = Verstand), kluger Mensch.

blättern (palot = fliehen. Gleicher Stamm wie in plejta = Pleite), fliehen.

blau. ‚blau sein', ‚blau machen', ‚blauer Montag', ‚blaue Bohne', ‚blauer Dunst' (von b'lo oder b'law = ohne..., mit nichts). Das Wort ‚blau' deutet einfach die Negierung einer Tatsache oder eines Wertes an.

blöde, ‚blöde Stelle am Kleid' (plejta = Flucht, jid. Zuflucht, Bankrott), abgerissen, abgerieben.

Bowel oder **Pofel** (bawel = Babel. Eine Anspielung auf das Sprachdurcheinander beim Bau des babylonischen Turmes), Durcheinander, Ramsch, wertloses Zeug.

Brandkessel anlegen (paron = Mitgift geben; gesel = Raub), Anteil von der Diebsbeute erpressen.

Bum oder **Pom** (Abkürzung von para = Kuh, vielleicht auch behema = Rindvieh, und medina = Land), Schweiz.

Bummser (von Bum, Schweiz), Kuhhirt.

betroppezt (trop, franz. = zuviel), man ist ‚betroppezt', wenn einem die widerlichen Umstände zuviel werden.

Chajim oder **Kaim** (von dem spanischen Vornamen Jaime, gesprochen Chaime. Der Name Chaim war bei Juden sehr häufig), Chaim = Jude; ähnlich wie Michel = der Deutsche.

Davon abgeleitet: *Kaimsdübber* (dibur = Rede) und ‚*kaimisch Loschen*' (laschon = Sprache), Jiddisch. Alle diese Ausdrücke existieren im normalen Jiddisch nicht.

Challe (chala = Teighebe; sec. das weiße Sabbatbrot, von dem die Teighebe nach einer alten Sitte genommen wird), beim Stehlen zurückgelassener Teil der Beute.

Challe backen, so stehlen, daß man es nicht sofort merkt, d. h. also, alles Auffallende liegen lassen.

Challe nehmen (siehe chala), deflorieren, ein Mädchen schänden.

Challe schlagen, den Kameraden einen Teil von dem, was ihnen zusteht von der Diebsbeute, unterschlagen.

Chammer (chamor = Esel), Untersuchungsrichter.

Chassene (chatana, jid. Chassene = Hochzeit), 1. wildes Gelage, 2. Einbruch mit Krach und offener Gewalt.

chassimen (chatima, jid. chassirne = Siegel, Versiegelung), Fachausdruck für das heimliche Auswechseln eines beim Händler deponierten Päckchens mit Wertinhalt gegen eines mit wertlosem Inhalt.

chess, kess (chet, in der jid. Aussprache chess, ist der erste hebr. Buchstabe von chacham = weise), kundig. ‚kesser Junge'.

chole (chole = krank), gefangen.

Chomez batlen (chamez, jid. chomez = Gesäuertes, batel = loswerden). Während des achttägigen jüdischen Osterfestes, Pessach, essen die Juden zur Erinnerung an den hastigen Aufbruch seinerzeit aus Ägypten, vor welchem kein gesäuertes Brot mehr gebacken werden konnte, nur Ungesäuertes. Am Rüsttag des Pessachfestes wird daher jede Spur von Chomez sorgfältig aus der Wohnung entfernt. ‚*Chomez batlen*', 1. Gesäuertes aus der Wohnung räumen, 2. einen niederträchtigen Kerl aus dem Haus loswerden. In diesem zweiten Sinne wird der Ausdruck auch schon im Jiddischen angewendet. Ausschließlich Rotwelsch ist jedoch die weitere Bedeutung: Diebsbeute rechtzeitig, vor jeder Untersuchung, aus dem Haus schaffen.

chole werden (chole = krank), gefangen werden. ,*trefe chole werden*' (trefa = wörtl. Zerrissenes. Nämlich zerrissenes Tier, dessen Fleisch nach mosaischem Gesetz zum Genuß verboten ist. Der Ausdruck wird längst auf alles ausgedehnt, was nach Ritualgesetz nicht gegessen werden darf), mit Diebswerkzeug in flagranti ertappt werden.

Cholera (chole = krank; ra = schlecht), Cholera.

Chossen (chatan, jid. Chossen = Bräutigam), der zu Bestehlende. Auch das deutsche Wort Bräutigam wird in diesem Sinne verwendet.

choze lewone (chazi = halb; lewana = Mond), halbkreisförmige Umschneidung eines Schlosses.

Damian (nicht von dämlich, sondern von timahon = Verwunderung), dämlicher Kerl.

Daniel (da = hier, dieser; nawal = Dreck), Nachttopf.

darschenen, Drosche (darosch = predigen; Drascha = Predigt), hiervon möglicherweise ,abgedroschenes Zeug'. Das Wort kann aber auch vom deutschen ,dreschen' kommen.

Dolch (dalok = brennen, eilig verfolgen), gerichtliches Verhör.

Dolmetscher, Tolmedscher (von talmud = wörtl. Lehre. Gemeint ist mit ,Talmud' die zunächst mündlich tradierte nachbiblische Lehre, welche den ersten Bibelkommentar, die Mischna, ergänzt), Lehrer aus fremden Sprachen.

dow oder **dof** (von dow = Bär oder ndtsch. doow = taub, dumm), dumm.

duchenen (duchan = Priestersegen; jid. duchenen = den Priestersegen erteilen. Das jüdische Volk ist von der Zeit her, da der Tempel stand, in Cohanim [Priester], Leviten [Hilfsbeamte beim Tempeldienst] und Israel [gewöhnliches Volk] eingeteilt. An bestimmten hohen Feiertagen erteilen die ,Cohanim' der Gemeinde beim Gottesdienst den Segen, wobei die Gemeinde die Augen zu verdecken oder zu schließen pflegt), etwas unter den Augen des Opfers geschickt wegstehlen.

dufte (tow = gut), gut, fein.

Eidgenossen (hat nichts mit der Schweiz zu tun! ejd = Zeuge, Genosse. Ejd + Genosse ist also Tautologie), Ungeziefer.

Eimer; ,Im Eimer sein' (ejma = Furcht), unangenehm überrascht werden, Pech haben.

einseifen (sewel = Dreck, Kot), betrügen, wörtl. ,bescheißen'.

Eisbär (as = Kraft; p'ri = Erwerb, Frucht), reicher Geizhals.

Emmes (emet, jid. emmess = Wahrheit), Versammlungsort der Gauner. ‚lauer Emmes' (lo, deutschjid. lau = nein, nicht), falsche Aussage.

Erdtauben (tapuchim = Äpfel), Erdäpfel.

eseln (asol = zu Ende gehen, weggehen, ausgehen), schwere Arbeit ergebnislos leisten.

ewil (Dummkopf), Geständiger.

falzen (w'azlan = ‚und ein Faulpelz'), betteln.

Farzer (paroz = einbrechen), Auslagendieb.

Feldhühner. Variante auf Feldtauben, die ihrerseits ein Mißverständnis sind auf Feld-tapuchim = Erdäpfel.

Feuermann (b'ewra = im Zorn), Staatsanwalt.

flöten gehen (flöten = plejta = Bankrott), zugrunde gehen. Dasselbe wie pleite gehen.

Fratze (parzuf = Gesicht). Das Wort kommt erst im nachbiblischen Hebräisch vor und stammt vom griechischen ‚prosopon'. Auf dem Umweg über die Gosse ist also ein klassisch-griechisches Wort ins Neuhochdeutsche eingedrungen.

Fritzel (paroz = einbrechen), Schlüssel.

Frosch (parosch = abscheiden, abtrennen), Monat der Strafhaft.

Gansel (gaslan = Räuber, Bandit), Polizist.

gas (gass = dick), dick, aufgeblasen (dagegen kommt das deutsche Wort Gas von griech. Chaos).

Gaul; ‚Zureden wie einem kranken Gaul' (chole, in deutschjid. Aussprache chaule = krank. Also Tautologie, entstanden, nachdem man chaule als Gaul mißverstand).

Gauner (3 Ableitungen. 1. jawan, jid. jowen = Grieche. Bei den Juden galten die Griechen als ähnlich geschäftstüchtig, wie später sie selber in den Augen anderer wären. 2. jone, in deutschjid. Aussprache jaune = Betrüger. 3. In manchen Gegenden Deutschlands sagte man nicht Zigeuner, sondern Zigauner; Gauner kann auch die zweite Hälfte von Zigauner sein. Die Gauner selber nannten sich nie bei diesem Namen, sondern ‚*Chochemer*' oder ‚*kochemer*' = die Kundigen, die Weisen, die Wissenden, von chochem = weise).

Gebirge; ‚Ins Gebirge gehen' (nicht Euphemismus, sondern Mißverständnis aus bikoret = Untersuchung, Kritik, Züchtigung), ins Gefängnis kommen.

Gemore (g'mara, jid. gemore = Lehre, Überlieferung. Das Wort wird fast ausschließlich als Synonym zu Talmud gebraucht), Denkzettel, Strafpredigt. Vermutlich ist auch die Redensart *‚mores lehren‘* ein Mißverständnis aus ‚Gemore lehren‘, denn 1. lernten die Humanisten seinerzeit wirklich Gemore, kannten also den Ausdruck, und 2. wird der lateinische Ausdruck ‚mores‘ eher im Sinne von ‚schlechte Sitten‘, und nicht im Sinne von Denkzettel, Ermahnung gebraucht.

Ger (ger = 1. Fremder, 2. Proselyt, der zum Judentum übergetreten ist), sich freiwillig meldender Zeuge.

Goj gamur (goi = ursprünglich Volk, sec. 1. Nichtjude, 2. Nichtjude primitiver Herkunft, 3. religiös ungebildeter Jude. gamur = vollendet, total. Goi gamur = ein völliger Goi), gegenseitige Beschimpfung der Gauner, wenn sie sich für unverläßlich halten.

Gomol (gamal, jid. gomol = Kamel. Es ist übrigens dasselbe Wort wie ‚Kamel‘), Richter.

Hacke (hagun = anständig), Arbeit, Geschäft.

Haifisch (hej = Anfangsbuchstabe von ‚horeg‘ = Mörder. Nachdem das ‚hej‘ als Hai mißverstanden worden war, wurde auch noch ‚fisch‘ an das Wort angehängt), Offizier.

Hering (verunstaltet aus harog = töten, morden), Offizier, also dasselbe wie Haifisch.

Heinrich; ‚Grüner Heinrich‘ (harog = töten, morden), Gefängniswagen. ‚Blauer Heinrich‘ (b'lo = ohne etwas, harog = töten), Gefängnissuppe. Also eine Suppe, die nichts taugt, an der man würgt. ‚Sanfter Heinrich‘, ein Schnaps, der einen auf die Dauer umbringt. ‚Langer Heinrich‘, Brecheisen.

haarig (harog = töten), haarsträubend. Kommt also nicht von ‚Haar‘.

Hals- und Beinbruch! (hazlacha, jid. hazloche = Glück; bracha, jid. broche = Segen), es war also ursprünglich wirklich und wörtlich ein Glückwunsch!

Hebel (hewel = Nichtigkeit), Nichts, Wahn, Aberglaube.

Heimesganew (behejma, Pl. beheimot, jid. Beheimess = Rindvieh; ganaw = Dieb), Viehdieb.

Hessik oder **Essig; ‚Es ist Essig damit‘** (hesek = Schaden), es ist nichts daraus geworden.

himmelblau (ha-olam = Ewigkeit; b'lo = ohne; gemeint im Sinne von logischer oder wertbetreffender Negation), zu lebenslänglichem Kerker verurteilt.

Hippe oder **Schippe**; **‚jemanden auf die Schippe nehmen'** (chiba = Liebe), jemanden hochnehmen, indem man ihm etwas Angenehmes vorspiegelt.

Hirsch (hefrejsch = Abtrennung), Sträfling in Einzelhaft.

Jahrhegel oder **Jahrhegler** (ja'ar = Wald), Förster.

jenisch, jedonisch (jed'oni-isch = ein kundiger Mann), kundig, im Sinne von: zur Landstreichergilde gehörend.

Jezer horo (jezer hara = schlechter Trieb), schlechter Berater.

Jochen, Johann, Jodl (jajin = Wein), Wein. ‚*Johann Grimm*': Branntwein.

Jordan (jorej = ehrfürchtig, fürchtend; dajan = Richter), Brecheisen, wörtl. ein Eisen, das den Richter fürchtet.

Kabel (chewel = Schnur), Geld.

Kaffer (k'far = Kaff, Dorf; kafri = dörfisch, Dörfler), betrogener Ehemann.

Kahn (kan = hier), Gefängnis.

kapores; **‚kapores gehen'** (kapara, Pl. kaparot, jid. kaporess = Sühnopfer), wie ein Sühnopfer zugrunde gehen.

Karre; ‚Schüssel ankarren' (ka'ara = Schüssel), Essen herbeischaffen.

Käs: Parallelbildung zu ‚Schmiere', nachdem ‚Schmiere' irrtümlich mit ‚schmieren' in Zusammenhang gebracht worden war. Cf. Schmiere.

Kasper, kaspern (kasow = lügen, betrügen), Betrüger, betrügen.

Kassiber, Kassiwer (k'tiwa, jid. Kssiwe = Schriftstück), Schriftstück, das im Gefängnis ein- oder hinausgeschmuggelt wird.

Kegler (g'chalim = Kohlen), ein Dieb, der darauf spezialisiert ist, aus der Küche Silber zu stehlen, während die Dienerschaft in den Wohnräumen abtischt.

«ken, Kunde, ken, Mathilde (oder **Matties**) » (ken = ja; ‚Kunde' nennt sich der Landstreicher selber, von ‚kundig'; Mathilde oder Matties: mißverstanden aus medina = Gegend, Land, hier Landstraße), feste Redensart, mit der sich Landstreicher begrüßen.

kess oder **chess** (chet, jid. chess = Anfangsbuchstabe von chacham, rotwelsch Kochemer = Kunde), ‚*kesser Junge*'.

Kessel (k'ssil = dumm), Narr. Stud.-Sprache: Teekessel = Narr.

Kibbuz (kibuz = Haufen, Ansammlung; heute: Gemeinschaftssiedlung), Haufen zusammengestohlener Diebsbeute.

Kies (kiss = Tasche, Geldtasche. Vielleicht aber auch von dtsch. Kies), Geld, Kleingeld.

Kippe (3 Ableitungen: 1. kuba =

Zelt, 2. chiba = Liebe, 3. kawua = das Festgesetzte), Anteil an der Beute. ‚Kippe machen': Halbpart machen.

Kirmes (kerew, Pl. kirbajim = das Innere), Eingeweide.

Kitt (wahrscheinlich von chut, südjid. chit = Faden), Geld.

Kittchen (4 Ableitungen: 1. chet = Angst, 2. kotel = Mauer, 3. kissej = Sessel, Thron, Dach, 4. mhdtsch. kute = Loch), Gefängnis, Armenhaus.

Klee (k'li = Gerät), Galgen.

kleffen (kelew = Hund), bellen.

Kluft (kiluf = das Schälen, klipa = die Schale), Kleidung.

Knacks; ‚einen Knacks weghaben' (knass = Geldstrafe. Siehe Knast!), ursprünglich nicht seelischer ‚Knacks' gemeint, sondern gerichtliche Strafe.

Knast (knass = Geldstrafe), Strafe.

Knaster (knass = Strafe), Richter.

Kochem, Kochemer (chacham = weise), ‚Kunde' im Sinn von Landstreicher, Gauner. *Kochem-Loschen* (laschon = Sprache), Rotwelsch.

kochen (koach = Kraft, Überwältigung), jemanden beim Kartenspiel hereinlegen.

Kochhändler (koach = Kraft, Gewalt), Gewalttäter.

Kol, Kohl; ‚jemandem Kohl machen' (kol = Stimme), einen blauen Dunst vormachen. Der ‚blaue Dunst' hängt wohl mit b'lo oder b'law (s. blau) zusammen.

Kohlschaft (kahal, jid. kohol = Gemeinde), Gaunersaison.

Koks, Goks (gag = Dach), steifer Hut.

Kompott (choma = Mauer; bait = Haus, evtl. auch nicht bait, sondern dtsch. Pott), Arbeitshaus.

‚koscher stehen' oder **‚sich kaschern'** (kascher, jid. koscher = rein, vor allem auch im rituellen Sinne rein), unverdächtig tun, sein, oder dafür gelten.

kotzen (kuz = sich ekeln), 1. sich vor Ekel erbrechen, 2. gestehen.

krachen (k'richa, k'rach = Zwang), sterben. Auch ‚krachen gehen' und ‚alter Kracher'.

krönen (keren = Horn), kopulieren.

Kröner, Krönerin (keren = Horn), Ehemann, Ehefrau.

Kuchen; «Ja, Kuchen;» Der Ausdruck lautet ursprünglich vollständig **«Ja, Kuchen, nicht London!»** und ist entstellt aus: Ja, chochem (klug, gerissen), aber nicht lamdan (gelehrt, erfahren). – *«Appelkuchen!»* (Appel entstellt aus ewil = dumm, Kuchen entstellt aus chochem). – «*Pustekuchen*» (pachot = weniger + chochem). Alle drei Ausdrücke drücken ironische Ablehnung aus.

Kühle; ,im Kühlen sitzen' (k'hila = Gemeinde), im Gefängnis sitzen.

Kümmelblättchen: betrügerisches Spiel mit drei Karten. Hebräisch wird 3 mit dem dritten Buchstaben des Alphabetes = gimel ausgedrückt.

Lamden, entstellt: **Lampen** (lamdan = Lerner, Gelehrter), einer, der bestohlen wurde und, dadurch ,belehrt', jetzt als Späher gefährlich ist. Störender bei einem Unternehmen.

lamet-alef (Buchstabierung des hebräischen Wortes ,lo' = nein), nein.

Lampe (lamdan = Lerner, Gelehrter), Polizei.

lauer Eid (lo = nein, nicht; ejd = Zeuge), falscher Zeuge.

Lehmschieber (lechem = Brot), Bäcker.

Leidengänger (leiden entstellt aus l'jad = in die Hand), Dieb, der tagsüber in Häuser einschleicht und nimmt, was ihm ,in die Hände' fällt.

Letzer (lejzan = Spötter), Musikant.

,linker Kaim' (Chajim = spanischer Name Jaime, gesprochen Chaime. Kommt bei Juden häufig vor und wird gleichbedeutend wie ,Jude' benützt), linker Kaim = Jude, der trefe (nicht den rituellen Speisegesetzen entsprechend) ißt.

Loscharen: Silbenumdrehung von Scholaren.

Lukas; «Haut den Lukas!», Aufschrift auf einfachen Jahrmarktsapparaten zum Erproben der Kraft (Lukas von luchot, jid. luchoss = Tafeln).

Mare mokum (mar'e = Anblick; makom, jid. mokum = Ort), falsches Alibi.

Marschierpulver (moschia = helfen. Es ist derselbe Wortstamm wie in hoschia-na = Hosianna!), Gift.

Maschke Jissroel (maschke = Getränk; Jissrael = Volk Israel), Kaffee, weil die orthodoxen Juden in Wirtshäusern keinen Wein oder Schnaps zu sich nehmen.

masseln, vermasseln, vermassern (massor = überliefern, ausliefern, denunzieren), anzeigen, denunzieren.

Matze-Ponem (maza = rundes, flaches, ungesäuertes Osterbrot der Juden. Damit es sich beim Backen nicht wirft, pflegt man es vorher mit einer Gabel oder einem Rädchen fein zu löchern;

panim, jid. ponem = Gesicht), von Blattern oder Pickeln entstelltes Gesicht.

mauscheln (maschal = Beispiel, Gleichnis), wörtl.: Gleichnisse erzählen. Das Wort bedeutet aber gewöhnlich: Jiddisch oder mit jiddischen Akzent reden. Im korrekten Jiddisch jedoch wird der Begriff nur sehr selten und ausschließlich in der ersten Bedeutung verwendet.

mechulle (kalo = zugrunde richten), gefangen, bankrott.

meschuge (m'schuga = verrückt).

Meschummed (m'schumad = wörtl. vernichtet. Das Wort wird meist im Sinne von getauft, zum Christentum übergetreten, gebraucht); im Rotwelsch: treulos gewordener Gauner.

Mesuse (m'susa = wörtl. Türpfosten. Im Jid. ausschließlich gebräuchlich für die kleine Kapsel mit dem Ausschnitt aus dem Deuteronomium, welche fromme Juden an die Türpfosten zu heften pflegen. Es ist Sitte, beim Kommen und Verlassen des Hauses die Mesuse ehrfürchtig mit den Fingern zu berühren und dann die Finger an die Lippen zu führen), liederliches Frauenzimmer (sie steht am Türpfosten, und jeder rührt sie an!).

miess (miuss = Ekel).

Minna, ,die jriene Minne' (meane = bedrängend), Grüner Gefängniswagen.

Mischpoche (mischpacha = Familie, Sippe), 1. Diebsbande, 2. alle Insassen des Gefängnisses, 3. Polizei und Vigilanten.

mode; mode sein (mode = ein Gestehender), gestehen. *Mode machen*: mit jemandem fertig werden.

mogeln (maol = betrügen).

Moos (maot, jid. mo'ess = Geld, Kleingeld), Geld.

Moos (maos, jid. Moos = Festung), Gefängnis.

Morgenstern (mora = Furcht; schtar = schriftliche Bestätigung, Urkunde; hier Urteil), Gefängnis.

Moschel oder **Mauschel** (Mosche = Moses), Jude, ähnlich wie ,Chajim' ebenfalls im Sinne von ,Jude' gebräuchlich ist.

Moschel (moschejl = Herrscher, herrschend), Herrscher.

Moschel (maschal, jid. moschel = Beispiel), Beispiel.

Motor (matar, jid. motor = Regen), Regen.

Mücken (m'chia = Lebensunterhalt), Geld.

Mumpitz (mum = Fehler, Gebrechen).

Musleiche (lechem = Brot),

Pfannkuchen, d. h. Gebäck, mit Mus gefüllt.

Nassauer (naton, jid. nasson = geben, schenken), einer, der auf fremde Kosten mitzecht. Nass: ohne Geld. Nasser Junge: nichtzahlender Bordellbesucher.

nebbich (4 Ableitungen: 1. poln. nieboze = bei Gott nicht!, 2. böhm. nybrz = ja fürwahr, 3. hebr. nawuch = bedrückt, 4. dtsch. Nie bei Euch!), ein mitleidiger Ausruf, dessen Bedeutung man nicht genau weiß.

Nebel (nawal = niedrig, niederträchtig), Narr.

Nowi (nawi, jid. nowi = Prophet), Kartenschläger.

Oberhaber (chawer = Kamerad), 1. Oberaufseher der Gefangenen, 2. Anführer einer Diebsbande.

Obermakler (makel = Stock), Oberaufseher der Gefangenen.

Oktoberfuchs, «er jrient wie'n Oktoberfuchs» (okwa = Hinterlist).

Ölgötze (eljon = der Höhere, der Höchste; jo'ejz = Rat), Oberrat. Genau sollte es heißen: Öljötze.

Panzerheinrich (Heinrich von harog), Brecheisen mit verstellbarer Klaue.

Pate (pado = loskaufen; pidjon = Pfand), Pfandleiher.

Pech (pachot = schadhaft werden, verringern; p'chita = Verminderung), Pech, Unglück.

Peger (peger = Kadaver). An diesen Begriff knüpft sich die erste nachweisbare Spur des Jiddischen in der deutschen Sprache: 1324 und 1330 wird in Magdeburg eine ‚Siechenbrücke' erwähnt, die zu einem ‚Becherhof', ohne Zweifel = Pegerhof, also Siechenhaus führt.

Pej-Zaddik (genauer: pej - zadde. Die hebräische Bezeichnung der Buchstaben P und Z), Abkürzung für Polizist. Das Ersetzen von ‚zadde' durch ‚zaddik', = der Gerechte, ist als bewußter Witz zu werten.

Penne (pina = Winkel; pano = ruhen; p'nai = müßige Zeit), Herberge, Kneipe.

pennen (s. Penne), schlafen, herumliegen.

petzen (3 Ableitungen: 1. pazo = Mund öffnen, 2. böhm. bezeti = hin und her laufen, 3. Abkürzung von Polizist: PZ), denunzieren.

Pinke (pinkus = Buchung, oder pinka = Teller, vielleicht Sammelteller), Geld.

Pinkel; «feiner Pinkel!» (pigul = Ekel).

pisaken (pisseach = lahm), zum Krüppel schlagen.

platte Leute (palot = Zuflucht suchen, fliehen), vertraute Leute.

Pleite (plejta = Flucht, Zuflucht), Bankrott, übler Zustand.

Pollack (peleg = Rest, Hälfte), Tabakrest.

Potsdamer (peti, jid. pessi = dumm; tam = naiv, einfältig), Dummkopf.

Pracher (2 Ableitungen: 1. lat. precari = bitten; 2. hebr. b'racha = Segen), Bettler, armseliger Kerl.

Puddelche handeln (poln. pudelko = Schächtelchen), ein versiegeltes Päckchen gegen ein ähnliches wertloses vertauschen.

Ramsch (ramo = betrügen), Erlös aus Diebesgut.

raue Mengen (raw = viel).

raunen (rao = sehen), sehen.

Rehbock (rewach = Erwerb; hier Broterwerb mit Brot gleichgesetzt), Brot.

Rettich (r'zicha = Mord), Abtreibung.

Ritzer (rozejach = Mörder), Scharfrichter.

Rinne (rina = Gesang), Gesang.

Rutsch, «Guter Rutsch ins neue Jahr!» (rosch = Haupt, Anfang).

Sand (ssandek = Gevatter), Läuse.

Sandek (wörtl. Gevatter, Pate), der von der Beute etwas abgeben soll.

Sargnagel, genauer: **Sarchnagel** (ssaroch = stinken; ssarchan = Stinker), Zigarre.

Sau, «Unter aller Sau!» (ssea = Maß), etwa: unter aller Kritik!

Sauregurkenzeit, genauer **Saurejurkenzeit** (zarot, jid. zoress = Sorgen; jakrut, jid. jokress = Teuerung), also wörtlich: Zeit der Sorgen und der Teuerung.

Schaber (schaber = brechen), Brecheisen.

Schächer (schachor = berauschen), Wirt.

schachern (ssachor = handeln).

schächten (schachot = schächten).

schäkern (schakor = lügen), lügen.

schäkern (chejk = Schoß, Busen), sich mit Frauen herumtreiben. Schäker = Weiberheld.

Schech oder **Scheich** (schekez, wörtl. Gewürm, Ekel, sec. ein grober, nichtjüdischer Bursche), heute gebräuchlicher Ausdruck für Bursche.

das **Schiffche** (schiffcha = Magd), Magd.

Schin-dollet (Abkürzung aus zwei hebräischen Buchstaben: schin = sch + dalet = d), Gendarm.

Schin-pej-lomet (Zerlegung in drei hebräische Buchstaben: schin = sch, pej = p, lamed = l, aus denen sich das Wort schafel = niedrig zusammensetzt), schofel.

Schlamassel (sch'lo masal = was nicht Glück ist), Pech.

Schmee (schma = Gerücht, von schamoa = hören), Geschwätz.

Schmiere (schmira = Bewachung, von schamor = hüten), Wachestehen bei Diebstahl.

Schmiere (smira = Gesang), schlechte Provinzbühne, Wanderbühne.

Schmus (sch'mua, Pl. sch'muot, jid. sch'muess = Gehörtes), dummes Geschwätz.

Schockgänger (schuk = Markt), Marktdieb.

schofel (schafel, jid. schofel = niedrig), schäbig, gemein.

«**Schoftim sollen keine Schuftim sein**» (schofet, Pl. schoftim = Richter). Jiddisches Sprichwort, das nur historisch erklärbar ist. In der Feudalzeit hatte der Adel zugleich richterliche Gewalt. Die Bezeichnung schofet oder ‚Schuft' wurde einfach als gleichbedeutend mit = mittelloser Adliger gebraucht. Die Wandlung des Wortsinns hat einen ähnlichen Akzent wie die Anwendung des Wortes ‚Pariz' = Räuber, Wegelagerer für ‚Gutsherr', ‚Adelsherr'. Möglicherweise kommt ‚Schuft' aber von niederländ. schavuit = Schurke.

Schottenfäller (schote = Dummkopf), Markt- oder Ladendieb.

schreckenen (scharok = pfeifen), beim Ladendiebstahl den Verkäufer durch Zurufe oder Lärm ablenken.

Schuberle (schuw = zurückkehren), Gespenst.

Schucker oder **Tschucker** (choker = Forscher), Polizist.

schufften oder **schuwten** (schuw = sich abkehren), denunzieren, abtrünnig werden.

Schuft, s. Schoftim.

Schulfuchs (schuol = Fuchs), Lehrer. Entstanden aus einem konfusen Wortspiel, wobei zuerst das dtsch. ‚Schul' mit dem hebr. ‚schuol' gleichgesetzt und dann die dtsch. Übersetzung für ‚schuol' noch angehängt wurde.

Schütz (verunstaltet aus schekez = Gewürm, Abscheu, Greuel; sec. grober Bursch). Im 15. Jahrhundert war der ‚Schütz' der jüngste aus einer Gruppe fahrender Schüler, der für die andern betteln gehen muß. Später allgemein junger Bursch oder Knecht. Mit ‚Schütze' hängt das Wort nicht zusammen.

schwächen (schafoach = gießen, einschenken), trinken.

Schwäche (cf. schwächen), Wirtshaus.

Schwefelbande (von chabala = Verderben; oder von chewel = Strick).

seifen, einseifen, säbeln (sewel = Dreck), ‚bescheißen'.
simsen, versimsen (ssiman = Zeichen, Abzeichen, Brandmarke), verprügeln.
Socken; ‚alter Socken' (saken = alt), also Tautologie: ein alter Alter = Alter Kerl.
Sonne (sona = Dirne), Hure.
Sonnenbett (sona = Dirne; bait, jid. bajiss = Haus), Bordell.
Sonnenbruder (sona = Dirne), früher Zuhälter oder sonstiger Freund der Huren, jetzt Eckensteher, Bummler.
Sore (sar, weibl. sara = fremd), gestohlene Ware (nicht zu verwechseln mit ssara = Fürstin, auch als Name gebräuchlich!).
Sturmhaus (ssador = anordnen), Ratshaus.
Sums; ‚Mach keinen Sums;' (mesimot, jid. mesimes = Gedanken, Pläne), «Mach dir nicht zuviel unnütze Gedanken!»
Süsser (ssohar = Gefängnis, oder ssugar = Käfig, Kerker), Zuchthäusler.
Süsschenbäcker (ssuss = Pferd), Pferdeschlächter.
taufen (tawol = eintauchen, taufen).
Teigaffe (ofe = Bäcker), Bäcker.
Tifle oder Tafle (tawol = taufen), christliche Kirche.
Tinnef (tinuf = Dreck), Dreck.
Tipesch (tipejsch = dumm), Nichtgauner, Spießbürger, Beamter.
tippeln (tafof = schnell beweglich sein).
Toback (taboach = schlachten), Zuchthaus. Vertobacken = mißhandeln.
toffeln (tofejl = töricht), arbeiten.
top (2 Ableitungen: 1. tow = gut, 2. soll es in manchen Gegenden Sitte sein, sobald man einig geworden ist über ein Geschäft, eine Anzahlung in einen Topf zu legen).
Torf (tarof = zerreißen, an sich reißen), Geld. Torfdrucker: einer, der nur das stiehlt, was auf dem Leibe getragen wird, also nicht herumliegende Sachen.
torkeln (von regel = Fuß?).
trefe chole werden (trefa = Zerrissenes, sec. alles rituell zum Genuß nicht erlaubte; chole = krank), mit Diebswerkzeug in flagranti erwischt werden.
trübe Tasse (t'schua = Heil, Hilfe, Rettung), ungewandter Mensch.
Unke (oneg = Vergnügen), Branntweinflasche.
utzen (uz = bedrängen), ärgern, aufziehen.
vergimpeln (gamol = vergelten), vergiften.

verknacken (= verknassen; knass = Geldstrafe), verurteilen.
verkohlen (kol = Stimme).
vermasseln (= vermassern; massor = ausliefern, denunzieren).
verrucht (evtl. von ruach = Geist. Im Jid. meist im Sinne von böser Geist gebraucht).
verschütt gehen (schut = setzen), ins Gefängnis kommen.
verseifen = einseifen (sewel = Dreck), hereinlegen, bescheißen.
Vogel; «Du hast 'n Vogel» (w'ukal = krumm, verdreht). Ursprünglich hieß es: Du heisst ein w'ukal!
Zacken (ssakin = Messer), Messer.
Zaddik (zadik = der Gerechte), 1. Polizist, 2. Brecheisen.
Zimt (ssiman = Zeichen, Kennzeichen), Geld.
zipp; «kann nicht zipp sagen!» (ssaper = zählen, erzählen).
Zore (zara, jid. zore = Sorge, Kummer), Sorge.
Zuckerbüchse (ssugar = Kerker), Kerker.

FRIEDRICH CHRISTIAN BENEDICT AVÉ-LALLEMENT: Das Deutsche Gaunertum in seiner social-politischen, literarischen und linguistischen Ausbildung zu seinem heutigen Bestande. Leipzig 1858–64. 4 Bände. – Der 3. Band enthält unter anderm eine lückenlose Aufzählung und ausführliche Charakterisierung sämtlicher Rotwelschquellen, ferner der gesamten ältern juden-teutschen Literatur und aller Grammatiken und Lehrbücher zur jüdischen Sprache seit der Renaissance. Der 4. Band enthält auch ein ‚jüdisch-deutsches Wörterbuch', das von Nicht-Semitisten leicht benützt werden kann.

Prof. FRANZ JOSEPH BERANEK: 1. Jiddisch. In: Stammlers ‚Deutsche Philologie im Aufriß', Berlin, Bielefeld, München.
2. Die jiddische Mundart Nordostungarns. Brünn/Leipzig 1941.
3. Das Pinsker Jiddisch und seine Stellung im gesamtjiddischen Sprachraum. Berlin 1958.
4. ‚Mitteilungen aus dem Arbeitskreis für Jiddistik'. Zeitschrift, redigiert von Beranek.
Prof. Beranek ist Germanist und Strukturanalytiker der jiddischen Sprache. Alle seine Schriften sind für Nicht-Semitisten leicht zugänglich und vor allem auch für Germanisten von Interesse. – Beraneks Aufsatz ‚Jiddisch' enthält eine Bibliographie aller bedeutenden Autoren und Schriften zur Jiddistik.

IGNAZ BERNSTEIN: Jüdische Sprichwörter und Redensarten. Gesammelt und erklärt. Warschau 1908. – Das längst vergriffene Buch enthält die jiddischen Sprichwörter auf nebeneinanderstehenden Seiten in lateinischer und hebräischer Schrift, ist ausgezeichnet kommentiert, mit Registern versehen und durch ein Glossar ergänzt, das die Wörter und Redensarten sowohl etymologisch wie auch kulturgeschichtlich erklärt. Es ist dasselbe Glossar, das der Leser mit geringfügigen Abänderungen in diesem Buche findet. – Das Buch ist vergriffen. Eine neue Auflage wäre sehr zu begrüßen, würde sich aber wohl zu teuer stellen.

SALOMO BIRNBAUM: Praktische Grammatik der Jiddischen Sprache für Selbstunterricht. Mit Lesestücken und einem Wörterbuch. Wien

1915. Birnbaum war bis 1933 Dozent für Jiddisch in Deutschland. Seine ‚Grammatik' enthält auch eine Bibliographie aller wichtigeren Grammatiken, Wörterbücher und Literaturgeschichten des Jiddischen aus neuerer Zeit.

Dr. Erich Bischoff: Jüdisch-deutscher und deutsch-jüdischer Dolmetscher. Kurzgefaßtes Wörterbuch für Handel und Verkehr. Leipzig 1916. Das Buch war vor allem für deutsche Beamte, Soldaten und Kaufleute im Osten bestimmt und ist in lateinischer Schrift, mit genauen Akzentangaben geschrieben. Es enthält auch eine Anzahl jiddischer Ausdrücke aus dem Gaunerjargon, als solche deutlich gekennzeichnet.

D.Dr. Hermann L. Strack: Jüdisches Wörterbuch, mit besonderer Berücksichtigung der gegenwärtig in Polen üblichen Ausdrücke. Leipzig 1916. Stracks Wörterbuch war ebenfalls für nichtjüdische Deutsche in Osteuropa bestimmt. Als Professor der protestantischen Theologie und solider Orientalist unterschätzt er vielleicht die Schwierigkeit, die jiddische Schreibweise zu erlernen, und gibt daher sein Wörterbuch in hebräischer Schrift. Seine Orthographie ist zum Teil noch ein wenig von der ‚angedeutschten' Form der jüdischen Aufklärungszeit im Osten beeinflußt.

Siegmund A. Wolf: 1. Wörterbuch des Rotwelschen. Deutsche Gaunersprache. Bibliographisches Institut AG, Mannheim 1956. – Wolf hat mit großer Gewissenhaftigkeit alle alten und neuen Quellen bearbeitet. Die Wörter sind numeriert und mit Quellenangabe zitiert. – Das Buch enthält eine lückenlose Bibliographie der Rotwelsch-Quellen.
2. Jiddisches Wörterbuch. Wortschatz des deutschen Grundbestandes der jiddischen (jüdischdeutschen) Sprache. Bibliographisches Institut, Mannheim 1962. – Das Wörterbuch ist ergänzt durch eine Geschichte des Jiddischen, eine Bibliographie vor allem der älteren jiddischen Schriften und Leseproben aus dem älteren Jiddisch. Das Buch behandelt die Transkriptionsprobleme in lateinische Schrift ausführlich. Es berücksichtigt stark die Interessen der Germanisten.

YIWO oder JIWO = ,Jiddisches Wissenschaftliches Institut', gegründet 1925 in Wilna. Eine Zweigstelle befand sich in Minsk. Beide Institute waren eher Sprachakademien als wissenschaftliche Forschungsstätten. An beiden Instituten waren umfassende Wörterbücher in Vorbereitung. Das Material wurde während der Hitler-Okkupation vernichtet. Heute existiert ein Nachfolge-Institut in New York. Es arbeitet unter anderm an einem mehrbändigen jiddischen Wörterbuch. Der erste Band: ,Grojsser Werterbuch fun der Jiddischer Sprach', für den Prof. Juda Joffe und Judel Mark verantwortlich zeichnen, ist bereits erschienen. – Die Publikationen des YIWO dürften in erster Linie für Jiddisten vom Fach oder für wirkliche Kenner der jiddischen Sprache von Interesse sein.

Die Karte ,Das jiddische Sprachgebiet in Europa' wurde nach Professor F. J. Beranek gezeichnet.

Global gesehen, ist das Jiddische auch heute, nach dem furchtbaren Aderlaß, den das jüdische Volk in der Hitlerschen Ära erlitten hat, noch immer die meistverwendete Sprache innerhalb der Judenheit, wenn auch ihre Schwerpunkte heute nicht mehr in Mittel- und Osteuropa liegen, wo sie einst entstanden ist, sondern in den überseeischen Ländern, hauptsächlich in Nord- und Lateinamerika sowie in der Südafrikanischen Union. Auch ist nur in wenigen diasporalen Sprachen des Judentums ein solches Maß an kulturellen Werten geschaffen worden wie im Jiddischen. Wesen und Schicksal dieser Sprache geht also jeden Juden an, der sich der Gesamtkultur seines Volkes bewußt ist. Nächst den Juden aber sind es die Deutschen, ohne Unterschied der Staatszugehörigkeit, die dem Jiddischen als Sprache und als kulturellem Faktor ein besonderes Interesse entgegenbringen müßten. Nach den Erlebnissen zweier Weltkriege, die Deutsche aller Stämme und Stände, leider mit der Waffe in der Hand, tief in den einstigen russischen ‚jüdischen Ansiedlungsrayon' hineinführten, ist es doch allmählich bekanntgeworden, daß den integralen Juden Mittel- und Osteuropas eine Sprache eignet, die trotz aller Besonderheiten und Merkwürdigkeiten mit dem Deutschen engstens verwandt ist, so eng zumindest, daß eine gegenseitige Verständigung bei einigem guten Willen der Gesprächspartner ohne besondere Schwierigkeiten möglich ist. Ist doch das Jiddische, sprachgeschichtlich betrachtet, dem Schoße der deutschen Sprache entsprungen, die, trotz aller Überfremdung des Sprachgebäudes durch hebräisch-aramäisches, slawisches und anderes Sprachgut, dessen Grundfesten und tragendes Gerüst bildet. Sprachsoziologisch ist das Jiddische natürlich nicht als deutsche Mundart zu bezeichnen, sie ist vielmehr als durchaus selbständige Sprache zu betrachten, bestenfalls als, wie der Terminus lautet, eine ‚Nahsprache' des Deutschen. Es steht damit zur deutschen Sprache in einem ähnlichen Verhältnis wie etwa das Niederländische, das Kapholländische (Afrikaans), das Pennsylvaniadeutsche und neuerdings das Luxemburgische. Die enge Verwandtschaft dieser Sprachen und ihre wechselseitige leichte Erlernbarkeit könnte die Grundlage einer weltumspannenden Kulturpolitik bilden, die allen in sie einbezogenen Völkern gleichermaßen Vorteile bringen würde. Wer einmal das Haupthindernis bei der Beschäftigung mit der jiddischen Sprache, ihre Schreibung mit hebräischen Schriftzeichen, überwunden hat, erlernt sie rasch und spielend. An ‚Anleitungen' dazu, das heißt hilfreichen Hinweisen auf die Besonderheiten der Sprache, hat es in Deutschland seit dem 16. Jahrhundert nicht gefehlt, die Nachfrage nach Büchern dieser Art war zu allen Zeiten groß. Das Interesse der Deutschen an der Sprechweise ihrer jüdischen Mitbürger schwand erst und erlosch schließlich ganz, als die deutschen Juden im Zuge der Emanzipation das Jiddische selbst aufzugeben, ja zu verachten begannen – ohne Rücksicht darauf, ja ohne Verständnis dafür, daß sich um dieselbe Zeit bei den Massen der Ostjuden eine Renaissance dieser Sprache vorbereitete, die in niederen und höheren Schulen gelehrt, in Akademien gepflegt, von Lehrstühlen erforscht wurde, ein beachtliches Schrifttum, ein eigenes Theater, ein umfassendes Verlags- und Zeitungswesen und last not least eine Fülle volkskultureller Äußerungen besaß. Trotzdem ist seit dem Ende des Ersten (!) Weltkriegs im deutschen Sprachbereich keinerlei Veröffentlichung mehr zu verzeichnen, die es sich zum Ziel gesetzt hätte, den interessierten Laien in die jiddische Sprache einzuführen.

Um so dankbarer müssen wir darum der Verfasserin des vor-

liegenden Buches sein, die nun nach jahrelanger liebevoller eigener Beschäftigung mit dem Jiddischen den Versuch macht, diese Sprache der deutschen und über diese hinaus auch der gesamten übrigen Kulturwelt bekanntzumachen. Der Weg, den sie dabei geht, ist von ihrer vorzüglichen Kenntnis der Materie in ihrer ganzen Breite und Tiefe bestimmt. Doch ist es keine Lehrerin mit autoritär erhobenem Zeigefinger, die uns da in die fremde Sprache einführen will. Es ist vielmehr ein warmfühlender, künstlerisch empfindender Mensch, der sich bemüht, auch andere an seinem Erleben in dieser uns bisher unbekannten Welt teilnehmen zu lassen, voll von Neuigkeiten materieller und geistiger Art. Goethe hat das Jiddische seiner Heimatstadt einmal ‚barock' genannt. Ähnlich empfand die Verfasserin, als sie im Titel ihres Buches die jiddische Sprache ein ‚Abenteuer' nannte.

So stellt denn das vorliegende Buch nicht nur eine moderne Einführung in die jiddische Sprache dar, sondern gleichzeitig eine genuß- und gewinnreiche Lektüre für einen anspruchsvollen Leser. Als dzt. einziger akademischer Vertreter der jiddischen Sprache in den Ländern deutscher Zunge weiß ich das Erscheinen dieses Buches ganz besonders zu schätzen. Ich begrüße es von ganzem Herzen und wünsche ihm die Verbreitung, die es nach Absicht und Inhalt verdient.

Gießen, im Juli 1962

PROF. DR. HABIL. FRANZ J. BERANEK

Bitte beachten Sie
die folgenden Seiten

Salcia
Landmann

Jesus und die Juden oder Die Folgen einer Verstrickung

Ullstein Buch 34597

Ullstein Sachbuch

Auf provokante und verblüffend unorthodoxe Weise geht die Kennerin des osteuropäischen Judentums der Frage nach, weshalb die Juden von Jesus zu Lebzeiten keine Notiz genommen haben. Es gelingt ihr eine atmosphärisch dichte Analyse der damaligen jüdischen Schriftgelehrtenwelt und der Anfänge des Christentums ...

»... Sie ist eine Schriftstellerin, die mit der Hingabe ihrer ganzen Subjektivität zu erfüllen weiß, was sie schildern will.«
(Neue Zürcher Zeitung)

Salcia Landmann

Mein Sirup-Brevier

Ullstein Buch 34419

Ullstein Sachbuch

Frucht- und Blütensäfte, die hinreißend duften, delikat schmecken und in vielen Edelsteinfarben leuchten: eine Aufforderung an den Leser, eine lange vernachlässigte Kochtradition wiederaufleben zu lassen. Ein mit Sachkenntnis und Freude am Detail geschriebenes, unterhaltsames Kochbuch, das ideale Geschenkbuch für alle Gourmets.

»Salcia Landmann entführt die Leser in eine oft nostalgische Welt süßer Genüsse, in der man die Gedanken an die ach so vielen Kalorien und an die Schädlichkeit des Zuckers vergißt und dafür hemmungslos kandierte Blüten und Powidl-Tatschkerln und Sekt aus Holunderblüten und Löwenzahnhonig schlemmt.«

»PEN-Wortblätter«

Salcia
Landmann

Marxismus und Sauerkirschen

Ullstein Buch 34656

Ullstein Sachbuch

Daß die sozialistische Planwirtschaft in ihren Voraussetzungen falsch ist und nicht funktionieren kann, stand für die Autorin schon lange fest. Sie beweist es in der Anekdote, als ein junger Ungar, der seinen Landsleuten die lange nicht lieferbaren Sauerkirschen für ihr geliebtes ›Sladko‹ verschaffte, wegen seines Unternehmersinnes verurteilt wird.

In ihren faszinierenden Kurzanalysen kritisiert sie die alt- und neumarxistischen, scheinbar von Gerechtigkeitsidealen inspirierten Vorurteile und fixen Ideen auf dem Gebiet der Pädagogik und Politik, im Bildungswesen und im Kulturbereich. Ihre Voraussagen haben sich inzwischen alle erfüllt.

Salcia
Landmann

Bittermandel und Rosinen

Die berühmtesten Rezepte der jüdischen Küche

Ullstein Buch 20922

Ullstein

Ein unterhaltsames, höchst informatives Kochbuch und zugleich eine kenntnisreiche Kulturgeschichte des jüdischen Volkes. Die bekannte Judaistin Salcia Landmann läßt vergessene Gerichte der jüdischen Küche wiederaufleben und füllt mit diesem Buch eine empfindliche Lücke, da seit siebzig Jahren im deutschen Sprachraum kein wahrhaft verläßliches »koscheres« Kochbuch mehr erschienen ist, das auch streng observanten Ansprüchen genügt.